青海师范大学"藏区历史与多民族繁荣发展研究省部共建协同创新中心"项目

论语句读

左克厚 著

中国出版集团 东方出版中心

图书在版编目（CIP）数据

论语句读 / 左克厚著. -- 上海：东方出版中心,
2024. 9. -- ISBN 978-7-5473-2491-2
I. B222.2-49
中国国家版本馆CIP数据核字第2024XL8193号

论语句读

著　　者　左克厚
责任编辑　冯　媛
封面设计　钟　颖

出 版 人　陈义望
出版发行　东方出版中心
地　　址　上海市仙霞路345号
邮政编码　200336
电　　话　021-62417400
印 刷 者　上海万卷印刷股份有限公司

开　　本　890mm×1240mm 1/32
印　　张　19.5
字　　数　368千字
版　　次　2024年9月第1版
印　　次　2024年9月第1次印刷
定　　价　78.00元

版权所有　侵权必究
如图书有印装质量问题，请寄回本社出版部调换或拨打021-62597596联系。

一场跨越时空的思想对话

张宝明

克厚兄将他的新著《论语句读》(以下简称《句读》)寄来并嘱我写序，对此我有点惶恐，但是拒绝也无济于事，由此才有了以下的心得。

记得十年前他路过开封，席间曾谈及他对经典的认识，说的都是些经典的重要性之类的话，而今他更关心的则是如何解读经典。这让我想起多年前的往事，1985年大学刚毕业的克厚兄背负简朴的行囊到西北边陲执教，从此就开始了几十年如一日研读经典的学术志业。面对纷扰的世界与熙攘的风潮，克厚兄始终坚守思想本位、学术本位的立场，广泛阅读中外名著，以期对经典作出通识性、普遍性的解读，立志让古人的智慧照亮现代世界，力图以今人的眼光发现古代思想的价值。在古代经典中，他用力最深、所得最厚的就是《论语》。从文字考据到语义辨析，最后到思想解读，克厚兄的《句读》将两千年前的孔子请到今天的世界，为我们呈现了一场跨越时空的思想对话。

用我们近来关注的人文语义学这一话语体系的视角来看，真是同声相应、同气相求。本来，人文语义学就意在"通古今""究天人"。而且,我们在重视精英、文本的同时,更为看重"对话"。在某种意义上,《句读》正是暗合了河南大学人文社科高研院的一个主张:"一切历史都是对话史。"(张宝明:《一切历史都是对话史》,《读书》2024年第1期。)

文归正传,为什么我们要读《论语》?

有人说《论语》是中国经典的代表,有人说孔子是中国文化的代表,有人说考试要考。在我看来,这都不应该成为读《论语》的理由。原因是什么?得从孔子的生平讲起。

孔子生于春秋后期,当时周天子权力衰微,天下混乱,诸侯争霸,以往的礼乐秩序逐渐被破坏。孔子因时而起,主张用仁义礼智来重建政治秩序和社会秩序。有人说,孔子"述而不作",是个复古主义者。表面上看,似乎如此。但他在"述"的过程中也"作"了许多,最重要的就是将三代以来的文化核心总结为"仁",提倡"仁者爱人""克己复礼"。从"仁"之宗旨出发,去重建礼仪。在重建的过程中又有"损益",即因时而变、因事而变。就此而论,孔子是一个以仁为本、尊重传统、尊重习惯、渐进改革的政治家、思想家。以仁为本,才是我们读《论语》的原因,用仁心来提升自己,用仁心来"立己达人",用仁心来改革制度。

孔子的思想后来进入经传,如《春秋》《论语》。因为五经难读,《论语》逐渐成为人们了解、学习孔子思想最重要的文献。《论语》是孔子及其弟子的言行录,关于其版本与形成过程历代学者已有充分的研究。从汉代到今天,关于《论语》的注本可谓汗牛充栋。随着传统文化的复兴与人们对思想的追求，《论语》更成为许多人争相阅读的经典。因此，寻找一本合适的注释，也就成了重要的问题。钱穆的《论语新解》、杨伯峻的《论语译注》、李泽厚的《论语今读》、李零的《丧家狗：我读〈论语〉》、鲍鹏山的《论语导读》等是目前市面上较为流行的注本。其中杨伯峻、李零基本是文献学的路径，钱穆则在其注本中融入了许多宋学思想，李泽厚以哲学家的身份解读《论语》，鲍鹏山在"导读"中着重发挥道德的意义与价值。

注解《论语》如果只是辨析音义，恐怕不需费太多笔墨，因为前人已有扎实的基础，取其精华足矣。然而，一代有一代之学术，一代有一代之注本，对《论语》更是如此。今天注解《论语》，既要遵循文献学的原则，更要结合孔门师生所在的社会秩序和他们的思想主张，同时也应该根据现在的阅读习惯、心理状态、生活情境、社会规则进行发挥，这样才能使古人的智慧在现代重新焕发生机，同时也能借鉴西方思想丰富《论语》的精神。

我认为，作者结合几种视角对《论语》进行了系统性、发散性乃至原创性的解读。

第一，文献学与思想史相结合的视角。一般来说，注释古籍首先采取文献学的方法，辨证音、义、字、句法，疏通文句。这方面作者总结了前人的成果，同时给出了自己的新解。更重要的是，作者将文献学与思想史结合，对古籍作了更丰富的解释。如"当仁不让于师"，作者将"让"解释为"退让"，而非常见的"谦让"。由"退让"出发,作者指出:"面对仁,即便是老师,也不退让。"虽然尊师重教的传统很重要,但是面对真理和仁义时,独立思考更为重要。是"仁"给了老师和学生同等的独立人格,独立的人有平等追求真理和道义的资格,于是就可以"不让于师"了。对"攻乎异端,斯害也已"的"斯害也已",作者把"攻"确定为"攻击"之后,列出了两种解释"祸害就停止了"与"那就有害了"。作者根据孔子对时人、弟子不同意见的宽容,采取了第二种解释。作者还就此发挥,提出对异端的宽容是孔子思想的重要方面。古往今来,不同思想的互相碰撞,恰恰是思想进步的必备条件。作者还引用茨威格《异端的权利》来论证"异端是多元思想的一部分,是应该、也是必须得到承认的"。这就把孔子的思想与现代社会的多元主义结合起来了,使之具有了更普遍的意义。

第二,私人领域与公共领域的结合。因为中国古代政治制度与社会习惯的长期影响,私人领域与公共领域纠缠不清,这成为传统—现代转型的难题。作者通过注解《论语》对此有所反思。有子说:"不好犯上而好作乱者,未之有也。"古人在解读此句时,一般会论证"不好犯上"与"不好作乱"的逻辑关系。按照三代封建的原则,从家到国最后到天下,人伦关系与政治关系层层递进,在家不犯上的,在国与在天下也就不会作乱。可是春秋战国,礼崩乐坏,这个逻辑及其事实已经遭到了破坏。秦朝以后的学者还坚持三代的原则,其实是违背历史真实的。作者说:"孝悌和犯上作乱是两个不同的领域,孝悌属于私人领域,而犯上作乱出现在公共领域中。私人领域和公共领域所遵循的原则是否一样呢?大量的例证说明,私人领域中的孝悌和公共领域里的不犯上作乱没有必然的关系。"证据坚实有力,逻辑清晰可见,议论鞭辟入里。《句读》与古人解读此点最大的不同,就是作者有清晰的公共领域与私人领域界限的认识,而古人陷于伦理关系与政治关系的网络中无法解脱。作者从"句读"《论语》开始,延伸到私人领域与公共领域关系,这种解读为我们了解《论语》、理解古代中国提供了非常关键且实用的视角。

第三,现实经验与理想追求相结合的视角。作为一个现实世界中的理想主义者,孔子一生的政治事业与思想建构也充满了现实与理想的冲突。作者注解《论语》,充分意识到了孔子的这种心路历程与生存困境。公山弗扰曾经召孔子,子路很有意见,孔子曰:"夫召我者而岂徒哉?如有用我者,吾其为东周乎!"孔子急于用世行道,但各国均不重用他。于是,孔子想依靠公山弗扰等叛臣实现"东周"的理想。问题是孔子的"梦见周公""君臣父子""损益三代"都是以周代的礼乐制度和忠孝伦理为根本的。现实的"得君行道"之路行不通,他只能寄希望于"得臣行道",甚至是"得叛臣行道"。于是,孔子也发出"道之不行,乘桴浮于海"的感叹。虽然如此,孔子还是自认为"天生德于予""文不在兹乎"。作者指出:"孔子屡次把自己的使命和天连在一起,表达了这个使命的崇高和神圣。……这并不意味着孔子有了这个信念就有了金刚不坏之身,匡人真的对他无可奈何。"孔子以道自任,但这并不意味着,他的道能够具有拒斥暴君、乱臣、小人的力量。就此而论,孔子的道虽然具有理想主义的高度与信念,但并不能使别人认同他的道、践行他的道。孔子为了行道,也就不得不有"枉道"之想。这引发我们思考的是,"枉道"以"行道",那么"道"还是"道"吗?所以,在孔子的时代,行道于世是不可能的。要想行道就必须改变孔子的生存环境,乃至中国古代的制度框架,这也是今天复兴优秀传统文化必须考虑的根本问题。

以上几种视角的结合,使作者的《论语》注解突破了文献学的单一范式与古籍研究的固有传统,因而具有了贯通古今、融会中西的思想意义。作者立足以人为本的立场与以学为本的精神,疏通了古籍的文字,探索了发扬中华优秀传统文化的可能路径。在这一意义上,该书将成为后世古籍注释与古代思想阐释相结合探索的新范式。

最后,基于以上几种视角的结合,《句读》贯通了"问题"意识与"问道"意识。在通常意义上,学术研究多是提出问题或回答问题,但对一个人文学者而言,最重要的则是问道意识。这个意识乃是判断一部论著价值的核心标准,因为无论任何学术论著,如果没有"求道"之心,其价值常常流于所谓"学术仪式感"或"学术存在感",而失去孔子说的"上学而下达,知我者其天乎"的崇高追求。无论专家、教授抑或大师的称号怎样改换,如果一个学者只是一个任人操纵或宰割的"工具",那只能是"器",而与"君子学以致其道"南辕北辙。只有成为一位高尚、光明、磊落、正义的君子,才能具有高于工具的人文意义,也才能成为"一以贯之"的求道之士。这正乃良知比知识更重要的题中之义。就此而言,如果说问道、守道、布道、行道是《句读》的最终皈依,那么我们也可以说,这也正是一个人文学者所以淑世并烛照天下的高光时刻之所在。

目 录

学而篇第一 —— 001
为政篇第二 —— 045
八佾篇第三 —— 084
里仁篇第四 —— 115
公冶长篇第五 —— 143
雍也篇第六 —— 176
述而篇第七 —— 208
泰伯篇第八 —— 249
子罕篇第九 —— 274
乡党篇第十 —— 308
先进篇第十一 —— 327
颜渊篇第十二 —— 359
子路篇第十三 —— 388
宪问篇第十四 —— 426
卫灵公篇第十五 —— 472
季氏篇第十六 —— 513

阳货篇第十七 534
微子篇第十八 565
子张篇第十九 580
尧曰篇第二十 603
后　　记 610

学而篇第一

1·1 子曰:"学而时习之,不亦说乎?有朋自远方来,不亦乐乎?人不知而不愠,不亦君子乎?"

子曰:"学而时习之,不亦说乎?" 说,通"悦"。学习且不断地去重复它,不是令人喜悦的事吗?古代的学和习,含义不太一样。今人把这句话中的虚词去掉,剩下的核心词汇就是学和习,合在一起就是学习,可见学习这个词非常古老,已经有两千五百多年的历史。人们旅游时,喜欢看古迹,一处上千年的古迹会让人流连忘返,唏嘘感慨。其实,真正古老的遗存,应该是文字和词语。体会字词的悠久历史,就会有"思古之幽情"。

这句话里有三个词值得注意:一个是学,一个是习,还有一个就是说。

首先看"学"。孔子好学,编辑《论语》的学生们对孔子重学的思想深有体会,把《学而篇》放到《论语》的开端。孟子说"人生有三乐",其中有一条就是"得天下英才而教育之"。表面上看,他是在强调教,但教需要有对象,所以也是在强调学。荀子专门写有《劝学篇》。可见,儒家特别重视学。人为什么需要学?学是人的天性,也可以说,是人的一种使命。可以把人和神、兽作一个对比。神是全知全能的,神创造了世界。这个世界就是神的化身。对于神来讲,它无须学,它的世界不会变大，也不会变小。而兽，也就是动物，它凭着本能去生活。动物的世界不会变大，也不会变小，它的世界就是本能的世界，所以动物是不会学习的。如果动物也学习的话，对人来讲，这是很恐怖的事情，因为它会挑战人类。所以，只有人才能去学，才会去学。因为学，人的世界可大可小。学习的领域大小不同，学习的程度深浅不同，人的世界也就不同。人的世界，不限于人的现实生活空间。人的现实生活空间差别不大，但人心灵的空间、思想的空间却相去甚远。从人类知识的角度来看，正是由于学对知识的积累，使得人高出于动物。人在体能上远不如动物。很多动物一出生就会走，自立能力很强。但动物最大的缺点就是不会学，不能积累知识，每个动物都在重复前代动物的行为。人就不一样了，人要花很多时间去学习。从幼儿园到大学毕业，正常的情况下，要学习二十年时间。这样，后人能够站在前人的肩膀上，前人的创造发明在后人那里就成为常识。牛顿的万有引力是一个重大的发现，但在今天，它被写进了中学的课本，成为常识。所以人类才会不断地进步。从价值角度看，学也是非常重要的。学就是学规范、学规则，让人能够和谐共处，这才有了法律、伦理、哲学、宗教、艺术等各门学科。

第二个词：习。朱熹说习是"鸟数飞"，即鸟一次一次地飞，也就是重复的意思。学只是对于对象的初步接触，初步接触未必就能把握对象。习是不断接触对象，以至于最终把握住对象。孔子为什么要强调习？而且还要"时习"？一方面是基于对象的复杂性，人只能反复去学，去钻研，才能把握住对象的本质。另一方面，是强调人的品质、精神、毅力的重要性。凡是一学就会的东西，就近于本能。本能非常重要，但不值得炫耀、自豪。就像小孩子学会自己吃饭，这肯定是重要的事情，如果吃饭都学不会的话，那就有大问题了。但是呢，学会了自己吃饭，是不是值得自豪呢？如果把学看作先天的能力，那么习就应该是后天的汗水。孔子更强调后天的努力。现在人人都有学的机会，但学的效果差别很大，这就与习息息相关。这里的"时习"也可以理解为宋明理学讲的功夫，儒家强调功夫的重要性。黄宗羲甚至说，"心无本体，工夫所至即是本体"，这就把功夫提到至高无上的地位。用通俗的话来讲，功夫就是反复、深入地思考。孔子晚年自述他思想的进步，这个进步是缓慢的、渐进的，每十年才有一个质的提升。可以想见，孔子每一次思想境界的提升，其中有多少功夫在里面。朱熹很早就研究四书，去世之前还在修改《大学》章句，这就是坚持不懈、精益求精的功夫。曹雪芹创作《红楼梦》，"披阅十载，增删五次"，下了多少功夫。康德五十七岁时，才写出他的名著《纯粹理性批判》，此前他所写的文字都只是写作这部名著的铺垫，可见功夫的重要。

第三个词：说。孔子说，学习是令人喜悦的事情。对今天的人来讲，学习的喜悦似乎有点陌生。在现实中，很多人认为学习是一件很痛苦的事情。这在中学生里体现得最为明显。学生毕业时，都以一种憎恶的情绪对待伴随自己多年的书籍，有撕书的，有烧书的，有卖书的。学生们用这种极端的方式对待本应该很珍惜的书本，表明他们对于学习的极端厌恶。这与孔子体验到的学习的喜悦有天壤之别。应该说，学习的本真情感是喜悦，学习应该是快乐的，不快乐的学习就不叫作学习。其实，人小时候是很喜欢学习的，学习说话，学习认人，学习认物，学习认字，总喜欢问这是什么、那是什么，这是强烈的求知欲的表现。可见儿童的学习是主动的，是积极的，是没有任何心理负担的。以致儿童长大了以后，很惊奇是怎么学会了这些的。那么，儿童为什么这样爱学习呢？有人说这是儿童的好奇心，这样讲也有道理。但更深层的心理应该是对安全感的追求。儿童来到这个世界上，面对一个陌生的世界，一个让人害怕、让人恐惧、让人没有安全感的世界。儿童问这是什么、那是什么，就是要把这个陌生的世界变熟悉，在熟悉的世界里获得一种安全感，安全感是一种快乐的感觉。我们到一个陌生的地方去，总喜欢找一个熟人。这个熟人未必能帮多大的忙，但他能帮忙的这种可能性给你提供了一种安全感。人长大以后，感觉到已经熟悉了周边的生活环境，似乎已经具有了安全感。但是，根据马斯洛的心理学理论，人在满足了身体的安全感后，还需要一种精神上的安全感，也可以把它理解为归属感。人生活在世界上，又会陷入精神的不安当中。人通过各门学科的学习，试图去把握世界的规律性以获得安全感。学习物理，把握物质世界的规律；学习历史，把握历史发展的规律；学习文学，把握文学发展的规律。这样，在面对复杂多样的世界时，就不会迷失自我。学习的喜悦是什么呢？就是在不断变化的事物中寻找到它的稳定性。学习原本是一件很快乐的事情，为什么变得不快乐了呢？这就涉及学习的原则问题。学习的最高原则，就是个性化原则。如果说儿童的不安全感带有共性的特点，也就是说每个儿童面临的不安全感是共同的，他们都会面临这是什么、那是什么的问题。但是长大以后，人的不安全感更具有个性化，每个人不安全感的对象是不同的。所以教育就要针对不安全感的对象，去关注这个领域。人越是在没有安全感的地方，就越是要追求安全感。在阅读名人传记，尤其是名人思想传记的时候，就会发现，他们的关注点最终成就了他们的思想。所谓关注点就是让人纠结的地方，让人想不通的地方，也就是吸引人要把它搞清楚的地方，也就是只有搞清楚才心安的地方。所以学习的快乐就是让人心安。但是这一点，现代的教育很难做到，现代班级制教学方式不利于个性发展。很多人都在被迫学习一些与自己的心安毫无关系的学科，也就很难体会到学习的快乐。

有朋自远方来，不亦乐乎？朋友从远方到来，不是一件很快乐的事吗？朋友从远方来，这种体验人人都有。

首先，要关注"朋"。在古人那里，人际关系主要体现为五种，也叫五伦。它们分别是君臣关系、夫妻关系、父子关系、兄弟关系、朋友关系。在这五种关系里面，孔子平常讲得最多的其实是君臣、父子、兄弟关系，当然也还有夫妻关系，这些都是生活中最重要的关系。但是，在讲到快乐的时候，孔子专门提到朋友关系，表明他对各种关系的性质有着清醒、理性的认识。在古代，君臣、夫妻、父子、兄弟关系有一个共同的特点，就是关系双方的地位是不平等的。这些关系主要是用来维护社会秩序的，它和人内心的快乐是没有关系的。如果说，这些关系里也有情感的话，那也只是伦理的情感，体现出来更多的是一种责任和义务。而朋友的关系是平等的。可以在一起讨论、争论，甚至批评。另外，朋友是一种松散的关系，一种若即若离的关系。由于朋友关系具有平等、自由的性质，所以朋友关系最接近于审美关系。孔子把朋友关系和快乐联系在一起，表明孔子的内心深处是向往平等和自由的。

其次，要关注"远方"。朋友在身边固然很好，但是，志同道合的朋友决定了他们都在追求自己的理想，他们往往并不在一起。有一个流行的说法，叫诗与远方。诗的确和远方有关，但是这种相关性不是轻飘而是沉重。唐诗也好，宋词也好，都喜欢写别离，相当一部分都是写朋友之间的别离。古代交通、通信条件比较落后，古人对离别、对远方产生一种今人无法体验到的痛彻心扉的情感。古人讲，"黯然销魂者，唯别而矣"（江淹《别赋》）。在古人那里，分别可能就是永别，他们把生离看成死别一样。同时代的李白和杜甫，据说一辈子只见了两次，真的就像诗中讲的"相见时难别亦难"。古人那些美的诗句很多是关于离别的，"无为在歧路，儿女共沾巾""劝君更尽一杯酒，西出阳关无故人""今宵酒醒何处，杨柳岸，晓风残月"，这些凄美的诗句都是"相见时难"造成的。唐宋的时候，诗人还是那么关注离别，那么不忍离别。那么再往前一千多年，孔子那个时代，交通、通信的条件只会更差，朋友见面只会更难。所以今天的人读孔子这句话，才会对孔子那种快乐的情感有一种更深的体验，这也表明孔子内心深处是非常重情义的。这样呢，在孔子诸多的头衔之外，比如教育家、思想家、政治家这些名头之外，人们能切身地感受到，孔子首先是个人，而且是一个特别重情义的人。今天也会遇到各种分别，但似乎再难体会到古人的那种依恋、伤感。现在的分别可能只是快乐，更多是无所谓。当然，这并不表明今天的人变坏了，只是由于现在的交通、通信条件高度发达，淡化了人与人的情感。这时候的远方不再是沉重的、痛苦的、艰难的，这时候的远方和诗也就失去了关联性。这也就导致我们有过无数次的分别，却没有写出来一首诗。因为我们不再去牵挂远方的人，而只有牵挂才是一种美，才是创作的动力。没有了牵挂，也就没有了诗。所以生活美好的代价，就是不再有诗。当然反过来也可以这样讲，尽管我们没有了诗，但毕竟有了一个美好的生活。所以，今天的人写诗能力衰退，既是好事，也是坏事；既是坏事，也是好事。

人不知而不愠，不亦君子乎？不知就是不知道、不了解，甚至是误解。愠，生气。这句话的意思是，别人不理解你，甚至误解了你，你也不会生气，这不就是君子吗？这句话也是讲，什么样的人才是一个君子。当然，君子的内涵非常丰富，人不知而不愠，只是君子内涵的一个方面。通常来讲，不被人理解，被人误解，应该会生气，这是正常的情感反应。但作为君子来讲，就需要超越这种情感的反应，把自己从感性的人转化成理性的人。这种转化，不是对情感的否定，而是对情感的超越。也就是说，成为君子并非不要情感，而是不要沉溺于情感，不要在情感中不能自拔。那么，人如何能超越情感呢？我们在情绪激动的时候，内心也在说服自己要冷静，但强制自己不感情用事，效果并不理想。人需要有一种不生气的理由，也就是需要不愠之理。根据这个道理，才能够最终消除情感上的不满。这就需要给自己提供一个人不知的理由，也就是说，人不知其实是有道理的。因为别人对你的了解是有限的。你不可能、也不愿意把自己的全部展示给别人，你要保护自己的隐私，所以别人对你的了解就必定是有限的，他也只能根据这个有限的了解对你进行判断，这个判断也必然就是片面的，所以被人误解或不理解，这是生活的一种常态，是生存的一种状态，是人无法避免的。既然是无法避免的，是必然要发生的，那也就无须生气，也就没有必要、没有理由去生气。如果一定要生气的话，那只能生自己的气，只能责怪自己展示给他人的太少。《庄子·山木》中说："方舟而济于河，有虚船来触舟，虽有偏心之人不怒。有一人在其上，则呼张歙之。一呼而不闻，再呼而不闻，于是三呼邪，则必以恶声随之。向也不怒而今也怒，向也虚而今也实。"不远的地方有一条船要撞过来，船上的人很生气，对撞过来的船怒喊，但他发现船上并没有人，气一下就消了。如果船上有人的话，脾气再好的人，也会怒吼。有人就有故意的嫌疑，人会对故意的行为产生不满。如果是自然的行为，人就会理性、冷静。如果把人不知理解为他人故意所为，那就难免会生气；如果把人不知看作人的生存状态时，人自然就冷静了。可见，什么是君子？君子就是冷静、理性、客观地去看待事情的人。成为君子，也就是让自己从感性人变成理性人。人的感性是天生的，人的理性是后天培养的。我们平常讲修养，实际上就是要培养后天的理性能力。当人处在感性状态时，就很容易生气，就会处于不乐的情绪状态。当人处在理性状态时，就由不乐转化成乐。

这一章的核心思想是乐。"学而时习之，不亦说乎"，说的是独乐，自得其乐；"有朋自远方来，不亦乐乎"，讲的是与他人共乐；"人不知而不愠"，讲的是人如何由不乐转化成乐。有人说中国文化是乐感文化，是有一定道理的。这里的乐，是非道德的乐，是发自内心的情感之乐，这里的乐具有审美的性质。

1·2 有子曰："其为人也孝弟，而好犯上者，鲜矣；不好犯上而好作乱者，未之有也。君子务本，本立而道生。孝弟也者，其为仁之本与！"

有子曰。有子是孔子的学生，学生不应该被称"子"，这里称有子表明这一章是有子的学生记录下来的文字。所以，《论语》这本书是孔子和他的弟子以及再传弟子合著而成的。

其为人也孝弟，而好犯上者，鲜矣。孝，是侍奉父母时应该有的一种伦理情感；弟，是对兄长应该有的一种伦理情感。上，上级，在这里也可以特指国君。犯上，就是用语言去冒犯上级。这句话的意思是，一个人孝顺父母、尊敬兄长，却喜欢去冒犯上级，这是很少见的事情。简而言之，有子认为，一个为人孝悌的人，是不会犯上的。

不好犯上而好作乱者，未之有也。不喜欢犯上却喜欢作乱的人，这是绝对不可能有的。犯上，是言论的不满。作乱，行动上进行反抗。有子认为，一个人不敢进行言论的批评，也就不敢在行动上反抗。有子这几句话，完成了一个推理，那就是：人孝悌就不会犯上，不会犯上就不会作乱。这几句话可以简化成：如果人孝悌，就不会犯上作乱。那么，孝悌与不犯上作乱之间有没有必然关系呢？孝悌和犯上作乱是两个不同的领域，孝悌属于私人领域，而犯上作乱出现在公共领域中。私人领域和公共领域所遵循的原则是否一样呢？大量的例证说明，私人领域中的孝悌和公共领域里的不犯上作乱没有必然的关系。《水浒传》里的李逵应该是个犯上作乱的人，但他特别孝顺自己的母亲，宋江也算犯上作乱，但是也很孝顺他的父亲；《红楼梦》里的薛蟠，在外边惹是生非，但是对于他的母亲，也还算是言听计从。就儒家的圣人来讲，武王无疑是孝悌的，但是他却以武力推翻了商纣王。孟子为武王辩护，说纣王是"独夫民贼"，武王不是弑君，而是诛杀一夫，孟子的辩护尽管很有说服力，但这毕竟是一个犯上作乱的事实。这表明私人领域的孝悌并不必然避免在公共领域犯上作乱。假定有子的观点是正确的，必然会出现这样的问题。首先，人们对公共领域的事情不能进行任何的批评，你一个孝悌的人怎么能够去犯上呢？怎么能去批评你的上级呢？但问题是，上级也是人，也有错误，为什么就不能批评呢？其次，人们就会把社会治理的各种问题都归咎于孝悌问题，使得那些该承担社会治理责任的人逃避了职责。如果社会治理的混乱与管理者无关，与被管理者的孝悌有关，那么解决的办法只能是，每个人都回家加强孝悌修养。这就本末倒置了。最后，这样的推理，就把孝悌变成了治理国家的手段，而非目的。换句话讲，看起来有子很重视孝悌，但实际上，他只是把孝悌作为工具来使用，孝悌失去了独立的价值。这实际上是降低了孝悌的价值。

根据上面的考察，就否定了有子的推理。现在的问题是，有子是不是真的错了呢？还不能轻易地下这样的结论。有子的推论自有他的道理。这与周朝的社会结构有关。周朝实行的是分封制，周朝最早的那些国君，很多都是天子的家人，有的是儿子，有的是兄弟，有的是侄子。所以周朝朝廷里的君臣关系，回到家里就变成了父子关系、兄弟关系。他们兼有两种身份，既是君臣，又是父子兄弟，这就是人们常讲的"家国同构"。所以，有子的这个观念，在宗法制的周朝，是完全有道理的。在家庭中强调孝悌关系，有利于在朝廷上强化君臣关系。孝悌不仅具有伦理的意义，更具有政治意义。这有点类似于现在的家族企业，父亲是董事长，儿子是总经理。家族企业必然要强调孝悌，用伦理的孝悌来强化权力上的服从。由此也就理解了传统社会为什么特别强调孝道，强调孝本质上是强调服从。若孝没有独立的价值，孝也就慢慢变味了。曹操"以孝治天下"，只是以孝为借口清除异己，民间流传的"二十四孝"就更不用说了。也因为如此，就能更好地理解五四时期为什么要反对孝道。那些反对孝道的人，都是反对孝道的政治化、专制化，并不反对伦理化的孝道，比如鲁迅、胡适，生活中遵循孝道，思想上却抨击孝道。所以，有子的推理，可以从两方面来理解：一方面，承认他的推理在他那个时代是有合理性的；但另一方面，在今天看来，他的推理又变得不合理了。

君子务本，本立而道生。君子做事应该致力于根本。根本确立了，事物的道理也就由此而生。"君子务本"，就字面讲，人们都没有异议。但是人们对本的理解是不同的。儒家以仁为本，道家以道为本，墨家以爱为本，法家以法为本。本是多样的，不是唯一的。有一个词叫根本，根就是本。以根为本应该是受到树根的启发。树根是看得见的，大家都认同树根是树的根本。但是生活中，本到底是什么，看法是不一致的。由根本这个词可以发现，本具有根的特性，那么根的特性是什么呢？根的特性就是它的生长性。你可以摘掉树叶，折断树枝，砍掉树干，但只要根在，假以时日，它又会长成参天大树。所以生活中，判断什么东西是本，就是判断它是否有生长性，是否有持续性。

孝弟也者，其为仁之本与！儒家思想的本是仁。仁之本是什么呢？就是孝悌。显然，有子认为孝悌具有一种生长性，也就是说，在孝悌里面可以生长出仁。有了孝悌，就会把孝悌的情感推广到他人身上，正如孟子所说的，"老吾老以及人之老，幼吾幼以及人之幼"。在有子看来，孝悌是人原初的情感，有了这个情感就不愁没有其他的情感。孝悌具有生物学基础，是最自然、最牢固的一种情感。所以，孝悌可以作为仁的根本。

1·3 子曰："巧言令色，鲜矣仁！"

子曰："巧言令色，鲜矣仁！" 所谓巧言，就是故意说很好听的话。所谓令色，就是故意让自己的脸色好看。人有自然的言，也有自然的色。为什么要巧言令色呢？显然是有所企图。要达到某个目的，就改变了自然的言，自然的色，使得言与色具有了表演性。表演的最大特点就是成为自己所不是的他人，表演越成功，距离真实的自我就越远。表演性使得人格处于分裂状态，表演者随时都可以成为他所不是的人，让人很难确定他的真实自我。这种人往往具有两面性。表面看来，和颜悦色，背后却是心狠手辣。王熙凤就属于这类人。这句话从反面也说明了什么是仁：仁的情感具有自然性、真实性、真诚性。这里需要注意的是，这句话讲人的德行，讲人如何做人，做人要真诚，而不要表演。但是由于孔子的影响力，人们不假思索地扩大了巧言令色的使用范围，把它从纯粹的德行领域延伸到艺术领域，影响到对表演艺术的看法，影响到对表演艺术家的评价。在中国古代，人们对演员的评价很低，把演员称为"戏子"。《红楼梦》里，史湘云说林黛玉像台上的小演员时，林黛玉就特别生气。生活中，人们把演戏当作贬义词，很可能是受到"巧言令色，鲜矣仁"这句话的影响。所以在读这句话时，要限定它的使用范围。在道德上、做人上表演肯定有问题，但不能由此否定表演艺术的合法性、合理性。所以，限定观念的使用范围是非常重要的。在特定的范围之内，观念具有真理性，超出这个范围，就有可能变成谬误。古人讲，为人需要老实，为文需要放荡。

1·4 曾子曰："吾日三省吾身：为人谋而不忠乎？与朋友交而不信乎？传不习乎？"

曾子曰。曾子是孔子晚年的学生，也是影响特别大的学生。孔子的学生里，晚年学生的影响力要超过早年的学生。这既与学生的水平有关，也与晚入门的学生年龄有关。晚入门的学生年龄偏小。孔子去世后，这些学生就具有了解释孔子思想的年龄优势。曾子、有子、子游、子夏的许多言论被编入《论语》中，与他们年龄小是有关系的。

吾日三省吾身。古汉语里，三有多的意思。比如说，颜回"三月不违仁"，孔子闻韶乐，"三月不知肉味"，这些三显然是多的意思，不是确指三个月。但是本句中的三，就是数字三的意思。根据下文，可以把这个"三"翻译成三个方面。《论语》里的"三"翻译成三，也有很多的例证。孔子后面讲的三友、三乐、三戒、三畏里的"三"都应译成三。这句话的意思是，我每天都从三个方面反省自己。反省也就是今天讲的反思，就是思考自己有什么不足。反思非常重要，反思是自己发现自己的错误，自己找自己的不足。别人也可以指出自己的不足，但别人指出来不足和自己反思出来不足，效果是不一样的。别人指出来不足，会让人产生抵触情绪。而自己反思出不足，则会发自内心地改正错误。另外，反思是内在的，关联到人的良心、良知。比如这里反思的"忠""信""习"，你是怎么做的，是否尽心去做，只有你自己知道。所以反思往往带有灵魂拷打的意味。一个善于反思的人，一定是自我要求极为严格的人。不独个人需要反思，一个民族、一个国家也需要反思。

为人谋而不忠乎？替别人谋事有没有尽心尽力？忠的对象是上级，所以为人谋指的是替上级谋划。这句话准确的翻译就是：替上级谋划是否忠心耿耿呢？忠是人们普遍认同的价值观念。为什么呢？因为每个人都具有双重身份，每个人都既是上级，又是下级。学校里面，老师是学生的上级，但他又是学院的下级；院长是老师的上级，又是校长的下级。每个人作为上级，都希望下级忠，那么，你对你的上级也必须要忠。你希望别人做的，也正是别人希望你做的。

这里还要注意，忠是有前提的。在上下级的关系中，可以自由地进入关系，也可以自由地退出关系。只有在自由的前提下，才是一种健康的忠，否则就是强制性的忠。不得不忠，不忠就没有出路。春秋战国时期，士无定主，读书人没有固定的主人。那个时候，孔子、孟子能够周游列国，寻找明主。在这种自由的历史背景下，曾子讲"为人谋而不忠乎"就是极其自然的事。秦以后呢，失去了这个自由的大背景，再说"为人谋而不忠乎"就有问题。

与朋友交而不信乎？ 和朋友交往有没有信守诺言？信也是人们普遍认同的价值观。"信"字由人和言构成，简单说，信就是人言，就是人说话要算话。这是信的最基本的含义。人做任何一件事，都要以说话算话为前提，没有信，就不可能做成任何事情。就比如今天上课，最重要的是什么呢？很多人会关注老师是怎么上课的，学生是怎么听课的，其中是否有互动之类的。其实呢，这些都不是最重要的。最重要的是上课这件事是如何成为可能的？那就是师生双方信守了一个承诺，大家在同一时间来到了同一个地点，这比如何上课、如何听课都更重要。是这个信导致了上课这件事产生。那么，曾子为什么特别强调朋友之间要信守承诺呢？这与朋友关系的特性有关。朋友是志同道合的人，但这种志同道合不是先天就有的，而是在后天的交往中形成的。在交往过程当中，诚信决定了交往是否可以持续，信守承诺，交往就会更加紧密。反之，就会中断已有的交往。朋友有聚有散，不像父子兄弟，即便诚信有问题，血缘关系仍能维系彼此的联系。

传不习乎？ 这句话有两种翻译方法。一种翻译是：老师传授给我的，我复习了没有，认真思考了没有？还有一种翻译是：我教给学生的内容，我深入思考过没有？哪一种翻译更好呢？前面反思的两个方面，曾子都在强调，自己对于别人的责任和义务，那么这句话也应该是强调自己的责任和义务。所以后一种翻译更好。也就是说，我传授给别人的道理，我自己弄清楚了没有？还有一个理由是，曾子这句话显然是说给学生的，然后由学生记录下来的。这个时候，曾子的身份应该是老师，而不是学生。综合这两个方面，把这句话翻译为：我将要教给学生的这些道理，我是不是弄清楚了？按照常理来讲，老师教给学生的，都应该是深思熟虑过的。这是学生对老师一厢情愿的想法，其实，老师有很多问题未必想得很清楚，这当中，"以其昏昏，使人昭昭"的事情也不少。通常学生把没有弄明白的问题归结为问题的深奥，其实真正弄懂一个问题后，是能深入浅出表达出来的。这里，曾子在反思他作为一个老师是不是够格。曾子的反思非常全面：对上级是不是不忠，对平级的朋友是不是不信，对下级的学生是不是不习。上、中、下三级合起来，表明他对自己与所有人的关系都进行了系统性的反思。

1·5 子曰："道千乘之国，敬事而信，节用而爱人，使民以时。"

子曰："道千乘之国。" 道，通"导"。一辆兵车配四匹马称一乘，千乘指一千辆兵车、四千匹马。车马在古代是战争的武器，可以用来衡量国家的实力。千乘之国是中等实力的国家。

敬事而信。 一般人把敬事和信看作两件事，认为它们是并列关系。但把敬事和信理解为因果关系似乎更好。这句话的意思就是：要以敬事的方式赢得百姓的信任。所以，这句话的核心思想是取信于民。如何获得百姓的信任呢？这就要求统治者敬事。什么叫敬事呢？就是对所做的事情保持敬畏之心，对所做的事充满一种神圣感、意义感。对所做之事持敬畏的态度，意味所做之事高于一切，面对这件事，人们有责任、有义务必须把它做好。敬事不是为了寻求物质利益，也不是为了他人的赞誉，只是因为这件事非常重要，非常有意义，才去把它做好。敬事的另一面是人在事面前保持卑微的态度，这样，人做事就格外小心谨慎，就不敢轻举妄动，就会战战兢兢，如履薄冰。统治者以如此的敬心做事，自然就会赢得百姓的信任。

节用而爱人。这句话的核心是爱人，这里的人就是民，爱人即是爱民。爱民不是抽象的，而是要有具体的行动，这就是统治者"节用"。所以这句话的意思是，统治者以节用的方式去爱民。节用和爱民也是因果关系。社会的总财富是一定的，统治者节用，就必然会增加百姓的财富。增加百姓的财富不就是爱百姓的表现吗？

使民以时。按照时令去使唤百姓。这是农业社会的重要特征。农业生产严格按时令进行。何时播种何时收获，都有严格的时间限制，即所谓的春种秋收。所以征召百姓一定要在农闲的冬季。

孔子这里所讲到的治国方法，都是人所共知的常识，作为统治者，自然也会明白这些道理。那么孔子为什么要强调这些常识呢？显然，当时的统治者没有遵循这些常识，或者说背离了这些常识，所以才需要去提醒。问题是，既然是常识，为什么统治者会背离它？这与统治者拥有的权力有关。权力让人自我膨胀，无视一切。国君的权力是世袭来的，这样的权力特别任性，是不可能敬事的。全国的财富都是他的，用都用不完，他也就不可能有节约意识。至于与吃穿息息相关的农时更是不以为意，因为统治者从不缺吃少穿。统治者认为他无所不能，结果就做出了违背常识的事。孔子那个时代，人们还没有找到一个有效的方法去制约统治者的权力，所以孔子只能以劝说的方式去告诫统治者不要忘了这些常识。

1·6 子曰："弟子，入则孝，出则弟，谨而信，泛爱众，而亲仁，行有余力，则以学文。"

子曰："弟子，入则孝。"这里的弟子指为学的人。为学的人应该怎么做呢？首先要做到孝。孝是人的本能，其他文化里尽管也有孝的观念，但是中国文化特别强调孝。孝在中国的文化里不仅仅是一种伦理情感，它更具有一种政治含义，所以传统的教育里特别强调孝。

出则弟。离开父母就应该尊敬兄长。悌这个观念在今天似乎不太常见。今天的人很难理解悌的重要性。今天的人讲兄弟时，主要表达双方平等的意思。但在古代，兄弟是不平等的。"长兄如父，长嫂如母"，兄对弟具有绝对权威性，兄弟之间有严格的等级差别。兄的地位为什么这么高？这与古代嫡长子继承制有关，兄是储君，具有绝对的权威性。兄弟在父母面前都要孝，但是弟在兄面前还要悌，这就有了严格的等级。

谨而信。要谨慎处理朋友之间的关系。朋友关系是平等的、自由的，但是，这并不意味处理朋友关系的时候能非常随意。朋友不是天生的，它是在交往中形成的。朋友关系的平等自由常常被错误地理解为随意、随便、没有分寸，这往往会伤害朋友之间的感情。所以交友是一种艺术。

泛爱众。要爱所有的人。儒家强调爱有差等，所谓"亲亲而仁民，仁民而爱物"。最爱的是亲人，其次是老百姓，再其次是万物，这种爱明显具有等级上的差别。而泛爱众的思想，突破了"爱有差等"的观念。人不仅要爱自己的亲人、爱自己的朋友，还应该爱那些陌生人。亲人和朋友的数量毕竟是有限的，这样的爱也是有限的。泛爱众要求把爱从熟人延伸到陌生人。这里的众人，从理论上讲，应该也包括自己的敌人。这个思想和基督教的博爱有相通之处，表明孔子爱的思想的博大。但是非常可惜，泛爱众的思想，大概因为和墨子的兼爱思想有相通、相似之处，在儒家思想里没有得到应有的重视。在今天看来，泛爱众的思想仍然有着重大的意义。今天的人讲的很多爱都是很狭隘的，和泛爱众的思想相抵触。很多人对不友好国家的灾难，表现得很冷漠，甚至幸灾乐祸。这完全背离了孔子泛爱众的思想。国际社会推崇儒家的思想，显然是认同了孔子泛爱众的思想，泛爱众是中外思想对话的重要思想资源。今天要大力倡导泛爱众的思想。

而亲仁。一般都把仁理解为仁人，亲仁即亲近仁人。这样理解看起来也有道理，但最好把仁理解为仁的观念、概念。为什么这样理解呢？因为泛爱众的思想境界已经非常高了，能达到这个境界就是仁人了，他不需要再去亲近仁人了。更高的层次就是去亲近、去思考仁。

这几句话讲的是为学的前后次序，这个次序应该是从父母到兄弟、到朋友、到众人，再到抽象的仁。概括地说，为学是由近及远，由个别到群体，由具体到抽象，范围逐渐扩大，层次逐渐提高。

行有余力，则以学文。做到以上这些，还有剩余的力量就去学习文献知识。文指文献。学文就是学习文献这样的读书活动。可见孔子讲为学，德行优先。价值教育优先知识教育。这里讲的价值教育应该是普遍适用的价值的教育，比如孝、悌、信、爱、仁。但问题是，这些价值观如何才能落到实处？人们通常会有一个感觉，我们的文化价值观很好，但现实却与这些文化价值观处在脱节的状态。我们文化的上下之间需要有个制度的架构，以确保这些价值观落到实处，否则就会空有这些价值观。

1·7　子夏曰："贤贤易色；事父母，能竭其力；事君，能致其身；与朋友交，言而有信。虽曰未学，吾必谓之学矣。"

子夏曰："贤贤易色。"第一个贤是重视，第二个贤是贤惠。易，轻视。色，外貌。这句话是说，要重视人的内在品质，要轻视人的外貌。这是讲夫妻关系。在夫妻关系里,要重视女性的内在品德,要轻视女性的外貌。《论语》中讲夫妻关系仅此一处。贤贤易色的道理,古人认可,现代人也认可;中国人认可,外国人也认可。这是一种普遍的文化现象,这种文化要求,要轻视女性的外在美,要重视女性的内在美。这样的文化要求和现实中人们对女性美的追求形成反差,常常有说教的感觉。该如何理解贤贤易色呢?它不是要否定外在的美,而是要超越外在的美。这样理解容易让人接受。为什么要超越外在的美?

首先,外在美是天生的,人们对此无能为力。如果强调外在的、先天的美,那就意味着,人后天的所有努力都毫无意义。这样,长得美的人无须努力,不美的人再努力也没用。从文化角度上讲,就会导致人的道德堕落。

其次,外在的美是空间的展示,一览无余,久而久之,会产生审美疲劳。

最后,外在美在时间中达到峰值以后会呈现衰退的趋势。如果强调外在美,人就会担心美的消失。但在时间中,美的消失是必然的,这让人产生今不如昔的感觉。而品德的优势在于,它在时间中展示丰富性、多样性,它能在时间中超越时间,给人带来永久的希望。从这个意义上讲,贤贤易色不是说教,它是人内心的一种追求。

事父母,能竭其力。侍奉父母能够竭尽全力。这个观念,古今大同小异,但在具体的做法上,古今不太相同。古人的方式更直接,能给父母提供具体的帮助,现代人远离父母,孝亲的方式比较间接。很多人以为现代人的孝心在衰退，试图恢复那种原始的、直接的孝亲方式，这显然是不现实的。现代人孝亲的淡化与人的品质无关，与现代人的生存方式有关。

事君，能致其身。侍奉国君能舍生忘死。这个观念在现代人看来，似乎难以理解，但是在宗法制社会里是有合理性的。在宗法制社会里，君就是自己的父兄，说事君要舍生忘死，换句话讲，就是侍奉父兄要舍生忘死。当然，即便在宗法制社会里，君并非都是父兄。孟子曾经把卿分为两类：贵戚之卿和异姓之卿。贵戚之卿如何事君呢？孟子讲，"君有大过则谏，反复之而不听，则易位"，这与"事君能致其身"相去甚远。他不但不致其身，还要易位，重新设立国君。异姓之卿如何事君呢？"君有过则谏，反复之而不听，则去。"去，即辞职离开。这与"事君能致其身"毫不相干。这里要特别注意，"事君能致其身"是无条件的，而在贵戚之卿、异姓之卿那里则是有条件的。换句话说，臣忠君是有条件的。孔子辞职离开自己的祖国，去周游列国，在后人看来，这是不忠的行为，但在孔子看来，这和不忠毫无关系。孔子把自己定位为自由人，他不必对某个国君死心塌地地忠。他觉得不能实现自己的政治理想，就会毅然决然地离开。所以孔子不可能说"事君能致其身"。可见，子夏和孔子的思想是有差异的，读《论语》时，要注意孔子和弟子思想之间的差别。

与朋友交，言而有信。与朋友交往要言而有信。为什么朋友之间要守信呢？因为朋友是以信为前提建立起来的关系。失信就会失去朋友，朋友关系中由于没有任何约束，又是极容易失信的。

虽曰未学，吾必谓之学矣。虽然他说没有学习，但是我也一定说他学习了。学习的结果就是要处理好这几种关系，既然现在已经处理好了这些关系，就完全可以说已经学习了。

1·8 子曰："君子不重则不威，学则不固。主忠信，无友不如己者。过，则勿惮改。"

子曰："君子不重则不威。"重，庄重、厚重；威，威仪、威信、威望。根据重和威的不同含义，这句话可以有两种不同的翻译。一种翻译是：君子不庄重则没有威仪。这是侧重于君子的外表。另一种翻译是：君子不厚重就没有威信、威望。这是侧重于君子的内涵。这两种翻译都说得通，但是后一种翻译更好。这句话是讲，君子怎么做才有威望。通常说一个人有威望，都是指这个人年龄大，或者是这个人地位高，或者是这个人财富多。孔子对威望有独特的理解，他认为年长、财富、地位都不会必然使人有威望。他认为厚重产生威望。那么什么是厚重？厚重是指人内在的德行、人格、知识、能力。孔子改变了传统价值观，他把衡量价值的标准由外在转移到了内在。孔子的思想可能与他的生存状态有关，他没有地位，也没有财富，但他有德行、有知识，所以他调整君子的标准，也是顺理成章的。

学则不固。学习让人不固执。生活当中，每个人其实都很固执。不是说人故意地要去固执，而是自然而然地就会固执。

每个人的出身不一样，家庭背景不一样，生活经验不一样，人自然地就会以自己的经验去看待世界，所以人的固执是先天的。但固执又是不好的，是需要避免的。那么如何去避免呢？这就需要学习。学习是对自我的突破，是理解他人生活的一种途径，所以古人讲要读万卷书。这里要特别注意，为什么要读万卷书，而不是读一卷书？读一卷书有时候比不读书还要糟糕。不读书的时候没有形成自己的观点，还容易去接受新的观点，读了一卷书的人，就会把这一卷书当作真理，拒绝接受新的观念。所谓读万卷书就是读不同的书，读观点相反的书，不仅读中国的书，还要读外国的书，只有这样才能学则不固。

主忠信。以忠信为主，也就是以忠信作为行动的原则。前面已经讲到了忠信。这里就不再讲这个问题了。

无友不如己者。这句话有两种不同的翻译方法。如果把友当作名词，这句话的意思就是：没有朋友不如自己。如果把友当作动词，这句话的意思就变成了：不要和不如自己的人交朋友。哪一种翻译更好呢？本章五句话表达五个方面的含义，它们都是强调人的行为方式，所以"友"作动词使用更好一些。这里会出现一个问题，如果你不和不如自己的人交朋友，按照逻辑推理，你想交的朋友也不会愿意和你交朋友，这就导致一个结果——谁都交不上朋友。所以，从形式逻辑上看，这句话是有问题的。那怎么去理解它呢？可以用生活逻辑去理解它。生活逻辑具有约定俗成的含义，这句话是说，人应该和高于自己的人交朋友。从交朋友的出发点看，人总是想交高于自己的朋友。在生活中，高于你的朋友也不会利用形式逻辑拒绝和你交朋友。生活具有复杂性，生活不一定符合逻辑。生活中有句俗语，"打是亲，骂是爱"，大家都能理解这句话的真实含义，这个俗语是有条件的，它是亲人之间表达爱的一种方式，这里面有恨铁不成钢的意思。它不是陌生人之间相处的方式。陌生人之间，打就是打，没有亲的意思，骂就是骂，也没有爱的意思，所以你不能根据这句俗语去打一个陌生人、骂一个陌生人。还有一句流行语，"为人民服务"，大家在看到这句话的时候，都会理解成为每一个人服务，你也不能利用形式逻辑自我辩护说，我是为人民服务，你不是人民，所以我不为你服务。"无友不如己者"也应该作这样的理解。人总想交一个好朋友，没有人主观上想交一个坏朋友，它是表达人的一种主观愿望。至于实际交了什么样的朋友，那是另当别论的。

过，则勿惮改。有了过错，不要怕改正。错误是不好的，不好的就要改正，人主观上也不想犯错误，那改正错误应该是求之不得的事啊！为什么要害怕改正错误呢？这里有两种情况。一种情况是，知道自己犯错了，也不愿意去改正错误。这首先体现为不愿意承认错误，因为承认错误是一种自我否定，而生命的本能是要自我肯定，所以承认错误是非常困难的，需要跟自己的本能作斗争。尤其是身居高位的人更不愿意承认错误，他要维护自己的权威，就需要把错误坚持到底。对一般人来讲，承认错误也是一件很丢面子的事情。怎么解决这个问题呢？这就需要理性地对待错误，需要意识到人都是会犯错误的。生活就是不断地选择，任何人都不能保证自己的选择是正确的，选择就给了人犯错的可能性，人的一生都在和错误打交道。所以，人犯错误是非常正常的，不犯错误反而很奇怪。这样，人也就没有必要忌讳错误，承认错误就不再是羞耻的事情。人以一种良好的心态去对待错误，这离改正错误也就不远了。还有一种情况是，人不知道自己犯了错误，以为自己是正确的。这与人的有限性相关。人总是过于相信自己的能力，并把自己的能力用在不适当的地方。康德就认为，人有一种纯粹理性，纯粹理性把经验中的范畴运用到非经验的领域，要求认识那些本来就不能认识的对象，于是就产生了思维的悖论。生活当中人们习惯于提问，什么是桌子？什么是椅子？然后人就顺着惯性去问，什么是老天爷？什么是道？什么是佛？问什么是桌子、什么是椅子是可以的，问什么是老天爷、什么是道、什么是佛是不可以的。但是人们通常都认为这样提问是理所当然的，并没有意识到有什么不妥之处，也不认为自己犯了什么错误，也就更谈不上去改正错误。那么这个时候就需要一种思辨、需要一种理论思维去划界，让人认识到人的认识能力的有限性。但是尽管如此，人还是克制不住这种惯性，去问一些不应该问的问题。

1·9　曾子曰："慎终，追远，民德归厚矣。"

曾子曰："慎终，追远。" 终就是结束，对人的生命来讲就是死亡。慎终，即慎重地对待人的死亡。死亡是人生命中最大的事情，人应该如何对待死亡呢？道家认为，死亡是生命的自然现象，没有必要去特别地对待它，人死了以后，没有大操大办的必要，把尸体扔到山沟里，狼吃了也好，鹰吃了也好，都是无所谓的。墨家认为，人死了，丢到山沟里是不妥的，安葬是必要的，但是一定要薄葬，认为生者的生活比对死者的安葬更为重要。曾子的慎终代表了儒家对死亡的态度。慎终就要求厚葬，儒家认为死亡是大事，要尽其所能把葬礼搞得非常隆重，因为这是生者对死者所做的最后一件事，必须慎重对待。

什么是追远呢？逝者离生者越来越远。如果人不采取任何措施，逝者终将与生者彻底失去联系，就会杳无音信，仿佛他们不曾存在一样，所以要把远去的人追回来。通过什么方式追回来呢？这就是祭祀。孔子说"祭神如神在"，通过祭祀让这些远去的人又回到生者的意识当中、心灵当中。所以儒家特别重视祭祀。当然，儒家的祭祀也有限制，因为逝去的人太多，哪些人应该成为祭祀的对象呢？儒家做了严格的限定，只有自己前面四代人才能够享受祭祀，这样每代人祭祀的对象都会有所不同。由于儒家祭祀的对象过于具体，而四代之前的祖先就成了一个模糊的背景。所以儒家的祭祀活动，既像宗教又不像宗教，处在宗教和生活的中间状态。

民德归厚矣。民风归于纯朴。慎终追远怎么会导致民风淳朴呢？慎终有一套复杂的程序，但本质上，它是表达人的思念情感，是对逝者的不舍，所以慎终是一种情感活动。情感活动和纯朴相关，一个重情的人必定是一个纯朴的人。人们常说世风日下,就是说人们只关注物质活动,而轻视、淡漠情感。所以一个好的社会,必定是一个重情的社会。人为什么要追远?因为人的生命是有限的,有限的生命会消解生活的所有意义,换句话讲,如果生命不能延续的话,生命其实是无意义的。所以追远,也就是祭祀活动,它的重要使命就是打通生和死的界限,让人的生命得以延续。后人的祭祀活动让前人的生命在后人的心里得以延续,这样,生死就变成了一个连续的整体,人就能够坦然地面对死亡。追远实际上是追求生命的永恒。人在追求生命的永恒时,自然地就会轻视、蔑视物质性的东西。庄子讲,"嗜欲深者天机浅",反过来说,"嗜欲浅者天机深"。人们通常会问一个问题,儒家是不是宗教?刚才讲,儒家的祭祀有局限性,它只把有限的祖先作为祭祀的对象,这显然不符合严格的宗教,但是这些祭祀的对象,毕竟生活在另一个世界里,它的确有彼岸的性质。否则的话,人死如灯灭,祭祀还有什么意义呢?所以祭祀就具有某种意义的超越性,超越世俗,超越功利,让人达到一种精神的高度。慎终追远,崇尚精神,崇尚超越,崇尚永恒,这样自然就会"民德归厚"。

1·10 子禽问于子贡曰:"夫子至于是邦也,必闻其政。求之与?抑与之与?"子贡曰:"夫子温、良、恭、俭、让以得之。夫子之求之也,其诸异乎人之求之与?"

子禽问于子贡曰:"夫子至于是邦也,必闻其政。" 子禽、子贡都是孔子的学生。通过他们的对话，可以看出子贡的水平远在子禽之上。但是子禽提出的问题，也表明他是一个善于观察、善于提问的学生。他观察到一个很重要的问题，就是老师每到一个国家，就一定会知道那里的政事。这个观察，很准确地揭示了孔子的儒者性格，孔子以及后来的儒家，都特别关注现实，而现实问题的核心就是国家的政治运作状况。

求之与？抑与之与？他是怎么了解到的呢？是自己主动追求来的？还是别人主动提供的呢？子禽非常好奇。

子贡曰："夫子温、良、恭、俭、让以得之。"子贡的回答非常有水平。他没有直接提供答案，既没有说是求来的，也没有说是别人给的，而是给了一个模棱两可的答案，让子禽自己去揣摩。子贡说，老师是以温、良、恭、俭、让这五种品质"必闻其政"的。这是什么意思呢？首先，这五种品质不是天生就有的，而是孔子后天追求得来的，从这个意义上讲，"必闻其政"是求来的。但孔子是通过努力获得了这五种品质以后，别人因为这五种品质而主动让孔子"必闻其政"的。从这个意义上讲，它又是给予的。可见，"温、良、恭、俭、让以得之"意味着，它既是求来的又是给予的。从结果来说，是别人给予的，当追溯到给予的原因，又是孔子求来的。人们往往只看到给予的这一面，很少有人看到孔子求的这一面。在求和予之间，求是原因，予是结果，是先求得温、良、恭、俭、让这五种品质，然后别人根据这五种品质再给予。如果仅仅是求的话，子禽、子贡为什么求不来呢？如果仅仅是予的话，那为什么没有人给予子禽、子贡呢?

夫子之求之也，其诸异乎人之求之与? 夫子的追求是不是不同于别人的追求?夫子追求的特点是什么呢?他先追求五种品质，用这五种品质来充实、塑造自己。进一步讲，他追求这五种品质也不是为了"必闻其政"，他只是认为这五种品质非常重要。至于别人会不会因为这五种品质就让他"必闻其政"，那是一件次要的事情。老师追求如何做人，而一般人直奔主题，直接追求"闻其政"。就"必闻其政"来讲，老师是间接地求，一般人是直接地求。

1·11 子曰："父在，观其志；父没，观其行；三年无改于父之道，可谓孝矣。"

子曰："父在，观其志；父没，观其行。" 父，既可以泛指一般的父亲，也可以指有特定身份的父亲。《子张篇》第十八章记载："曾子曰：'吾闻诸夫子：孟庄子之孝也，其他可能也；其不改父之臣与父之政，是难能也。'"从这段话可以看出，父更有可能指具有特定身份的父亲。父亲在世的时候，应该观察儿子的志向；父亲去世以后，应该观察儿子的行为。因为在古代，父亲具有绝对权威。父亲在世的时候，儿子要绝对服从父亲，也就无法以自己的行为去表达孝心，只能观察他的志向。父亲去世了，儿子开始主政，就可以根据他的行为来判断他的孝了。

三年无改于父之道，可谓孝矣。这里的三年可以翻译为多年,当然,翻译成相当长的一段时间,可能更准确。这句话的意思是:在相当长的一段时间里,不改变父亲生前的处世之道,这就是孝。这里要注意的是,父之道是正确的还是不正确的?如果是正确的,那就永远不需要改正。显然,这里的父之道应该是不正确的。因为不正确,才会有改的问题。问题是,如果是不正确的,为什么不立即去改,而一定要在相当长的时间以后再改呢?在这里,孝和不孝的区别,不是要不要改的问题,而是何时改的问题。立即就改,知错就改,就是不孝;很长时间以后再改,就是孝。这里对时间的把握成为孝的关键。为什么马上改是不孝呢?因为,马上改突出了儿子和父亲之间的差别,儿子是用自己的正确突出了父亲的错误,把父亲的错误暴露在光天化日之下,这是在败坏父亲的形象,有损父亲的尊严。"三年无改于父之道",意味着要延续父亲的错误,要与父亲一起犯错误,很长一段时间以后,当儿子改正错误的时候,就是以改正自己错误的方式改正了父亲的错误。这样既改正了父亲的错误,又维护了父亲的形象,维护了父亲的尊严。可见,最大的孝是维护父亲的尊严。这是一种孝的智慧,即和他人一起犯错误的智慧。

1·12 有子曰:"礼之用,和为贵。先王之道,斯为美;小大由之。有所不行,知和而和,不以礼节之,亦不可行也。"

有子曰:"礼之用,和为贵。" "和为贵"已成为现在人的口头禅，可见这句话影响深远。但是，后人口头禅的"和为贵"和有子的"和为贵"意思不一样，口头禅把一个深刻的思想变成了一个普通的生活哲学。和，不能理解为和气，而要理解为和谐。和谐是多样性的统一，差异性的统一。和谐的社会是一个美好的社会，一个自由的社会。这句话的意思是：礼的作用在于，创造一个自由美好的社会。这是讲礼和美好社会的关系。礼的含义非常广泛，既有通常讲的礼仪、礼貌、礼节，又指社会规章制度、法律条文。总的来说，礼就是指人的各种行为规范。礼与和的关系，也就是制度和自由社会的关系。礼是手段，和是目的。手段是多样的、可变的，目的只有一个。所以"礼之用，和为贵"，还意味着以自由的生活为标准去修正那些妨碍自由生活的规章制度。

先王之道，斯为美。先王，指儒家理想的统治者。斯，指"礼之用，和为贵"。先王的为政之道，就是把"礼之用，和为贵"看得最为重要。这是为"礼之用，和为贵"寻找历史依据，来增加思想的说服力。也就是说，这个观点不是有子提出来的，是先王提出来并加以实践的，是非常可信的，是不容置疑的。

后面的文字，杨伯峻本子的标点有些问题。按照杨伯峻的断句翻译，感觉逻辑混乱，让人有些不知所云。正确标点应该是"小大由之，有所不行"。"小大由之，有所不行"构成一个句意。后面的"知和而和，不以礼节之，亦不可行也"构成另一个句意。前面的句意表达"小大由之"的做法"有所不行"，后面的句意表达"知和而和，不以礼节之"的做法"亦不可行也",思想逻辑非常清晰。这里,有子是讲对于礼与和关系的两种错误看法,一种错误的看法是"小大由之",另一种错误看法是"知和而和,不以礼节之"。

小大由之,有所不行。小大,指大事小事,也可以指一件事中大的方面和小的方面。这句话的意思是,不论是大事或小事,不论是一件事中大的方面或小的方面,都按照礼去行事是行不通的。更简单地说,大事小事、方方面面都按照礼去做是行不通的。这句话是批评一种关于礼的错误看法。这种看法认为,既然礼特别重要,人的方方面面都要按照礼去做。这就牵扯到礼与和的关系问题。礼是不是越多就越能够形成和的局面?有子认为,礼不是越多越好,越细越好。大的方面需要有礼,但小的方面不需要礼的详细规定。礼只能规定人的行为准则,至于人在行为准则之下如何行动,每个人是有自主权的。如果礼对人的行为方式都做出具体规定,这就限制了人的主观创造性,也就限制了人的自由。这种礼是僵化的礼,不利于形成和的局面。打个比方,教室的框架就是规则,每个教室的框架是一样的。但教室里的桌椅安排不能固定,这样可以保证教室内部的桌椅能随机进行调整,不同的摆放方式就会形成教室的不同风格。凡是大的方面、原则的方面是确定的、不能改变的,小的方面则是不确定的,是自由变化的。这样每个人在固定的原则之下,才能够创造性地完成自己的工作。现在有一种错误的倾向,就如有子所批评的,以为规定越多越好,越细越好。事实上,规定越多越细,人自由创造的空间就越小,人的思维就越僵化，工作的效率就越低。举一个例子，现在的本科毕业论文指导，要求有三次指导意见，而且还要留下痕迹，这就导致老师为了完成三次的任务，迫不得已把一次就能说完的事情分成三次来说。这就是制度崇拜。不断出台一些新规定，名之曰加强管理，但结果适得其反，事与愿违。有子"小大由之，有所不行"的思想是非常深刻的，是很有远见的，今天的人还在犯他所指出来的错误。这是有子的管理学思想，也可以说是儒家的管理学思想。这种管理学思想认为，管理不是越严格越好，在原则问题上一定要严格，但在具体的做法上一定要宽松。当然，有人可能担心不严格管理就会导致某些人偷懒。但需要思考的是，这样的严格管理固然可以防止个别人偷懒，但这种做法的最大危害却是，它压制了所有人的创造力，使那些最具有创造力的人变得平庸化，导致整个社会死气沉沉。

知和而和，不以礼节之，亦不可行也。这也是一种对礼的错误认识。如果说"小大由之"是一种制度崇拜，那么"知和而和，不以礼节之"就是完全否定制度，这是无政府主义的思想，是一种乌托邦的思想，这种思想在历史上造成了极大的危害。所谓"知和而和"，就是一味地强调和，只知道有和，不知道和是如何产生的。这个观点认为，礼妨碍了和，也就是制度妨碍了和，所以主张废除一切制度，达到最原始的和。这种人的错误在于，他没有区分制度与错误的制度，他看到错误的制度导致了不和，然后就开始反对一切制度，导致一种无政府主义，结果却破坏了和的局面，所以有子说，这种乌托邦的思想也是行不通的。

这里关键是理解礼或制度与和的关系。这里的礼或制度指的是合理的制度。不合理的制度会破坏和，合理的制度能创造和。城市十字路口设置红绿灯，这个制度破坏了和，还是导致了和？答案是不言而喻的。红绿灯的设置是城市和谐交通的保证，没有人抱怨红绿灯的存在妨碍了通行，也没有人提出为保持和谐的交通局面而废除红绿灯的建议。有子在这里谈到了制度的作用，谈到了如何制定制度，其思想极其深刻。

1·13　有子曰："信近于义，言可复也。恭近于礼，远耻辱也。因不失其亲，亦可宗也。"

有子曰："信近于义，言可复也。" 信，即诚信，也就是信守诺言。这句话的意思是，诺言只有接近于义才能信守。信是人的行为规范，在生活中的重要性不言而喻。正因为如此，人们要求信守承诺，把守信看作人的重要品德。但有子在这里对信进行了反思，认为无条件地强调信是有问题的。孔子对信也提出质疑，《子路篇》第二十章说："言必信，行必果，硁硁然小人哉！"只有小人才会"言必信，行必果"，这话让人听起来很吃惊。《阳货篇》第八章又说，"好信不好学，其弊也贼"，喜欢信却不喜欢学的话，就会出现贼的结果，这都是对信进行反思。有子对于信的思想，可能是源于孔子的思想。当然，也有可能，孔子对于信的思想受到了有子的启发。孟子继承了孔子和有子的思想，说"大人者，言不必信，行不必果，惟义所在"，这句话看起来更像是来自有子的思想，强调了义对于信的限制。义如何能限制信呢？义，通"宜"，即应该，指内容的正确性。而信是口头或书面约定，是一种形式。"信近于义"，实际上是说，人们约定的内容必须是正确的、正当的。约定的内容是正确的，就应该信守约定；如果约定的内容是错误的，比如约定去抢银行，那这个约定就必须终止。这是对信的思想进行了深化。

恭近于礼，远耻辱也。恭，也是一种美好的品质，这里，有子对这个美好品质也进行了反思。值得注意的是，反思的对象往往是被人认为是好的对象，坏的对象无须反思。有子对恭进行了限制，他不认为越恭敬就越好，恭敬近于礼，远离了耻辱才是最好。言下之意是，一味地恭敬会让人陷入耻辱的境地。一味地恭敬为什么会导致耻辱呢？人表达恭敬时，如果没有礼的限制，就会想方设法表现得比别人更加恭敬。你用点头表示恭敬，他就会用鞠躬表示恭敬；你用鞠躬九十度表示恭敬，他就会以跪在地下表示恭敬。当人以跪下表达恭敬时，就失去了自己的人格。礼规定了恭敬的限度，让人既表达了恭敬，又保持了尊严。饭桌上吃饭，宾主之间恭敬、谦让，让对方先吃，如果没有礼的限制，宾主无限制地谦让，这顿饭就无法开始。有了礼的限制，"恭敬不如从命"，说完这句话就可以吃了。这里的恭是一种情感，礼是一种形式。如果说"信近于义"是用内容来限制形式，那么"恭近于礼"则是用形式来限制内容。

因不失其亲，亦可宗也。这句话的意思不太好理解。根据前面两句话的思维模式，可以判断，"因"和"亲"也是相互限制的关系。这里的"不失"与前面的"近于",表达方式不同,但意思相同。因即依,依靠的意思。因是依靠自身之外的东西。亲,是亲近的意思。人和自己内在的东西、本有的东西最亲近。人具有内在的东西,但内在的东西又有不足,所以需要依靠外在的东西。人依赖外在东西时,又会遗忘内在的东西。换句话讲,这里的因可指哲学里的外因,亲可指哲学里的内因。这句话就是讲,如果依赖外因而没有失去内因,那么外因就是可以凭借的对象,如果一味地倚靠外因而失去内因,那么外因就是不可依靠的。还可以把因理解为他人,把亲理解为自己。依靠他人本没有错,但只依靠他人,忘掉了自己,那就有错了。这句话是强调亲对因的限制。

有子的三句话表明,他非常关注概念之间的制衡关系,可以说得了中庸思想真传。他认为任何概念,即便是那些有正面价值的概念,像信、恭、因,它们都不能单独使用,它们必须处在概念关系之中,受到相关概念的制约,以保证概念之间的平衡,避免概念的僵化。在这里,有子强调了信与义的制衡,恭与礼的制衡,因与亲的制衡。《学而篇》里有三章讲有子的思想,从这三章来看,有子应该是孔门弟子中特别擅长思辨的思想家,他的思想特别深刻。据《孟子》记载,孔子去世后,学生们非常思念孔子,碰巧有子长得像孔子,所以同学们提议,要把有子当作孔子来侍奉,由于曾子的反对,这个提议没有通过。这里说有子长得像孔子,便拿他当孔子来侍奉,恐怕只是一个方面,有子思想的深刻性应该是一个重要的原因。

1·14 子曰:"君子食无求饱,居无求安,敏于事而慎于言,就有道而正焉,可谓好学也已。"

子曰:"君子食无求饱,居无求安。" 这句话的字面意思是,君子吃饭不追求吃饱,居住不追求安逸。在这里,"食无求饱",不是说能够吃饱而故意不吃饱;"居无求安",不是说能够住好却故意放弃舒适的住所。如果君子这样做,就有做作的嫌疑。"食无求饱,居无求安"指的应该是,在不能够吃饱饭时不要一定追求吃饱,在没有安逸的居所时不要一定去追求安逸。根据最后一句"可谓好学也已",可以发现"食无求饱,居无求安"是针对好学而言的,是好学的一种体现。这句话说的是,好学的人不把一定吃饱饭,也不把住安逸的房子作为学习的条件。好学的人是不讲条件的,讲条件的人是不好学的。一定要吃饱饭,一定要住舒适的房子才去学习,这不就给学习设置了条件吗?给学习设置条件不就是找借口不学习吗?在君子这里,吃饱了、住好了,固然要好好学习,没有吃饱、没住好也要好好学习。就像西南联大时期,学习条件很艰苦,住的是平房,甚至连教室都没有,还时常遇到敌机的骚扰,但照样出人才。学习的条件固然非常重要,但不能以条件为前提不去学习。尤其文科,对条件的要求更简单。手上有书可以看,就可以出人才、出结果。

敏于事而慎于言。 这是好学的第二个表现。敏,敏捷。"敏于事",就是做事要敏捷。为什么做事要敏捷呢?因为做事很难,涉及方方面面,不敏捷就会知难而退。"慎于言",就是说话要谨慎。为什么讲话要谨慎呢？因为说话很容易，说话本质上就是发出一串声音，想怎么说就怎么说。说要上月球很容易，但真要登上月球，那就难了。做事要敏捷，因为做事很难，这是对症下药；说话要谨慎，因为说话太容易，这也是对症下药。"敏于事而慎于言"，说到底，是要克服人性的弱点，与自己的弱点进行斗争。

就有道而正焉。这是好学的第三个表现。好学的人会主动去有道者那里改正自己。这里的有道者，可以通俗地理解为老师，好学者都喜欢去请教老师。请教老师会节省很多的精力，在短时间内就能把握问题的核心。好学还体现在"就"字上，"就"体现了你和老师的关系，你应该主动到老师那里去求教，而不是老师到你那里去教导。好学体现为学习的主动性，古人讲，"闻来学，未闻往教"。古人都是千里迢迢去求学，孔子特别好学，多次从家乡去洛阳求教老子。

可谓好学也已。做到了这三条就算是好学之人了。这三条是好学的表现，也是判断一个人是否好学的三个条件。这三条孔子都做到了。

1·15 子贡曰："贫而无谄，富而无骄，何如？"子曰："可也。未若贫而乐，富而好礼者也。"子贡曰："《诗》云：'如切如磋，如琢如磨。'其斯之谓与？"子曰："赐也，始可与言《诗》已矣，告诸往而知来者。"

子贡曰："贫而无谄，富而无骄。"这句话字面的意思很好理解，即贫穷不要谄媚，富贵不要骄傲。这是子贡的生活体验。子贡早年很贫穷，后来做生意变得很富有，他经历了贫穷和富贵，又反思了贫穷和富贵，得出这八字箴言。显然，子贡是做到了这八字箴言，能做到这八字箴言很不容易。人穷志短，贫穷时极容易为了生存去谄媚、讨好、巴结。人富贵时极容易骄傲自大，尽管人也告诫自己要低调，但富贵是有气场的，富贵以后，说话做事不知不觉就带着骄傲，自己对此却毫无意识。

何如？ 老师你觉得怎么样呢？从"何如"这两个字能看出子贡的神态，他对自己的八字箴言是非常得意的。他需要得到老师的肯定，而且他坚信一定会得到老师的肯定。

子曰："可也。" 孔子说，还可以。孔子的评价应该出乎子贡的意料之外。他希望得到"好极了"的评价，现在却是很平常的"可以"。可以想见，当时的子贡很失落、很失望。这里顺便讲一下读《论语》的方法。我们要把《论语》中的提问当作是对自己的提问，我们先给出一个答案，然后再看孔子的答案，比较两个答案的差别，这样有利于提高我们的思维水平。碰到子贡这样的问题，绝大多数人都会给予充分的肯定，因为这八字箴言的确非常难得，水平非常高，概括也非常凝练，不由你不啧啧称赞。如果全盘肯定，就意味着学生的水平已经达到了老师的水平，老师也就失去了教的资格。当孔子说"可也"时，也就意味着子贡的八字箴言仍有不足，既然有不足，就应该有更高水平的答案。若没有更高水平的答案，孔子是不敢说"可也"的，就只能说"好极了"。

未若贫而乐，富而好礼者也。这句话的字面意思也非常好理解。我们需要体会孔子七字箴言背后的深意。我们先体会一下"未若"，"未若"是不如这样。孔子说"可也"是对子贡的打击，说"未若"是对子贡的安抚。这是讲，你的八字箴言也不错，但这七字箴言可能更好。这样说，语气比较和缓，便于双方的沟通，这是一种表达观点的技巧，既表达了自己的意见，又不至于产生冲突。"贫而乐"与"贫而无谄"相比，好在什么地方呢？从表达方式看，"贫而无谄"是否定的表达，否定的表达是一种底线思维，人不能再越过这个底线，越过底线就失去了做人的基本要求。而肯定式表达，是基于底线的无限上升，上不封顶，体现了修养的高度。从内容上看，当人说"贫而无谄"时，心里是有不平之气的，人要强制这种不平之气，强制自己的负面情绪。当人处在负面情绪中，坚持正义就会有痛苦感，有代价感，这样，也很难持久，即便持久也很痛苦。"贫而乐"是在贫穷中保持快乐，人依靠这种快乐的情绪，就能够持久地坚守。如果说"贫而无谄"是一种伦理境界，那么"贫而乐"就是一种美学境界，美学境界高于伦理境界，美学境界是一种高级的伦理境界。再比较"富而好礼"和"富而无骄"，形式上的差别和上面一样，就不再重复了。我们主要看内容上的差别。骄即无礼。无骄即有礼。好礼显然高于有礼。举例说明，比如你和马云在一起，马云对你不屑一顾，那是无礼。但是马云很有修养，"富而无骄"，他平视你，这时，你是不是感觉和马云平起平坐了呢？估计很难。尽管他平视你，他身后巨大的财富仍然在压抑你,让你感到拘谨、不安。如果马云好礼,他怎么做才能减少你的压力呢?他就必须把头低得更低,这样做表明了他对财富的态度,即他不把财富当作一回事,他是以一个人的身份与你交往,这时,你才会轻松起来。可见,好礼产生了微妙的心理,它能够让人摆脱财富的困扰。"富而无骄"是一种伦理境界,而"富而好礼"则触及人的深层心理。这里还要注意,孔子并不否认子贡的八字箴言,他只是认为这八字箴言还不够,还需要进一步提高,这也表明了子贡和孔子思想的差距。孔子为什么有三千弟子?从这里可以看出,孔子是以深刻的思想来吸引弟子的。

子贡曰:"《诗》云:'如切如磋,如琢如磨。'其斯之谓与?" 子贡很聪明,他理解了孔子的思想,而且引经据典来说明孔子思想的正确性。《尔雅·释器》里面解释了什么是切,什么是磋,什么是琢,什么是磨。"骨谓之切,象谓之磋,玉谓之琢,石谓之磨。"它们是针对不同器物的不同说法,表达的意思是完全一样的,说的都是要精益求精。子贡引用《诗经》,要表明老师的思想和自己思想的关系,也就是七字箴言和八字箴言的关系,这个关系不是否定而是超越。

子曰:"赐也,始可与言《诗》已矣,告诸往而知来者。" 赐,子贡的名。往,过去。来,将来。孔子说,现在可以跟你谈论《诗》了,告诉过去就能知道将来,举一反三,你已经具备学《诗》的能力。这是孔子对子贡的褒奖。在孔子看来,学《诗》是需要能力的,这是知识的能力。认识张三、李四,这不是知识，这只是构成知识的要素。判断张三和李四的关系才构成知识。"告诸往而知来者"正是在往和来之间构建了一种关系，因而形成了知识。众多的知识在一起，形成了知识的体系，最终形成了思想。

1·16　子曰："不患人之不己知，患不知人也。"

子曰："不患人之不己知，患不知人也。" 不要担心别人不了解自己，而要担心你不了解别人。生活中，每个人都以我的身份处在某个位置上，只能以我的方式去看世界，久而久之，就形成了惯性思维，把自己当成世界的中心，以自我为中心去要求他人。孔子的这个观点，要求人超越自己，去掉自我中心的观念。人人把自己当作中心，也就意味人人都不是中心。世界没有中心，中心是人造的幻影。不把自己当作中心，就会减少对他人的指责，就会以平常心对待自己，自己没有任何特别之处。这样会增强人和人之间的相互理解。另一方面，他人无穷多，你没办法要求他人来了解自己，也没有能力做到这一点，你的担心是徒增烦恼，不如去做自己能做到的事情。尽管他人很多，你也无法一一了解，但总是可以去了解，了解一个是一个。这是你能做到的。孔子这句话也可以理解为，做自己能做到的事，不要做自己做不到的事。

为政篇第二

2·1 子曰:"为政以德,譬如北辰,居其所而众星共之。"

子曰:"为政以德。" 为政以德,即以德为政,用现在的话讲就是以德治国,这是一个影响深远的治国理念。先要了解什么是德。德的名目很多,仁、义、礼、智、信,温、良、恭、俭、让,都是德的条目。德的条目虽多,但基本含义是一致的,就是约束人的行为。对于统治者来讲,德主要体现为约束自己的权力,避免胡作非为,祸害百姓。显而易见,德对于统治者来讲特别重要。孔子为什么要提出"为政以德"呢?他可能有两个方面的考虑。一方面是,现实中统治者大多无德,他提出"为政以德"来限制统治者对权力的滥用;另一方面,"为政以德"也有现实社会基础,在宗法制社会,统治集团的内部具有血缘关系,彼此都非常熟悉,熟悉的社会对权力有无形的限制,人容易自我约束。孔子讲"为政以德",不只是针对最高统治者,它是一种治理的体系,是针对所有人而言的,实现起来难度更大。"为政以德"不仅在今天,即便在当时也是有问题的。问题至少有三个方面。首先,德缺乏操作性,缺乏明确的规定。自我约束到何种程度?严格是一种约束,宽松也有一种约束。在这件事上约束自己,但在另一件事上放纵自己,这叫不叫约束呢?我们认为统治者没有约束自己时,统治者却认为他已经约束了自己。用德来约束，由于缺乏明确的标准，所以很难有真正的约束。其次，统治者还可能利用自己的权力，把自己作为德的化身，利用德扩张自己的权力，把德变成他们的护身符。最后，如果统治者不愿意约束自己，不愿意受德的约束，公然突破德的约束，人们没有任何办法对付他。因为权力是世袭的，权力是合法的。即便是孔子，面对统治者的失德，也只能是辞职，一走了之。可见，德对人的约束是有限的。这并非说德是没有意义的，也不是要否认德的作用，只是说德是治国的必要条件，但不是充分条件。对于今天的人来讲，应该强调以法治国。古人也有以法治国的观念，只可惜那个法是统治者统治百姓的工具，统治者本人不受法的约束。现代的法治思想认为，任何人都不能凌驾于法律之上，统治者也不能例外。

譬如北辰，居其所而众星共之。 北辰，即北极星。共，通"拱"，围绕。这句话以类比的方式说明什么叫"为政以德"。北极星处在自己的位置上一动不动，而众星自然地围绕在它周围，形成和谐的天象。统治者要学习北极星之德，约束自己，安静地待在自己的位置上，这样自然而然就能治理好国家。这个比喻很有些道家的意味。

2·2 子曰："《诗》三百，一言以蔽之，曰：'思无邪。'"

子曰："《诗》三百，一言以蔽之，曰：'思无邪。'" 孔子说，《诗经》三百篇，用一句话来概括，就是"思无邪"。"思无邪"，出自《诗经·鲁颂·駉》。什么叫"思无邪"？有两种解释，一种解释是，思是发语词，"思无邪"就是无邪，无邪就是正，就是真情实感。另一种解释是，思是思想，"思无邪"就是思想纯正。这两种解释都是可以的，都表示对《诗经》思想和情感的认同。司马迁在《史记·孔子世家》中讲："古者诗三千余篇，及至孔子，去其重，取可施于礼义，……三百五篇。"如果司马迁的说法是真的，那就意味着《诗经》是由孔子最后删定的，就可以把"思无邪"看作孔子删诗的标准。如果《诗经》不是孔子最后删定的，"思无邪"就是孔子评价《诗经》的标准。总而言之，孔子认同《诗经》的思想和情感。孔子的认同说明了什么？说明孔子的心胸特别宽广，思想观念特别开放。《诗》三百是不是"思无邪"？《诗经》中的《雅》《颂》固然是无邪的，但《国风》是不是都无邪呢？这就要看你采用什么样的标准。《诗经》中的男女私情来自乡野纯真、率真，原汁原味，这在中国诗歌中绝无仅有，甚至是空前绝后的。唐诗里很少有爱情诗，宋词里倒是有不少写爱情的词，但它描写的大多是文人与妓女之间的情感。之后诗歌中再也没有出现过普通人的爱情，这说明后人对于男女爱情题材是很忌讳的。多亏司马迁的孔子删诗说，否则，后人极有可能会删去《诗经》中的爱情诗，弄出一个洁本。改革开放之初，作家刘心武写了一篇小说《爱情的位置》，爱情出现在小说的题目里，有一种怦然心动的感觉。那时，人们把邓丽君的歌看作靡靡之音，李谷一因为唱《乡恋》受到批评。《诗经》中还有一类揭露社会黑暗的作品，把那些官员称为"硕鼠"，后来的一切揭露文学、批判文学，也都没有超过这个层次。我们上大学时，文学理论课还在讨论艺术创作的题材该不该有禁区？艺术能不能暴露社会黑暗？这一切都说明，当年孔子讲"思无邪"时，他的文艺观念是多么开放，而我们后人的文艺观念是多么狭隘。就文艺思想而言，后人，包括我们今天的人，还没有达到孔子的思想水平。可见，人类的物质在不断进步，但思想未必在进步。

2·3 子曰："道之以政，齐之以刑，民免而无耻。道之以德，齐之以礼，有耻且格。"

子曰："道之以政，齐之以刑。" 道，通"导"，治理，统治。政，行政命令。齐，整齐划一。这两句话的意思是，以行政命令的方式去治国，以刑罚保证命令得以执行。这里要注意，政和刑有不同的性质，它们或者是正确的，或者是错误的。这里的政和刑是正确的还是错误的？根据"民免而无耻"判断，这里的政和刑应该是正确的。如果是错误的，就不会出现"民免而无耻"这种说法。"道之以政，齐之以刑"是统治者最喜欢的统治方式，一刀切，很粗暴，但行政的效率高。

民免而无耻。 老百姓因为害怕刑罚而选择服从，避免了犯罪，但没有产生羞耻之心。这是讲用政和刑统治的结果。这个结果，简单地说，就是口服心不服。百姓在行为上表示服从，但心里不以为然。因为心不服，就会有抵触、有冲突。

道之以德，齐之以礼。"道之以德"即"为政以德"。统治者以说服、教育的方法，晓之以理，动之以情，让人自觉地去服从。如果再有想不通的问题，就用礼去规范他们的行为。礼和刑有什么区别呢？刑是外在的，是刚性的、粗暴的；礼在习俗中形成，是柔性的，文明的。用德和礼治国，时间长、收效慢，为统治者所不取。这也说明了孔子周游列国，宣传以德、礼治国，为什么以失败告终。

有耻且格。格，正。以德、礼治国，让老百姓产生了羞耻之心，主动地改正错误，一劳永逸地解决了国家治理的难题。这是一种理想主义的治理方式。"道之以政，齐之以刑"，是法家的治国理念，"道之以德，齐之以礼"是儒家的治国理念，这两种治国理念其实都太理想化。后来有人把这两者结合起来，提出"阳儒阴法"的观念，这一观念成为秦汉以后的统治思想。

2·4 子曰："吾十有五而志于学，三十而立，四十而不惑，五十而知天命，六十而耳顺，七十而从心所欲，不逾矩。"

子曰："吾十有五而志于学。"有，即又。我十五岁时开始立志学习。古代的学制和今天不同，古代只有小学和大学，没有中学，今天的初中三年在古代归为小学，高中三年归为大学。"十五志于学"，相当于现在高中"志于学"。可见，孔子立志学习的年龄和今天的人差不多，从他的自述看，他把自己定位为一个平凡的人。"十五志于学"也说明，在此以前，孔子处在无我状态，他试图通过学来形成"我"。

三十而立。这是家喻户晓的成语。立的解释很多，一般人都认同孔子的说法，即"立于礼"。所谓"立于礼"，指人首先要掌握很多知识性的礼，然后在社会中践行这些礼，人是通过礼立足于社会。进一步说，人立足于社会，才能自食其力。所以"立于礼"，意味着人获得了一定的物质基础，能够独立地生活。只有经济独立，精神才能独立。"十五志于学"的切近目标就是要"三十而立"，形成物质的自我。孔子三十岁收徒讲学，学生微薄的学费就是他物质独立的基础。有了物质的自我，是不是就能满足呢？不是的，还要有新的追求。

四十而不惑。什么是不惑？就是形成了精神的自我。有了物质的自我以后，并不必然地形成精神的自我。人在现实生活中，还会面临很多的困惑。在多样、复杂的世界中，很容易迷失自我。不惑就是要找回迷失的自我，进而找到世界的统一性。世界的统一性源自自我意识的统一性，人在意识中把世界统一在一起。把握了世界的统一性，世界就被简单化了，世界上最终只有一个理，不再是"公说公有理，婆说婆有理"。用通俗的话来讲，就是形成了自己的世界观。把握住了唯一的理，就能居高临下，一览众山小。就孔子而言，他开始创立仁的思想，用仁来解释一切，表明他思想的成熟。可见，孔子的思想是在四十岁时成熟的。

五十而知天命。孔子在物质上独立，形成了物质的自我；在精神上独立，形成了精神的自我。通常来讲，应该心满意足了。但在孔子那里，新的问题又产生了。什么问题呢？就是自我的绝对化，自我的膨胀。自我会高估自己，产生一种使命感，要去征服世界。自我在征服世界时，会遇到世界的顽强抵抗，世界并不按照自我的意志发生改变。自我遭到各种外部条件的制约，产生了挫折感，产生了天命的意识。天命是不可知的，是不可抗拒的，它构成了人的局限性，天命其实就是人的局限性，"知天命"就是知道自己的局限性，知道有自己做不了的事情，让自己在狂热中冷静下来，理性地定位自己与世界的关系，世界不是我的世界，它是世界的世界。所以"知天命"，就是对物质的自我、精神的自我进行限制，就是限制自我。

六十而耳顺。耳顺即顺耳，就是听到别的观念感觉很顺耳。这肯定不是表扬的观念，表扬的观念谁听了都顺耳，三岁的孩子听了都顺耳，所以这肯定是批评的观念、反对的观念、刺耳的观念。"六十而耳顺"，就是六十岁时听到批评意见很顺耳。这个境界非常高。如果说知天命是限制自我，那么耳顺就是进一步把受限制的自我变成无我。从形式上看，无我好像回到了"十五志于学"以前，但内容上两者却有天壤之别。"十五志于学"之前的无我是一无所有，耳顺以后的无我却是无限丰富的，它不仅容纳了赞扬的观念，还容纳了各种批评的观念。也可以说，这时，他拥有了整个世界。只要世界上还有某一种意见被排斥在外，就不可能达到耳顺的境界。从修养的角度来讲，耳顺是最高的境界。达到了这样的境界，人还需要做些什么？这只是思想的境界，孔子还要进入实践的境界。

七十而从心所欲，不逾矩。七十岁时随心所欲，还不会越过规矩。大家要注意，"从心所欲"和"不逾矩"是矛盾的。对常人来讲，"从心所欲"必定会逾矩。但对心灵修养达到最高境界的孔子来讲，"从心所欲"和"不逾矩"是统一的。也就是说，孔子怎么说、怎么做都合乎规矩。这怎么可能呢？这又怎么理解呢？这里要注意，这里的规矩不是独立于人的外在规矩，只要是外在的规矩，很难不逾矩。这是说，孔子随心所欲所说的话、所做的事就形成一个规矩，它自成规矩。他所说的话、所做的事就能垂范后人。今天我们学习孔子的思想，学习他的言行，不就是把他的思想和言行变成规矩吗？"从心所欲，不逾矩"是一种艺术的境界，一种出神入化的境界。闻一多说诗歌是戴着镣铐跳舞，也就是说，诗是有规矩的。人们通常都以为，诗要按规矩去写，但奇怪的是，没有人按照规矩写出了好诗，大诗人从未按照规矩写诗，而他们的诗又完全符合规矩。这是为什么呢？他的诗本身就是规矩。读李白的诗，这个体会特别深。人们经常讲文无定法，外在的法都不是法，伟大的作家都不拘泥于法，而是创造自己的法。这种艺术境界是我与无我统一的境界，孔子以无我之心，重新进入这个世界，换句话讲，就是以出世之心入世，出世之心是无我，入世之心就是有我，以出世之心入世就是我与无我的统一。

这一章里还有三点值得注意。第一点是，出现了许多成语。每一句话都是一个成语，这在古代文献里是独一无二、空前绝后的。第一句话里的"志学"就是一个成语，陶渊明《责子诗》说,"阿宣行志学,而不爱文术",儿子快到十五岁了还不爱读书,这是在骂他的儿子。显然"志学"是一个成语,其他的成语大家都非常熟悉,就不用再说了。孔子这六句话提供了六个成语。更为奇特的是,这六句话里面,志学、而立、不惑、天命、耳顺、不逾矩,又成了年龄十五、三十、四十、五十、六十、七十的代称,从前面六个成语中又延伸出六个成语,这样,这一章就等于提供了十二个成语。成语即现成的语言。孔子当初说这六句话时,它们并不是成语,因为后人引用多,才变成了成语,可见这几句话影响之大。第二点是,这一章是孔子晚年对自己思想历程的总结。孔子的思想境界是如何提升的呢?可以说,孔子思想的进步是非常缓慢的,每十年才有一次大的进步。这对今天的人来讲,有很大的启发意义。今人都嫌进步太慢,想一口吃个胖子,今天开始耕耘,明天就想收获。生活的节奏越来越快,压力越来越大,人也越来越累。试想,如果孔子在今天,他还能成为孔子吗?曹雪芹在今天还能成为曹雪芹吗?按照现在一年一考核的标准,曹雪芹每年的考核都不达标,三年就被解聘了。谁有耐心给他十年时间写《红楼梦》呢?如果他不想被解聘,就要花费大量时间写一些无聊的东西去应付考核,浪费大量的时间,再也写不出《红楼梦》。从这里可以看出,人的自由发展是多么重要。从孔子的人生总结里,可以看到古人生活的闲暇、淡定、自由,也正因为如此,他才能取得非凡的成就。第三点是,孔子在不同的年龄阶段进入不同的人生境界,不能理解为年龄和人生境界会有必然的对应关系，不是每个人在特定的年龄阶段就会达到相应的人生境界。一般人"知天命"就很不错了，"耳顺"的境界更是罕见。"从心所欲，不逾矩"，只能是一种人生理想。

2·5 孟懿子问孝，子曰："无违。"樊迟御，子告之曰："孟孙问孝于我，我对曰'无违'。"樊迟曰："何谓也？"子曰："生，事之以礼；死，葬之以礼，祭之以礼。"

孟懿子问孝。孟懿子是鲁国的大夫，鲁国的大夫向孔子问什么叫孝，这说明孔子的影响力非常大，不仅学生向他求教，就连当政的一些大夫也向他求教。

子曰："无违。"孔子回答，不要违背。根据下文可以看出，无违就是不要违背礼。也就是说，不违背礼就是孝。

樊迟御，子告之曰："孟孙问孝于我，我对曰'无违'。"樊迟是孔子的学生，为孔子驾车。樊迟对孔子和孟懿子的对话显然没有什么兴趣，也不关心他们究竟说了些什么，但孔子认为这个问题非常重要，主动地挑起这个话题，也算是对樊迟的启发教育。孔子把自己与孟懿子的对话重复了一遍，希望能引起樊迟的关注。

樊迟曰："何谓也？"樊迟果然提出了问题，你所说的无违是什么意思呢？

子曰："生，事之以礼；死，葬之以礼，祭之以礼。"孔子回答，所谓的孝，就是父母活着的时候，以礼去侍奉他们，父母死的时候，以礼去安葬他们，以礼去祭祀他们。

根据孔子的表述，他是把以礼行事当作孝。以礼为孝有两方面意义：一方面，它是对父母的约束，父母的要求并不一定都是合理的，对于父母不合理或错误的要求，应该怎么办呢？如果以顺承为孝，就等于放纵父母的错误，实际上陷父母于不仁不义。以礼为孝，是给了子女制止父母错误的权力。另一方面，它是对子女的限制。也就是说，子女无论多么不好，都需要按照礼去行孝。礼是硬性的规则，任何人都不能违背。就这一章而言，以礼为孝是针对孟懿子而言的。因为这里不仅讲到了生，也讲到了死和祭，这里的以礼为孝，显然不是针对父母的，而是针对子女而言的。根据以礼为孝的原则，我们可以推测，孟懿子大概是个什么样的人。当孔子对孟懿子说，你要以礼侍奉父母，以礼安葬、祭祀父母时，说明孟懿子在孝道方面是有问题的。礼是孝的形式，和内容没有必然的联系，人可以发自内心地去行礼，也可以很不情愿地去行礼。以礼为孝，实际上说，不管你的内心是怎么想的，最起码你要做到形式上的孝。以礼为孝是孝的最低标准，当人们以最低标准要求你时，表明你的孝够不上最低标准。这就类似于家长或老师叮嘱学生说，你一定要按时到校、按时上课，按时到校、按时上课是对学生的最低要求。听到这样的叮嘱，就能判断这肯定不是个好学生。以礼为孝是孝的底线，是孝的形式标准，与真正的孝相去甚远。

2·6 孟武伯问孝。子曰:"父母唯其疾之忧。"

孟武伯问孝。孟武伯是孟懿子的儿子。孟武伯询问孝道。

子曰:"父母唯其疾之忧。" "唯其疾之忧"就是"唯忧其疾"。这样意思就清楚了。父母只担心你生病,这就是孝。也就是说,父母除了担心你生病以外,对你不再有任何担心。生病是人力无法控制的,是无可奈何的事,担心也没有用。那这句话的意思就是,孝顺父母就是不让父母有任何的担心。什么情况下才不让父母担心呢?只有你各方面都做得很好才会不让父母担心。通常理解的孝都涉及自己与父母的关系,自己为父母做了什么。但孔子这里讲的孝,只涉及自己与自己的关系,你为自己做得越好,对父母也就越孝。反过来,对自己不负责任,就是对父母不孝。因为你的不负责任,导致父母内心不安。在这里,孝不是物质上的帮助,而是精神上的安慰。个人的自信、自立、自强,都成了孝的表现方式。

2·7 子游问孝。子曰:"今之孝者,是谓能养。至于犬马,皆能有养;不敬,何以别乎?"

子游问孝。子游是孔子的学生,他也问什么是孝。

子曰:"今之孝者,是谓能养。" 孔子说,今天的人所说的孝是能养活父母。"今"指孔子生活的时代,似乎也可以指今天的时代,今天也有很多人把养活父母看作孝。在这方面,今人的看法和古人的看法几乎一致,两千多年过去了,这个观念仍在流行,让人有似曾相识的感觉。可见,古今的变化更多是物质上的变化,观念上的变化很小。把养活父母当作孝,这是非常低的标准,在孔子看来,这根本就算不上孝。

至于犬马,皆能有养。那些犬马我们也会养活它。孔子举例批评把养看作孝。我们养活了父母,也养活了犬马。如果以养为标准,养父母和养犬马是完全一样的,没有任何区别。甚至有时候,养犬马比养父母还尽心。让父母穿好,这是自然的。但让动物穿上不需要的衣服,这已经不是一般的养,而是违背动物本性的厚养。在生活中,每个人都知道,养父母和养犬马是不一样的。那么,哪里不一样呢?

不敬,何以别乎?敬,敬重。如果不敬重父母,怎么区别两者的不同呢?换句话讲,养父母和养犬马最大的不同,在于养父母时有敬重的情感。这显然是以敬为孝。人敬重父母,但绝对不可能敬重犬马。敬重是伦理情感,只能出现在人和人之间。什么情况下我们才会敬重呢?当一个人公平、公正、正义,不谋任何私利时,我们才对他表达敬重。敬重和地位、财富无关,只与人的品质相关。一个被敬重的人,哪怕他有损于你的利益,你仍然在内心里敬重他。子女敬重父母是因为,父母对子女无私的付出。这种无私主要体现为,父母抚养你,并非出于什么目的,并非要获取你的回报。因为在你很小的时候,你究竟能不能成才,究竟成为怎样的人,都是未知的。如果追求回报,结果会令人失望。这里有个问题,人们在父母那里,似乎体会不到敬重的情感，甚至由于父母的干涉或过分的爱造成内心的不适、不满，很难理解孔子以敬为孝的观念。原因在于，父母无私付出的时候，我们处在未成年的阶段，长大后没有对未成年生活的记忆。长大后，独立意识增强，可以不需要父母，父母的关心反而变成累赘了。有一句俗语叫"养儿才知父母恩"，当你有孩子时，才知道抚养孩子的不易。所以敬重的情感需要用良知去唤醒。生活中，人们把孝和敬连在一起称孝敬，足以表明孝与敬的关系多么密切。

2·8 子夏问孝。子曰："色难。有事，弟子服其劳；有酒食，先生馔，曾是以为孝乎？"

子夏问孝。子夏是孔子的学生，他问什么是孝。大家都问孝，表明了孝的重要性。

子曰："色难。"色，脸色，这里指和颜悦色。色难，即和颜悦色最难。这里实际上是讲，孝是对父母和颜悦色。前面讲，孝是敬，敬是很严肃的情感。这种严肃的情感会导致子女和父母之间的距离感。有个词叫"敬而远之"，敬不是让人更亲近，而是让人感情上更疏远。设想一下，我们跟父母待在一起，整天处在敬的情感中，会让彼此都感觉压抑。孝是否只能以严肃的内容出现？它能否可以表现为形式上的愉悦呢？如果能够表现为形式的愉悦，当然是最理想的。但孔子承认，做到这一点很难。为什么很难？首先，可能与宗法社会的结构有关。

宗法社会最讲究等级。在宗法社会里，对父母产生敬的情感很容易，但要把敬的情感转化为和颜悦色的形式就很难，因为和颜悦色的形式会消解敬的严肃情感，或者说，和颜悦色的形式和敬的严肃性难以相容。贾宝玉一见贾政就紧张、害怕，一离开他，就如释重负，心情大好。悦的情感基于平等的观念。其次，可能是我的原因。我是由各种关系组成的，每种关系都是很复杂的，这些关系会影响我的心情，会导致我的烦恼，你很难让烦恼的我随时表现出和颜悦色。最后，可能与父母有关。父母毕竟也是人，也会有各种缺点，也会犯各种错误。尤其是父母衰老的时候，甚至会像孩子一样任性、不讲理。在面对有缺点的父母时，我也很难做到和颜悦色。和颜悦色即是顺从父母，孝和顺组成一个词，叫孝顺。孝顺与孝敬相比，孝顺更难。

有事，弟子服其劳；有酒食，先生馔，曾是以为孝乎？ 具体的事情，让年轻人做；有好吃好喝的，让年长的人先吃。这难道就是孝吗？这个好理解。这些仅仅是孝的起点，还不能称之为孝。孔子对孝有更高的要求。

2·9 子曰："吾与回言终日，不违，如愚。退而省其私，亦足以发，回也不愚。"

子曰："**吾与回言终日，不违，如愚。**"回，颜回，是孔子最喜欢的学生。违，违背，质疑。这句话的意思是，我跟颜回说了一天的话，颜回没有任何质疑，好像很愚笨。孔子与颜回初次见面，对颜回的印象不是很好，评价也不高。孔子对颜回的最初印象是"不违，如愚"。不违和如愚是因果关系，因为不违，所以看起来如愚。不违就是不质疑，没有不同的意见，完全赞同孔子的意见。不违不需要有任何的语言表达，只要点点头就可以，究竟有没有理解，是未知的。理解了可以点点头，不理解也可以点点头。沉默往往鱼龙混杂，"沉默是金"是很罕见的，大部分的沉默只是无知。不违是如愚，反过来讲，违就是聪明。违是否定，否定要有理由，说理由的过程就是展示聪明的过程。"不违，如愚"带来的启示是：说话很重要。即便是颜回，也因为不说话险些被孔子误解。"不违，如愚"表明，孔子希望听到不同的意见，还鼓励人提出不同的意见，而且对不提反对意见还进行过批评。可见孔子的心胸是多么地宽广。

退而省其私，亦足以发。见面结束后，孔子又考察他私下的言论。可见孔子很谨慎，不轻易给人下结论。他发现，颜回私下很能发挥他的思想。"发"其实就是批评，是委婉的批评。颜回私下发挥孔子的思想既体现了颜回的学识，也体现颜回谦逊的性格，更有初次见面对孔子应有的尊敬。

回也不愚。这是结论。这个结论非常难得。孔子是最好的老师，颜回是最好的学生。这么好的师生差一点失之交臂，可见，识人有多难。

2·10 子曰:"视其所以,观其所由,察其所安,人焉廋哉?人焉廋哉?"

子曰:"视其所以。" 以,有两种解释。一种解释是为,这句话的意思是:看他在做什么。一种解释是因,这句话的意思是:看他为什么做。哪种解释更好呢?如果解释成做什么,就是通过做什么去考察他是什么人。但就孔子的思想而言,做什么只是职业的分工,孔子自己就做过很多鄙事。他放过牛羊,也做过仓库管理员,每件事都做得很好。从这个意义上讲,孔子不应该以做什么来衡量人。所以这句话应该翻译为:看他为什么做,看他的动机是什么。人不管做什么事,都有做事的动机,从动机看人最直接。大家入学面试时,老师们最喜欢问你为什么要读研?是喜欢读书的话,动机就很纯,否则动机就不纯,这是考察人的方式。

观其所由。 由,方法。看他用什么方法去做。方法决定成败,通过方法,可以看出他是否适合做这种事。比如,经常听人说,学文科就是背题。说这种话的人,就不适合学文科。

察其所安。 考察他是否安心去做。安心是一种心灵的状态,用通俗的话来讲,就是坐得住。安心在此,才能不受外界的诱惑,才能够长久地坚持,更准确地说,无须要坚持,因为他乐在其中。

人焉廋哉?人焉廋哉? 廋,隐藏。这样的话,人怎么能隐藏自己呢?人怎么能隐藏自己呢?重复的表达得出肯定的结论,他是什么样的人就清清楚楚了。

这一章讲如何考察人,要在事上去考察人。要看他做事的主观动机,还要看他做事采取的方法,更要看他做事的志趣所在。为什么要从这些方面去考察人呢?因为世间万物,人最复杂。人的复杂性在于人有无限可能性。有人作恶多端,却放下屠刀立地成佛;有人一身清白,但晚节不保,功亏一篑。人最终成为什么样的人,自己都把握不了,何况是别人。人们常讲"盖棺定论",其实盖棺都不能定论,历史上的很多定论不断被后人推翻。现实中,人总要和人打交道,识人是很现实的问题。孔子在这里提出识人的方法,旨在帮助我们正确地认识人。

2·11 子曰:"温故而知新,可以为师矣。"

子曰:"温故而知新。" 学习旧知识时,常有新发现。温故与知新是同一件事,是同时发生的,温故时就在知新。也有人把温故和知新看作两件事,说温故是温习旧知识,知新是学习新知识,似乎也说得通。这句话是针对"可以为师矣"讲的,是针对老师而讲的,做老师固然要温习旧知识,学习新知识,但这个标准太低,只涉及做老师的知识积累。积累知识只是做老师的基础,做老师应有更高的要求,或者说还需要更高的能力,即在旧知识中发现新问题。《礼记·学记》说:"记问之学,不足以为人师。"现在的问题是,什么叫知新呢?新是什么?新是自我独有的,别人没讲过的。新在何处呢?是在旧知识里?

当时没看见，现在才发现的吗？显然不是。如果新在旧知识里，早就被人看见。即便我没看见，别人也会看见。可见，新只能出自我，因为我的存在才有新的存在。这样又出现一个问题，每个人都是我，理论上讲，每个人都能出新。"一千个读者就有一千个哈姆莱特"，似乎每个人心里都有新的哈姆莱特，这是很夸张的说法。如果让这一千个人说出他们心中的哈姆莱特，就会发现，很多哈姆莱特是雷同的。原因在于，从我嘴里说出来的话，可能是陈词滥调。这样看来，我并不必然就会知新。只有那些特殊的我才能知新，这些我天生就对某些对象敏感。由于这种敏感导致了他的专注，导致了他知新，让他看到了别人看不到的东西。这些东西原本就在他的自我里，他只不过是借助旧知识，来表达他的自我。他天然的敏感又来自何处？这是天生的。知新有天生的成分。这样看来，当老师其实是有天分的。知新还需要有自由的思想，思想自由是创新的土壤、创新的条件。压制思想自由，会导致思想僵化。

可以为师矣。具有温故知新能力的人才可以做老师。传道授业解惑，老师应该做这三件事。怎么能做到呢？就需要有温故知新的能力。比如传道，怎么传道？道是看不见的，如何传给别人？你必须以自己的方式去传道，这涉及你如何理解道。道一直存在，学道是温故，知新是传道的独特方式。在孔子看来，当老师不是一件容易的事。尤其是人文学科，知新显得尤为重要。知的新不同，结论就不同；不能知新，就只能照本宣科，人云亦云。

2·12　子曰："君子不器。"

子曰："君子不器。" 孔子说，君子不能成为器具。成器是个褒义词，是说一个人成才了。只有骂人的时候才说不成器。所以，一个人能成为器，是非常了不起的事，是很有成就感的事，是令人高兴的事。对常人来讲，奋斗的目标就是成器，成为一个人才。那孔子为什么说君子不器呢？这里要注意，孔子这是对君子的要求。对普通人来讲，成为器是非常不错的选择，但是，如果你要成为君子，成为器具是远远不够的。孔子对于君子有更高的要求。

为什么"君子不器"呢？这与器具的两个特点有关。第一，器具只有特定的用途。它能这样使用，就不能那样使用。刀用来切菜，锅用来炒菜。它们的用途是不能互换的，它们各自的作用是有限的。有鉴于此，孔子提出君子要不器。不器是什么意思呢？很多人认为，既然器只有特定的、有限的用途，不器就是追求多样的用途。对于君子来说，不能只懂得某一方面的专门知识，还应该懂得多方面的知识，要成为一个通才、全才。问题是，人无论怎么努力，也无法成为通才、全才。以这种方式去理解不器，只不过是扩大了器的范围。无论你成为多少种器，毕竟还只是器，还没有达到不器。所以不器应该有另外的理解。《周易》讲，"形而上者谓之道，形而下者谓之器"。不器，即从形而下者摆脱出来去追求形而上者，也就是要追求道。道又是什么呢？从本质上讲，道是不能说的，但我们可以把一些抽象的问题，一些带有普遍性、根本性的问题看作与道相关的问题。雅斯贝尔斯曾说，公元前5世纪左右，人类进入了轴心时代。这个时期，人们都在思考一些根本问题，也就是带有道的特性问题，比如说，宇宙问题、自然问题、社会问题、人生问题、生命问题。与轴心时代对应的正是中国的春秋战国时代。对于儒家来讲，也有特别关心的问题，这就是人与社会的关系问题。这是事关全局的问题，当然，儒家的这种思考带有自身的特点与偏好。这个偏好有所收获，也有所不足。比如说，儒家就没有思考人的自由问题。

第二，器具具有工具性。谁都可以去使用。君子使用，它就替君子服务；小人使用，它就替小人服务。它没有自己的价值观。孔子讲不器，就是君子不要成为工具性的存在，要成为价值的存在。孔子正是以不器为标准去评价他的学生和社会上的各种人物、历史上的各种人物。在孔子看来，成器重要，但价值观更重要。如果你只是器，就会被人利用，就会成为作恶的工具。这里还要注意，孔子说"君子不器"并不意味着他否定器。道不离器是中国传统的思维方式。孔子本人也反对空谈道，所以"君子不器"不能理解为君子脱离器去追求道，而应该理解为，君子要超越器去追求道，在器中去追求道。

2·13 子贡问君子。子曰："先行其言而后从之。"

子贡问君子。子贡问什么是君子。

子曰:"先行其言而后从之。"孔子说,先做他想要说的事,然后再说他已经做的事。通常我们都是先说后做,但孔子认为,君子应该是先做后说。先做后说避免了说而不做的问题,但也面临着新的问题,即为了保持言行一致,干脆既不做也不说。先做后说,还有一个问题,那就是取消了说的价值和意义。既然已经都做了,说不说就无所谓了,"而后从之"也就没有必要了。孔子的这个思想还面临着现实的挑战,在现实中,大多数情况下,都是先说后做。怎么解决这一矛盾呢?这就需要对这句话的适用范围进行限定。这句话是针对个人的道德修养而言的,是针对人如何成为好人而言的。人不需要事先说我想成为好人,然后再去做好人。好人不是说出来的,而是做出来的。说自己要做好人,很多都是表演。但在社会公共领域中,需要先说后做,也应该是先说后做。上至国家,下至每个小单位,年初时都需要以说的方式做出规划,作为这一年的工作目标,年终则依据这个目标去检查工作完成的情况。

2·14 子曰:"君子周而不比,小人比而不周。"

子曰:"君子周而不比,小人比而不周。"周,周遍,全面的意思。比,阿党,片面的意思。这两句话的意思是,君子全面而不片面,小人片面而不全面。这里,孔子把君子和小人对举,《论语》里,类似的表述很多,可以称为君子和小人的对比模式。君子和小人,原本指地位的不同。君子地位高,小人地位低。地位高，知道的情况比较全面；地位低，知道的情况就会片面。人的地位决定人的视野。范仲淹说，"先天下之忧而忧，后天下之乐而乐"，范仲淹是宰相，说这话很自然。如果平民百姓这样说，就会让人感觉有些矫情。但人的地位和人的视野并非完全对应，不对应的情况比比皆是。地位高的视野很狭小，地位低的视野反而很开阔。在孔子这里，君子和小人就从地位的差别转化为德行的差别。地位高的可能是德行上的小人，地位低的可能是德行上的君子。从德行的角度界定君子和小人，那么，君子就是克服了片面性，达到了全面性的人。而小人就是片面的人。需要注意的是，小人的片面性也是合理的，所以小人不一定是坏人。

2·15 子曰："学而不思则罔，思而不学则殆。"

子曰："学而不思则罔。" 只学习而不思考会让人迷茫。"学而不思"为什么让人迷茫呢？学习的过程是积累知识的过程，学得越多，积累的知识也就越多，结果人就会困于知识中，感到茫然无措，找不到自我。各位从小学到现在，应该读了很多书，学到了很多知识，但可能没有对所学的知识构成一个体系、形成一种观念。就像拥有很多的珍珠，却没找到一根线把它们串在一起，构成一条项链。这就需要通过思把这些零散的知识串在一起，形成一个观念、一个思想。比如说，黑格尔认为，世界是绝对理念的自我显现，世界从绝对理念开始，到绝对理念结束。叔本华说，世界就是我的意志和表象。中国人总结历史，认为世界合久必分，分久必合。鲁迅从《二十四史》里只看出"吃人"这两个字。这些思想家都是通过思考，然后用一个观念去贯穿思考的对象，言简意赅。这样，世界不再是混乱的，而是有规律的。思考既然如此重要，那么应该如何去思考呢？可以有三种方式。一种方式是提问。比如说，孔孟宣扬仁义，那么我们就要问，仁义真的那么重要吗？我们可以试着去掉仁义，当世界上没有仁义，人变得不仁不义时，那会是什么样的世界？这样的提问就会让人更深切地领会仁义的重要性。第二种方式是关注现实。思想不是凭空产生的，而是从现实中产生的。对刚才的问题，我们可以继续进行提问，既然仁义这么重要，那现实中为什么不去落实仁义呢？为什么现实中不仁不义如此之多？就如新冠疫情期间，很多人借抗疫的名义，公然地违法乱纪，不仁不义。仁义对他们的制约作用体现在什么地方呢？一个好的思想为什么没有起到好的作用呢？这又引发我们对中国文化进行深层次的思考。第三种方式是读不同种类的书、不同观点的书。不仅要读儒家的书，还要读道家、墨家、法家、阴阳家的书；不仅要读中国的书，还要读外国的书。只有这样，才会促使人思考。

思而不学则殆。只思考而不学习是很危险的。"学而不思"是大家共同面临的问题，跟我们的关系相对比较密切，"思而不学"与我们的关系相对比较遥远。"思而不学"主要是针对有特殊禀赋而沉迷思考的少数人。这些人大都是思想者，他们沉浸在自己的思想里。如果说"学而不思"是没有自我,让自己的大脑变成别人思想的跑马场,那"思而不学"正好相反,它只有自我,没有世界。孔子把"学而不思则罔,思而不学则殆"对举,表明他希望各自都克服自己的不足,达到学而思的理想境界。

2·16 子曰:"攻乎异端,斯害也已。"

子曰:"攻乎异端,斯害也已。"《论语》里有四个攻字,都是攻击的意思。这里的攻也应该理解为攻击。异端,另外一端,不同于自己的那一端,可以引申为不同于自己的思想。"斯害也已"有两种翻译的方式。一种翻译为:祸害就停止了;一种翻译为:那就有害了。两种翻译,观点正好相反。哪一种翻译更合乎孔子的思想呢?先看第一种翻译,攻击那些不同于自己的思想,那么祸害就停止了。这就意味着孔子是赞同攻击异端的,是主张排斥异端思想的。从现代人的观点来看,异端是多元思想的一部分,是应该也是必须得到承认的。茨威格专门写了一本书,名为《异端的权利》。如果孔子反对异端思想,就和现代思想格格不入,这样解释会有损孔子的形象,也有悖孔子的思想。所以这句话只能翻译为:攻击异端思想,那就有害了。这样孔子的思想就和现代的思想相容了。但这样理解,并不是刻意维护孔子的形象,而是有可靠的证据,证明这的确是孔子的思想。至少有三条理由。第一,从学理上看,异端是事物的另一端，异端是由人所处的位置决定的，身处这一端的人把那一端称为异端，身处那一端的人也会把这一端称为异端，所以，这一端其实也是异端。你要消灭作为异端的别人，别人也会消灭作为异端的你，如果不允许异端存在，那么谁都不可能存在。孔子作为一个大思想家，他不会不明白这个简单的道理。第二，现实中孔子是如何对待异端的？在孔子的时代，成为异端的只能是老子的思想。孔子是如何对待老子的思想呢？他不远千里，几次去东都洛阳求教老子，向老子学习，这是向异端学习。可见，他不但不排斥异端，而且包容异端，甚至向异端学习。孔子特别欣赏狂、狷这两种性格，狂、狷就是异端。第三，最能够体现孔子包容异端的例子，就是他如何对待学生的异端思想。老子是他的老师，年长于他，他不得不去包容，不得不去学习。但对学生的思想就不一样了，他完全可以凭着老师的地位，去压制学生的自由思想。孔子是怎么做的呢？他对颜回没有异端的思想感到非常遗憾。宰我对孔子的思想有过激烈的批评，甚至因此师生之间产生了不愉快。但孔子最终认可宰我是孔门十哲之一，这是对宰我异端思想的认可。所以孔子是宽容异端思想的。

2·17 子曰："由，诲女知之乎！知之为知之，不知为不知，是知也。"

子曰："由，诲女知之乎！" 这句话有两种不同的翻译方法。不同的翻译方法取决于"乎"之后如何标点。杨伯峻的版本在"乎"的后面用感叹号,这句话的翻译就是:"由!教给你对待知或不知的正确态度吧!"另外版本在"乎"后面用问号,这句话的翻译就是:"由!教给你的都知道了吗?"前一种翻译,语气比较严肃,而且也不符合语法规范。后一种翻译比较符合教学中的情境化。相对来说,后面一种翻译比较好。

知之为知之,不知为不知,是知也。前面四个知可以翻译为知道,后面一个知通"智"。这句话的意思是,知道了就说知道,不知道就说不知道,这就是智慧。这显然是说,人要说老实话,说真话,不要说假话。孔子认为这就是智慧。通常人把智慧想得特别深奥、复杂。说到某人有智慧,就肃然起敬,甚至对有智慧的人进行妖魔化。其结果就是,智慧变得可望而不可即。但在孔子看来,这些都不叫智慧,充其量只是小聪明。小聪明喜欢把简单的事情复杂化,然后在复杂化的事情中,显示自己游刃有余。这种聪明往往与说假话有关,他们往往善于说假话,会说假话。正如我们知道的,说了一句假话,就要用无数句假话去掩盖它,所以小聪明很累人。但大智慧就不一样了。大智慧就是说老实话,做老实人。在现实生活中,人们往往把说老实话看作傻的表现,但孔子却认为这是大智慧。大智慧把复杂的东西简单化,举重若轻,事半功倍。在中国历史上,托孤是非常悲情的场面。为了防止小皇帝被篡位,老皇帝会想尽各种办法进行权力制衡。这都是些小聪明。在这些人里,刘备表现出了大智慧。他临死前对诸葛亮说,阿斗能扶持就扶持,实在扶持不起来，你就取而代之。这是一句大老实话，但是这句大老实话发挥了任何小聪明都不可能有的作用。刘备的坦率、诚实，反而让诸葛亮不好有任何觊觎之心，他必须"鞠躬尽瘁死而后已"。按道理来讲，说真话、说老实话是人的本能，人应该很自然地说真话才是。但人们发现，除了在童年时期，童言无忌，我们说了很多真话，随着不断长大，人越来越少说真话，越来越多说假话。这是什么原因呢？一是因为人有自我保护的本能，人倾向于肯定自己，害怕否定自己。如果承认自己不知，就等于是自我否定。如何解决这个问题呢？这就需要认识"不知"是人的生存状态，人人都有所不知，承认不知与面子无关。承认不知，最后反而知得更多。第二个原因，承认不知会带来不利的后果。如果承认不知，受到嘲笑，受到打击，长此以往，就不会有人承认不知。解决这一问题的方法，就是建立保护说真话的制度，让说真话的人不仅不受伤害，而且还受到表扬。如果在一个社会里，说真话会受到嘲笑，谁还会说真话呢？

这里还有一个问题。很多人把这一章与《老子》第七十一章中的"知不知，尚矣；不知知，病矣"进行对比，认为它们讲的是同一个问题。这种看法是错误的。老子谈的是认识的智慧，他说的"知不知"，或者是"不知知"，是出于一种认识上的错觉，而认识者不知道这是错觉。孔子这里讲的是德行上的智慧。在这里，知和不知，当事人一清二楚，只是出自功利的原因，他有意地自欺欺人。

2·18 子张学干禄。子曰:"多闻阙疑,慎言其余,则寡尤;多见阙殆,慎行其余,则寡悔。言寡尤,行寡悔,禄在其中矣。"

子张学干禄。 干,求,追求。禄,俸禄。干禄即今天所讲的做官。这句话的意思是,子张问如何去做官。子张在孔门弟子中性格相对比较张扬,所以他提出这个很现实的问题。

子曰:"多闻阙疑,慎言其余,则寡尤。" 阙疑,就是有疑问的事情不要说。这句话的意思是,多听别人怎么说,对那些有疑问的事情不要发表意见,对那些有把握的事情也要谨慎地说,这样就会减少犯错误。这是为官之道,即多听少说。

多见阙殆,慎行其余,则寡悔。 多见,即多看。多看别人怎么做,对那些没有把握的事不要去做,对那些有把握的事也要谨慎地去做,这样就能减少后悔。前面讲慎言,这里讲慎行。

言寡尤,行寡悔,禄在其中矣。 语言上很少犯错误,行动上也很少后悔,那么你的俸禄就在其中。这就是孔子讲的为官之道,也可以把它理解为官场守则,其核心就是慎言慎行。直到今天,人们仍然还是按照这样的原则去做官。可见,这几句话影响深远。慎言慎行有两个方面的意思。一方面,慎言慎行是面对百姓的言行原则,做官以百姓的利益为利益,就必须要慎言慎行,防止粗暴侵害百姓的利益。如果是这样的话,慎言慎行的出发点就是为民。另一方面,慎言慎行也可以是面对上级的言行原则,为了不得罪上级,必须小心翼翼。尽管孔子没有说他针对谁,从字面上看,应该是针对两方面的。但在实际的生活中，慎言慎行可能更多地指后者。为什么这样说呢？有两个理由。一是，谁给你权力，你就会对谁谨言慎行。子张能够做官，不取决于百姓，而是取决于让他做官的上级，所以他必须对上级慎言慎行。对上级慎言慎行，对下级就会简单粗暴。二是，在孔子的时代，士的主要出路就是做官，所以会非常珍惜做官的机会，就必须在上级面前慎言慎行来保住自己的官职。这样，孔子所讲的慎言慎行，就被后人片面理解为对上级要慎言慎行。今天的为官者看到这几句话都有心领神会的感觉，这种感觉恰好表明，两千多年来这几句话一直被误解。

2·19 哀公问曰："何为则民服？"孔子对曰："举直错诸枉，则民服；举枉错诸直，则民不服。"

哀公问曰："何为则民服？" 哀公问孔子，怎么做百姓才能服从我呢？这个问话本身就体现了权力的傲慢。哀公自觉不自觉地就以居高临下的口吻说话，在他的眼里，最重要的问题是百姓怎么服从他。

孔子对曰："举直错诸枉，则民服；举枉错诸直，则民不服。" 错，通"措"。直，正直的人。枉，邪曲的人。这句话的意思是，提拔正直的人，把他们放在邪曲的人上面，百姓就会服从你。提拔邪曲的人，把他们放在正直的人上面，百姓就不会服从你。这句话的字面意思非常好理解，但要真正落实，却非常困难。为什么难以落实呢？原因有三个。第一，如何区分枉和直。枉和直不是摆在外面，让人一眼就能看得见的。从外在的行为上，很难分清谁直谁枉。枉的人都具有表演性，他们往往表现得比直的人还要直，可见，发现谁直谁枉是个复杂的过程。第二，即便发现谁直谁枉，也不一定就会提拔直的人，相反，他会倾向于提拔枉的人。这是什么原因呢？这是人性使然。直对他人的错误不留情面，让人下不了台，容易伤害人、得罪人。而邪曲的人反而讨人喜欢。第三，即便把正直的人提拔上来，真的就解决问题了？人是变化的，正直的人也不例外，开始正直并不表明永远正直，很多人晚节不保。从这个意义讲，人是不可靠的，贤人也不可靠。这也是今天特别需要反思的地方。

2·20 季康子问："使民敬、忠以劝，如之何？"子曰："临之以庄，则敬；孝慈，则忠；举善而教不能，则劝。"

季康子问："使民敬、忠以劝，如之何？" 季康子问孔子，让百姓敬重我、忠诚于我，并为我而勤勉工作，该怎么做？季康子的提问所体现出的思维方式跟前面鲁哀公的提问方式完全一样。他们首先考虑的是，别人怎样对我好。

子曰："临之以庄，则敬。" 庄，庄重。这里的庄重不能理解为外表上的庄重。因为外表的庄重是可以表演的，不一定是发自内心的。发自内心的庄重必须体现在行动上。所以，"临之以庄"应该翻译为：你认真地为百姓做事，替百姓着想，百姓才会敬重你。

孝慈，则忠。 孝慈，是针对季康子而言。你对你的家人孝慈，百姓就会对你忠诚。从今天人的眼光来看，这样的说法很令人费解。你对家人的孝慈是你的家事，与百姓对你的忠诚有什么关系呢？但我们要知道，在宗法制社会里，孝慈既是家事，也是国事。孝慈不仅仅指家庭成员的伦理关系，还表达了家庭的秩序，表现了对规则的遵守和认可，让人对未来有稳定的预期，让人觉得你很可靠，他才忠诚你。

举善而教不能，则劝。 善，能，有能力的人。这句话的意思是，推举有能力的人，让有能力人能发挥自己的能力，同时又帮助没有能力的人。这样，无论是有能力的人还是没有能力的人都各得其所。由于各得其所，他们都会勤勉地工作。孔子的回答和季康子的提问体现了完全相反的思维方式。季康子的提问是以自己为出发点，以自我为中心考虑民的问题。而孔子的回答却是以民为出发点，以民为中心，体现了民本主义思想。孔子认为，在官和民的关系中，官的行为决定了民所采取的应对措施，这也就意味着，如果百姓的应对措施不当或过激，那也应该归咎于官的错误行为在先。这是站在百姓的立场上为百姓辩护。这样表述官民关系，还隐藏着一种思想，即为百姓的反抗提供了理由，同时也是对为官者的威慑。孔子能否改变季康子的观念呢？恐怕很难。孔子也只能是表达出他的价值观念，仅此而已。

2·21 或谓孔子曰："子奚不为政？"子曰："《书》云：'孝乎惟孝，友于兄弟，施于有政。'是亦为政，奚其为为政？"

或谓孔子曰："子奚不为政？" 有人对孔子说，你为什么不从政呢？孔子学问高、人品好，满腹经纶，有人觉得孔子不从政有点可惜。那么孔子如何替自己辩护呢？

子曰："《书》云：'孝乎惟孝，友于兄弟，施于有政。'" 人在为自己辩护时，最喜欢引经据典。这是很有意思的事情。其实经典也是前人创作的，前人创作的时候，它们只是一些平常的话，但是一旦形诸文字，年代久远过后，它就会产生权威性，就会被后人引用，为自己辩护。孔子也不例外，在受到别人指责时，首先想到《尚书》，用《尚书》替自己的行为辩护。《尚书》说孝顺父母、友爱兄弟会影响到政治。

是亦为政，奚其为为政？ 能影响政治，这不就是为政吗？为什么一定要做官才叫为政？孔子为什么要替自己辩护呢？孔子在没有做官时，他在干什么呢？他在宣传仁义思想。人们认为宣扬仁义思想与为政没有任何关系，只有做官才是为政。这就等于否定了孔子的人生追求，他不得不进行辩护。孔子在辩护时区分了两个不同的概念。一个是狭义的政治，即做官；另一个是广义的政治，即宣扬孝悌的思想。他通过区分广义和狭义的政治来替自己宣扬孝悌思想做辩护。言下之意，孝悌也是政治，所以他所做的事情也是与政治有关的。孔子的辩护，只是使孝悌独立于做官，而没有独立于政治。孔子认为孝悌和政治具有一致性，这就是后来的家国一体思想。这个思想不是孔子发明的，但孔子认同这个思想。由于他的影响力，这个思想深入人心。这个思想的问题是什么呢？它使得孝悌政治化，也即家政治化。家本来应该独立于国，成为人的自由的最后栖息地。西方人认为，家"风可进，雨可进，国王不可进"。家独立于国，国在任何时候都不能干涉家，人在社会上可以不自由，回到家必须是自由的，但是家国一体的思想使人仅剩的自由空间也不复存在。家国一体严重地压缩了个人的自由空间，个人在家里都不能得到自由。为了摆脱家的束缚，唯一的办法就是逃离家，去做和尚、做尼姑，这样才能享受自由。学界有一句非常流行的话，叫儒释道互补，这句话准确地概括了中国的思想特征。我们要思考，儒释道是怎么互补的呢？因为家国一体，家不再是自由的庇护所，而是成了人的牢笼。人不得已逃离家，皈依佛道。儒释道互补是一个很心酸的思想体验。贾宝玉就是个代表，他生活在儒的世界里，没有任何个人选择的自由，就连最个人化的情感他都不能做主，都被社会化了，他感到压抑、窒息，最终离家出走。

2·22 子曰："人而无信，不知其可也。大车无輗，小车无軏，其何以行之哉？"

子曰："人而无信，不知其可也。" 孔子说，人如果不讲信用，就不知道应该怎么办。也就是说，信在人的生活中特别重要,以至于没有信,人们都不知道如何去生活。信由人和言构成,讲人说话要算话。说话算话为什么特别重要呢?我们说某个东西重要时,是把它看成构成事物的条件。有了这个条件,事物就能存在;没有这个条件,事物就不能存在。我们说信重要,也就意味着,没有信,人就没有办法去生活。人生活在群体中,就需要合作,就需要彼此有一个约定。比如我们一起上课,这就是约定,遵守了约定,上课这件事才能发生。不仅仅是上课,所有的事情都是如此,它们都是我们相互约定的产物。由此可见遵守约定的重要性,遵守约定就是讲信用。日常生活中,最能体现信用的是银行。过去农村把银行叫作信用社,这个名称特别好,它体现了银行的特征。很多人觉得信用社土气,改成农商银行,这个改法是一个败笔。银行的诚信,我们都有体验,我们把钱存到银行,银行给我们一个存单,现在连存单也没了,只是一张卡。这卡里到底有没有钱呢?按道理来讲,我们是非常担心的,但奇怪的是,我们把钱存入银行,都特别放心。这意味着我们对银行的信任,而我们的信任又取决于银行的信用。所以银行就是信用的象征。所谓金融危机,本质上就是信用危机,就是大家不再相信银行,要提前挤兑。所以,诚信不是说教,它是生活的前提,是生活的保证。信用的重要还体现为,那些不诚信的人骗人时,也要借助于诚信,否则,他是骗不了人的。这从反面证明了诚信的重要。不仅个人需要诚信,团队也需要诚信。往大里说,政府也要诚信。诚信让人对未来有一个确定的预期,人可以根据这个确定预期来规划自己的生活。既然诚信这么重要，为什么人还要失信？因为诚信是对自己的约束，失信是对自己的放纵。有人为了短期利益就会选择失信。所以，诚信既需要内在的自我约束，又需要外在的法律约束。诚信的社会一定是法治的社会。

大车无輗，小车无軏，其何以行之哉？ 朱子在《四书章句集注》中说："大车，谓平地任载之车。輗，辕端横木，缚轭以驾牛者。小车，谓田车、兵车、乘车。軏，辕端上曲，钩衡以驾马者。车无此二者，则不可以行，人而无信，亦犹是也。"这句话是说，大车没有輗，小车没有軏，车子如何行驶呢？这里，可以把大车理解为人类的生活，把小车理解为个人的生活，把輗和軏理解为信用。如果生活中没有信用，生活就不可能进行下去，这就像大车没有輗，小车没有軏，就无法行驶一样。輗和軏之所以重要，因为它们是车之所以成为车的条件，失去了这个条件，它就不叫车了。孔子通过这个类比来说明诚信在生活中的重要性。

2·23 子张问："十世可知也？"子曰："殷因于夏礼，所损益，可知也；周因于殷礼，所损益，可知也。其或继周者，虽百世，可知也。"

子张问："十世可知也？" 一世等于三十年，十世就是三百年。子张问孔子："三百年以后的事情，我们能知道吗？"这是一个非常好的问题，我们每个人都生活在当下，生活在一个很狭小的时空里。在这个时空里,前不见古人,后不见来者,感到特别孤独、特别虚无。于是就特别想了解历史。与历史相比,我们更希望了解未来。通过了解未来,获得对人生、对世界的整体把握。如果未来是不可知的,今天的所有努力就会变得毫无意义。

子曰:"殷因于夏礼,所损益,可知也。" 子张问三百年后的世界是否可知?孔子以礼为例证说明三百年以后的事情是可知的。其实,仁、义、礼、智、信,任何一个概念都可以说明未来是可知的。孔子选择礼说明未来是可知的,用佛教的话来讲,这是方便说,千万不要以为只有用礼才能说明未来的可知。如何通过礼来证明未来是可知的?这就需要在历史中获得经验。孔子讲,殷礼来自夏礼,殷礼只是夏礼损益的结果。所谓损益就是对已有的礼进行强化,或者是弱化,也有可能是增加一种新礼,也可能是去掉过去已有的礼。比如很古老的、很残忍的殉葬制度后来就不存在了,比如前人没有的民主制度会产生出来,所以损益有相当大的空间。我们在损益中感觉到历史的变化。如果历史仅仅是变化,那么未来是不可知的,在历史的变化中一定有不变的东西,也可以说,一切变化都是围绕不变进行的。正是这个不变的东西让人预知未来,也是它决定礼的损益。这就是仁。仁是不变的,仁决定了礼的变化。礼可能会偏离仁,但不能离仁太远,它围绕着仁去调整自己,最终达到有子所说的"礼之用和为贵"。因为仁的存在,礼越来越合乎理,越来越完善、完美。正因为如此,那些不合理的专制制度一定会被取代，更为合理的民主制度一定会产生。

周因于殷礼，所损益，可知也。周礼来自殷礼，在殷礼的基础上有所损益，这就形成了周礼。道理和上面是一样的。

其或继周者，虽百世，可知也。取代周代而来的朝代，哪怕是三千年以后，也是可以知道的。三千年以后，还需要礼，因为礼是社会存在的必要条件。他们的礼和夏商周三代的礼还有着密切的关系，也是在仁的基础上不断损益的结果，和现在并没有根本的不同。孔子说的三千年以后，也就相当于今天了。我们今天还在读孔子的书，表明这三千年中，的确有很多不变的东西。正是由于不变，古今才能够沟通。

2·24 子曰："非其鬼而祭之，谄也；见义不为，无勇也。"

子曰："非其鬼而祭之，谄也。"鬼，指逝去的祖先。不是自己的祖先却要去祭祀，这就是谄媚。为什么要去祭祀别人的祖先呢？别人的祖先，在量上是无限的，是祭祀不过来的，只能有选择地去祭祀。那么选择谁的祖先呢？那一定是选择能给自己带来利益的人的祖先。能给自己带来利益的，必定是有权势的人。所以，孔子说的谄媚其实就是谄媚权力，讨好权力。这是一种奴性。

见义不为，无勇也。义，应该。看见应该做的事情而不做，这是没有勇气。什么是应该做的事情呢？比如说帮助弱者，比如说反抗强权，都是应该做的事情，为什么应该做的事情不做呢？显然是出于利益上的考虑，那些应该做的事有损于自己的利益。"见义不为"和"非其鬼而祭之"，都体现了一种利己主义的人生观，凡是不利于自己的事不做，不利于自己的话不说，对别人的不幸冷漠、麻木，明哲保身，以为别人的不幸和自己无关。殊不知别人的不幸都可能成为自己的不幸，不让别人遭受不幸，也是避免自己遭受不幸。这里，孔子批评两种错误的做法，体现了儒家特有的批评精神。

八佾篇第三

3·1 孔子谓季氏："八佾舞于庭,是可忍也,孰不可忍也？"

孔子谓季氏："八佾舞于庭,是可忍也,孰不可忍也？" 佾,行,每行八个人。八佾即是六十四人的集体舞蹈。八佾是天子享有的礼仪。季氏仅仅是一个大夫,是不能够享有这一礼仪的。忍字有两种解释,可以解释为忍心,也可以解释为容忍。哪种解释更好呢？解释为容忍可能更好。忍心主要用在对于弱小者情感或者身体的伤害上。季氏的行为违背了礼,用忍心似乎不太恰当。而且忍心只是客观的陈述,态度相对温和。容忍表明了主观的情绪,态度非常坚决。因此这句话可以翻译为：季氏用八列人在庭中奏乐舞蹈,这样的事还能容忍的话,还有什么样的事不能容忍呢？

3·2 三家者以《雍》彻,子曰："'相维辟公,天子穆穆',奚取于三家之堂？"

三家者以《雍》彻。 三家,指鲁国的三个大夫,孟孙、叔孙、季孙。他们都是鲁桓公的后代,所以又被称为三桓。《雍》是《诗经》里的一个篇目。彻,通"撤"。这句话是说,鲁国的这三位大夫在祭祀撤出祭品时吟唱《雍》。"以《雍》彻"是天子的礼仪，三家是大夫，明显违礼。

子曰："'相维辟公，天子穆穆'，奚取于三家之堂？" "相维辟公，天子穆穆"，是《雍》诗里的两句话。相，助，帮助。辟公，诸侯。这句话的意思是，天子端坐肃穆，诸侯依礼助祭。这样的场面怎么会出现在三位大夫祭祖的厅堂里呢？这一章和上一章都是批评三位大夫违礼的行为。这里有两点需要注意。第一点，孔子批评这三位大夫，显然是要恢复周代的礼，很多人据此认为孔子的思想保守。可不可以这样理解呢？显然不可以。这三位大夫破坏礼仪，是实力使然，他们要求重新分配权力。但无论权力如何重新分配，都不可能改变权力的基本结构，也就是说，都不能够让老百姓真正地拥有权力。而且，权力的重新分配绝不是一帆风顺的，一定是血雨腥风的。他们改变权力的行为，必然会带来政局的动荡、社会的混乱，最终会伤害到老百姓的利益。从这个意义上讲，孔子反对破坏周礼对老百姓是有好处的。第二点，孔子的批评到底有何作用？从某种意义上讲，孔子的批评可能起不到任何作用。这是实力的较量，批评是不会削弱他们的实力的。既然批评发挥不了作用，改变不了现实，批评还有什么意义？通常人们会说人微言轻，说了也白说，所以干脆也就不说了。这个观点是错误的。正是由于孔子的批评，我们才会感觉有改变现实的可能。批评的声音多了，改变现实的可能性就会增大。如果都不批评，都保持沉默，就会使得违礼的行为变得肆无忌惮，就会给违礼者制造一种氛围，让他们觉得自己的行为是合理的，所以孔子的批评是有意义的。

3·3 子曰:"人而不仁,如礼何?人而不仁,如乐何?"

子曰:"人而不仁,如礼何?" 人如果不仁,那他将如何对待礼呢?这里的不仁,可以理解为没有敬畏之心。就礼而言,有合理的礼,也有不合理的礼。这里的礼,指的是合理的礼。基于上面的理解,可以把这句话重新翻译为:人如果没有敬畏之心,他会如何对待好的制度呢?孔子在这里提出了一个重要思想,即如果没有敬畏之心,再好的礼、再好的制度也发挥不了作用。好的制度还要有敬畏之心与之相配。比如说,宪法中有很多好的规定得不到真正落实,而很多人都接受了这样的事实,这就意味着我们都缺乏对法的敬畏之心。生活中,节假日休息,是法定的。但现实中,人们都认可"白加黑""五加二"的工作方式,没有人对此提出异议,大家都习以为常。由于对法缺少敬畏之心,使得很多法规形同虚设。孔子提出这样的疑问,实际上是强调了仁心对于礼、对于制度的决定性作用。晚清学习西方文化,最初学习西方的物质文化,效果不尽如人意,又开始学习西方的制度文化,最后也没有成功。人们开始反思,如何改变人心?梁启超要创造新民,鲁迅要改造国民性,这才有了后来的五四新文化运动。用孔子的话讲,就是恢复仁心,让人对事物有敬畏之心。

人而不仁,如乐何? 人如果不仁,他会如何对待乐呢?这里的乐可以理解为艺术。艺术的本质在于倡导爱、自由与平等。当人无敬畏之心时,不会把任何东西放在眼里,连礼都对他无可奈何，何况乐呢？礼乐的本质是仁，有了仁，礼乐才有意义；失去了仁，礼乐就没有任何作用。

3·4 林放问礼之本，子曰："大哉问！礼，与其奢也，宁俭；丧，与其易也，宁戚。"

林放问礼之本，子曰："大哉问！" 林放问孔子，礼的根本是什么？林放的提问说明了那时人们普遍对礼产生了怀疑，都认为礼不可靠，所以才进一步追问礼的根本，然后让礼回到它的根本。"礼之本"正是孔子思考的问题，林放和孔子想到一起了，所以孔子说，你提出的问题非常重要。孔子没有直接给出"礼之本"的答案，但根据下文，可以断定，孔子所说的"礼之本"就是仁。

礼，与其奢也，宁俭。 礼，与其奢华、铺张，宁可朴素、简单。这里要注意"与其……宁"的表述方式。这个表述方式说明，无论是奢还是俭，都不是理想中的礼。理想的礼，既不奢，也不俭。那么在礼的奢和俭之间，如何选择更好呢？孔子认为，俭比奢要好。礼是表达情的，所以人们都认为礼越多，表达情就越充分，"礼多人不怪"嘛。因为有了这样的观念，人们都倾向于使礼变得越来越烦琐。但在孔子看来，烦琐的礼不如简朴的礼。为什么呢？因为奢是形式大于内容，俭是内容大于形式。内容比形式更接近于仁。为什么这样说呢？形式是外在的，是可以模仿的。只要有足够的财富，就能把礼办得奢华。

它与情感可以毫无关系。但内容很难模仿，人的朴实情感，有就是有，没有就是没有。越是不能模仿的东西，就越高级，就越接近人的本性。

丧，与其易也，宁戚。易，治理妥当、周到。这句话是讲，丧礼与其办理得很周到，宁可很悲伤。易，主要指形式的完善。戚，指的是感情的真挚。在丧礼中，如果人把精力都放在如何完善礼上，就无法有时间、有精力去表达自己的哀伤。人操心礼的仪式，就会冲淡情感表达。魏晋名士蔑视礼法，越名教而任自然。比如说阮籍，在安葬母亲时，大口吃肉，大碗喝酒，吃完喝完大喊一声"穷矣"，然后吐血三升。很多人认为阮籍不守礼法，不讲孝道，但按照孔子的观点看，阮籍的做法是合乎丧礼的，是合乎儒家思想的。

3·5 子曰："夷狄之有君，不如诸夏之亡也。"

子曰："夷狄之有君，不如诸夏之亡也。"夷狄，指边远地区文化落后的国家。诸夏，指中原地区的国家，文明的国家。如，有两种解释，一种解释为像，一种解释如为本字。理解为像，这句话可以翻译为：夷狄有国君，不像诸夏没有国君。这样翻译，这句话就是表扬夷狄，批评诸夏。夷狄都有国君，诸夏却没有国君。如作本字解，这句话可以翻译为：夷狄虽然有国君，还不如诸夏没有国君。这样翻译，这句话就是批评夷狄，表扬诸夏。对如字的解释不同，意思完全不同。哪一种理解更好呢？按照第一种理解，表扬夷狄有君，批评诸夏无君，说明孔子非常关注君的有无，他以君的有无来衡量国家的先进和落后，这种说法显然不符合孔子的思想。所以我们采用第二种理解方式，即孔子批评夷狄，表扬诸夏。孔子这句话有两层意思。第一层意思，比较两种不同的文化。夷狄有君，但是没有文明制度；诸夏无君，却有文明制度，因而诸夏高于夷狄。第二层意思，就诸夏文化的内部而言，文明制度高于国君。鲁国的三桓赶走了鲁昭公，鲁国长期无君，但鲁国并没有因此而混乱，所以文明制度比国君重要，文明制度能使国家长治久安，而好的国君只能给国家带来暂时的稳定。所以孔子特别重视礼乐制度。

3·6 季氏旅于泰山。子谓冉有曰："女弗能救与？"对曰："不能。"子曰："呜呼！曾谓泰山不如林放乎？"

季氏旅于泰山。旅，祭祀的名称。只有天子、诸侯才有资格祭祀泰山。季氏作为大夫祭祀泰山，显然违背礼制。

子谓冉有曰："女弗能救与？" 女，通"汝"。孔子对冉有说，你不能去制止这件事吗？冉有是季氏的家臣，孔子便让冉有去劝阻季氏祭祀泰山。季氏身为大夫，僭越礼制，不是心血来潮，是一种实力的体现，他去祭祀泰山是没有人能够劝阻得了的，孔子很清楚这一点。既然如此，为什么还让冉有去劝阻呢？这体现了孔子的一贯思想，"知其不可而为之"。他知道无法阻止祭祀，但又必须表达自己的态度。孔子相信，只要不断地去说，说的人多了，就会形成一种力量，最终就有可能产生一种结果，所以不能小看单个人劳而无功地说。如果当初孔子不说，孟子也不说，老子和庄子也不说，那么今天人面临着文化源头的一片空白，连引用的思想资源也没有。后人的许多力量正是源于前人当初很微弱地说，这些说形成了思想的传统。

对曰："不能。"冉有回答说，我不能阻止。冉有的回答让人意外。因为能不能说服是一回事，去不去说服是另外一回事。在没有去说服以前，就认定说服不了，这是主观态度问题。通常情况下，学生不可能、也不会这样回答老师的请求，不管出自什么原因，他都应该采用人之常情的方式回答。比如说，应付一下老师，说他可以去试试，但结果如何，他也没有把握。冉有的回答让孔子很尴尬、很没有面子，也表明冉有和孔子在思想上有裂痕，所以他连糊弄和应付都不愿做。

子曰："呜呼！曾谓泰山不如林放乎？"孔子感慨了一下说，难道泰山还不如林放知礼吗？言下之意，季氏可以去祭祀，但这样的祭祀是没有用的，泰山之神不会接受他的祭祀。被学生断然拒绝，孔子可以去骂学生，但是骂学生显得很没有风度。孔子以一种幽默的方式，应对尴尬的处境，自己给自己台阶下。

3·7 子曰:"君子无所争,必也射乎!揖让而升,下而饮。其争也君子。"

子曰:"君子无所争,必也射乎!" 这句话,杨伯峻先生翻译为:君子没有什么争论的事情,如果有所争,一定是比箭吧!钱穆先生的翻译与此大同小异。这种翻译不够准确,也没有正确理解孔子所要表达的思想。在这里,孔子并不是说君子不争,只是在比赛射箭时才争。而是说,君子应该像射礼比赛那样争,是强调君子应该以什么方式去争。这句话应该翻译为:君子没有什么可争的,如果一定要争,应该像射礼比赛那样争。下面讲射礼比赛如何争。

揖让而升,下而饮。 相互作揖,上场比赛。走下赛场,相互作揖,一块喝酒。射箭比赛的过程有三点值得注意。第一,比赛规则的公正性。比赛的规则是在比赛之前就规定好的,规则不会偏袒比赛的任何一方,这就保证了比赛的公正性。第二,比赛的公开性。比赛在众目睽睽之下进行,不能够暗箱操作。比赛的胜负由第三方认定,这就保证了比赛结果的公正性。第三,对比赛结果的态度。比赛双方不管谁胜谁负,都认同比赛结果,才会在一起喝酒。这也就意味着,胜利者尊重失败者,尊重自己的对手,不以胜利而自傲。失败者承认自己的失败,祝贺胜者,不以失败而不满,而自卑。

其争也君子。 这是君子似的争。生活中免不了争,要争财富、争地位。孔子并不否认争，但他认为必须以正确的方式去争。要按照规则去争，以此来建立一个健康的社会。孔子很欣赏游戏比赛的争，这种争公正、公平、公开。非常可惜的是，这种游戏比赛似的争，在现实生活中却难得一见。孔子试图通过君子把游戏比赛的争引入社会生活，以游戏比赛的争作为标准来规范生活中的争。这是一个极具创见的思想。

3·8 子夏问曰："'巧笑倩兮，美目盼兮，素以为绚兮。'何谓也？"子曰："绘事后素。"曰："礼后乎？"子曰："起予者商也，始可与言《诗》已矣。"

子夏问曰："'巧笑倩兮，美目盼兮。'" 倩是好看的意思，盼是黑白分明的意思。这句话就可以翻译成：迷人的微笑非常好看，美丽的眼睛黑白分明。这两句话写女孩子长得好看，特别漂亮。好看表现在两个方面。第一个方面是笑，人的美和笑密切相关，笑是美的一种表现方式。再美的面孔，如果没有笑容的话，就会变得生硬，甚至于僵硬。第二个方面是眼睛，在人的五官里，只有眼睛是动的，其他是静的。动具有一种表现性，所以写人容貌的美往往都会写到人的眼睛。

素以为绚兮。 通行本《诗经》里没有这句话。这句话特别重要。如果没有这句话，子夏和孔子就没有办法借题发挥了。

素，白。绚，美。在洁白的面孔上才能化妆得如此美丽。这是解释女孩为什么好看。在这里，素是本，是基础。如果脸不干净，无论怎么去化妆，脸也不可能生动、吸引人。这里的素还可以引申为内心的善良。那么，这句话的意思就是，女孩内心的善良使她的微笑动人，眉目传情。

何谓也？ 这三句诗是什么意思呢？

子曰："绘事后素。" 孔子说，这就像绘画，先有洁白的底子，然后才可以在上面画美丽的图画。绘画时，素在前，绘在后，先素后绘。正如女孩的美，内容在先，形式在后。孔子的回答，把话题从美的领域转移到绘画领域，也即把话题从情的领域转向理的领域。

曰："礼后乎？" 礼在后吗？子夏没有说礼后于什么，但师生之间心领神会，都知道是说礼后于仁。这里有个思想上的跳跃，从绘画中的素与绘的先后关系跳跃到仁与礼的先后关系，话题进入儒家的核心领域。

子曰："起予者商也。" 这个起可以理解为启发的启。孔子说，商啊，你启发了我。这句话看似平常实则难得，作为老师，公开说受学生启发，是很不容易的。这足以表明，孔子具有一种学术探讨的平等思想。

始可与言《诗》已矣。 现在可以和你谈谈《诗》了。孔子和子贡也说过类似的话，说的语境也非常相似。可见在孔子师生那里，《诗》不是文学，是哲学、伦理学，他们重视的不是《诗》的情感，而是《诗》的思想。

3·9 子曰:"夏礼吾能言之,杞不足征也。殷礼吾能言之,宋不足征也。文献不足故也。足,则吾能征之矣。"

子曰:"夏礼吾能言之。" 孔子说,夏代的礼我能够说出它们。夏朝距离孔子至少一千五百年以上,夏朝没有文字,孔子是怎么知道夏礼呢?可能有两个途径。一是,孔子认为三代的礼都是相互损益的结果,这样从周礼出发,可以追溯出夏礼。但这种追溯出的礼,只是礼的抽象原则,不是具体的礼。就像我们追溯夏商时的祖先,知道他们有家庭,有职业,有喜怒哀乐,但他们姓甚名谁,具体的职业,具体的喜怒哀乐,却是一无所知。二是,孔子看到了后人没有看到的文献,由于夏代没有文字,这些后人追记的文献,可靠性是成问题的,所以需要找证据。

杞不足征也。 杞是夏朝后代的封国,征,证明。杞国是夏朝后代的封国,理应保留一些夏朝的礼,但非常可惜,最有可能保存夏礼的杞国,没有任何夏礼的痕迹。这说明两个问题。一是世事沧桑,经过一千多年的变化,夏礼已荡然无存。二是孔子所言的夏礼,只是前人对礼的一种构想,只停留在书本上,从来就没有落实到现实当中。

殷礼吾能言之。 商朝的礼我能说出来。

宋不足征也。 宋是商朝后代的封国,它应该保留一些商朝的礼,但非常可惜,在宋国没有发现商朝的礼。

文献不足故也。 文相当于今天的文献、文字材料,献,贤人,就是那些精通礼的专家。这句话是说,因为文字材料不足,又没有精通这些材料的专家，所以，杞国、宋国都找不到夏礼和商礼的证据。

足，则吾能征之矣。如果能在杞国和宋国找到足够的文字材料和精通礼仪的专家，我就能够引以为证据了。也就是说，因为找不到证据，孔子对他所言说的夏礼、商礼有些不自信。从这里可以看出，孔子思想是具有一种实证精神的。换句话讲，孔子不相信书本上写的，他希望找到现实的证据。孟子继承了他的思想，说"尽信书，不如无书"。对研究儒家思想的人来说，这一点尤为重要。儒家思想不是一种学问，不是一种知识，而是对现实的一种关怀，所以研究儒家思想，不能从书本到书本，仅从书本去研究儒家思想，会得出许多错误的结论。如同看"文革"时期的报纸，去研究当时人的生活水平，一定会得出错误的结论。当时粮食亩产都是在万斤以上，怎么可能吃不饱呢？

3·10　子曰："禘，自既灌而往者，吾不欲观之矣。"

子曰："禘"。禘是祭祀天地宗庙的大礼，只有天子才能举行禘礼。鲁国是周公的封国，由于周公特殊的历史地位，鲁国被特许可以举行禘礼。

自既灌而往者，吾不欲观之矣。灌是禘礼中的一个环节。禘礼举行到灌这个环节以后，我就不想看了。为什么不想看呢？显然是因为灌这个环节之后，违背了禘礼的程序。这里要特别关注"不欲观"三个字。"不欲观"就是不愿意看，但又不是转身就走，如果是转身就走的话，就没必要事后说不想看，因为他的行动已经表明了他的态度。所以"不欲观"表明他一直还在祭祀的现场，直到禘礼的结束。但他又表明态度，他是不得已而坚持到最后。他的内心是抵触的，是不满的。既然"不欲观"，为什么不离开呢？孔子这里对国君违礼的态度，和对季氏违礼的态度，迥然有别。季氏违礼，他的态度非常强硬，批评非常激烈，丝毫不留情面，"是可忍，孰不可忍"。但国君违礼，孔子的态度十分微妙。一方面要顾及国君的面子，要坚持到禘礼的结束，但另一方面，又要表示自己的不满。可见孔子作为一个批评家，在遇到最高权力的时候，也显得很无奈。

3·11 或问禘之说。子曰："不知也。知其说者之于天下也，其如示诸斯乎？"指其掌。

或问禘之说。有人问，禘礼是怎么回事？

子曰："不知也。"孔子回答说不知道。孔子是不是不知道呢？可以肯定地说，他是知道的。正因为他知道，他才说："禘自既灌而往者，吾不欲观之矣！"如果他不知道禘礼是怎么回事，就会稀里糊涂地观礼，怎么会有"不欲观"的念头？既然他知道什么是禘礼，为什么又要说不知道呢？这又涉及他对国君的态度。如果他说出来什么是禘礼，人们就会进一步追问鲁君的禘礼是否违反了真正的禘礼？这就迫使孔子表态。为了避免出现这样尴尬的局面，孔子说不知道。

"知其说者之于天下也，其如示诸斯乎？"指其掌。示，同"置"。知道禘礼的人治理天下，就像把东西放在这里一样。一边说，一边指着手掌。这是说，知道禘礼的人，治国易如掌上。这句话有两层意思。一层意思，孔子熟知禘礼，他说知道禘礼的人治天下易如掌上，不就是说让他来治理天下的话，易如掌上吗？另一层意思，暗指鲁国国君不懂禘礼，没有把鲁国治好。这是含蓄地批评国君。这里要注意，治天下不易，孔子说知道禘礼治天下易如掌上，是不是有些夸张？其实不是。因为禘礼是大礼，具有神圣性，正确地举行禘礼，意味着对神圣性的一种尊重、一种敬畏，也是对法则、对秩序的一种尊重、一种敬畏。这必然有利于社会稳定。

3·12 祭如在，祭神如神在。子曰："吾不与祭，如不祭。"

祭如在，祭神如神在。祭祀对象，一定要使这个对象真的在这里。祭祀神，一定要使神好像在这里。什么是"如在"呢？不是真的在，而是好像在。比如祭祀祖先，祖先肯定不在这里，但祭祀的时候务必要使祖先好像就在这里。那么祭祀天地山川，天地山川不是在眼前吗？其实，祭祀天地山川，是祭祀天地山川之神，神是无形的，看不见摸不着，所以它们也是"如在"。为什么要"祭如在"呢？祭祀是一种神圣的活动，是让自己从日常生活中超越出来，如果祭祀的时候，还想着各种俗事，就达不到超越的效果，就不能够净化心灵。但达到"如在"是要下功夫的。人们平常的意念都是指向功利的，只有通过祭祀的仪式，使意识从外在世界返回到内在世界，将自己和外部世界进行隔离，然后才能进入"如在"的状态。

子曰："吾不与祭，如不祭。" 孔子说，我如果不参与祭祀，就如同没有祭祀。这是说，人要自己参与祭祀，不能让人代替你祭祀。祭祀是一种体验活动，具有在场的性质，只有在场才能构成祭祀活动。人的活动有些是可以代替的，比如说买东西，可以让别人替你去买，但体验活动，必须亲自参与，不能由他人替代。比如说旅游，必须自己去游，别人不能替代你游。比如说鉴赏艺术，必须自己去阅读作品，获得对作品的感受，他人的阅读感受不是你的感受。还比如谈恋爱，必须自己去谈，别人不能替你去谈。祭祀属于体验活动，必须自己去祭祀，如果不参与祭祀，祭祀活动就不存在。

3·13 王孙贾问曰："'与其媚于奥，宁媚于灶'，何谓也？"子曰："不然，获罪于天，无所祷也。"

王孙贾问曰："'与其媚于奥，宁媚于灶'，何谓也？" 奥，古代指房屋的西南角，是非常尊贵的地方，是长者居住的地方。这里的奥指奥神。灶，灶神，厨房的神灵，地位比较低。王孙贾问，与其讨好奥神，宁可讨好灶神，这是什么意思呢？奥神是尊贵的神，地位高的神，理应去讨好；奥神地位低，不应该去讨好。但事实上，在两者之间，人们却去讨好地位低的灶神，而不去讨好地位高的奥神。这个选择不符合常理。所以王孙贾问为什么这样选择。这也不难理解，奥神地位尽管高，但远水不解近渴，灶神尽管地位低，但它能满足人的现实欲望。这里，奥神代表了长远的利益，灶神代表了眼前的利益，在现实利益和长远利益中，人们更倾向于选择现实的利益，这种选择体现了世俗的智慧。在世俗的智慧看来，眼前利益要大于长远利益，眼前利益是实在的，长远利益是虚无缥缈的。

子曰："不然。" 不然，不是这样。孔子否定了世俗的选择。因为无论是眼前的利益，还是长远的利益，都是利益。利益不断变化，选择也就不断地变化，人被利益驱使，就会失去操守。所以，这种选择是伪命题，选择谁都是不对的。

获罪于天，无所祷也。 这里的天是义理之天，它代表了公平、公正、正义，是道义的象征。一旦得罪了天，讨好谁都不管用。在这里，孔子提出了天的观念，并把天的观念置于利益之上，违背了天，违背了道义、正义，既得不到长远利益，也得不到眼前利益。但现实中，人们选择利益，放弃道义。这又是为什么呢？这与义理之天的特性有关。义理之天看不见，摸不着，对人的行为没有外在强制性，许多人便不把义理之天当回事，随意地践踏义理之天、嘲笑义理之天。义理之天看起来很弱小，但实际上很强大，以至于孔子断言，如果违背了义理之天，所有的祷告都不会发挥作用。义理之天的强大，不在于它强迫你去做什么，而是疏远你、孤立你，让你失去人心，正如孟子所说，"得道多助，失道寡助"。违背义理之天最终会众叛亲离。

3·14 子曰:"周监于二代,郁郁乎文哉!吾从周。"

子曰:"周监于二代,郁郁乎文哉!" 周,指周朝,这里特指西周。监,通"鉴",借鉴。二代,夏、商两代。这两句话的意思是,周礼借鉴了夏商两代的礼,文采斐然啊!周礼是夏商两代礼损益的结果,它吸收了夏商两代礼的精华,必然更加完备、更加合理。

吾从周。 从,服从、拥护。我拥护周礼。夏商两代的礼已经不可考。孔子在杞国没有发现夏礼的踪迹,在宋国也没有发现殷礼的踪迹,他无法从夏礼、殷礼,只能从周礼。另外,周礼源于夏礼、殷礼,肯定要比夏礼、殷礼完备、合理得多。但是,严格说来,作为一种特定社会形态的礼,周礼也不能成为礼的典范。"从周"在某种意义上也限制了孔子的思想。

3·15 子入太庙,每事问。或曰:"孰谓鄹人之子知礼乎?入太庙,每事问。"子闻之,曰:"是礼也。"

子入太庙,每事问。 孔子进入太庙,每件事都要询问。
或曰:"孰谓鄹人之子知礼乎?入太庙,每事问。" 鄹人之子,指孔子。孔子出生在鄹,他的父亲也做过鄹的大夫。称鄹人之子而不称孔子,显然是一种贬义。孔子从小就喜欢摆弄礼器,社会上广为流传他知礼的故事。"入太庙,每事问",引起人们对孔子知礼的质疑。一个知礼的人怎么会"每事问"呢?

子闻之，曰："是礼也。"孔子说，我这样做就是礼啊。为什么这样做就是礼呢？孔子没有进一步解释。我们只能按照孔子的思路替他说明为什么"每事问"就是知礼。首先，"每事问"可以理解为明知故问。孔子即便不知礼，也不可能"每事问"，这是不符合常理的。所以"每事问"只能是明知故问。这和礼有什么关系呢？因为问礼就是对礼的温习。同时也是以此来告诫什么是礼，让违礼的人回到礼的轨道上来。其次，问有两层含义，一是，意味着不知，"或曰"正是这样理解的。但问的深层含义是求知。求知比已知更重要，求知是知的源头，求知使人不断地获得知，问礼正是为了知礼。最后，知是一个过程，即便对于已知的事物，还需要进一步地知，还需要从知的表面进到知的里面、后面。知是由浅入深的过程，所有已知事物都有进一步知的必要。这也就意味着，对已知事物还要继续追问，甚至可以说，对事物的追问是个无限的过程。所以，"每事问"就是对礼的深层次追问。就如《红楼梦》，小学生知道书的名字、书的作者，中学生知道里面许多人物的名字，大学生知道它的主题、思想、人物形象、作品结构、语言等。《红楼梦》专家知道考据与索隐。可见，知的过程是无止境的。认为知就不必再知是极为肤浅的。

3·16 子曰："射不主皮，为力不同科，古之道也。"

子曰："射不主皮。"皮，射箭的靶子。主皮，即把靶子射穿。射不主皮，即射箭比赛不以射穿靶子作为取胜的标准。这句话说的是射箭比赛的规则。当时,射箭比赛有两套规则,一种规则是以射穿靶子为取胜的标准,另一种规则是以射中靶心为取胜的标准。哪一种规则更合理呢?显然以"射不主皮"为标准最合理。

为力不同科,古之道也。为什么要以射中靶心为取胜标准呢?因为人的力气有大有小。如果以射穿靶子为标准,这样的标准就先天地有利于力气大的人,那这个比赛就没有任何意义了。在比赛以前,比赛的胜负就已经确定好了。而以射中靶心作为取胜的标准,这个标准很公正,不偏向任何一方,谁努力谁就有可能取胜。在孔子看来,如何制定规则比规则本身更重要。任何活动都需要规则,在这一点上,人们很容易达成共识。但人们很少思考规则制定的合理性问题,以为有了一个规则,按规则办事就可以了。孔子思想的深刻之处在于,他要追问规则的合理性问题。孔子把这个标准称为"古之道",也就是说,强调规则的合理性不是他的发明,是自古以来就有的。这就意味规则合理性的问题必须得到重视。

3·17 *子贡欲去告朔之饩羊,子曰:"赐也!尔爱其羊,我爱其礼。"*

子贡欲去告朔之饩羊。告朔,指诸侯的告朔之礼。饩羊,活羊。每年秋冬之际,周天子都要把下一年的历书颁发给诸侯,历书上规定下一年有无闰月以及每月初一的日子。诸侯把得到的历书藏在祖庙里,每月初一时,杀一只活羊来祭祀祖庙,这就是告朔之礼。子贡要取消鲁国每月初一杀活羊祭祖庙的仪式。为什么要去掉呢？在子贡看来，国君已经不去祖庙举行告朔之礼，告朔之礼早已名存实亡，所以干脆连这只羊也不要杀了。

子曰："赐也！尔爱其羊，我爱其礼。" 爱，吝啬、可惜。孔子说，赐啊，你可惜那只羊，我可惜那个礼。孔子明确反对子贡的做法。孔子说子贡可惜那只羊，显然是曲解了子贡的意思。子贡根本不是可惜那只羊，他只是认为靠杀那只羊去维护名存实亡的告朔之礼已经没有任何意义了。但在孔子看来，告朔之礼不是一般的礼，它体现了天子的权威，体现了天下的秩序。诸侯不举行告朔之礼，就是不承认天下共主的周王，这会引起天下大乱。告朔之礼尽管名存实亡，但有这一点形式，总比没有要好。子贡去有去的道理，孔子留有留的道理，该如何看待告朔之礼的去留呢？他们的观点不是单个人的观点，实际上代表了两种不同的思想。如果按照孔子的观点，这个礼应该得到保护，那今天我们还生活在周礼当中；如果按照子贡的做法，马上废除告朔之礼，必然会发生价值混乱。告朔之礼最终要被废掉，但不是当时。那应该是什么时候呢？这里就有对时机的把握问题。当告朔之礼废除时，不会引起社会波动，那就是最好的时机。

3·18 子曰："事君尽礼，人以为谄也。"

子曰："事君尽礼，人以为谄也。" 按照礼侍奉国君，别人却以为是讨好国君。按照礼去侍奉国君，应该受到褒扬才是，为什么很多人认为他是讨好国君呢？这与人们对礼的看法有关。"事君尽礼"者维护现存的礼，"以为谄"者反对现存的礼。双方严重对立，这正是礼崩的表现。这里的问题是礼需要适应时代的要求有所变，但如何变呢？双方需要达成妥协，制定一个变革的制度，按程序而变，这就避免因对立导致冲突，使社会在变革中保持稳定，在稳定中不断变革。

3·19 定公问："君使臣，臣事君，如之何？"孔子对曰："君使臣以礼，臣事君以忠。"

定公问："君使臣，臣事君，如之何？" 鲁定公问孔子，君使唤臣，臣侍君，应该怎么做？"君使臣，臣事君"的表达方式，让人明显地感到双方的不平等，体现了权力的傲慢。但对于掌握权力的人来说，这种表达方式已习以为常，并没有任何不妥。

孔子对曰："君使臣以礼，臣事君以忠。" 孔子回答说，君应该以礼使唤臣，臣应该以忠来事奉君。在定公的问话里，"君使臣，臣事君"是无条件的，君就是使唤臣的，臣就是事奉君的。孔子的回答给各自附加了一个条件。君要以礼的方式使唤臣，这就限制了君的权力，这就为君使唤臣立了一个规矩。臣以忠的方式事奉君，这是明确臣的职责，臣对君不能有二心。孔子对君臣双方都做了限定，这就平衡了君和臣的关系，体现了孔子的中庸思想。所谓中庸，即关系的双方能够相互制约。

因为这种制约关系，双方能更好地承担各自的责任，履行各自的义务。这意味着，君臣之间是一种契约关系，一方失约了，对另一方的制约就解除了。"君使臣以礼，臣事君以忠"是一种理想的君臣关系，但在现实中，这种理想的君臣关系很难实现。原因在于，没有办法保证"君使臣以礼"。"君使臣以礼"全靠君的自觉，但人权力越大，越是难以自觉。在儒家文化里，这是一个无法解决的问题。直到现代，西方人才想出一个办法，那就是三权分立，以权力来制约权力。但对于古人来讲，这样的想法是不可思议的。

3·20 子曰："《关雎》，乐而不淫，哀而不伤。"

子曰："《关雎》，乐而不淫，哀而不伤。" 淫，过分。伤，损伤。孔子说，《关雎》这首诗快乐而不放荡，哀痛而不损伤。这是讲《关雎》是如何表达情感的。通常认为，人表达情感越充分越好。比如说，在表达乐的情感时，就要达到乐的极致；表现哀的情感时越哀越好。孔子认为《关雎》在表达情感时非常有节制，能够很好地把握情感表达的度。艺术情感的节制与否，是杰出作品和一般作品的重要区别。杰出作品能够有节制地表达情感。悲剧不是一悲到底，悲剧里也有喜剧，也有欢乐，也有笑声；喜剧也不是一喜到底，喜剧里也有眼泪和悲伤。所以，真正杰出的作品很难说它是喜剧还是悲剧。鲁迅讲喜剧是"含泪的微笑"。既然"乐而不淫，哀而不伤"是艺术情感表达的最好方式,如何达到这种表达效果呢?换句话讲,艺术家如何节制自己的情感表达呢?有一种观点是"发乎情,止乎礼",要求用礼去节制情感。礼是外在的,人只有在清醒的、理性的状态下才会用礼制约情。而用礼制约情,不符合艺术创造的实际状况,也创作不出好的艺术作品。在艺术创作中,艺术情感表达的节制只能依赖于感觉,它是在无意识中完成的,正如苏东坡所说,"常行于所当行,常止于不可不止"。所以,要达到"乐而不淫,哀而不伤"的境界,全凭一种艺术感觉。也正因为这样,并不是所有的作品都能达到这样的表达境界,甚至可以说,达到这样表达境界的作品是不多的。孔子提出"乐而不淫,哀而不伤",表明孔子非常懂艺术。当然,这两句话也可以引申到生活中。生活中的情感表达也要遵循中庸的原则。生活中一味地追求乐,就会乐极生悲。生活中也难免有哀,但要节哀顺变。

3·21 哀公问社于宰我,宰我对曰:"夏后氏以松,殷人以柏,周人以栗,曰,使民战栗。"子闻之,曰:"成事不说,遂事不谏,既往不咎。"

哀公问社于宰我。社,土地神。这里指制作土地神牌位所用的木料。鲁哀公问宰我,制作土地神牌位应该使用什么木料。哀公能够请教宰我,说明宰我已经有了相当的社会影响力。

宰我对曰:"夏后氏以松,殷人以柏,周人以栗。" 夏后氏,夏朝。宰我回答说:"夏朝人用松树,商朝人用柏树,周朝人用栗树。"不同的朝代使用不同的木料。正因为如此,哀公才会问使用什么木料。如果使用的木料自古就是统一的、不变的,也就无须问了。

曰,使民战栗。 这句话是专门解释"周人以栗"的。因为栗树的栗与使民战栗的栗同音,使用栗树是为了使老百姓战栗。为什么要特别解释这一点呢?大概是因为他们生活在周朝,宰我就专门解释周人为什么用栗树做土地神的牌位。

子闻之,曰:"成事不说,遂事不谏,既往不咎。" 孔子听到宰我解释,非常不满地说,已经做成的事情就不要说了,已经完成了的事情就不要再批评了,已经过去的事就不要再追究了。孔子把"周人以栗"是"使民战栗"看成是成事、遂事、往事,说明他认可宰我的说法,他并没有指责宰我的观点是无中生有、信口开河。也就是说,他认同宰我所说的是历史的事实。孔子责备宰我,不是说他歪曲了历史事实,而是说,他不应该说出这个历史事实,所谓不说、不谏、不咎,就是不应该去批评,不应该去追究。这里的问题是,既然宰我说的是历史的事实,为什么孔子又不让说呢?这就涉及当初是谁确定"周人以栗",并以此"使民战栗"的,这肯定是周朝的创始人周武王,甚至是周公。显然孔子是不认同这种创意的,但他们又是他最崇拜的武王和周公,出于为贤者讳的原则,他希望大家不要提及这段历史,因为这有损于武王、周公的形象。孔子

"不说"的思想慢慢地会让人遗忘这些原本错误的做法，时间久了，人们就会认为这些圣人是完美无缺的。孔子的这个思想深深地影响了孟子。在《孟子·万章篇》里，孟子的主要任务就是为圣人辩护，认为那些不利于圣人的传说是子虚乌有的，他替舜、禹、伊尹、百里奚、孔子一一辩护，把他们塑造成完美无缺的人。这与孔子对历史上圣人的态度是密切相关的。无论孔子出于什么样的原因，他批评宰我，都会使我们失去对历史真相的认识。

3·22　子曰："管仲之器小哉！"或曰："管仲俭乎？"曰："管氏有三归，官事不摄，焉得俭？""然则管仲知礼乎？"曰："邦君树塞门，管氏亦树塞门；邦君为两君之好有反坫，管氏亦有反坫。管氏而知礼，孰不知礼？"

子曰："管仲之器小哉！" 器，器量，通"气量"。孔子说，管仲的气量真是小啊！管仲，春秋时期齐国伟大的政治家，也是中国历史上有名的政治家。那么，孔子为什么说他气量小呢？

或曰："管仲俭乎？" 俭，节俭、吝啬。有人问，是不是管仲这个人过于吝啬呢？气量小就是很小气。说人很小气，是说此人舍不得付出，主要是指物质上的付出。因此，"或曰"由"器小"就自然联想到"小气"，再联想到"吝啬"。

曰："管氏有三归。" 三归有许多种解释，我们这里将其理解为三处住所。管仲有三处住所。

官事不摄。每一处住所都要任命很多官员。这些官员都是一人一职,没有兼职。这样势必要使用很多的人,要花费很多的钱财。

焉得俭?这怎么能说是节俭呢?这全是铺张浪费。

然则管仲知礼乎?管仲是不是很懂礼呢?

曰:"邦君树塞门,管氏亦树塞门。"国君在大门外做了一个塞门,管仲在自己的大门外也做了一个塞门。

邦君为两君之好有反坫,管氏亦有反坫。坫,放酒杯的器具。国君为了两国交好,举杯庆祝,需要有放酒杯的器具。管仲也在自己家里做了一个放酒杯的器具。

管氏而知礼,孰不知礼?如果管仲知礼,那么谁不知礼呢?现在的问题是,管仲"有三归""官事不摄""树塞门""有反坫",这些行为都是铺张浪费,这与"器小"有什么关系呢?在常人看来,这恰好表明他很大气。这就涉及对小气的不同理解。人们通常把节俭、吝啬理解为小气,而孔子把贪欲、攀比理解为小气。在孔子看来,大气的人心胸宽广,别人有的东西,我可以没有。而在小气的人那里,别人有,我必须也要有。他把别人作为自己的目标。所以,管仲是一个心胸特别小的人,是一个斤斤计较的人。如此斤斤计较不就是气量小吗?

3·23 子语鲁大师乐。曰:"乐其可知也:始作,翕如也;从之,纯如也,皦如也,绎如也,以成。"

子语鲁大师乐。大,太。太师是宫廷乐官之长,特别精通音乐。孔子跟鲁国的太师谈论音乐。

曰:"乐其可知也。"他说,音乐是可知的。可知,可说。这句话有点费解。任何对象都是可说的。既然如此,为什么要提出音乐是可说的呢?音乐是一种艺术,从理论上讲,它应该是可说的;但从实践上讲,却又是很难说的。只有掌握了艺术本质的人,才能真正体会到艺术不可说。任何对艺术的说都是对艺术的破坏,但我们又忍不住想说。那么,对于不能说的东西又该怎么去说呢?

始作,翕如也。翕,鸟收缩翅膀。音乐刚开始演奏时,就像鸟合起翅膀,跃跃欲试要展翅飞翔的样子。

从之,纯如也,皦如也,绎如也,以成。皦,明亮的样子。绎,绵延不断的样子。接下来,音乐非常地纯粹,明亮,绵延不断,最后完成了音乐。纯、皦、绎是孔子对音乐的体验,但具体指什么很难说清楚。这里要注意四个"如也"的表达方式。如也,像某某的样子,是一种比喻性的说法。孔子为什么要用这种方式来形容音乐呢?对于音乐这种艺术,最好的方式就是不说。迫不得已要说,只能有两种说法:一种是否定地说,一种是诗意地说。孔子采取诗意地说。他不给音乐下定义,而是用比喻说明音乐的不同阶段是什么样子。

3·24 仪封人请见，曰："君子之至于斯也，吾未尝不得见也。"从者见之。出曰："二三子何患于丧乎？天下之无道也久矣，天将以夫子为木铎。"

仪封人请见。仪，地名。封人，边防长官。仪地的边防长官请求见孔子。

曰："君子之至于斯也，吾未尝不得见也。" 君子到了我这个地方，我没有不见的。这是讲见孔子的理由。这个理由非常好，首先他把孔子比作君子，这是对求见人的尊重。如果是一个很普通的人，也就没有必要去见。其次，这句话也表明，即使仪封人不算是君子，至少他也是个爱慕君子的人。人以类聚，只有君子才希望见到君子。

从者见之。从者，孔子的学生。孔子的学生领着仪封人见孔子。从这句话里可以看出，仪封人是征得孔子学生的同意后才能见孔子。可见，孔子周游列国，身边跟着很多学生，他们似乎形成了一个团队，有组织、有分工地去护卫孔子，孔子俨然成了教主，任何人见孔子都必须经过学生的同意。

出曰。仪封人与孔子具体谈了什么，没有任何记录。但根据仪封人出来后发表的见解可以看出，两人的谈话非常融洽，仪封人对孔子特别崇拜，他们彼此成了知音。

二三子何患于丧乎？ 二三子，指孔子的学生们。丧，丧失官位。你们这些学生有什么必要担心老师丧失官位呢？从这句话可以看出，仪封人对孔子学生的思想状况非常了解。在周游列国的过程中,学生们的思想不是特别稳定,尽管他们信任孔子,追随孔子。但周游列国的遭遇,还是使他们的思想发生了动摇。仪封人见孔子以后,十分敬佩孔子,对孔子周游列国传道表示了极大的信心。他反过来劝孔子的学生要坚定信念,要相信孔子。

天下之无道也久矣。天下无道已经很久了,这个观念和孔子完全一致,也帮助我们理解他为什么和孔子谈得这么投机,因为他们的思想观点完全一致。

天将以夫子为木铎。木铎,铃铛。古代天子、诸侯宣布政教、法令时,往往会振动木铎,来引起大家注意。可以将其引申为领导。这句话的意思是,天将会让你们的老师成为人们的导师。这是一个预言。非常神奇的是,这个预言真的实现了。可见仪封人不是一个凡人,他具有非凡的洞察力。他通过与孔子的这番谈话,就能断定孔子是我们的思想导师。这是一件非常了不起的事情。

3·25 子谓《韶》:"尽美矣,又尽善也。"谓《武》:"尽美矣,未尽善也。"

子谓《韶》:"尽美矣,又尽善也。"《韶》,舜时的乐曲。尽美,指乐曲的形式。尽善,指乐曲的内容。孔子说《韶》乐,形式上非常完美,内容上非常完善。

谓《武》:"尽美矣,未尽善也。"《武》,周武王时乐曲。

孔子说《武》乐，形式上非常完美，内容上不够完善。

孔子对《韶》乐和《武》乐的不同评论，对音乐所表达内容的不同评论，也是对舜和武王的不同评论。表面看来，孔子是在评论音乐，实际上是在评论人。舜和武王都是圣人，他们的不同之处在于，舜通过禅让获得了天子的地位，即以和平的方式获得了自己的权力；而周武王是以暴力的方式、革命的方式推翻了商纣王，获得了自己的权力。尽管商纣王是暴君，使用武力推翻他具有正义性，但毕竟使用了武力，让人觉得不够完善，给人留下了些许遗憾。所以，孔子是借助于评价音乐，很委婉、很曲折地表达了他对武王伐纣的态度。这个态度很微妙，既有肯定，又有否定。可见，在孔子的眼里，圣人也不是完善的，圣人也有不足。在《论语》里，孔子比较多地赞美大舜，比较少地赞美武王。

3·26　子曰："居上不宽，为礼不敬，临丧不哀，吾何以观之哉？"

子曰："居上不宽。" 居上，做官。这句话的意思是，做官不宽容。宽容是做官的条件，做官宽容才能容纳不同的部下。宽即无我，无我才能宽容。如果有我，我就会与众人发生冲突。就比如天，天为什么大？因为天是空的，它才能容纳万物。如果天不空，就不能称为天。如果做官不宽容，也就失去了做官的资格。

为礼不敬。为礼本应该敬。设立礼的初衷就是为了敬。从礼仪的角度看，礼仪能让人以谦卑的态度去交往；从礼作为制度来看，制度在彼此之间划定界限，让人在界限之内活动，这是对他人的敬。礼的本质是敬，礼也就值得人敬。为礼不敬就违背了礼的初衷。

临丧不哀。人们举行丧礼，是要表达哀伤的。万物之中，人的生命最宝贵，生命只有一次，死而不能复生。如果对生命的消逝无动于衷，那就失去了生命本能。

吾何以观之哉？以上三种情况都违背了事物的本质规定性。名和实完全地分离，徒有事物的形式，却没有了事物的内容，这种情况，孔子怎么能看得下去？

里仁篇第四

4·1 子曰:"里仁为美,择不处仁,焉得知?"

子曰:"里仁为美。" 这是孔子的美学思想。杨伯峻先生将其翻译为:住的地方要有仁德这才好。这样翻译不太好。按照他的翻译,就是把仁德看作美的对象。这是把美看作一个对象,把美当作客观存在。如果这样理解里仁为美,那孔子的美学思想就停留在常识的水平上,这就是把美看作对象的一种形式。这是一种朴素的美学观。这种美学观见物不见人。尽管仁德是抽象的,但把它作为对象时,它也就充当了一个物。所以,要换一种方式理解"里仁为美"。里,邻里,这里是动词,做邻里。"里仁为美"的意思是,以仁的方式处理邻里关系,处理人和人之间的关系,这就是美。仁是爱,所以,这句话也可以理解为,以爱的方式去处理人和人之间的关系,这就是美。更简略地说,美就是爱的关系。所以孔子的美学,是一种关系论的美学。在这里,不是有一种现成的美的关系摆在那里,人直接进入这种关系,而是说,这个关系是我以仁的方式构成的,没有我,就没有这种关系。这种关系在动态中,随时产生,也随时终止,它与仁的创造性密切相关。孔子的关系论美学把人的主体引入美学,是一种主体性美学。在这个关系里,仁或者是爱具有根源性和决定性的意义。也就是说,先有爱,然后才有美。人与人之间爱的关系，决定了与对象的美的关系。

择不处仁，焉得知？ 不以仁的方式与人相处，怎么能算是智慧？这句话以疑问的方式表达了"里仁为美"的思想。在现实中，人们通常以一种朴素的美学观去理解美，把美的对象看得特别重要，忽视了对象之所以美，是因为人先拥有了爱的关系，是这种爱的关系使得对象成为美。就比如，人人都说家乡美，凭什么这样说呢？从比较的眼光来看，无法得出家乡美的结论。家乡美，取决于家乡人。家乡有亲人，人对家乡才有了特殊的情感，才会说家乡是美的。在孔子看来，人不能创造美就不能算是有智慧。美不是特定对象，美是爱的关系创造的成果。家乡并不一定美，家乡有爱才美。是爱创造了美。爱的关系在哪里，美就在哪里。

4·2 子曰："不仁者不可以久处约，不可以长处乐。仁者安仁，知者利仁。"

子曰："不仁者不可以久处约，不可以长处乐。" 约，约束，贫困。孔子说，不仁的人不可以长久地处在贫困中，也不可以长久地处在安乐中。仁，爱。不仁，不爱。不仁者，没有爱心的人。爱使人和事物保持一种长久的、稳定的关系，能够形成一种人格，让人具有超越性，使人能独立于环境的影响。不仁者缺少独立的人格，容易受环境影响。比如说，穷困就特别影响人的心情，人想要从这种负面的情绪中摆脱出来，就容易采取极端措施。长久地处在贫困中，不仁者是无法忍受的。

为什么不仁者也不能长久地处在快乐的状态呢？不仁者缺乏人格的稳定性、超越性，容易沉迷于快乐中无法自拔。所以，不仁者穷不得，也富不得。

仁者安仁。安仁，以仁为安。仁者把实现仁当作目的，而不是手段。他实现仁，只是为了心安，没有任何别的意图。如果不仁，就会于心不安。比如说，商家不卖假货，对于仁者而言，卖了假货于心不安，所以坚决不卖假货。对于仁者来讲，行仁没有任何理由，一定要说理由的话，就是心安。

知者利仁。利仁，以仁为利。智者为什么要讲仁？因为行仁能带来利益。还以商家为例，作为智者，不卖假货，是要保持商业信誉。如果卖了假货，一旦被人发觉，就会影响商业利益，所以无论如何也不能卖假货。从结果上看，"仁者安仁""知者利仁"都不卖假货，但从境界来看，"仁者安仁"明显高于"知者利仁"。

4·3　子曰："唯仁者能好人，能恶人。"

子曰："唯仁者能好人，能恶人。"好人，爱人。恶人，恨人。这句话的意思是，只有仁人才能够爱人，才能恨人。从字面看，这句话明显违背了常识。生活中，每个人本能地会爱人、会恨人，怎么能说只有仁人才能爱人和恨人呢？显然，这里的爱人、恨人一定有特殊含义，它肯定不同于通常所说的爱与恨。通常的爱与恨以情感作为判断的标准。情感带有主观性，"爱之欲其生，恶之欲其死",这种爱与恨是非理性的。这种爱容易变成溺爱,使所爱的对象失去判断力和行动能力。这种爱最终伤害了所爱的对象。这种非理性的恨也会带来恶果:它会让所恨的对象进行报复。那么,仁者的爱和恨是怎样的呢?他以爱之理去爱人,以恨之理去恨人。什么是爱之理?该爱时爱,不该爱时不爱。比如说爱小孩:在他不能自立时,需要帮助他做;在他能自立时,就要教会他做。一味地帮,会使小孩丧失自立的能力。以爱之理去爱人,最终使人自立。这就是最大的爱。以恨之理恨人,该恨时恨,不该恨时不恨,让被恨的人以为他应该被恨,对恨心服口服。你恨他,他却不会反过来恨你,因为你恨得有理。所以,这句话更准确的翻译是:只有仁人才知道怎样爱人、怎样恨人。

4·4 子曰:"苟志于仁矣,无恶也。"

子曰:"苟志于仁矣,无恶也。" 恶,一种解释为恶,一种解释为厌恶。解释为厌恶比较好。为什么不解释为恶呢,因为立志成仁,是非常高的目标,只是没有恶,这个要求太低。这句话的意思是,如果立志成仁,就不会有憎恶了。憎恶是一种自然情绪,要去掉它非常困难。但立志成仁,就不应有憎恶。仁是爱,但不是普通的爱,它是一种大爱。大爱与万物同体,要爱一切物,要爱一切人。在他的眼里,世界上没有让人厌恶的东西。这里要注意,大爱不能只理解为赞美,批评也是大爱的表现形式。从某种意义上讲,批评表现出来的爱比赞美表现出来的爱还要深厚。

4·5 子曰:"富与贵,是人之所欲也,不以其道得之,不处也;贫与贱,是人之所恶也,不以其道得之,不去也。君子去仁,恶乎成名?君子无终食之间违仁,造次必于是,颠沛必于是。"

在讲这一章之前,我们先对以上的这段文字重新断句。为什么要重新断句呢?"富与贵,是人之所欲也,不以其道得之,不处也。"意思非常明确。但是,"贫与贱,是人之所恶也,不以其道得之,不去也"意思就很费解。贫与贱是人们不愿意得到的,不存在"不以其道得之"的问题。所以好多人便对文本进行改正。一种是把"得之"改成"去之",这样一来,意思就非常流畅了;还有一种是去掉"不以其道得之"中的"不",这样一来,意思有些曲折,但思想逻辑也比较清晰。但读经典要遵循一个原则:不到万不得已不要去改动文本。在这里,我们采取钱穆先生的断句方式。子曰:"富与贵,是人之所欲也,不以其道,得之不处也;贫与贱,是人之所恶也,不以其道,得之不去也。"下面,我们按照钱穆先生的断句进行解读。

子曰:"富与贵,是人之所欲也。"富贵是人人都想得到的。我们可以把这句话看作孔子的人性论。通常讲到人性论时,都会提到孟子的性善论和荀子的性恶论。但孔子的人性论是什么呢?似乎有些模糊。孔子明确谈到人性只有一句话,即"性相近,习相远"。这句话只是表达了人有本性,而且人的本性是相近的。至于人的本性是什么,孔子没有说。所以,一般人在研究人性时,常常会忽略孔子的人性论思想。孔子无意界定什么是人性。但孔子的很多表述其实就是对人性的一种说明。孔子肯定富贵是人之所欲，就是承认人的感性欲望。追求富贵，既不是善，也不是恶。欲望是无善无恶的。这个思想非常类似孟子所批评的告子的思想。

不以其道，得之不处也。道，指正确的方法，合理的方法。这和后面"朝闻道，夕死可矣"的道是不一样的。这个道是感性层面上的，那个道是终极意义上的。这句话的意思是，不以合理的方式得到富贵，君子不接受这种富贵。这是讲性善与性恶如何产生。如果接受了不合理的富贵，这就是性恶；如果拒绝不合理的富贵，这就是性善。富贵本身没有善恶，但获取富贵的方式有善恶。这就引申出了孟子的性善论和荀子的性恶论。

贫与贱，是人之所恶也。贫和贱是人人所厌恶的。这句话和"富与贵，是人之所欲也"表述的方式相反，表述的意思完全相同。人喜欢富贵，自然也就厌恶贫贱。

不以其道，得之不去也。不以正确的方式脱离贫贱，不去摆脱贫贱。这句话的意思和前面是一致的。

君子去仁，恶乎成名？ 君子离开了仁，如何成就自己的美名呢？前面讲道，这里讲仁，前后文讲的似乎不是同一个内容。其实不然。在这里，孔子从仁的角度论道，认为以道的方式追求富贵，这就是仁。这就把合道提升到仁的高度，然后又把君子的名和仁相联系，对君子提出了更高的要求。

君子无终食之间违仁。终食，一顿饭的时间，换而言之，就是很短的时间。君子在吃饭这一短短的时间里都不会离开仁，这是强调君子和仁的密切关系。

造次必于是，颠沛必于是。 造次，匆忙之间。颠沛，颠沛流离。是，指仁。这句话的意思是：君子在匆忙之间，心念着仁；在颠沛流离之际，也心念着仁。这里举了两个极端例子，来说明君子在任何紧急状况下都离不开仁。也就是说，君子在任何时候都强调方法的正确。不是为了结果好，就可以采取任何方法。人人都追求结果好，但只有君子还要追求方法好。

4·6 子曰："我未见好仁者，恶不仁者。好仁者，无以尚之；恶不仁者，其为仁矣，不使不仁者加乎其身。有能一日用其力于仁矣乎？我未见力不足者。盖有之矣，我未之见也。"

子曰："我未见好仁者，恶不仁者。" 孔子说，我没有见过喜欢仁的人，也没有见过讨厌不仁的人。孔子讲的是不是实话呢？我们看他后面对好仁者、恶不仁者的解释。

好仁者，无以尚之。 好仁的人，没有比他更好的了。好仁者把仁看得最重要，把追求仁当作最高的追求。如果这样理解好仁，那现实中的好仁者的确不多见，生活中真的很少见到有人把仁当作最高或者是唯一的追求。

恶不仁者，其为仁矣，不使不仁者加乎其身。 讨厌不仁的人，他的行仁之道就是不让那些不仁的事情发生在自己身上。通俗来讲，恶不仁者就是洁身自好的人。洁身自好的人有一个特点：他可以不去做好事，但绝对不会去做坏事。按照这个标准来看，孔子的学生里，至少"孔门十哲"都能达到这个标准，颜回就更是不用说了。可见，这句话明显不符合事实，那孔子为什么说他没有见到"恶不仁者"呢？

有能一日用其力于仁矣乎？ 有没有人能够花一天的工夫来行仁呢？言下之意是，他就没有见过谁花一天的工夫用来行仁。人的一生，说长也长，说短也短。但连一天的时间都不愿意花在行仁上，这话就绝对了。孔子明确讲过颜回"三月不违仁"，与这里的表述是矛盾的。孔子这句话类似于家长对孩子、老师对学生绝望时所说的话：你能不能花一天时间来好好学习？

我未见力不足者。 我没有见过力量不够的人。言下之意，人人都有力量去行仁。因为行仁不要力气，主要靠意志力，想要行仁就可以行仁，与力气毫无关系。

盖有之矣，我未之见也。 大概有力气不够的人，但我没有见过这样的人。言下之意是，这样的人不存在。这一章应该怎么理解呢？应该理解为孔子的一种感慨，对价值混乱的感慨，对人性堕落的感慨，而不是对事实的陈述，所以也没有必要用事实去反驳孔子。孔子也很感性，他有抱怨，有绝望。由于他的理想过高，反而显得现实更黑暗，而他的抱怨、不满也就比常人要多。

4·7 子曰："人之过也，各于其党。观过，斯知仁矣。"

子曰："人之过也，各于其党。" 党，一类人。这句话是说，每个人所犯的错误和他同类人犯的错误是一样的。也就是说，人的错误不是独特的，否则的话，人永远无法从他人的错误中吸取教训，改正错误。因为错误的相似性，才可以对错误进行分类，才能够认识错误，避免错误。

观过，斯知仁矣。仁有两种解释：一种认为，仁如字，仁义。一种认为，仁通"人"。从语言的逻辑看，把仁理解为人可能更好。前两句话是因，后两句是果。因为同一类型的人犯同一类的错误，所以，可以根据一个人所犯的错误来判断他是什么样的人。这是认知人的新角度。通常了解一个人，主要看他的优点，所以大家做简历时，都会罗列自己的优点，如成绩、论文、获奖等等。如果孔子来面试，他会提出这样的问题：你犯过什么错误？你的缺点是什么？这样的面试别具一格。了解一个人的长处能知道他可以做什么，了解一个人的短处能知道他不能做什么。知道短处能避免出现最坏的结果，这是用人的底线。如果发现某人喜欢一言堂，不允许他人发表意见，这种人放在领导岗位上就特别危险。孔子这样的识人方法新颖独到，别具一格。

4·8 子曰："朝闻道，夕死可矣。"

子曰："朝闻道，夕死可矣。"早晨得知大道，晚上死掉也是可以的。这句话是什么意思呢？通常都认为死是最可怕的，相应地，就会认为生是最可贵的。中国人喜欢说人死如灯灭，死了以后就一无所有。因此，人就特别看重生，就想及时行乐。但人在行乐时，其实是不乐的。行乐过后会更加空虚，产生一种生命的幻灭感。而且，把生看作唯一的价值，那么为了生，人就会放弃尊严，放弃真理，就会苟且偷生。所以必须有一个高于生的价值观念，这个价值观念就是道。"朝闻道，夕死可矣"，就是认为生命之上还有道，有了高于生命的道，人才能保持生命的尊严。为了追求道，追求真理，可以放弃生命。如果放弃道，放弃真理，人就只是活着。另外，如果做实了说，闻道和死还真有一种因果关系。人既已闻道，就是完成了人生最大的使命，最终也只能是死了。闻道是人生完美的体现，而完美就意味着死亡。瓜熟蒂落，瓜熟意味着完美，蒂落意味着死亡。人如果真的闻道了，剩下的就是死亡了。但现实中没有一个人因为闻道而死亡，这也说明闻道是很难的。人穷其一生之力也很难闻道。人的一生追求闻道，但注定是不会闻道的。"朝闻道"只是一个假定、一个理念，我们可以无限地去靠近这个理念，但是绝对不会达到这个理念。

4·9 子曰："士志于道，而耻恶衣恶食者，未足与议也。"

子曰："士志于道，而耻恶衣恶食者，未足与议也。"一个士人一心向道，却以不好的衣食为耻，这样的人就没有什么好说的了。"恶衣恶食"，指的就是贫穷。一个志于道的士人却以贫穷为耻，这样的人还有什么可说的呢？为什么这样讲呢？这里的"士志于道"，只是一个主观的意向，不是一个客观的事实。这个主观意向对于道的理解还非常肤浅，错误地理解了道和贫穷的关系，认为求道者不应该贫穷，而应该富贵，认为求道和富贵是必然的关系。基于这样的理解,他就会一方面求道,一方面又不甘于贫穷,甚至以贫穷为羞耻。他不明白,求道者以道为目的,求道者不必然是富贵的。相反,在现实中,求道者大多很贫穷。以孔子为代表的那一批求道者,大多是贫困潦倒的。那么求道者是不是就不该富贵呢?当然不能这样说。可以这样讲,求道者尽管没有得到富贵,但从理论上讲或者从人的愿望上讲,求道者应该享受富贵,也只有求道者才配得上享受富贵。所以求道者也不能和"恶衣恶食"画等号,似乎求道者就应该贫穷,这也是不对的。

4·10 子曰:"君子之于天下也,无适也,无莫也,义之与比。"

子曰:"君子之于天下也。" 孔子讲,君子对于天下的事情应该具有什么样的态度呢?

无适也,无莫也。适,去。莫,不。这句话是说,没有一定要去做的事,也没有一定不去做的事。通常人认为做事要有原则,有些事情一定要去做,有些事情一定不要去做,但君子的做事原则和平常说的做事原则不太一样,好像很随意,给人的感觉是,人可以不按照原则去做事,所以这句话有点费解。那孔子是不是完全否定原则呢?

义之与比。义,应该。这句话说的是,只要是合理的、应该的,就可以做。通常认为,按照原则做事就是应该的、合理的。在孔子看来,原则之外还有合理性。言下之意是,通常说

里仁篇第四　　125

的合理性是一种僵化的合理性，它是合理的，但非常僵化。因为生活是流动的，任何原则都不能概括流动的生活本身，生活比原则要丰富得多。所以人们遵循规则，也只是固守流动生活中某一静止的瞬间。人需要在生活中与时俱进，这就需要突破规则。所以孔子讲，他做事是无可无不可。孟子对此有深刻的理解，他说孔子是"圣之时者也，可以仕则仕，可以止则止，可以久则久，可以速则速"。这里的问题是，如何把握时呢？这就需要有判断力。按照康德的说法，人的判断力是不可学的，它是人的天赋。"义之与比"，说起来容易，做起来难，人们可能作出错误的判断，把不应该当作应该。所以，"无适也，无莫也，义之与比"，只有针对君子才是可行的，一般人不能这样做。一般人这样做，可能会做出离经叛道的事。一般人最好按照原则做事，这看起来有些机械，但不会犯大的错误。

4·11 子曰："君子怀德，小人怀土；君子怀刑，小人怀惠。"

子曰："君子怀德，小人怀土。" 君子关心道德，小人关心乡土。在这里，君子指地位高的人，小人指地位低的人。地位不同，关心的问题也不同。对于地位高的君子，土地已不再是问题。也就是说，他已经解决了生活问题、物质问题，所以他就去思考道德问题，这不是说君子鄙视土地，而是超越了土地。就好比老师教导学生要好好学习，这并不意味着吃饭问题不重要。而是预设了每个学生都解决了吃饭问题，老师只关心学生的学习问题。"小人怀土"也是由小人的地位决定的,小人首先要解决温饱问题,温饱与土地密切相连,所以小人要关心土地。但在小人这里,道德仍然是非常重要的。小人不仅与土地打交道,也要与人打交道,要处理各种各样的关系,也需要以道德的方式处理这些关系,他也离不开道德。尽管小人离不开道德,但他们不需要思考道德问题,他要思考的仍然是土地问题。所以,"君子怀德"并不意味着君子的德一定就很高,"小人怀土"也不意味小人的德一定就很低,他们只是由于地位不同,关注的问题也不同,并没有高低贵贱之分。

君子怀刑,小人怀惠。君子关心法度,小人关心恩惠。这两句话的意思跟前面一致。

4·12 子曰:"放于利而行,多怨。"

子曰:"放于利而行,多怨。"放,根据、依据。凡事依利而行,会产生很多怨恨。为什么这样说呢?因为利是可以被量化的,能够量化的东西,我们才能去计较。人们评比时,就需要把工作进行量化,然后根据得分的多少评出优秀。乍一看,这种做法公平、公正,那为什么会产生怨恨呢?首先,工作并不都能进行量化。曹雪芹一辈子才有一部作品,字数也不过一百万字,现在的作家一辈子能写出很多部小说,字数远超曹雪芹。要以量化的标准来评定,曹雪芹永远不会得优秀,这对曹雪芹来讲很不公平,他会不会产生怨恨呢?同样是一门课,

里仁篇第四　　127

课时量一样，质量是不是也一样呢？所以，在量的标准之外，还应该有质的标准。只以数量为标准，就会产生不公，就会产生怨恨。其次，人的能力有大有小，工作量也必然会有大有小，在一定范围之内，根据量的多少进行分配，这是合理的。但差距越来越大，同样会产生怨恨。这就需要对财富进行二次分配。所以不能只以利作为做事的原则，还要有义的原则。

4·13 子曰："能以礼让为国乎？何有？不能以礼让为国，如礼何？"

子曰："能以礼让为国乎？何有？" 孔子说，能以礼让的方式治理国家吗？这有什么难呢？礼让，即德。换句话讲，以德治国真的那么难吗？显然孔子认为，以德治国是件很容易的事。以德治国到底是容易还是难呢？孔子说容易也有道理，因为德是自我约束，这是人的意志活动，跟人的体力、智力毫无关系。只要为政者下定决心自我约束，就能以德治国，从这个意义上讲，以德治国很容易。但以德治国又真的很难，因为下决心很难。人越有权力，就越难自我约束。权力容易让人自我膨胀。孔子显然对权力缺乏深度思考，也可以说，以孔子为代表的儒家缺乏对权力的深度思考。他们喜欢把权力关系转化为道德关系，把官民关系看成爱的关系。儒家倡导爱民如子，把地方官称为父母官，对权力恶的一面认识不足。在这方面，道家的思考要深刻得多。道家说道无为，这正是对权力的制约。

西方思想里，对权力恶的认识更为清醒，他们千方百计地限制权力，分解权力，防止权力作恶。

不能以礼让为国，如礼何？ 如果不能以礼让的方式来治国，他会如何对待礼呢？换句话讲，如果他不以德治国，礼拿他怎么办？言下之意是，礼对他毫无办法。在这里孔子意识到了德的脆弱，这表明试图以德来限制权力是空想。孔子承认权力的合法性，所以他无法提出以法制约权力的观念。如礼何？这也是孔子的困惑。

4·14 子曰："不患无位，患所以立；不患莫己知，求为可知也。"

子曰："不患无位，患所以立。" 孔子说，不要担心没有自己的职位，只担心你没有获取职位的能力。用通俗的话讲就是，机会有很多，但机会留给有准备的人。从个人修养角度看，这个观念无疑是正确的。人只能靠自己的努力，让自己的能力与职位相匹配。人越努力，相应的职位就越高。另一方面，人的能力提升是自己能够做到的，人只能在能做到的地方下功夫。至于人能不能获得相应的地位，这具有偶然性，是人控制不了的，人也没有必要去操心。但就社会层面而言，社会应该给所有人提供自由平等的社会环境，给所有人提供实现理想的机会。在孔子那个时代，人还是相对自由的，人可以通过自己的努力获得相应的地位。孔子的那些学生正是凭借自己的努力获得相应的地位的。所以，孔子说"不患无位，患所以立"，是没有问题的。但秦以后，实行中央集权制，人的自由空间越来越小，这时再讲"不患无位，患所以立"，就可能是苍白的说教。背景不同，同样的话就具有了不同的含义。在相对自由的社会里，"所以立"中的立，其范围是非常广泛的，任何的"所以立"都能找到自己的位置。但在不自由的状态下，"所以立"的空间就会大幅压缩。汉代以举孝廉的方式选官，这里的操作空间非常大。什么是孝廉呢？由谁来确定孝廉呢？这时人就不得不"患无位"。隋唐科举取士，考什么又是一个限制。唐人在科举里增加了诗赋，很多诗人就有机会进入官场，没有这样的规定，写诗就没有了用武之地。可见，只有在自由社会里才可以说"不患无位，患所以立"，可见说这句话是有条件的。

不患莫己知，求为可知也。不要担心没人知道，要追求让别人知道自己的本领。这句话的意思和前面完全一致，但适用的范围更广。"不患无位，患所以立"特指做官，这里泛指各个领域，各个领域都是这个道理。

4·15　子曰："参乎！吾道一以贯之。"曾子曰："唯。"子出，门人问曰："何谓也？"曾子曰："夫子之道，忠恕而已矣。"

子曰："参乎！吾道一以贯之。"孔子说，参啊！我的学说里有一个基本的观念贯穿始终。孔子博学多才，对于学生来讲，这增加了理解难度。乍一看，孔子的思想似乎有些杂乱无章。所以孔子提醒学生，他的学说里有一个贯穿始终的思想，要抓住这个思想线索。

曾子曰："唯。" 曾子回答说，是。按道理讲，曾子应该问孔子，这个"一以贯之"的一究竟是什么。但曾子似乎已经领会了孔子思想中的一，他知道一是什么，而且他对自己的理解很有把握。

子出。 孔子走了。按理说，孔子应该反问曾子的唯是什么？孔子说完就离开了，仿佛他知道曾子的唯是什么，而且他也认同曾子的唯。师生心照不宣，非常默契。这个场景非常类似后来禅宗的悟道，让人感觉神秘莫测。

门人问曰："何谓也？" 门人，孔子的其他学生。孔子的其他学生问曾子，你们说的是什么意思呢？我们咋听不明白呢？这里要注意人物的称呼。这里既有子曰，又有曾子曰，显然这一章是曾子的学生记录的。在这个记录里，明显可以看出，曾子的学生对曾子形象的拔高，他们把曾子看成孔子思想的嫡传。曾子比孔子小46岁，孔子去世那一年，曾子才27岁。本章中的曾子也就二十几岁，这个年轻人居然跟孔子以心传心，而孔子其他的学生明显不如曾子，要向年轻的曾子讨教。可以看出，曾子的弟子有意神化自己的老师，把曾子刻画成孔子正宗的传人。

曾子曰："夫子之道，忠恕而已矣。" 曾子讲，老师的学说，就是忠恕两个字。忠，尽心做事，强调自己的责任和义务。

里仁篇第四　　131

当然，忠以人的自由为前提。人不自由，也就无所谓忠。从内容上讲，忠既有赞同，也有批评。一味地赞同是趋炎附势，那不是忠。在某种意义上讲，批评比赞美更能体现忠。恕，如心，以自己之心推测别人之心。它有两种表达方式。一种是消极的表达，如孔子所言的"己所不欲，勿施于人"，自己不想做的，也不让别人去做；另外一种是积极的表达，如"己欲达而达人"，自己想要做的，也希望别人去做。从某种意义上讲，忠也可以归于恕的积极表达方式中，这样一来，所谓忠恕，其实就是恕，这样孔子的思想只是恕。它是不是孔子思想中的一呢？恐怕很难说。什么是孔子思想中的一呢？孔子在世时，人们对孔子思想的理解就有分歧。曾子的学生为了抬高曾子的地位，把曾子理解的孔子思想当作了孔子的思想，并假借这个唯来获得孔子的认可。孔子去世后，儒家分为八派，每派都自认为是孔子思想的传人。今天，对孔子思想中的一，仍然是众说纷纭，有人说是仁，有人说是礼，有人说是中庸。

4·16 子曰："君子喻于义，小人喻于利。"

子曰："君子喻于义。" 喻，明白。君子明白什么是义。在《里仁篇》第十一章里也提到了君子和小人，讲"小人怀土""君子怀刑"，怀刑和怀土有特定的含义，所以把那里的君子和小人理解为地位的不同。这里的义和利比较抽象，没有特定的指向，而且地位高的人和义没有必然关系，地位低的人和利也没有必然关系，地位高的人可能势利，地位低的人可能仗义，所以这里的君子和小人应该指有德和无德。

义利关系是儒家特别关心的问题，后代儒家的义利之辩都源于孔子这两句话。这两句话影响极大。什么是义？义，适宜，应该。有德行的人知道应该怎样去做。说到应该时，就意味着人的所作所为通常没有按照应该去做。人为什么不按应该去做呢？这里有很多原因。其中最重要的原因就是利，是利干扰了义。所以说义时，总是离不开利，只有在义利关系中，才能彰显什么是义。

义利关系可以分为两个层次。第一个层次，义和利是对立的，是水火不容的。这里的义，可以理解为道义、纯粹的义；用康德的话来讲，就是绝对命令，里面不能有任何利的成分。孔子说"仁者安仁"，说的就是纯粹的义。"仁者安仁"没有任何功利，只是因为仁好，才去好仁。而"知者利仁"就不那么纯粹了，里面有了利益的考量。因为仁能带来利，才去好仁，在这里，仁变成了获利的工具。所以在境界上，"知者利仁"远低于"仁者安仁"。《孟子》首章，孟子见梁惠王，说了一句很著名的话"何必曰利"。他提供的理由是："未有仁而遗其亲者也，未有义而后其君者也。"这两句话是说，追求义会带来什么好处，是以承诺好处来劝说梁惠王行仁义，这显然是以利说义，这里的义也不那么纯粹，也只是"知者利仁"的层次。对于个

里仁篇第四　　133

体来说，生命是最大的利。坚持纯粹的义会如何看待生命呢？孟子有一个很经典的表述："生，亦我所欲也，义，亦我所欲也。二者不可得兼，舍生而取义者也。"面对纯粹的义，生命必须放弃。对于国家来讲，看到强国欺负弱国时，哪怕自己是弱国，也要呼喊出道义的声音，反对欺凌的行为。这时，沉默是不道义的，是对欺凌的默许。

义的第二个层次：义在利中。现实生活中，每天都会遇到利，所以不能回避利，要重视利。利本身具有正面的价值，甚至只有通过利来说明义。当我们说某个人大气、大度时，根据在于他能够让利。如果不愿意让丝毫的利，我们就会说他很吝啬，很小气。所以义又体现为对利的处理方式，义不能总是高高在上，义必须深入利中，去规范利，在利益分配中体现出义。能够在利中体现出义，这就是正义。就个人层面讲，君子爱财，取之有道，以一种合理的方式去获利，这就是义。国与国之间，反对欺凌，说起来容易，但如何落实呢？这就需要实力，需要物质上的支持。这里可以看出道义和正义的区别：道义出于自由意志，只要愿意，就能够做到，但它没有实际内容；把道义落实到现实生活中，就是实现了正义。因为它有具体的实践过程，所以实现正义很难。

小人喻于利。无德之人只知道什么是利。利也是在与义的关联中显示出来的。所谓见利忘义，只知道利，不知道义。生活中这种人很多，但是不好举例。可以举文学作品中的例子。特别有名的是巴尔扎克写的葛朗台，葛朗台见利忘义，一生只以逐利为快乐，而置亲情于不顾；《红楼梦》中的王熙凤也是如此，她的行为以利为主导，她的逐利行为也为贾府的衰落埋下祸根。

4·17 子曰："见贤思齐焉，见不贤而内自省也。"

子曰："见贤思齐焉。"看见贤人就想着向他看齐。这句话容易被误解。人们普遍把思齐理解为成为像他那样的贤人。这样理解是有问题的。贤人是各种各样的，尧、舜、禹，汤、文、武、周公都是贤人，但性格各异。孔孟老庄也都是贤人，但都个性鲜明。可见，贤人是不一样的。贤人各不相同，如何向他们看齐呢？你见到了孟子，向孟子看齐；见到了庄子，又向庄子看齐，你已经向孟子看齐了，怎么向庄子看齐？孔子不远千里向老子求教，是见贤思齐，但他没有变成老子那样的人。《子张篇》第二十二章说："夫子焉不学？而亦何常师之有？"孔子向许许多多的贤人学习，却没有成为他们中的某一个，他成了他自己。所以，学习别人不是要成为别人，而是要成为自己。所以"见贤思齐"，不能理解为，看见贤人就要成为他那样的人，而要理解为，看见他就想跟他一样也成为贤人，成为一个有个性的人。

见不贤而内自省也。看见不贤的人就反省自己。不贤者是指那些没有个性的人，人云亦云的人，要成为他人的人。要反省自己，是不是也是那样的人。这句话是说，要学习做个有个性的人，要追求成为自己，而不要把他人作为自己的目标。人永远不可能成为他人。

4·18　子曰："事父母几谏，见志不从，又敬不违，劳而不怨。"

子曰："事父母几谏。" 几，轻微，小心翼翼。这句话是说，对待父母的过错，批评时要掌握分寸。在古代，父母是绝对权威，但父母也会犯错。父母犯错应该怎么办呢？这是一个非常微妙的问题。不去批评不行，批评过了也不行，要把握分寸。问题在于，孔子把父母当作绝对权威，任何批评都不能挑战这个权威，你只能在认同这个权威的前提下去改正对方的错误，这就很难。

见志不从。 志，指自己的批评观点。发现自己的批评不被认可。权威的最大特点就是不认可对自己的批评，本能地压制对自己的批评。你只要认同权威，就得顺从权威，对权威的批评注定要失败。那怎么办呢？

又敬不违，劳而不怨。 还要尊重父母，不能违背父母的意志。可以忧愁，但不可以怨恨。按照孔子的讲法，父母的过错就没办法得到改正。他们没有任何改正的机会，因为他们完全可以不听子女的劝告。按理来讲，孔子应该对父母提出批评。但孔子不但没有批评，反而还劝子女继续顺从，连怨恨都不能有。在这里，子女只有义务，没有任何权利。在父母和子女的关系中，父母具有压倒性的优势。孔子在这里只说了父母的过错，没说明犯的什么错，也没有说明错误的大小。如果是小的过错，孔子这样讲还是可以理解的；如果是大的过错，还要求子女忍气吞声，就有点不合情理了。通常来讲，父母的过错不外乎两个方面，一个是对子女择业的干预，一个是对子女择偶的干预。两者之间，对择偶的干预可能更多。在这个问题上，父母之命是主流观念，也被认为是正确观念。也因为如此，给子女带来很多的情感悲剧，这时还要求子女"又敬不违，劳而不怨"，就有些不近人情了。陆游被迫离开了唐婉，他能不怨吗？鲁迅被迫娶了朱安，他能不怨吗？贾宝玉和林黛玉不能终成眷属，他们能不怨吗？巴金《家》中的觉新与梅表姐，能不怨吗？《礼记》里有几段话与本章意思相近：一是《礼记·坊记》："从命不忿，微谏不倦，劳而不怨，可谓孝矣。"二是《礼记·内则》："父母有过，下气怡色，柔声以谏。谏若不入，起敬起孝，说则复谏。"三是《礼记·祭义》："父母有过，谏而不逆。"四是《礼记·曲礼下》："子之事亲也，三谏而不听，则号泣而随之。"《礼记》大多是孔子后学的作品，应该是受到了孔子的影响。

4·19 子曰："父母在，不远游，游必有方。"

子曰："父母在，不远游。" 孔子说，父母活着的时候，不要远游。首先，要理解什么叫远游。远游有特别含义。游，游宦、游学，也就是到很远的地方去做官、求学。按今天的话讲，就是追求自己的事业，实现自己的理想。这句话实际上是说，事业和家庭之间，还是以家庭为重，不要只顾自己的事业。孔子说"父母在，不远游"，基于什么考虑呢？一般说，子女留在父母身边，主要有两个原因，一方面是提供物质帮助，一方面是提供感情安慰。在这里感情安慰的成分居多。如果一个人要远游，他家里的物质生活还是有保证的，某种意义上讲，他们应该处在上层社会，吃穿不成问题，所以不远游更多是指父母对子女感情上的牵挂。古代交通工具落后，游宦也好，游学也好，远游意味着不知道何时能回来，终生不见也是有可能的，这就遇到亲情和事业的冲突。孔子认为还是应该以亲情为重。值得注意的是，这里的亲情只指与父母的亲情。其实古人远游时，大多已经成家立业，自己也有妻子儿女了。但孔子似乎没有提到妻子儿女的情感，只着眼于父母的情感。所以这里的亲情是不完整的。"父母在，不远游"，在古代的确成为一个问题，在今天，这个问题似乎已经解决了。因为现在的交通、通信已经使我们克服了对远的恐惧。于是有人认为现在已经不存在"父母在，不远游"的问题了，但技术真的能克服远吗？技术在克服远的同时又创造了新的远，远是无止境的。从这个意义上讲，"父母在，不远游"似乎还是问题。

游必有方。如果必须远游，一定要告诉父母远游的方位，方便随时联系。这在古代是个问题，在今天却不是问题。

4·20　子曰:"三年无改于父之道,可谓孝矣。"

这段文字重出,相关解读见《学而篇》第十一章。

4·21　子曰:"父母之年,不可不知也。一则以喜,一则以惧。"

子曰:"父母之年,不可不知也。" 父母的年龄不可以不记住。父母都知道子女的年龄,但子女未必记得父母的年龄。所以孔子提醒子女要记住父母的年龄。

一则以喜,一则以惧。 一方面因此而高兴,一方面因此而忧惧。父母高龄会带来两种情感反应,一个是喜,一个是惧。喜是一种自然情感,惧是一种反思性情感。在这两种情感中,惧比喜更为重要。惧里面具有生命意识,准确地讲具有死亡意识。人年轻时,意识不到死亡,总觉得死亡很遥远,甚至在感情上都不相信自己会死亡。按照海德格尔的说法,死亡是一种悬欠,不是很远的将来才发生的,而是随时会发生的。对高龄的父母来讲,死亡变得越来越现实,惧就是意识到他们随时都有可能离开我们。这种死亡意识,会影响到我们对父母的态度,我们会越来越珍惜那越来越少的和他们相处的时光,也就愿意待在他们的身边,甚至想方设法争取时间和他们待在一起。

4·22　子曰："古者言之不出，耻躬之不逮也。"

子曰："古者言之不出，耻躬之不逮也。"古代人不轻易许诺，是以不能实现这个承诺为羞耻。这句话的意思与之前的"先行其言而后从之"一致。"言之不出"不能理解为深藏不露，也不能理解为性格上的沉默寡言。"言之不出"是为了信守承诺，这与诚信相关。

4·23　子曰："以约失之者鲜矣。"

子曰："以约失之者鲜矣。"约，约束，特指严于修身。严于修身的人很少有过失。所谓修身，就是把感性人变成理性人，换句话讲，修身就是要克制自己的情感，避免感情冲动。感情冲动会影响人的判断，会让人作出错误的判断。人修身到理性，就能理性、客观、全面地看待事物，这肯定会减少过失。感性的人容易犯错误，理性的人较少犯错误。

4·24　子曰："君子欲讷于言而敏于行。"

子曰："君子欲讷于言而敏于行。"这一章的意思和《学而篇》第十四章里的"敏于事而慎于言"，《为政篇》第十三章里的"先行其言而后从之"，以及《里仁篇》第二十二章里的"古者言之不出，耻躬之不逮也"的意思一样，只是表述方式有所不同，不再讲解。

4·25　子曰："德不孤，必有邻。"

子曰："德不孤，必有邻。" 有德的人不会孤单，必然有人与他同在。也就是说，有德行的人，一定会有人去追随他。有德的人通常很孤独。正因为孤独，才需要有一种信念，坚信有德的人不会孤独，一定会有人追随他。当人说"德不孤，必有邻"时，他可能正在孤独中，需要信念去支持他。孔子就很孤独，尽管有许多学生追随他，但真正理解他的人并不多。在《宪问篇》第三十五章，他明确说，"莫我知也夫"，又说："知我者其天乎！"在《述而篇》第二十四章里说："二三子以我为隐乎？"连最好的学生颜回也不能理解他的思想。他说孔子的思想"仰之弥高，钻之弥坚，瞻之在前，忽焉在后"。这都说明孔子其实很孤独。德行越高，孤独感越强。所以，"德不孤，必有邻"不是事实的陈述，而是表达对信念的执着。人需要信念使自己摆脱孤独。孟子也有类似的表述，比如"仁者无敌"，比如"故天将降大任于斯人也，必先苦其心志，劳其筋骨，饿其体肤，空乏其身"。这些话都不能理解为事实，都要理解为信念。

4·26　子游曰："事君数，斯辱矣；朋友数，斯疏矣。"

子游曰："事君数，斯辱矣。" 数，多次。对于国君的过错，多次谏言会招致羞辱。国君有过错，应该谏言，这是做臣子的责任。但谏言要适可而止，要把握一个度，否则会带来耻辱。子游反对后来流行的所谓死谏。在此可能会困惑：既然国君有过错，多次谏言不是正好体现臣子的忠吗？难道忠还有错吗？为了表现忠，谏言不是越多越好吗？对此应该这样思考：君是独立的个体，他有独立判断事物的能力。臣子可以提建议，供他思考，供他选择。如果不断去谏言，就等于强迫他改变自己的观点，来接受你的观点。任何人都不喜欢被强迫，以下级的身份强迫上级，更是让人难以接受的。况且，所谏之言是不是绝对正确呢？这也是个问题。

朋友数，斯疏矣。对于朋友的过错反复劝告，会导致关系疏远。这句话的思路和上面一样。只是由于关系性质的不同导致结果的不同。君臣不平等，君可以让臣受辱。朋友平等，最大的后果也只能是关系疏远。

公冶长篇第五

5·1 子谓公冶长,"可妻也。虽在缧绁之中,非其罪也"。以其子妻之。

子谓公冶长,"可妻也。" 妻,嫁他为妻。孔子评价公冶长,说可以嫁他为妻。能嫁给他为妻,说明这个人非常可靠。能托付终身的人一定是可靠的人。可见孔子对公冶长的评价非常之高。

虽在缧绁之中,非其罪也。 缧绁,捆绑犯人的绳索,这里代指监狱。虽然他身在牢狱中,但并不是他的过错。这里有个传说,传说公冶长有个特异功能,可以听懂鸟语。他在鸟语里得知某地有人被杀。也因为此,法官判定他杀了人。理由很简单,如果不是他杀的,他怎么知道某地有人被杀呢?没有人会相信,人会听懂鸟语,所以公冶长就含冤入狱。但孔子坚信公冶长是好人,是被冤枉的。

以其子妻之。 子,女儿。古代儿女都称子。他把自己的女儿嫁给了公冶长。孔子把女儿嫁给他,是需要勇气的。不管孔子怎么看公冶长,在世人的眼里,公冶长毕竟坐过牢,而且世人相信公冶长真的杀过人。否则法官怎么判他入狱呢?所以,孔子把女儿嫁给公冶长是有风险的。这不是一般人能做到的,可见,孔子具有特立独行的个性。

5·2 子谓南容,"邦有道,不废;邦无道,免于刑戮"。以其兄之子妻之。

子谓南容,"邦有道,不废。" 孔子评价南容时说,国家太平的时候,他不会被废而不用。国家太平,他积极入世,根据自己的能力做自己喜欢的事。

邦无道,免于刑戮。 国家混乱的时候,他能够审时度势,保全自己。换句话讲,南容能进能退,进退自如。给人的感觉既聪明又稳当。

以其兄之子妻之。 兄之子,侄女。他把侄女嫁给了南容。无论是嫁女儿,还是嫁侄女,孔子都非常看重对方的人品。尽管公冶长和南容的人品都非常好,但是否可以设想,孔子把侄女嫁给公冶长,把女儿嫁给南容呢?从道理上讲是可以的。他们的品德都很好,嫁给谁都一样。但在孔子的眼里是不一样的,女儿只能嫁公冶长,侄女只能嫁南容。在众人眼里,公冶长是个罪犯,把女儿嫁给公冶长——一个犯人,他能够顶住舆论的压力,因为是自己的女儿。在选择女婿的问题上,他显示出非凡的一面。但是嫁侄女,他显得小心翼翼,他要考虑舆论的压力,考虑对侄女的责任,否则他的心里会不安。而南容既有德行,又有能力,能确保侄女未来生活的稳定。孔子对侄女婿的选择,体现出他平凡的一面,世俗的一面。孔子的选择表明,他的内心非常细腻,考虑问题非常周到。

5·3 子谓子贱:"君子哉若人!鲁无君子者,斯焉取斯?"

子谓子贱:"君子哉若人!" 孔子评价子贱说,这个人真是一个君子!孔子很少说自己的学生是君子,可见子贱这个人很了不起。孔子凭什么说子贱是一个君子呢?据说子贱做过单父宰,政绩可观。《吕氏春秋·察贤》这样记载:"宓子贱治单父,弹鸣琴,身不下堂而单父治。"根据这一记载,可以知道子贱为政的能力特别强。这个能力不是体现在他做了什么,而是体现为他没做什么。这很像道家无为而治的思想。在子贱这里,治国不是一种技巧,而是一种道。他把治国从器上升到道的层次。君子追求道,要实现自己的政治理想,可见,子贱应该是个思想者,甚至可以说是个思想家。孔子的理想就是让思想者治国。这点很像柏拉图。柏拉图认为,应该由哲学家去治理天下,子贱正是一位难得的思想者。这样就能理解孔子为什么说子贱是个君子。

鲁无君子者,斯焉取斯? 前面的"斯"指子贱,后面的"斯"指君子的品格。鲁国没有君子的话,子贱从哪里获得君子的品格呢?这句话有两层意思。第一层意思,孔子赞美子贱是君子,根本用意是强调子贱如何成为君子的,因为鲁国有很多君子,他才成为君子的。表面看来他是赞美子贱,但目的却是赞美鲁国。他赞美鲁国的角度非常独特,不是赞美鲁国经济多繁荣、军事多强大,而是赞美鲁国的君子多,鲁国的思想者很多。就像今天,我们以孔孟老庄而自豪,而不是以秦皇汉武而自豪。第二层意思是，君子作为思想者，不是孤立的，他能够影响人，能发挥思想的力量。思想的力量高于军事的力量、经济的力量，它决定着军事的力量、经济的力量。孔子强调思想的影响力。当人人都学会思想，成为思想者时，这才是一个美好的国家。

5·4 子贡问曰："赐也何如？"子曰："女器也。"曰："何器也？"曰："瑚琏也。"

子贡问曰："赐也何如？" 子贡问孔子，我这个人怎么样？这种问法非常坦率，表明师生之间关系很融洽。

子曰："女器也。" 女，通"汝"。你是一个器具。孔子对子贡的评价明显低于对子贱的评价。孔子讲"君子不器"，是器就不是君子。所以子贡就不算是一个君子。他没有思考道的问题，只在具体事物上下功夫，不算是一个思想者。

曰："何器也？" 子贡又问，是什么样的器呢？器和器不一样，就像一座大厦，砖瓦是器，栋梁也是器。但砖瓦显然不能和栋梁相比。

曰："瑚琏也。" 孔子说，你是瑚琏这种器。瑚琏，古代祭祀用来盛粟、莠的器物，祭祀是很严肃的事情，祭祀使用的器具都是很贵重、很神圣的器具。这个器具远高于一般的器具。孔子把子贡比作瑚琏，一方面表明子贡已经取得了很高的成就，另一方面也指出了他的不足，希望他能够由器上升为道。

5·5 或曰:"雍也仁而不佞。"子曰:"焉用佞?御人以口给,屡憎于人。不知其仁,焉用佞?"

或曰:"雍也仁而不佞。"佞,口才好。有人说,冉雍这个人有仁德,但可惜没有口才。冉雍在四科十哲里,属于德行科。也就是说,或曰对冉雍的评价没有什么恶意,他对冉雍有点可惜,觉得这么有仁德的人,如果口才也很好,那该多么完美。

子曰:"焉用佞?"孔子说,为什么一定要口才好呢?孔子对或曰的说法很不满,对口才好不好不以为意。

御人以口给,屡憎于人。御人,对付别人。口给,言辩、口才。用口才去对付别人,屡屡讨人厌烦,让人憎恨。为什么言辩会让人憎恨呢?言辩要证明自己是对的,别人是错的,这就要否定他人,他人肯定会感到不满。而且在言辩者看来,谁的辩论能力强,谁的辩论效果好,谁就拥有真理。在孔子看来,辩和真理无关,辩赢了未必就是真理,辩输了也未必就不是真理。辩论的胜负和真理无关,真理独立于辩论。把辩论的胜负看作真理的标准,是把言辩和真理混为一谈。在孔子看来,言辩和真理不仅没有关系,甚至还会混淆真理。

不知其仁,焉用佞?我不知道冉雍有没有仁德,但为什么一定要口才好呢?也就是说,口才是没有任何意义的。这就彻底否定了口才,否定了辩论的价值和意义。就德行这个层面来讲,辩论也许是无关紧要的,口才真的不能决定德行。但就社会层面来讲，辩论还是非常有必要的。事实上，孟子就特别好辩，甚至可以说，由于孟子的好辩，孔子的思想才得以发扬光大。诸子都以言辩著称，也因为言辩，才产生了百家争鸣的局面。但随着儒家思想一统天下，辩论——这种追求真理的方式也就随之消失了。先秦时期，还有墨辩，还有名家学派，就连儒家的荀子也很关心语言的逻辑问题，但秦以后，人们就不再关心语言的逻辑问题，更没有形成逻辑学科，这在一定程度上影响了中国思想的发展，以至于我们今天都不擅长于逻辑思维，这样的结果不能完全怪孔子，但也不能说和孔子没有关系。

5·6 子使漆雕开仕。对曰："吾斯之未能信。"子说。

子使漆雕开仕。孔子让漆雕开去做官。漆雕开，孔子的学生。孔子以后，儒家思想分为八派，漆雕开是八派之一，可见，漆雕开是一位思想家。孔子特别欣赏有思想的人。孔子平常不鼓励学生做官，但由于漆雕开思想的深度，孔子主动推荐漆雕开去做官。

对曰："吾斯之未能信。"斯，做官这件事。漆雕开说，我对于做官这件事还不自信。这是委婉地拒绝了孔子让他做官的要求。孔子主动推荐漆雕开做官，那漆雕开肯定符合做官的基本条件，否则孔子不会推荐他去做官。既然孔子都认为他符合条件了，漆雕开为什么还要委婉地拒绝呢？这里要知道的是，所谓符合条件，有一些属于基本的条件、外在的条件、大家公认的条件。但漆雕开对于做官应该还有更高的追求。与这个更高的追求相比，他觉得自己还是不够格，还需要继续修炼。

子说。说通"悦"，孔子听到漆雕开的回答，非常高兴。他为自己没有看错人而高兴。在孔子看来，人最重要的品格是谦虚。漆雕开非常谦虚，连孔子这样严格的人都认为他已经符合做官的标准了，可以去做官了，而漆雕开仍然认为自己还有不足。谦虚是好品质，这不只是孔子的观念，也是古人共有的观念。《易经》有谦卦，谦卦是六十四卦中唯一卦爻辞都吉利的卦。

5·7 子曰："道不行，乘桴浮于海。从我者，其由与！"子路闻之喜。子曰："由也好勇过我，无所取材。"

子曰："道不行，乘桴浮于海。"桴，小木筏，小竹排。孔子说，道行不通了，就乘坐小木筏在大海里漂游。这句话很有道家味道。这句话是个假设，它的思想主旨在后面。他是通过这句话来表扬子路。但读者经常断章取义，把这句话单独地拿出来，说似乎孔子真有"道不行，乘桴浮于海"的思想。由于这句话表达了人的隐秘冲动，触动了人的心弦。于是，大家把这句话理解为孔子的真实思想，并引以为同调，不断地加以运用。苏东坡写过"小舟从此逝，江海寄余生",这个思想应该是源于孔子,也可以说是误解了孔子。

从我者,其由与! 能够跟着我的一定是仲由吧!这句话是本章的一个核心。孔子假定在"道不行,乘桴浮于海"的情况下,能够跟着他的一定是子路,而不是颜回。"乘桴浮于海"是一种艰苦的生活。它不仅需要毅力,还需要体力,还需要勇敢。只有子路符合这个条件。在这种艰难环境下,只有子路能帮上孔子的忙。孔子通过这种假定情境来表扬子路。

子路闻之喜。 子路听到孔子的话,感到非常高兴。子路平常听到的批评多,听到的表扬少。所以,他听到孔子的表扬有种发自内心的得意,可以说是沾沾自喜。

子曰:"由也好勇过我,无所取材。" 这句话里有个断句的问题。一般都从"我"这个地方断句,比如杨伯峻先生。从"我"断句,这句话可以翻译为:由在好勇方面超过了我。如果这样理解,孔子是以自己的勇为标准来肯定子路的好勇,有肯定自我的意思,似乎他的勇是没有问题的。这里最好从"过"来断句,即"由也好勇过,我无所取材"。这是说子路好勇太过,不是我所要取的材。孔子对子路的勇进行了否定,但这个否定不是以孔子的勇为标准,而是以通常的勇为标准。子路的勇远远超过了通常的勇。没有节制,没有约束,这个勇很容易走向它的反面。这里,孔子先表扬了子路的勇,因为子路沾沾自喜,他又批评了子路的勇,这是孔子独特的教育方式。

5·8 孟武伯问："子路仁乎？"子曰："不知也。"又问。子曰："由也，千乘之国，可使治其赋也，不知其仁也。""求也何如？"子曰："求也，千室之邑，百乘之家，可使为之宰也，不知其仁也。""赤也何如？"子曰："赤也，束带立于朝，可使与宾客言也，不知其仁也。"

孟武伯问："子路仁乎？" 孟武伯问孔子，子路是一个仁人吗？

子曰："不知也。" 孔子回答说，不知道。

又问。 孟武伯继续追问。

子曰："由也，千乘之国，可使治其赋也，不知其仁也。" 赋，兵赋，泛指军事。孔子讲，由在千辆兵车的国家里可以主管军事，但不知道他是不是个仁人。

求也何如？ 冉求怎么样呢？

子曰："求也，千室之邑，百乘之家，可使为之宰也，不知其仁也。" 孔子说，千户人家的大邑，百辆兵车的封地，可以让冉求去主管行政，但不知道他是不是仁人。

赤也何如？ 公西赤这个人怎么样？

子曰："赤也，束带立于朝，可使与宾客言也，不知其仁也。" 孔子说，公西赤可以系着腰带立于朝堂之上，对各国使节迎来送往，但不知道他是不是个仁人。孟武伯问孔子的三位学生是什么样的人，孔子肯定了他们各自的才能：子路可以主管军事，冉求可以主管行政，公西赤可以主管外交。孔子对三位学生的才干了如指掌，但对他们是不是仁人一概回答不知道。为什么要回答不知道呢？成为仁人是非常高的境界，成为仁人是人一生的目标，即使用毕生的精力也未必能成为仁人。一旦说某人是仁人，那就意味着，他已经实现了人生的最高目标，也就不能有进一步的发展了。即使成了仁人，是否就能够一直保持呢？会不会由仁人变成普通人，甚至变成很坏的人呢？这都是有可能的。人小时候都被称为花朵，长大以后并没有都结成果实，人有无限的可能性，他可以变得更好，也可以变得更坏。对于活着的人而言，都不能说他已经是仁人了。生活中，我们树立了很多的榜样，他们大多已经去世。这样就能理解孔子为什么不轻易地说某个人是仁人。孔子既不说他们是仁人，也不能说他们不是仁人，所以只能说不知道。

5·9　子谓子贡曰："女与回也孰愈？"对曰："赐也何敢望回？回也闻一以知十，赐也闻一以知二。"子曰："弗如也。吾与女弗如也。"

子谓子贡曰："女与回也孰愈？" 孔子问子贡，你和颜回谁更强呢？孔子的学生都知道，颜回是孔子最喜欢的学生，所以，孔子当着子贡的面要求子贡就此进行表态，这多少有些强人所难。所以子贡的回答是不言而喻的。

对曰："赐也何敢望回？" 子贡回答说，我怎么敢和颜回相比呢？老师以这样的方式提问，他也只能以这样的方式回答。我们很难判断子贡内心的真实想法，也可能是出于礼貌的应付。

回也闻一以知十，赐也闻一以知二。颜回听到一件事便能知道十件事，我听到一件事只能知道两件事。人的能力主要体现为认知能力。世界上的事情太多，人不可能一一地学习。如果只是闻一知一，我们对世界的了解是非常有限的。闻一知一是缺少认知的能力，闻一知二仅仅具备了认知的能力。子贡说自己闻一知二，把自己的认知能力定位如此之低，他说颜回闻一知十，把颜回的认知能力定位如此之高。子贡说，颜回的认知能力是自己的五倍。这种说法太夸张，让人怀疑它的真实性。从《论语》来看，颜回并未表现出过人的认知能力。即便颜回的认知能力高于子贡，他们的差距也不至于有子贡说的那么大。所以子贡的回答很耐人寻味。他一方面信誓旦旦地说他比不上颜回，但他所举的例证却像是故意夸大他和颜回的差距。言辞之间，总让人感觉有些不服气。

子曰："弗如也。吾与女弗如也。"与，赞同。孔子说，是不如，你说得对，你是不如他。孔子听到子贡的话很高兴，他似乎没有感觉到子贡言辞中可能包含的不满之意。在这一章中，我们可以隐约地感觉到，孔子对颜回的偏爱引起了其他学生的不满，尤其是像子贡这样聪明的学生的不满。孔子对子贡的提问似乎是要消除这种不满，有强迫子贡认同颜回的意思。子贡不能不认同，但心里未必真的认同。子贡以夸张的方式说出自己与颜回的差距，可能就是表达不满的一种方式。在这里可以看出，孔子有非常感性的一面。

5·10 宰予昼寝。子曰："朽木不可雕也，粪土之墙不可圬也。于予与何诛！"子曰："始吾于人也，听其言而信其行；今吾于人也，听其言而观其行。于予与改是。"

宰予昼寝。宰予白天睡觉。

子曰："朽木不可雕也。"孔子说，腐朽的木头不可以在上面进行雕刻。

粪土之墙不可圬也。粪，脏，不干净。圬，抹墙的工具。肮脏的墙上不能在上面进行粉饰。这两句话都是骂宰予的，孔子把宰予比喻成朽木、粪土之墙。在这样的对象上，不可雕、不可圬，不能有任何作为，无可救药。

于予与何诛！对于宰予这样的人，还有什么必要去骂他呢？前面已经骂了，这里又说连骂都不想骂了。不骂比骂更严重，这是要抛弃宰予了。宰予白天睡觉为什么让孔子发这么大的火呢？宰予白天睡觉只是偶然的事情，他不可能天天白天睡觉。而且这次白天睡觉，对宰予来说可能也是必要的。他不会故意地在白天睡觉。孔子也没问宰予为什么白天睡觉，就劈头盖脸地骂了起来。宰予擅长思考，夜晚最有利于思考，宰予可能因为思考导致睡眠不足。"宰予昼寝"纵然不好，也不至于引起孔子这样的痛骂。孔子的痛骂明显带有情绪化因素。宰予不是不可救药的学生，他是孔门十哲之一，是孔子最好的十位学生之一。历来人们对孔子的无名之火觉得费解。韩愈要从文本上来解决这个问题，他怀疑"昼"应该是"画"，"昼"和"画"的繁体字特别相近。钱穆先生怀疑这段话后人记载有误。他们的共同预设是，孔子是一个圣人，圣人是不能乱发脾气的。从人性的角度来看，孔子痛骂宰予也并非不可理解。宰予是一个自由思想家，他的思想和孔子不太一致，甚至在许多问题的看法上是对立的。前面宰予说"周人以栗，使民战栗"，孔子就认为要"既往不咎"。他们还为三年之丧进行激烈的争论，孔子坚持要守孝三年，宰予认为时间太长，一年就够了。宰予的思想个性特别鲜明，处处和孔子作对。而且，他在表述自己思想的时候也不太注意方式方法，所以，孔子对宰予应该是又爱又恨的。从理智上讲是爱，他承认宰予对他思想的批评促进了他思想的发展；从感性上讲，对宰予应该是恨，这个针锋相对的学生经常使孔子难堪，下不了台。"宰予昼寝"就成为他借题发挥的借口。从圣人的角度看，就没办法理解孔子的情绪为什么会失控？但从人性的角度来看，他不过是借题发挥而已，这丝毫不影响孔子的伟大。

子曰："始吾于人也，听其言而信其行；今吾于人也，听其言而观其行。" 过了一会儿，孔子说，开始我对待别人，听见他说什么，就相信他会做什么；而现在我对于人，听他说什么，还要看他怎么做。可见，"宰予昼寝"这件事对孔子产生了不小的影响，甚至改变了他的思想观念。

于予与改是。 宰予让我改变了对人言行的看法。孔子这句话是不是真的呢？可能有些夸张。孔子比宰予大二十九岁，即便宰予昼寝时是二十岁，孔子也是快五十岁的人了。孔子博览群书，经历丰富，他不至于五十岁时还天真地"听其言而信其行"，他早就应该"听其言而观其行"了。给人的感觉是，孔子把过去的思想转变情绪化地安放在宰予的身上，宰予其实有点无辜、有点冤枉。

5·11 子曰："吾未见刚者。"或对曰："申枨。"子曰："枨也欲，焉得刚？"

子曰："吾未见刚者。"孔子说，我没有见过刚直的人。孔子这样说表明他喜欢刚德。刚德在生活中特别难得，特别可贵。用孟子的话来说，刚德就是大丈夫人格。敢于直面强权，不唯唯诺诺，不胆小怕事。

或对曰："申枨。"有人回答说，申枨是个有刚德的人。

子曰："枨也欲，焉得刚？"孔子说，申枨这个人欲望太多，他怎么能刚正呢？在这里，孔子把刚的品质和欲联系在一起，认为人的欲望和人的刚正成反比，欲望越多，对欲望对象的依赖就越多，个人的独立性就越少。当人被外物所控制而失去独立性时，还怎么能刚正、刚直呢？按照孔子的想法，那就是"无欲则刚"。人通过修养减少自己的欲望，减少对外物的依赖，才具有独立的人格。但人都是有欲望的，人是欲望的存在。不管欲望是大是小，只要有欲望，就很难做到刚直刚正。所以，要做到真正的刚直刚正，唯一的办法就是放弃自己的生命。那些刚正刚直的人正是用生命的代价来捍卫刚直刚正的。但这个代价毕竟太大，让少数人付出生命的代价去捍卫刚正刚直也是不人道的。"无欲则刚"，从道德层面来讲，是可以表扬的；但从社会层面来讲，是不值得提倡的。就社会层面来讲，有没有可能有欲也刚呢？这是非常重要的问题。这就需要制定好的法。什么是好的法呢？好的法是指，公权没有授权不可为，私权没有禁止即可为。这样才能造就自由平等的社会，让每个人都能够有尊严地活着。人不需要以生命为代价去维护尊严。这样，不仅无欲则刚，有欲同样可以刚。

5·12 子贡曰："我不欲人之加诸我也，吾亦欲无加诸人。"子曰："赐也，非尔所及也。"

子贡曰："我不欲人之加诸我也，吾亦欲无加诸人。" 子贡说，我不希望别人强加什么给我，我也不想强加什么给别人。这是子贡的人生理想，其实也是社会理想。如果每个人都能不让别人强加给自己什么，自己也不强加给别人什么，这就是一个自由的社会。

子曰："赐也，非尔所及也。" 孔子说，赐，这不是你能做到的。孔子为什么说子贡做不到呢？首先，不想别人强加给我什么，这就很难做到，这取决于我的实力。如果别人强加什么给我，而我没有实力去对抗别人强加给我的东西，这种人生理

公冶长篇第五

想就落空了。在实力的较量中,我不能确保能占上风。"天外有天,人外有人",任何人都无法保证能抗拒别人强加给自己的东西。如果面对一个组织、一个团体,个人的力量就更加微不足道了。所以,不让别人强加什么给我,不是豪言壮语,而是实力的较量。我不想强加什么给别人,看起来要容易一些,因为强加的主动权在我。但我是否能管住自己,这就很难说了。根据尼采的观点,人具有一种强力意志,想要去征服别人。具体体现是什么呢?让别人服从自己的意志,以扩大自己的影响力。凡是试图用自己的想法去影响他人的想法和做法,都是强力意志的表现。这样看来,强力意志无时不在,无处不在。连老师给学生讲课都体现了强力意志。尤其是我们认为好的东西,就更倾向于推荐给别人。这种推荐,其实就是一种强加。我们会不容置疑地推广自己认为好的东西,并对别人的拒绝表示不满。所以,不把自己喜欢的东西强加给别人也是很困难的事情。孔子说子贡做不到,其实每个人都做不到。这不是个人修养能解决的问题,这是社会要解决的问题。社会要以立法的形式制定规则,确保每个人的独立、自由不受他人的干扰和侵犯,确保每个人都能有尊严地生活。

5·13 子贡曰:"夫子之文章,可得而闻也;夫子之言性与天道,不可得而闻也。"

子贡曰:"夫子之文章,可得而闻也。" 文章,文献典籍。

子贡说，老师对于文献典籍方面的讲解，我们都听到过。这里的文献典籍主要指《诗》《书》《礼》《乐》。孔子把它们作为教材教授给学生。

夫子之言性与天道，不可得而闻也。老师关于性和天道的思想，我们都没有听到过。"不可得而闻"，不是说孔子讲过，他们没有机会听到，而是孔子根本没有讲过性与天道。子贡善于思考，他不但说出老师讲了什么，还说出老师没讲什么。能悟出没讲的东西，就进入了思想的深层次。孔子为什么不讲性与天道呢？大概有三个原因。第一个原因：世界太大，人不可能对于世界的方方面面都感兴趣。人对世界会有一个兴趣点，人通过这个兴趣点去理解大千世界。比如说，有人以自然科学的方式去理解世界，有的人以人文科学的方式去理解世界。在人文学科里，又有不同的切入点，有政治的、有哲学的、有历史的、有文学的。即便是哲学的切入点，人们又会对哲学的不同问题产生兴趣，这又形成了儒家哲学、道家哲学、佛教哲学。这就形成了各自的学术特色。孔子不关心性与天道，也是正常的，这不是他的兴趣点。第二个原因：性和天道非常抽象。抽象的东西容易引起争论。比如说性，什么是性呢？就会有不同的说法，就会产生性善论、性恶论等等；什么是天道呢？也会引起争论。庄子认为天道自然，名教不符合自然，所以不是天道。但也有人认为名教出于自然，也是天道，彼此争论不休。孔子创立的儒学，关心人伦、日用，不关心抽象思辨。这与后来的宋明理学完全不一样。在孔子看来，德行跟思辨无关。德行不是说出来的，而是做出来的。第三个原因：谈论性与天道，会削弱孔子的人道思想。人道非常重要，但与天道相比，人道处于次要的地位，天地人的排序也表明天地高于人。越是研究天道，就会越觉得人道渺小。孔子有意模糊作为背景的天地之道，以突出他的人道思想。

5·14　子路有闻，未之能行，唯恐有闻。

子路有闻，未之能行，唯恐有闻。后面的"有"是"又"的意思。子路听到一个道理，还没有付诸行动时，唯恐听到下一个道理。这句话是什么意思呢？它说明子路的性子很急。子路性急是非常有名的。孔子批评子路性急，希望他能改掉这个毛病，但子路到死都没有改掉性急的毛病，最终也是死于性急。"江山易改，本性难移。"儒家教育强调"变化气质"，这种对性的改变是一个很痛苦的过程。在这方面应该学习道家。按照道家的观点，不要改变人的性，而要顺从人的性。孔子其实也意识到这一点，多次提到子路适合主管军事。

5·15　子贡问曰："孔文子何以谓之文也？"子曰："敏而好学，不耻下问，是以谓之文也。"

子贡问曰："孔文子何以谓之文也？"文，死后的谥号。

谥号是对人一生行为的定性。文与文化、文明、学习有关。谥号里有文,意味着这个人在文化上作出过贡献。朱熹死后就谥号文,王明阳死后谥文成。据《左传》记载,孔文子的私德很有问题,所以子贡提出疑问,这样的人为什么死后谥号为文呢?

子曰:"敏而好学。" 孔子说,这个人聪明而且好学。聪明指天分好,好学指后天努力。很多人天分好,后天却不努力。孔文子不因为天分好,就放弃后天的努力。

不耻下问。 不以下问为耻。下问,向比自己地位低、年龄小的人请教。老师请教学生,就是"下问"。不以下问为耻需要做到两点。一方面要克服认知偏见,也就是认为任何人都有可能掌握真理,真理不在少数人手里。地位低、年龄小的人同样可能掌握真理;另一方面,还要克服心理障碍,谁有真理,就应该向谁求教。真理具有独立性,面对真理,人该忘记自己的年龄,忘记自己的地位。可见"不耻下问"很难得。

是以谓之文也。 所以他的谥号为文。孔子认同孔文子谥号为文。他并没有因为孔文子私德不好,就否定孔文子的长处。这表明了孔子思想的宽容与开放。

5·16 子谓子产:"有君子之道四焉:其行己也恭,其事上也敬,其养民也惠,其使民也义。"

子谓子产:"有君子之道四焉。" 孔子说,子产的身上体现了四种君子之道。

其行己也恭。行己,己行。自己的日常行为非常谦卑。这是针对他身边的人而言的,针对他身边共事的同辈人而言的。

其事上也敬。他事奉国君非常敬心。这里要注意的是,敬并非无原则的。春秋时期,臣子有选择国君的自由,这是在自由状态下表现的敬。

其养民也惠。他护养百姓,给予百姓实惠。子产执政为民不只是口号。

其使民也义。他在应该使唤民时,才去使唤民。因为他使民以时,所以百姓听从他的使唤。这里的恭、敬、惠、义都是君子应该做的事情,所以孔子说他符合君子之道。

5·17 子曰:"晏平仲善与人交,久而敬之。"

子曰:"晏平仲善与人交。" 晏平仲,晏婴,齐国大夫。孔子对他的评价非常高,说他善于和人交往。"善与人交"的善体现在什么地方呢? 善交不讲交往的技巧,相反,它是拒绝技巧的。任何技巧都是临时的、策略性的,都是不能持久的。善应该理解为正确的交友原则,如子游讲的"朋友数斯疏矣",如俗语讲的"君子之交淡如水"。

久而敬之。按照交友的原则去交往,交友的时间很久,人们依然敬重他。敬有两种解释。一种解释为:晏平仲对友人的敬重；一种解释为：友人对晏平仲的敬重。哪种解释比较好呢？后一种解释比较好。晏平仲按照交友的原则交友，哪怕交友的过程中，出现一些摩擦，友人也不会减少对晏平仲的尊重。如果理解为晏平仲对他人的尊重，这就会出现一个问题：如果这个友人变坏，凭什么还去敬重他呢？

5·18　子曰："臧文仲居蔡，山节藻棁，何如其知也？"

子曰："臧文仲居蔡。" 蔡，地名，此地出大乌龟，在这里代指大乌龟。居，居室。臧文仲给大乌龟盖了一间房子。古人用乌龟来占卜，乌龟越大，占卜越灵验。

山节藻棁。 节，柱上的斗拱。山节，指在柱子的斗拱上雕刻山水。棁，房梁上的短柱。藻，水草。藻棁，在房梁的短柱上画上水草。臧文仲雕梁画栋，表明他对大乌龟的喜爱。

何如其知也？ 他的智慧怎么样呢？这是孔子委婉的说法，他实际要表达的意思是，他这叫作智慧吗？孔子这样说也表明了，像臧文仲这样的人很多。如果这种做法只限于臧文仲，孔子没有必要专门批评他。臧文仲的做法为什么不智慧呢？他把自己的命运全部交给外在的偶然性，全部交给了占卜，他服从占卜对他命运的安排。占卜让他做什么，他就做什么。孔子讲天命，天命有所作为，是理性的觉醒。

5·19 子张问曰:"令尹子文三仕为令尹,无喜色,三已之无愠色,旧令尹之政必以告新令尹,何如?"子曰:"忠矣。"曰:"仁矣乎?"曰:"未知,焉得仁?""崔子弑齐君,陈文子有马十乘,弃而违之。至于他邦,则曰:'犹吾大夫崔子也。'违之。之一邦,则又曰:'犹吾大夫崔子也。'违之,何如?"子曰:"清矣。"曰:"仁矣乎?"曰:"未知,焉得仁?"

子张问曰:"令尹子文三仕为令尹,无喜色,三已之无愠色。" 令尹,楚国的官名,相当于其他诸侯国的相。子张问孔子,楚国的令尹子文,三次被提拔为令尹,他没有任何高兴;三次被罢官也没有任何抱怨。令尹,位居一人之下,万人之上,职位显赫。通常人不敢奢望获得这样的职位。一旦得到这个职位,会欣喜若狂;与之相应,一旦被罢免,一定会沮丧、悲观。但子文与众不同。他三次任令尹,三次又被罢官,提拔时没有喜色,罢官时没有愠色。可见,子文是个淡泊名利、修养极高的人。在他眼里,令尹的职务也不过如此。

旧令尹之政必以告新令尹。 每次罢官时,子文都把自己做令尹时的施政策略告诉即将上任的新令尹。通常人被罢官都会有怒气或怨气,心里会感觉不平衡,在离职时,一定会马虎了事。子文离职时仍然恪尽职守,认真地交接工作,毫不含糊,就像他明天还会来上班一样,丝毫没有对离职的不满。

何如? 这个人怎么样?

子曰:"忠矣。" 孔子说,这个人忠心耿耿。

曰:"仁矣乎?"又问,子文是个仁人吗?在如此大起大落下,表现得如此平静,这算不算仁人呢?

曰:"未知,焉得仁?"孔子说,不知道。然后又说,这哪里能算得上仁人呢?说未知时,会让人产生联想,以为他可能是个仁人。孔子大约也是担心别人会有这样的联想,所以在后面补充说明,这哪里算得上仁人?在一般人眼里,令尹子文是一个德行修养极高的人,孔子为什么说他不是仁人呢?原因是,仁在孔子的思想体系里是一个终极概念,是一个圆满的概念,也有人称之为全德,是所有德的组合。任何人都只能无限地靠近仁,但绝不能够达到仁,所以现实中很难有人被称为仁人。另外,就孔子而言,仁的主要表现形式是爱,即仁者爱人。爱体现为对于对象的操心,在操心中会产生不满,就会进行批评。而令尹子文的忠,如果用爱来衡量,明显是不足的。从个人的德行上看,固然值得敬佩;但从社会层面来讲,从他作为令尹的责任来讲,这种无条件的忠实际上是放弃了自己的责任,把自己变成了国君手里的工具。国君对工具招之即来,挥之则去。所以他的忠只是工具性的忠,他自始至终都处在被人使用的状态,没有提出任何反对意见。按仁的标准,不喜、不愠正是他放弃责任的表现。

崔子弑齐君,陈文子有马十乘,弃而违之。 崔杼,陈文子,齐国的大夫。崔杼杀了齐国的国君,陈文子有四十匹马,他放弃了他的财富,离开了齐国。

至于他邦。 又到了别的国家。

则曰:"犹吾大夫崔子也。"违之。待了一段时间以后,发现这个国家的大夫和齐国的大夫崔杼完全一样,也有弑君的嫌疑,又离开了这个国家。

之一邦,则又曰:"犹吾大夫崔子也。"违之,何如? 又到了一个国家,又说这个国家的大夫和我们国家的崔子一样,又离开了这个国家。这个人怎么样呢?

子曰:"清矣。" 孔子说,这个人清高、清白。

曰:"仁矣乎?" 又问,他是仁人吗?

曰:"未知,焉得仁?" 孔子说,不知道,这怎么能算是仁人呢?通常人认为,陈文子是一个清高的人,他和那些弑君之臣严格地划清了界限,绝不与他们同流合污,品质非常高尚。为什么不能称为仁人呢?理由跟上面讲的差不多。这里的清也只是追求个人道德的完善。就社会层面而言,它只是消极的逃避,而没有任何积极的抗争,这跟孔子心目中的仁相差太远。

5·20 季文子三思而后行,子闻之曰:"再斯可矣。"

季文子三思而后行。 季文子多次思考,然后才行动。当人们进行重大决策时,总会有人告诫他们要三思。季文子"三思而后行",应该表扬才是。

子闻之曰:"再斯可矣。" 孔子听到之后说,思考两次就行了。孔子批评季文子"三思而后行",认为只要思考两次就行了。这里要特别注意的是:孔子并不是批评"三思而后行"这个观念，而是批评季文子不该"三思而后行"；他也不是主张人只要思考两次就行，而是针对季文子，说他思考两次就行了。也就是说，"三思而后行"并非适合所有人，对于那些思想能力特别强、行动能力特别弱的人，就不能三思而后行。如果他们"三思而后行"，这件事就会在思考中开始，在思考中结束，永远落实不到行动上。只有那些行动能力特别强、思想能力特别弱的人才要"三思而后行"。可见，一句好的格言，一个好的道理，它们的好都是有限的，不是放之四海而皆准的。只有适合于某些人的好，没有适合于所有人的好。

5·21 子曰："宁武子，邦有道则知，邦无道则愚。其知可及也，其愚不可及也。"

子曰："宁武子，邦有道则知。" 孔子说，宁武子这个人，国家有道的时候，就表现出自己的智慧。为什么在"邦有道"时才表现自己的智慧呢？邦有道，有规矩、讲规矩，人们都按规矩办事。在孔子看来，这个规矩就是礼，它让人对未来有确定的预期。用现在的话讲，即有法必依，违法必究。人在礼的保护下做自己想做的事，敢想敢做，而且能够成功。

邦无道则愚。 国家无道的时候，就表现得很愚笨。国家没有了规矩，无法可依，朝令夕改，让人对未来没有预期，想要有所作为也不行，所以只好装傻、装糊涂。

其知可及也。 他的智慧别人是赶得上的。学他的智慧很难，但不管怎么难，只要努力，就会一步步地接近他的智慧。

其愚不可及也。他的愚笨是别人难以企及的。愚不可及，在今天是贬义词，但在孔子这里，却是褒义词。为什么能学到他的智慧，却学不会他的愚笨呢？聪明人把自己变愚笨，准确地说，是把自己装成愚笨，这是很难的。聪明人浑身都透着聪明，他的一举一动都有可能暴露他的聪明，难以掩饰。就像认识一个人，却要装着不认识，不知不觉之间就会表现出两人的熟识。遗忘比记忆要难得多。

5·22 *子在陈，曰："归与！归与！吾党之小子狂简，斐然成章，不知所以裁之。"*

子在陈，曰："归与！归与！" 孔子在陈国时说，回去吧，回去吧。根据司马迁《史记·孔子世家》的记载，鲁哀公三年，孔子与学生周游列国，到了陈国。鲁国当时正在召孔子的学生冉求，这引起了孔子的思乡之情。孔子在陈国遇到绝粮的困境，感觉前途渺茫，再加上垂老的年龄，所以就动了回乡的念头。

吾党之小子狂简，斐然成章。吾党，有两种解释。一种解释为家乡，指留在家乡鲁国的学生；一种是泛指，指所有的学生。后一种解释更好。孔子说，我的这些学生个个志向远大，文采斐然。这是孔子对学生的赞扬，充满了自豪感。孔子的学生以孔子为豪，孔子也以自己的学生为豪。

不知所以裁之。裁，剪裁，教导。不知道怎么教导他们。言下之意是，我想要回去教导他们。当然这只是一个念头，孔子并没有真的做出回乡的打算。八年以后，他才回到了阔别了十四年的鲁国，开始了他的教书生涯。

5·23 子曰："伯夷、叔齐不念旧恶，怨是用希。"

子曰："伯夷、叔齐不念旧恶，怨是用希。"伯夷、叔齐，两位贤人。是用，所以。希，通"稀"，稀少。孔子说，伯夷、叔齐不想着别人从前的恶行，所以很少有怨恨。"怨是用希"有两种说法：一是说伯夷、叔齐对别人的怨恨少，二是说别人对伯夷、叔齐的怨恨少。孔子说伯夷、叔齐不念旧恶，说得非常肯定，他的肯定让人很困惑，因为现存的文献对伯夷、叔齐的记载都不支持孔子的观点。孟子在《公孙丑上》说："伯夷，非其君，不事；非其友，不友。不立于恶人之朝，不与恶人言；立于恶人之朝，与恶人言，如以朝衣朝冠坐于涂炭。推恶恶之心，思与乡人立，其冠不正，望望然去之，若将浼焉。"这段话虽然只是说伯夷，但也代表了叔齐。这段话表明，伯夷是个嫉恶如仇的人，很难想象他能不念旧恶。《史记》记载武王伐纣时，伯夷、叔齐站在车道上，挡住武王的马车，反对武王伐纣。武王建立周朝，他们竟然不食周粟，隐居在首阳山，最后饿死在首阳山上。他们反对以暴抑暴，到死都不原谅武王。可见伯夷、叔齐一直念着旧恶，孔子说他们不念旧恶不知有何根据，也许他看到了一些当时存在、现在失传的材料，否则不好解释。

5·24 子曰："孰谓微生高直？或乞醯焉，乞诸其邻而与之。"

子曰："孰谓微生高直？" 孔子说，谁说微生高这个人直率呢？当时的人都认为微生高很直率。微生高是怎么直率的？找不到任何证明材料。有人说微生高就是尾生高。尾生高特别诚信。传说，他跟一个女子在河边约会，河水猛涨，他坚持不走，最后抱柱而死。但这跟直率没有任何关系。

或乞醯焉，乞诸其邻而与之。 醯，醋。有人向他借点醋，他明明没有，却从邻居那里讨来醋给人家。孔子认为这个行为就表明了尾生高不直率，有就说有，没有就说没有，一件简单的事被尾生高搞复杂了。尾生高乐于助人，但热情过度，反而显得不自然。让讨醋的人待在自己家，自己去邻居家讨醋，这种做法会让讨醋的人很别扭，明明自己可以去，为什么需要别人去。被讨醋的人也会说，讨醋的人会来，你来干什么？

5·25 子曰："巧言、令色、足恭，左丘明耻之，丘亦耻之。匿怨而友其人，左丘明耻之，丘亦耻之。"

子曰："巧言、令色、足恭。" 巧言令色在《学而篇》第三章已出现，原文是"巧言令色，鲜矣仁"，这里又增加了"足恭"。足恭，过分地恭敬。"巧言、令色、足恭"，都是取悦人、讨好、巴结人的表现。

左丘明耻之，丘亦耻之。左丘明，传说是《左传》的作者，和孔子一样，是个非常正直的人。左丘明以此为羞耻，我也以此为羞耻。在孔子看来，做人要坦诚、真诚，用现在的话讲，要做本真的人。为什么人不去做本真的人呢？而要巧言、令色、足恭呢？对谁巧言、令色、足恭呢？显然是权力。如果一个社会里只有极少数人巧言、令色、足恭，那么产生这种现象纯粹是个人道德问题；如果社会中大多数人都巧言、令色、足恭，那就是社会制度出了问题。人们只有奴颜媚骨地崇拜权力，才能获得他想要的东西，人们为了生存，必须去巧言、令色、足恭，必须失去做人的尊严。所以看到有人巧言、令色、足恭时，不要只是从道德层面去批评，还要从制度的层面进行剖析。这就意味着，在这个社会里，权力是至高无上的，是不受制约的。

匿怨而友其人。藏起心中的怨恨去交朋友。按照常理，有怨恨不说，可以体现自己的修养，但假装没有怨恨去交朋友，这就是道德虚伪，当然，根据刚才所说，这可能不是道德问题，也可能是社会体制问题。

左丘明耻之，丘亦耻之。左丘明以之为耻，我也以之为耻。不管是出自什么样的原因，巧言、令色、足恭都是失德的事，是让人羞耻的事。

5·26　颜渊、季路侍，子曰："盍各言尔志？"子路曰："愿车马衣轻裘，与朋友共，敝之而无憾。"颜渊曰："愿无伐善，无施劳。"子路曰："愿闻子之志。"子曰："老者安之，朋友信之，少者怀之。"

颜渊、季路侍。季路，子路。季，兄弟排行中最小者。颜渊和子路站在孔子的旁边。

子曰："盍各言尔志？"盍，何不。孔子说，你们何不说说各自的志向呢？志向在人生中特别重要，它决定了人的发展方向。

子路曰。子路性格急躁。凡是孔子的问话，子路都是第一个回答。子路首先回答，不是表达的需要，而是生活使然。好多所谓的写作技巧其实都不是技巧，是生活中人的性格决定的，是生活的逻辑决定的。

愿车马衣轻裘，与朋友共，敝之而无憾。我的愿望是，车马、衣裘和朋友共用，用坏了也没有遗憾。车马在古代是奢侈品，不是人人都能享用的。只有有权有势的人才有车马。车马这样贵重的东西通常是不愿意和别人共享的。衣裘是贴身的、和自己最亲近的物件，自己最亲近的东西也是不愿意与他人共享的。但子路不一样，他愿意把最珍贵、最亲近的东西和别人共享，用坏了也毫不遗憾，显示出他性格中的豪爽和江湖义气。他和朋友之间的物质共享，不是偶然行为，而是一贯的品质。

颜渊曰："愿无伐善，无施劳。"伐，夸耀。颜渊说，我的愿望是，不夸耀自己的长处，不宣扬自己的功劳。颜渊的话也表现了他的性格特点，那就是谦虚、自律，追求道德完善。

子路曰："愿闻子之志。"子路说，想听一听老师的志向是什么。这样的问题只有子路敢提出来。子路不仅性急，而且大胆。他在孔子面前，相对比较随意。

子曰："老者安之。"孔子说，我的志向是让年老的人都能有安逸的生活。老者都是弱者，他们消耗社会财富，不能创造社会财富，很容易被人嫌弃。人老是很可怜的，而好的社会就应该使老者在生活上有保障，在精神上有尊严。如何对待老者体现着社会的文明程度。

朋友信之。朋友之间相互信任。根据前面讲的老者以及后面讲的少者，我们可以把朋友理解为除老者、少者之外的所有人。这些人需要彼此信任，只有彼此信任，才能维系社会的存在。信任是社会存在的前提。有了这个前提，其他问题才能迎刃而解。

少者怀之。少者，指未成年人。他们需要得到关心和照顾。这种关心和照顾既是物质上的，也是精神上的。这里主要包含对未成年人的教育。

孔子的理想概括起来就是要建立一个美好社会。在这个美好社会里，人人各得其所。孔子的理想包括了子路的理想，也包括了颜渊的理想，但又超越了他们的理想。他不局限于子路的物质共享，也不局限于颜渊的精神自我完善。

5·27 子曰:"已矣乎,吾未见能见其过而内自讼者也。"

子曰:"已矣乎。"孔子说,算了吧。这是一句感慨,这个感慨让人很悲观。

吾未见能见其过而内自讼者也。我从来都没有见过有人认识到自己的错误,并发自内心地自责。这句话里包含了两层意思:第一层意思是"能见其过",就是认为自己有过错。人为什么看不见自己的过错呢?这是人的局限性。人以自我为标准去看待他人。他人无法适合自己的标准,就自然地认为他人有过错。第二层意思是"内自讼",人认识到自己的过错,但千方百计淡化自己的过错,以减轻自己内心的负担。如何理解孔子说的"未见"呢?对"未见"不能太当真。这是一种情绪化的表达。"能见其过而内自讼者"还是有的,孔子的学生里,颜回就是这样的人。这里有个问题,如果每个人都意识不到自己的过错,都不为自己的过错而自责,那么每个人都会带着错误和他人交往。这样的交往如何可能呢?事实上,人的很多错误,不是自我认识到的,而是在交往中意识到的。

5·28 子曰:"十室之邑,必有忠信如丘者焉,不如丘之好学也。"

子曰:"**十室之邑,必有忠信如丘者焉。**"孔子说,十户人家的小村庄,必定会有和我一样忠信的人。孔子没有去这个小村庄，为什么断定这个小村庄里有与他一样忠信的人呢？因为忠信是立身之本、立国之本，也是天下之本。它是一种普遍的价值观，没有人可以例外。十室之邑，不讲忠信，就不能构成十室之邑。只要有人群的地方，就能先天地去判断这个地方的人讲忠信。否则的话，他们就无法生活在一起。

不如丘之好学也。但他们不如我好学。这里要注意学和好学的区别。学是人之为人的特性。人或多或少都要学。人在学习中长大，没有一天可以离开学。人离不开学，但是不是一定好学呢？这就不一定了。学是生存的必要条件，好学是生存的充分条件。人好学固然很好，不好学照样可以生存。孔子为人做事很低调，唯独在好学这方面很高调。他在没有任何经验事实的基础上就判断他比十室之邑的人好学，表现了他在好学方面的自信。

雍也篇第六

6·1　子曰："雍也可使南面。"

子曰："雍也可使南面。" 孔子说，冉雍这个人可以做官。做官之人都是坐北朝南处理政务，所以南面就指做官。先秦时，南面泛指所有做官的人。秦以后，南面特指帝王。孔子为什么说冉雍可以做官呢？可以看下一章。

6·2　仲弓问子桑伯子，子曰："可也，简。"仲弓曰："居敬而行简，以临其民，不亦可乎？居简而行简，无乃大简乎？"子曰："雍之言然。"

仲弓问子桑伯子。 仲弓，冉雍。仲弓问孔子，子桑伯子这个人怎么样。子桑伯子是道家人物，有人说他是《庄子》里的子桑扈。

子曰："可也，简。" 孔子说，这个人不错。为政简明扼要。"大道至简"，治道也应该尚简。在这个问题上，孔子赞同道家的简政思想。他称赞大舜无为而治，他说宓子贱是君子，都是着眼于他们的简政思想。他解释"为政以德"，也有道家思想的意味。他说"为政以德，譬于北辰，居其所而众星拱之"。北辰静止不动，众星围绕它旋转。北辰不动就是简政。孔子为什么认同简政呢？简政符合他的执政理念。简就是简单，也就是减少发布政令，换句话讲就是减少扰民。只有简政，人才有自由创造的空间。

仲弓曰："居敬而行简，以临其民，不亦可乎？" 冉雍说，从敬心出发，行事简洁，以此治理百姓不是很好吗？孔子只说到简政，仲弓对简政思想做了进一步发挥。他把简分为两种。一种叫"居敬而行简"，即心里有事，行简而心不简。强调事先谋划，缜密思考，通过一番功夫删繁就简，所以居敬而行简是由繁到简。

居简而行简，无乃大简乎？ 第二种简叫"居简而行简"。从静出发，行事简洁，这也太简单了吧？这种简是行简心也简，自然无为，淳朴天然，由简到简。仲弓认为这种简过于简，这实际上是对道家简的批评。也可以讲，仲弓把简分为儒家的简和道家的简，他批评了道家的简。

子曰："雍之言然。" 孔子说，冉雍说得对。冉雍深化了孔子的简政思想。孔子只是笼统地讲到简，冉雍把简区分儒家的简和道家的简。他肯定了儒家的简，否定了道家的简，表现了很强的思想辨析能力。他的思想得到了孔子的肯定，所以孔子说"雍也可使南面"。不过冉雍的简政思想也有问题。人居敬未必就能行简，居敬极易行繁。如何解决这个问题呢？还有，仲弓对道家的批评也不够公正。道家把无心当作敬心。就像《老子》第四十九章讲的，"圣人常无心，以百姓心为心"。道家对行简的表述不会造成歧义。

6·3 哀公问："弟子孰为好学？"孔子对曰："有颜回者好学，不迁怒，不贰过，不幸短命死矣，今也则亡，未闻好学者也。"

哀公问："弟子孰为好学？" 哀公问，您的学生里面谁最好学呢？

孔子对曰："有颜回者好学。" 孔子回答说，有个叫颜回的很好学。

不迁怒。 不转嫁怨怒。迁怒有两种解释。一种把对甲的怒转移到乙身上。这种"不迁怒"，相对比较容易，有一般的理性就能做到。另一种解释，迁怒是指把自己的怒火转嫁到他人身上。这种怒火通常叫无名之火。这种无名之火表现为自己对自己不满意，但又无法对自己实施惩罚，于是就把怒火转嫁给别人。这实际上是推卸自己的责任，让别人为自己承担责任。不迁怒意味着自己勇于承担责任。做到这一点非常不容易。

不贰过。 不重复犯错误。人会重复犯某个错误。"不贰过"需要做到两点。首先，要摆脱以自我的观点去看世界，承认世界上有普遍的价值观，这样才能够发现自己的过错。如果以自己为标准，就永远认为自己是对的。只有先放弃自我的价值，才能够接受普遍的价值观，用自我的价值去对照普遍的价值观，就会发现自己的过错；其次，要切实地去改正错误。"过则勿惮改"，可见改正错误是很难的。它要进行自我否定。"不迁怒，不贰过"体现了一种理性精神，它不仅适合个人的道德修养，也适合国家。国家迁怒于他国，把国内矛盾转嫁到国外，就会引起侵略战争。国家经常"贰过"。历史一治一乱，治乱循环，换句话讲就是，分久必合，合久必分。上一个朝代灭亡了，下一个朝代总结灭亡的经验教训。那些经验教训几乎都是一样的，这说明各朝各代犯同一个错误。尽管不断总结经验教训，却从来没有汲取过经验教训。历史的悲剧不断重演。可见，"不迁怒，不贰过"对治国也有启发意义。

不幸短命死矣。 非常不幸，他短命死了。颜渊活了多大呢？按照《史记》的记载，他活了四十一岁，按照《孔子家语》的记载，他活了三十一岁。《史记》的记载可能是对的。为什么这样讲呢？颜回去世的时候，孔子七十一岁，如果颜回只活了三十一岁，他跟孔子周游列国时才十四岁左右，这个年龄显得太小。

今也则亡，未闻好学者也。 亡，无。现在没有了，没有听说过有谁好学。这句话听起来很奇怪，孔子三千弟子里，只有颜回一个人好学？在这里，孔子说的好学有特殊的含义，他所说的好学和今天人讲的好学不一样。今天人把读书多当作好学。按照这个标准，子游、子夏都是好学的人，他们精通古代文化，博览群书。孔子这里的好学特指人的自我完善。颜回"不迁怒，不贰过"，不断改正自己的错误，这才叫好学。根据这样的标准，孔子其他的学生真的不够格。

6·4　子华使于齐，冉子为其母请粟，子曰："与之釜。"请益，曰："与之庾。"冉子与之粟五秉。子曰："赤之适齐也，乘肥马，衣轻裘。吾闻之也，君子周急不继富。"

子华使于齐，冉子为其母请粟。子华出使齐国，冉子请求孔子给子华的母亲补助小米。子华出使在外，大概他母亲一个人在家，冉子请求给予一些帮助，也是情理之中的事，可以体现同学的情谊。

子曰："与之釜。"请益。釜，容器。数量单位，相当于六斗四升。冉子认为给得有点少，请求再增加一点。

曰："与之庾。"庾，二斗四升。再增加两斗四升。

冉子与之粟五秉。按照古人的换算方法，一秉等于十六斛，五秉就是八十斛。一斛是十斗，五秉就是八百斗。冉子给了子华母亲八百斗小米。如果古代的换算单位没有问题，那么冉子给的数目显然过大。孔子答应的两次加在一起，不过是八斗八升，而他居然给了八百斗，两者相差实在太大，从道理上讲似乎说不通。这个换算方式可能有问题。冉子没有按孔子的数目给，私下里增加了很多，但未必有八百斗。

子曰："赤之适齐也，乘肥马，衣轻裘。"孔子说，赤出使齐国，乘坐肥马拉的车，穿着又轻又暖的皮衣。从孔子的表述来看，子华出使所乘坐的马车，包括他所穿的衣服，都是私家的，不是出使给的待遇。孔子这句话是解释他为什么不多给，理由是子华的家里非常富有。肥马、轻裘不是一般人家能拥有的，正因为如此，孔子认为，出于同学情谊，礼仪性地、象征性地对子华母亲有所表达，这是可以的，但提供那么多实实在在的帮助是完全没有必要的。

吾闻之也，君子周急不继富。 古话说，君子应该帮助那些急需的人，而不应该帮助那些已经富裕的人。这是助人的原则，这个原则说起来只是常识。子华为什么会违背助人的原则呢？根本原因还是利益的选择。帮助穷人没有利益可言，巴结富人会获得更大的利益。冉子的做法完全出于私心，他借助人情讨好子华。冉子城府很深，八面玲珑，不太像孔子的学生。

6·5 原思为之宰，与之粟九百，辞。子曰："毋，以与尔邻里乡党乎！"

原思为之宰，与之粟九百，辞。 原思，孔子的学生。宰，家臣。原思担任孔子家的总管，孔子给了他小米九百，原思推辞不接受。原思作为总管，理应得到该有的报酬，他也不应该推辞给他的报酬，所以这里推辞的不是他应得的报酬，而是孔子多给的报酬。孔子为什么要多给报酬呢？因为原思的家里很贫穷。原思是君子，他认为不应该多拿孔子的钱，不应该拿应得之外的补贴，所以坚决推辞不要。

子曰："毋，以与尔邻里乡党乎！" 孔子说，不要推辞，你可以把多的分给乡亲、邻居。这句话非常有水平。原思拒绝多给的资助，而孔子又执意要给时，就必须提供很好的理由。

说你家很穷，多给你一点资助，这个说法很难让原思接受，也会伤害到他的自尊心。帮助别人是需要理由的。孔子讲，这是给你邻居的，不是给你的，原思就不得不接受了。孔子这样做也给了原思助人的机会。从这一章，我们可以看出，孔子正是按照"周急不继富"的原则助人，而且还提供好的理由助人，保护了对方的自尊心。

6·6 子谓仲弓曰："犁牛之子骍且角，虽欲勿用，山川其舍诸？"

子谓仲弓曰。仲弓，即冉雍，孔子谈到仲弓时说。

犁牛之子骍且角。犁牛，耕牛。骍，红色，赤色。周朝人崇尚红色，祭祀时所用牺牲都是赤色的牲畜。角，牛角长得周正。耕牛所生的小牛，毛赤色，犄角周正。这是说，耕牛生的小牛特别漂亮。

虽欲勿用，山川其舍诸？山川，山川之神。勿用，不能用作祭祀的牺牲。周礼规定，耕牛不能用来祭祀。耕牛所生的小牛，无论如何好看，都没有用作祭祀的机会。虽然它不能用来祭祀，但山川之神怎么会舍得它呢？言下之意是，这头小牛最终能够发挥它的作用。这里，孔子把仲弓比作小牛。仲弓出身贫寒，按照封建礼制，尽管他特别优秀，但还是失去了很多晋升机会。孔子安慰他，认为他迟早会脱颖而出的。孔子这句话不仅是对仲弓说的，也是对所有优秀学生说的。孔子创办私学，本质上就是为这些人提供发展机会的。从这里，可以看出孔子思想的矛盾性，他一方面强调周礼的合法性，明确地说"吾从周"，如果按照周礼，这头优秀的小牛永远不能获得祭祀的机会，冉雍等优秀的学生也注定没有前途，但他又说，"虽欲勿用，山川其舍诸"，这个社会怎么能舍掉这么优秀的人才呢？这就要突破传统礼制的约束。所以孔子对周礼的态度是矛盾的。

6·7 子曰："回也，其心三月不违仁，其余则日月至焉而已矣。"

子曰："回也，其心三月不违仁，其余则日月至焉而已矣。" 三月，很长的时间；日月，很短的时间。这句话的意思是，颜回很长时间不离开仁，其他人只在很短时间里达到仁。换句话讲，颜回只是偶然地离开仁，而其他人只是偶然地亲近仁。这是讲颜回和其他学生的差别，这个差别非常之大。这里有个问题，说颜回长时间不离开仁没有问题，但说其他学生只是偶然才亲近仁，这就很有问题。这就意味着，其他学生在生活中一直远离仁。也就是说，他们在没有仁的状态下生活着。那么人能不能离开仁生活呢？人如果能离开仁生活，那仁对人而言，就是不必要的。事实上，人是离不开仁的。日常生活中，人的一言一行都离不开仁，都以仁为基础，只是"百姓日用而不知"，未能意识到生活与仁的关系，所以，"不违仁"不是离开仁，而是思考仁。所以，这句话应该译为：颜回经常在思考仁，其他人只是偶然地去思考仁。不能按字面把"违"理解为离开。

6·8 季康子问："仲由可使从政也与？"子曰："由也果，于从政乎何有？"曰："赐也可使从政也与？"曰："赐也达，于从政乎何有？"曰："求也可使从政也与？"曰："求也艺，于从政乎何有？"

季康子问："仲由可使从政也与？" 季康子问，仲由可以让他从政吗？

子曰："由也果，于从政乎何有？" 果，果断。仲由这个人非常果断，从政对他来说有什么难呢？果是从政者的一种必要素质，从政者做事要果断，不能优柔寡断。

曰："赐也可使从政也与？" 赐这个人可以让他从政吗？

曰："赐也达，于从政乎何有？" 达，通达事理。赐通达事理，从政对他来说有什么难呢？通达事理也是从政者的一种必要素质。只有通达事理，才能按照事理去做事，才能不违背事物的发展规律。

曰："求也可使从政也与？" 又问，求这个人可以让他从政吗？

曰："求也艺，于从政乎何有？" 艺，多才多艺。求多才多艺，从政对于他又有什么呢？多才多艺，指一种综合平衡能力，这也是从政者必须有的能力。具有果、达、艺这三种能力中的任意一种能力，都可以从政。要注意的是，这里所说的三项从政的必要能力是一般从政者都应该具备的，但是具备这三种从政能力的从政者还不是孔子理想中的从政者，孔子理想中的从政者是那些有思想的人，就像冉雍等人，他们备受孔子的赞赏。他们不仅有能力，而且有思想，他们的思想确保了他们的能力能够用在正确的地方。只有果、达、艺的能力，与孔子理想的从政者还相去甚远。但面对着季康子的提问，他本着对学生的热爱，毫不迟疑地推荐自己的学生，并准确地说出每个学生的优点，希望他们早日走上从政之路。

6·9 季氏使闵子骞为费宰，闵子骞曰："善为我辞焉。如有复我者，则吾必在汶上矣。"

季氏使闵子骞为费宰。季氏任用闵子骞主管费地。这对闵子骞来讲，应该算是喜讯。

闵子骞曰："善为我辞焉。"闵子骞说，请为我好言推辞。闵子骞为什么要推辞呢？闵子骞在孔门十哲中属德行科，品德高尚，洁身自好，很像伯夷、叔齐，若上级不是自己理想的，是不愿意替他做邑宰的。以他的德行，他看不惯季氏的违礼行为，不愿意做他的邑宰、为他服务。

如有复我者，则吾必在汶上矣。复，再。汶水之北，指齐国。意思是说，如果再来找我，我就离开鲁国，到齐国去。辞官有两种情况，一种是假辞，一种是真辞。真辞和假辞有什么区别呢？假辞只说辞，不提供辞的理由，真辞提供辞的理由。假辞通过辞这种方式，提出自己的条件，抬高自己的要价，或者是考验对方的诚心。诸葛亮让刘备三顾茅庐来考验他的诚心，这是假辞；楚王拿礼金来聘庄子，庄子以楚国的神龟做比喻，问前来聘任的大夫，这只楚国的神龟，"宁其死为留骨而贵乎？宁其生而曳尾于涂中乎？"在生和死的选择中，肯定要选择生，所以庄子是真辞。一般来说，先秦时期，辞官大多是真的，孔子和孟子都是真辞。那是一个相对自由的时代，士无定主，他们可以为自己的理想去寻找能实现的国君。秦以后，假辞比较多。闵子骞提供了充足的理由，表明了坚定的决心，所以他是真辞官。

6·10 伯牛有疾，子问之，自牖执其手，曰："亡之，命矣夫！斯人也而有斯疾也！斯人也而有斯疾也！"

伯牛有疾，子问之。伯牛病重，孔子去看望他。

自牖执其手。牖，窗子。孔子从窗户里握着他的手。为什么不进到屋里，而是在窗外伸手去握伯牛的手呢？这是一件很奇怪的事。估计伯牛得了一种很怪的病，导致了身体的变形。

曰："亡之，命矣夫！" 孔子说，要失去他了，这是命啊！孔子为什么说是命呢？人生都会遇到不幸，不幸当中最大的不幸就是失去生命，人正常地老死，这个不能叫不幸，人非正常死亡，才被称为不幸。非正常死亡是偶然的，因为是偶然的，就是可以避免的。时间上早一点或者晚一点，地点上的左一点还是右一点，都有可能避免不幸的发生。人容易纠结于这种偶然性，认为可以避免这种偶然性，所以就为这种偶然性而深深地自责，使人深陷于负面情绪之中。人如何能摆脱这样的负面情绪呢？这就需要把偶然性解释为必然性，把这种不幸看作是由命造成的，是命定的。既然是命定的，就是必然的，想摆脱也摆脱不了。这样，人就从自责中摆脱出来，告别过去，走向未来。所以，命这个观念，不是消极的，而是积极的。通常，人对命有个错误的认识，把命理解为宿命，认为未来都被命规定好了，任何努力都是没有意义的。这是对命的误解。命是总结过去的，不是预测未来的，所以不能算命。孟子讲，"知命者不立于岩墙之下"，知命的人不会站在要倒的墙下面，他会远离岩墙。那些不知命的人，把命理解为宿命的人，他们站在岩墙之下，认为墙倒了是自己的命，墙不倒也是自己的命，这就把自己的命交给了将倒的墙，这种宿命论会带来不必要的悲剧。命的观念是让人摆脱悲剧的，宿命是让人走向悲剧。要区分命与宿命的不同。

斯人也而有斯疾也！斯人也而有斯疾也！ 这样的人却得了这样的病，这样的人却得了这样的病。孔子连声感慨命的无常，这样的好人应该有好报才是，为什么得这样的怪病，让人无法理解。所以必须找到解释，这个解释就是命。

6·11 子曰："贤哉回也！一箪食，一瓢饮，在陋巷，人不堪其忧，回也不改其乐。贤哉，回也！"

子曰："贤哉回也！" 孔子说，贤人啊颜回。这是对颜回的褒奖。

一箪食，一瓢饮，在陋巷。箪，小竹筐，相当于现在的碗。食，米饭。巷，简陋的小房子。一碗饭，一瓢水，住在简陋的房子里。这是颜回日常生活的状态。日常生活由吃、穿、住构成。颜回吃的是粗茶淡饭，住的房子极其简陋。孔子没有说颜回穿什么，但估计也好不到哪里去。

人不堪其忧。一般人遇到这样的生活状况，会无法忍受。忧愁是合情合理的，这是人的基本生活需求。如果人连基本生活需求都很难满足，就很难有更高的追求。

回也不改其乐。颜回没有改变他以前的快乐。"不改其乐"意味着颜回一直在快乐中。并不是说颜回只在贫穷中快乐，这样讲不合情理，好像颜回享受贫穷的快乐。"不改其乐"意味着，颜回在任何情况下都是快乐的。他是贫也乐，富也乐。一般人只是富乐，贫就不乐了。而颜回一如既往地保持他的快乐。人在富裕的状况下快乐，可以理解，因为享受本身就是快乐；但是颜回在贫穷中也体验到快乐，这个快乐就不好理解。他乐什么呢？他所乐的对象肯定不是物质。如果所乐的是物质，物质的东西一旦丧失，就不会有乐了。所以颜回之乐，是乐一个精神的对象，比如乐一种思想、乐一种观念。准确地讲，他是乐道，把追求道看作最大的快乐。道是一种超越的存在，它能帮助人摆脱现实的种种困扰。至于乐道是什么样的体验，这个就很难说了，只有乐道的人才能体会到追求道的快乐。

贤哉，回也！贤人呀，颜回！一般人能得到一次"贤哉"

的评价就很知足。而颜回再一次地受到孔子这样的褒奖,说明颜回真的与众不同。

6·12 冉求曰:"非不说子之道,力不足也。"子曰:"力不足者,中道而废,今女画。"

冉求曰:"非不说子之道,力不足也。" 说,通"悦"。道,孔子的仁道思想。冉求说,不是我不喜欢您的思想,实在是我的能力不够。在孔子众多学生中,冉求和孔子貌合神离。冉求的这个说法让人吃惊。这是明目张胆地摆脱孔子的思想。在孔门的学生中,这是罕见的。应该说,冉求的思想与孔子的思想是有距离的,这在他的日常行为中就有表现。季氏去泰山祭祀,他不能阻止;他忠心耿耿地为季氏聚敛钱财;他没有听从孔子的建议,私下多给子华母亲小米。种种的做法说明,他不太认同孔子的思想,因此孔子的思想也就给了他巨大的压力。他已经受不了这种压力,公然要求摆脱孔子的思想。

子曰:"力不足者,中道而废,今女画。" "中道而废"才叫"力不足"。什么叫"中道而废"呢?就是已经行走在道路上,实在走不动了,停下来,这叫"力不足"。画,划定界限,划定范围。也就是说,还没有上路,就打退堂鼓,人为地划定行走的界限。按照孟子的说法,这是不为,而非不能。为什么这样说呢?因为行仁道,不需要力气,只需要决心,正如孔子所言,"我欲仁,斯仁至矣"。

雍也篇第六 189

6·13　子谓子夏曰："女为君子儒，无为小人儒。"

子谓子夏曰："女为君子儒。" 孔子对子夏说，你要做君子一样的儒者。什么叫君子儒呢？儒开始是一种职业，主要是教书相礼，里面有很多知识，还有很多仪式。孔子借用了儒的概念，然后注入了新的思想因素，使职业的儒得到了质的提升，发展成了儒家，孔子成了儒家学派的创始人。所谓君子儒，其实就是孔子注入儒的那些崭新的思想：关注现实社会问题。孔子就是君子儒的典范。他特别关注现实问题，这种关注不是粉饰现实，为现实唱赞歌，而是对现实进行批评。孔子站在仁义的高度批评君主，批评卿大夫，像个愤青，对现实的各方面都表示不满。孔子不仅批评现实，还要改造现实。他周游列国，宣扬仁义思想，想要获得国君的认可。孔子想从政，不是为了解决生计问题，而是要实现心中改造社会的理想。孔子批评现实、改造现实的着眼点是民。《颜渊篇》第二章说，"使民如承大祭"，使民像大祭一样，可见，使民是非常严肃的事情。《颜渊篇》第七章里，子贡问治国的三要素中，哪个最重要？孔子认为，治国的三要素里，"足食"可以去掉，"足兵"也可以去掉，"民信之"最重要，"自古皆有死，民无信不立"。《颜渊篇》第九章里，鲁哀公想要加税，有若说："百姓足，君孰与不足？百姓不足，君孰与足？"尽管这是有若的观点，但完全代表了孔子的思想。

无为小人儒。不要做小人似的儒者。什么是小人儒呢？按照钱穆的说法,"一则溺情典籍,而心忘世道。一则专务章句训诂,而忽于义理"。简单地说,小人儒把儒学变成了知识学,变成了一门学问,完全遗忘了儒学的实践品格。

子夏在孔门十哲中属于文学科,他知识渊博,沉溺于学问中。孔子看出了子夏学问的偏颇,按照这样的思路,子夏很容易成为小人儒。孔子的警告具有普遍意义,他不只是说给子夏听的,也是说给所有儒者听的。现今有些儒者即为孔子所警告的小人儒,他们沉溺于洒扫应对,沉溺于知识学问,而遗忘了仁义大道。《庄子·田子方》中有一个寓言故事,非常好,奇文共欣赏,特抄录如下。

庄子见鲁哀公。哀公曰:"鲁多儒士,少为先生方者。"庄子曰:"鲁少儒。"哀公曰:"举鲁国而儒服,何谓少乎?"庄子曰:"周闻之,儒者冠圜冠者,知天时;履句屦者,知地形;缓佩玦者,事至而断。君子有其道者,未必为其服也;为其服者,未必知其道也。公固以为不然,何不号于国中曰:'无此道而为此服者,其罪死!'"于是哀公号之五日,而鲁国无敢服儒者,独有一丈夫儒服而立乎公门。公即召而问以国事,千转万变而不穷。庄子曰:"以鲁国而儒者一人耳。可谓多乎?"

6·14 子游为武城宰,子曰:"女得人焉尔乎?"曰:"有澹台灭明者,行不由径,非公事,未尝至于偃之室也。"

子游为武城宰。子游做了武城的最高行政长官。

雍也篇第六　191

子曰:"女得人焉尔乎?"孔子问他,你在这里得到人才没有?管理需要人才,要让人才替自己管理,而不是自己管理,所以管理者的任务就是寻找人才。

曰:"有澹台灭明者。"他说,有叫澹台灭明的是个人才。

行不由径。 从来不走小路。言下之意,他一直走大路。走大路是光明正大,走小路是阴谋诡计。作为管理者,最重要的素质就是管理的透明性。用今天的话讲,就是让权力在阳光下运行,这样才能保证社会的公平公正。

非公事,未尝至于偃之室也。 偃,子游的名。不是公事,从来没有到过我的住处。也就是说,澹台灭明没有找过子游办私事,不谋私利,非常正直。子游把这样的人说成是人才,表明子游善于识别人才,他自己也是人才,所以才具有这样的人才观。

6·15 子曰:"孟之反不伐,奔而殿,将入门,策其马,曰:'非敢后也,马不进也。'"

子曰:"孟之反不伐。" 伐,自夸。孔子说,孟之反不夸自己的功劳。

奔而殿。 奔,败逃。殿,殿后。打仗败逃,勇于殿后护卫。殿后护卫非常危险。主动殿后护卫,表明他很勇敢。

将入门,策其马。 逃到了城门口,危险已经解除,他突然鞭打自己的马,意味着他不想得到殿后护卫的奖赏,他打马向前,为得不到奖赏制造证据,表明他是真不想得奖赏。

曰:"非敢后也,马不进也。"这是论功行赏时说的话。大家心里都很明白,孟之反一直殿后。只是到了安全地带,才跑到最前面,给他奖赏,天经地义。可是,孟之反却说,自己殿后,不是敢于在后,而是马跑不快。孟之反护卫有功,不但不邀功,而且急流勇退,体现了谦虚的品质。

6.16 子曰:"不有祝鮀之佞,而有宋朝之美,难乎免于今之世矣。"

子曰:"不有祝鮀之佞,而有宋朝之美,难乎免于今之世矣。"祝鮀与宋朝都是卫国的大臣,祝鮀以口才著称,宋朝以美色著称。这里的"而"是"和"的意思。这句话是说,没有祝鮀的口才和宋朝的美色很难在今天这个世道免于灾祸。

口才和美色能愉悦人的感官,人喜欢口才和美色并没有错误,孔子也并不是要否认口才和美色,但一个社会中,只认同口才和美色,没有口才和美色就难免灾祸,这个社会就价值颠倒了。维系社会存在的是德,而口才、美色与德没有必然关系。况且,口才与美色是天生的,只追捧天生的价值,教育就失去意义,道德就会沦陷,社会也会面临崩溃。

6.17 子曰:"谁能出不由户?何莫由斯道也?"

子曰:"谁能出不由户?何莫由斯道也?"孔子说:谁能出屋不经由门?为什么没有人行事经由这个道呢?这里的"斯

道"是指儒家之道、仁义之道。这是类比思维，只要是类比，就会有困惑，因为类比物之间既有相似处，也有差异处。只看到相似处，看不到差异处就会产生困惑。人出入由门与做事由道，有相似处，但由门与由道，还有差异处。门是客观存在，出入由门是事实，无需争辩。道是观念存在，就观念而言会有两个问题。一是任何观念内部都有一个弹性的空间、一个层次的差别。什么是好人，趋向于好的人都是好人，但表现好的程度不一样。二是对于道有不同的观念，百家都认同由道，但是对道的理解却不同，这才有百家争鸣。

6·18 子曰："质胜文则野，文胜质则史。文质彬彬，然后君子。"

子曰："质胜文则野，文胜质则史。" 野，粗野。史，最早指官府里文字书写的人，相当于现在的秘书。秘书写文稿，夸饰的成分多，所以史有虚浮的意思。这两句话说的是，质地胜过文采显得粗野，文采胜过质地显得浮夸。做好事但没有好的办法，让人难以接受；做的事没有任何意义，做得再好都是表面文章。"文胜质"或者"质胜文"都有不足。

文质彬彬，然后君子。 彬彬，质地和文采配合恰当，是文质关系的最佳状态。在这种状态里，文消失到质里，质消失到文里，既看不到质，也看不到文。文和质融为一体，无法分辨，这才叫君子。

6·19 子曰:"人之生也直,罔之生也幸而免。"

子曰:"人之生也直,罔之生也幸而免。" 罔,不正直的人。人的生依赖于正直,不正直的人也能生存,但那是侥幸而生存。我们发现,这两句话并不完全符合现实生活状况。如果真的像孔子所说,这个世界就太美好了,孔子也就不可能有那么多牢骚。他的牢骚,他对现实的不满,否定了他在这里所表述的思想。所以这两句话不是说事实如此,而是说应该如此。应该让人因正直得以生存,而且生存得非常美好;而那些不正直的人,只是侥幸生存。所以,这句话应该翻译为:人的生应该来自正直,不正直的人只是由于侥幸而生存。

6·20 子曰:"知之者不如好之者,好之者不如乐之者。"

子曰:"知之者不如好之者,好之者不如乐之者。" 知道的不如爱好的,爱好的不如以此为乐的。这是讲学习的三个层次:知的层次,好的层次,乐的层次。什么是知呢?知就是知道。在知的层次里,对象外在于生命。对象以知识的方式呈现,即知道对象存在,但没见过对象。对象尽管存在,但对于生命、生活不发生任何影响。这个对象可有可无,很容易被遗忘。即使记在心里,也没有实质的意义。什么叫好呢?所谓好,就是用情感去接触对象,使对象成为人感性活动的内容,成为人的生命的一部分。由于这种感性关联,人和对象的关系非常密切。

乐的层次最高。好尽管具有情感性，但人的情感是多方面的，他可以对很多的对象同时保持情感关注，因为各种原因还会转移情感关注的对象。好只是把对象变成生命的部分，而乐则是全身心地投入对象。对象成了生命的全部，成了生命中的唯一，不如此就不快乐。乐不是平常的情，而是痴情。痴情很傻、很呆。《红楼梦》里，香菱学诗特别痴情。她白天学，晚上学，梦里还在学，学得神魂颠倒。不仅拜林黛玉为师，还拜他人为师。香菱学诗达到了乐的境界，达到了忘乎所以的境界。一般说来：以知的方式学习，很难有什么成就；以好的方式学习，能够达到一定的成就；以乐的方式学习，才有大的成就。

6·21 子曰："中人以上，可以语上也；中人以下，不可以语上也。"

子曰："中人以上，可以语上也。"中人，中等水平的人，也可以说是中等智力的人。上，高深的道理。对于中等水平以上的人，可以跟他讲高深的道理。为什么这样说呢？一是因为中等水平和高水平相邻，和中等水平的人谈高深的道理，能够被接受，能够听得懂。体现了循序渐进的教学规律。另一方面，中等水平的人也有自我提高的需要，唯有所教的内容高于现有水平，教学活动才有意义。

中人以下，不可以语上也。中等水平以下的人，是不可以跟他说高深理论的。它违背了教学规律，没有做到循序渐进。

更重要的是，低水平的人不能理解高深的理论，对高深的理论产生了抵触情绪，会影响到他未来去接受高深的理论。所以高深的理论，需要讲给适合于它的人。但是现实中，人们急功近利，喜欢推荐高深的东西，强迫他人接受。老师和家长就喜欢把文学上的四大名著推荐给不适合阅读它们的人，他们总以为读这些好的作品就一定会有好的效果，全然不顾学生的接受能力。他们的做法最终破坏了学生的兴趣，让人对四大名著产生不好的印象。

6·22 樊迟问知，子曰："务民之义，敬鬼神而远之，可谓知矣。"问仁，曰："仁者先难而后获，可谓仁矣。"

樊迟问知。樊迟问什么是智慧。

子曰："务民之义。" 民最好理解为人。作"民"解读，意思也能说得通。这样"务民之义"就成了孔子对统治者的提醒，但"樊迟问知"，不是特指统治者的，而是针对所有人的。义，应该。务民之义，即做人应该做的事情。应该做的事情非常广泛，比如人的物质生活，人的精神生活，人和人之间的关系等，这些都是人应该关注的。

敬鬼神而远之，可谓知矣。要敬重鬼神，又要远离鬼神，这就叫作智慧。孔子单独把鬼神问题提出来，可见，鬼神在当时人们的生活中占有非常重要的位置，而且人们对鬼神采取了错误的态度，所以孔子觉得有必要提出对鬼神的态度问题。孔子认为，对鬼神既敬又远的态度体现了人的智慧。为什么要敬鬼神呢？这与鬼神的存在状态有关，鬼神既有又无。说它有，是因为人们不断地使用鬼神这个词，而且还在神化它的作用，把鬼神的作用说成鬼斧神工。另外，每个人的内心都有对鬼神的敬畏和恐惧，如果它不存在，为什么会恐惧呢？它还来自人的理性思考。大自然也好，人体结构也好，无不体现为自然的合目的性。我们很难想象，最初的宇宙大爆炸，形成了今天宇宙的状况，形成了今天宇宙的合规律性。人们完全有理由去推测、去假设世界源于神的创造。鬼神世界是一个神秘的世界、不可知的世界。但另一方面，鬼神世界又是无，谁都没有见过鬼神世界是什么样的，也没有亲眼见过鬼神，所以对鬼神世界半信半疑，既不能证明它有，也不能证明它无。鬼神世界纯属人的信仰，但是这个信仰非常重要，它保持了世界的神秘性、不可知性，也意味着人的有限性。无论是对人类来说，还是对个人来说，保持信仰都是非常必要的。正因为如此，孔子说要敬鬼神。人为什么要远离鬼神呢？人不只是生活在信仰的世界里，他还生活在现实世界里。现实世界和信仰的世界有不同的规则，信仰的世界是不能质疑的，但现实世界是可以质疑的，而且必须质疑。人制定出来的各种规则都是不完备的，是有缺陷的。如果按照信仰的方式来对待现实，人就会变成鬼神的奴隶，就无法主宰自己的命运，就从此失去了自由。所以就人间的具体事物来讲，人不能相信鬼神。孔子对鬼神既敬又远的态度体现了一种理性精神，也可以说是一种政教分离的精神。

问仁，曰："仁者先难而后获，可谓仁矣。"难，努力。樊迟又问仁是什么，孔子说，先努力，然后收获，这就叫作仁。通常说，孔子的仁是仁爱，从这里可以看出，孔子的仁不仅是爱，还是理，一种很浅显的理。不能把仁之理想得过于深奥。仁之理非常平凡，都是一些平凡之理、平常之理。

6·23 子曰："知者乐水，仁者乐山。知者动，仁者静。知者乐，仁者寿。"

子曰："知者乐水。" 孔子说，智者喜欢水。水是一物。水奔流到海不复回，这是水的归属，也是水的使命。智者把自己看作独立个体，最终要实现自我。这两者很相似。

仁者乐山。 仁者喜欢山。山是一物，但这一物里包含了万物。山上生长着各种树木，山里栖息着各种禽兽。山具有包容性。它以成就他人的方式来成就自己。仁者的本性和山也很相似。仁者爱人，泛爱众，还爱物。仁人也具有包容性。

知者动。 智者灵动。智者根据环境改变自己的行为，随机应变，与时俱进。也只有这样，他才能像水一样，最终成就自己。

仁者静。 仁者安静。仁者像山一样岿然不动。正因为如此，仁者才像山一样成为人的靠山。山不能动，山动会山崩地裂，依附于山的那些树木花草会灰飞烟灭。

知者乐。 智者都很欢乐。智者成就自我，有我就有情，有情就有乐。

雍也篇第六　　199

仁者寿。仁者都长寿。仁者无我。无我就无身，无身体，就不能死，也不会死。只要万物活着，他就活着，所以他很长寿。

6·24 子曰："齐一变至于鲁，鲁一变至于道。"

子曰："齐一变至于鲁。" 孔子说，齐国一经变革就会成为鲁国。从字面上看，孔子是贬低齐国，褒扬鲁国。深入思考会发现这样理解有点简单。齐国的强大在于富国强兵，鲁国的强大在于仁义礼乐。齐国的变革，是希望齐国不要富国强兵，只要仁义礼乐吗？显然不是。孔子的真实意思是，要以富国强兵的齐国去接受鲁国的仁义礼乐。这样，变革后的齐国也就不同于现在的鲁国，可以把它称之为新齐国，或者叫新鲁国。鉴于仁义礼乐的重要性，孔子倾向于把"齐一变至于鲁"的鲁国叫新鲁国。

鲁一变至于道。鲁国一经变革就接近大道，接近理想。这里要注意的是，"鲁一变"的鲁是新鲁国，即富国强兵和仁义礼乐相结合的新鲁国。这样的新鲁国再一经变革就接近理想了。

6·25 子曰："觚不觚，觚哉！觚哉！"

子曰："觚不觚，觚哉！觚哉！" 觚，古代酒器的名称。它的量可以容纳两升。这个量很小。为什么制作如此量小的酒器呢？这是提醒人不要过量饮酒。但现实中的酒器，容量越做越大，有的可以容纳三升，有的可以容纳四升，已无法通过酒器提醒人少饮酒。孔子由此生出感慨：觚不像觚，这还是觚吗？这还是觚吗？现实突破了礼制的规定，对于保守周礼的孔子来讲，不能不感慨。

6·26　宰我问曰："仁者，虽告之曰：'井有仁焉。'其从之也？"子曰："何为其然也？君子可逝也，不可陷也；可欺也，不可罔也。"

宰我问曰："仁者，虽告之曰：'井有仁焉。'其从之也？" 仁，通"人"。这句话的意思是，一个仁者，如果有人告诉他，一个人掉到了井里，他会立即跳下去救人吗？仁是孔子思想的核心观念。仁有仁慈、仁爱的意思，所以仁总是给人一种很柔弱的感觉。仁的柔弱，给人感觉仁人容易被欺负，这样，就没有人愿意成为仁人，仁就很难成为被人普遍接受的观念。即便在今天，说某人很仁义，是个仁人，仍然会有柔弱的感觉。宰我的提问，表达了对仁的疑问，只不过他提问的方式像是给孔子挖了个坑。如果仁人听到有人掉入井里，立即下去救人，就容易上当受骗，但如果听到喊声，对喊声表示疑问，那也是不仁的表现。在毫无证据的情况下就去怀疑他人，表明内心很阴暗，对这个世界不信任。所以，仁人无论跳还是不跳，都是有问题的。

子曰："何为其然也？" 怎么会这样呢？

君子可逝也，不可陷也。 逝，往，去。陷，陷阱，这里指跳到井里。君子可以跑到井旁，但不会贸然跳下去。孔子把这件事分成两个阶段。第一个阶段，听到喊声一定要跑到井边，不能有丝毫迟疑，更不能怀疑他人的喊声是否具有欺骗性，这是仁者仁心的表现。一旦怀疑，就是对他人的不信任，也就是对世界的不信任。这样的人无论如何也称不上仁人。后一阶段体现了仁人的智慧。仁人首先要证实井里是否有人，然后思考如何救人。所以，仁人不仅有仁心，而且有智慧。

可欺也，不可罔也。 可以用一种合理的方式去欺骗仁人，但是不可以用不合理的方式去愚弄他。说井里掉下人了，这是一件可能发生的事。对于可能发生的事，哪怕别人以欺骗的方式说假话，也不能随便地怀疑它的可能性。即便是上当受骗，也必须跑到井边。但是，仁人不可能立即跳下井，这是不合理的事情。这就把前面两句话由具体的事件上升为普遍的原理。《孟子·万章上》有一段话表达了同样的意思："昔者有馈生鱼于郑子产，子产使校人畜之池。校人烹之，反命曰：'始舍之，圉圉焉；少则洋洋焉；攸然而逝。'子产曰：'得其所哉！得其所哉！'校人出，曰：'孰谓子产知？予既烹而食之，曰，得其所哉，得其所哉。'故君子可欺以其方，难罔以非其道。"

6·27 子曰："君子博学于文，约之以礼，亦可以弗畔矣夫。"

子曰："君子博学于文。" 君子广泛地学习文献。学文献就是学知识。文以载道,文献里不仅有知识,还有许多做人做事的道理。

约之以礼。用礼约束自己的行为。前面讲博文,博文是知识层面的,这里讲约礼,约礼是实践层面的。这是两个不同的问题,博文不一定会约礼,约礼也不一定会博文。所以,孔子既讲博文又讲约礼。

亦可以弗畔矣夫。畔,通"叛"。做到博文和约礼,就不至于做离经叛道的事。作为君子,理应不做离经叛道的事。所以,这里的君子最好译成普通人。也就是说,任何一个普通人,只要能博文、约礼,就不会做出格的事。

6·28 子见南子,子路不说,夫子矢之曰:"予所否者,天厌之!天厌之!"

子见南子,子路不说。说,通"悦"。孔子见了南子,子路很不高兴。子路为什么不高兴呢?可能有三个原因。首先,南子生活不检点,名声不好。孔子见南子,会有损老师的形象。其次,孔子见南子,并非礼仪的需要。如果是礼仪的要求,子路就没有不悦的理由。最后,孔子见南子,事前学生不知道,会见时也没有学生在场,会见似乎是在秘密状态下进行的,这必然引起学生们的猜测。

夫子矢之曰:"予所否者,天厌之!天厌之!" 矢,誓。孔子对子路发誓说,我若做错了,天会厌弃我,天会厌弃我,

雍也篇第六 203

孔子为什么要发誓呢？显然，他觉得理亏。他说不出见南子的理由，干脆就不解释，越解释越让人怀疑，所以就以发誓的方式，以便不了了之。孔子对子路发誓，说明孔子和子路的关系非常亲密。孔子被子路逼得发誓，让人感到孔子的尴尬与无奈，也透露出几分可爱。

6·29 子曰："中庸之为德也，其至矣乎！民鲜久矣。"

子曰："中庸之为德也。"中庸作为一种德。中庸是孔子思想的核心，孔孟之道也被称为中庸之道。什么是中庸呢？先说庸，庸有两种解释。一种解释为用，中庸即用中；一种解释为常，常即不变、永恒，中庸即永恒不变的中。庸应该兼有这两种意思。中庸的核心词是中。什么是中呢？从字面上看，中是中间、折中，各打五十板。这是对中的误解。如果中指中间，就可以用数学的方法，通过测量计算出中，这样一来，人人都能把握中，达到中就是一件极普通的事。举一个例子，人体美要符合黄金分割率，黄金分割率就是中，但这个中不是中间，中间反而让人感觉比例失调。所以，中庸是做人做事的最佳方式，是事物存在的最佳状态。孔子的思想丰富复杂，什么是核心的思想呢？曾子说是忠恕，有人认为是仁，还有人认为是礼。其实孔子的核心思想是中庸。《论语》全篇都体现了中庸思想。比如，"学而不思则罔，思而不学则殆""信近于义""恭近于礼""文质彬彬""君使臣以礼，臣事君以忠"等。孔子的中庸思想体现为概念之间的制衡关系，不突出任何一个概念，即便像仁这样的概念，也受到义的限制。所以，中庸的实质就是概念的制衡，反对某个概念独大。

其至矣乎！这是德的顶峰了！这是最高的德。说中庸是孔子的核心思想，不是没有疑问的。《论语》中，中庸这个词仅此一见，而且孔子也没有对中庸作更多的解释，只说它是最高的德。为什么孔子对他的核心思想不作解释呢？不是他不想解释，而是不知如何解释。中庸不取决于自己，它取决于周边的状态，而周边的状态是不确定的，是动态的，所以中庸也是不确定的、动态的。这就给中庸带来了困难。这就需要有判断力，而人的判断力，严格意义上讲，是不能学习的，只能靠自己领悟。所以，具有判断力很难，换句话讲，中庸很难。中庸不是理论问题，而是实践问题。如何才能达到中庸呢？这是不能言说的，只能靠每个人摸索。比如说，学和思之间如何达到中庸呢？可以说，在不同人那里，达到学和思的中庸，切入点都是不一样的。思多的人要从学入手，学多的人要从思入手，学和思的多与少有量的差别，入手的方式也应该有所不同。再比如，孔子喜欢狂狷的性格。狂和狷，独立地看，性格都偏向一边，甚至有些极端，孔子喜欢极端性格的人，不是很奇怪吗？在孔子看来，现实中乡愿太多，和事佬太多，有性格的人太少，需要有狂狷性格，才能使社会达到中庸状态。所以，理解孔子的中庸，还要着眼于《论语》的整体思想。孤立地看，它不是中庸；整体看，却又是中庸。

民鲜久矣。民，人。人们已经很久没有中庸了。因为社会长期缺乏中庸，才需要提倡中庸，以建立美好的社会。

6·30 子贡曰："如有博施于民而能济众，何如？可谓仁乎？"子曰："何事于仁，必也圣乎！尧、舜其犹病诸！夫仁者，己欲立而立人，己欲达而达人。能近取譬，可谓仁之方也已。"

子贡曰："如有博施于民而能济众，何如？可谓仁乎？"子贡问孔子，如果有人能从各方面给人民带来恩惠，又能使每个人得到应有的帮助，这个人怎么样呢？可以称为仁人吗？

子曰："何事于仁，必也圣乎！"如果能做到这样，何止是仁人呢？那一定是圣人了！这里，孔子区分了仁人和圣人。圣人高于仁人，仁人有德无位，心有余而力不足，想做事做不了，就像孔子。圣人不一样，圣人有德有位，想做就能做，只有圣人能做到"博施于民而能济众"。

尧、舜其犹病诸！病，不足。尧、舜都难以做到。尧、舜是圣人，说尧、舜都难以做到，那就是说，圣人也难以做到"博施于民而能济众"。圣人为什么也难以做到呢？孔子说舜无为而治，没有说尧，可以推测尧也是无为而治。无为而治是治天下的最高境界，只有无为而治才能发挥每个人的能动性，让他们以自由的方式做自己喜欢的事。但是，这种治理方式也可能出现问题。比如说，有些人能力有限，或者体力有限，由于这些天生的原因，他没有办法自食其力，这就需要帮助。如何保证这些人都能获得帮助呢？这就是问题。

夫仁者，己欲立而立人，己欲达而达人。所谓仁者，自己安身立命，也要帮助别人安身立命；自己想有所成就，也帮助别人有所成就。立人和达人有所区别，立人侧重于身心修养，达人侧重于社会成就。人们经常拿"己所不欲，勿施于人"与这句话相提并论，但忽略了这两句话的性质差异。"己所不欲，勿施于人"是一个消极命题，不会产生任何危害性的后果，但"欲立欲达"是一个积极命题，它有可能使他人变成跟自己一样的人。这就可能导致对他人的干预，所以，对"欲立欲达"要有正确的理解，不能以自己的方式让他人"欲立欲达"，而要以他人的方式让他人"欲立欲达"。

能近取譬，可谓仁之方也已。能就近打比方，这是仁的基本方法。人的身体离自己最近，所以，"仁之方"就是由己及人，由近及远，就是孟子说的"推恩""老吾老以及人之老，幼吾幼以及人之幼"。仁者的这种做法固然很好，但惠及的人非常有限，不可能惠及所有人，这和圣人无法相比，圣人可以做到"博施于民而能济众"。这一章讲仁人和圣人的区别。

述而篇第七

7·1 子曰:"述而不作,信而好古,窃比于我老彭。"

子曰:"述而不作。" 孔子说,阐述而不创作。述和作意思不一样。作,是开天辟地,是从无到有。只有圣人才能作,一般人没有作的资格。所以讲,周公制礼作乐。这里的作和现代的作有很大区别,现代人随便写一篇文章都可以称为著作。述,是从有到有,述的地位比作的地位低。作具有原创性,述是对原创著作的解释,它依附原创著作。从现代人的观点来看,真正"述而不作"是很难的。述里其实就包含作的成分或因素,因为述依附于作,人们就以为述仅仅是述,和作毫无关系,其实任何述里都包含着作。比如说,述什么、怎么述就有很强的主观成分,就包含着主观意图。孔子删诗,删掉哪些,保留哪些,这就需要一个标准,体现某种意图。尽管《诗经》不是孔子所作,但是,留下的《诗经》应该都体现了孔子的思想。尽管述里包含着作,但这个作毕竟受到很大限制,你只能依赖文本去表达自己的思想,只能通过文本去微言大义,这就限制了人的思想创造。所以"述而不作"的观念有利于文化的传承,但不利于思想的创新。"述而不作"的观念对中国学术产生了深远影响,使得中国学术只能以注疏的方式进行。

信而好古。相信并且爱好古代文化。孔子好古,但好古并不意味着保守。为什么这样讲呢？理由如下。首先，就孔子生活的时代而言，人心不古导致礼崩乐坏。孔子好古，实际上是向往一种秩序，向往一种稳定的社会生活，就这种主观意图来看，并没有保守和进步的区分，这种意图永远都是合理的。其次，孔子所好的主要是人文科学的古，人文科学的古和自然科学的古有区别。自然科学中，今胜过古；在人文科学中，很难说今人的思想一定胜过古人的思想，今人的成就胜过古人的成就。在这方面，古反而具有了某种优势。由于思想的原创性，它们常常成为后人思想的源头活水。今天讲人文学科，都要从远古讲起，从孔孟老庄讲起，还在学习他们思考的问题、思考的方式。最后，从时间角度看，古是过去，而过去曾经都是现在、都是未来。也可以说，所有的现在、未来都会成为过去。从严格意义上讲，古也是今，今也是古，所以不能轻视古。

窃比于我老彭。我私下里把自己比作老彭。老彭，商朝的一个贤人，也非常好古。也有人把老彭说成老子和彭祖，这种说法缺乏根据。老子和彭祖的共同点是长寿。就本章而言，孔子表述的思想与长寿无关。就老子和彭祖的思想而言，彭祖的思想模糊不清，老子的核心思想是道，道是永恒的，无古无今，老子的思想并不好古。

7·2 子曰："默而识之，学而不厌，诲人不倦，何有于我哉？"

子曰："默而识之。" 孔子说，默默地记下所见所闻。识，记。默，用心去记，通过体验、体会去记，这是一种身心之学，这种学问把自己和所学对象融为一体，这种学问对人产生切实影响。与之相反，还有一种口耳之学，即通过诵读的方式去记住对象，这种方法像和尚念经，有口无心。"默而识之"，就是今天讲的通过理解去记。

学而不厌。厌，满足。学习永远不感到满足，活到老，学到老。为什么学习不能满足呢？知识是无限的，无论学了多少，未知的知识丝毫没有减少，反而还会增加。而且，学习不只是学知识，而是为了追求真理，学习只能使人靠近真理、接近真理，但永远不可能把握真理。为了追求真理，学习就不能满足。

诲人不倦。教导别人不知疲倦。这是传播知识，传播真理。要做到"学不厌""诲人不倦"，需要有追求知识、追求真理的热情，否则很难不厌、不倦。

何有于我哉？这对我有什么呢？前面讲到的三个方面，对一般人来讲，都是难以做到的。但孔子却认为，这是极平常的事。这说明孔子的确是个爱学习、会学习的人。从根本上讲，他是一位把追求真理看得高于一切的人。

7·3 子曰："德之不修，学之不讲，闻义不能徙，不善不能改，是吾忧也。"

子曰："德之不修。"孔子说，不能修养道德。德非常重要，但德不是现成的，德是经过修养而产生的。孟子说，"恻隐之心，仁之端也"。仁之端到仁有相当长的距离，人在仁之端处修养，下功夫，然后才能达到仁。即便达到仁，也不是一劳永逸，还要去保护仁德，否则仁德又会丢失，所以德必须常修，要持之以恒。

学之不讲。不讲学问。学问里有学理，讲学就是讲出其中的学理，学理不是现成地摆在那里，学理是讲出来的。讲理，在讲之中产生了理。

闻义不能徙。徙，追随。听到道义不能追随。听到道义是知，追随道义是行。知行应该合一，知而不行则是放纵人性的弱点。

不善不能改。有不好的地方不能改正。知道不好是知，改掉不好就是行。知行应该合一，但也没能合一。

是吾忧也。这些都是我担忧的啊。因为四者都是应该做而没做的。

7·4 子之燕居，申申如也，夭夭如也。

子之燕居。燕居，闲居在家。孔子闲居在家，在私人领域是如何表现的呢？

申申如也。申申，整齐、严肃、端庄的样子，应该指的是他的外在装饰。

夭夭如也。轻松、随意的样子，应该指行为举止。

要注意的是，这里所谓的私人领域，并非绝对私人的。这

述而篇第七　　211

里有他人在场，这个他人以自己的眼光去看孔子，所以，孔子的行为举止也就不具有绝对私人性。这个他者的在场会影响到孔子的行为举止。孔子真正的私人状态只有他的家人知道。说得更绝对一点，孔子的私人生活状态只有他自己知道，不能把他人眼里的孔子私人状态当作真正的孔子私人状态。打个比方，每次打开冰箱，冰箱的灯都亮着，这就让人误以为冰箱里的灯一直就是亮着的。其实，就在冰箱打开的那一刹那，灯是亮着的，在关上冰箱时，里面应该是黑暗，但是我们永远看不到里面的黑暗。所以，真正的私人生活状态永远也看不到，我们看到的私人状态实际上已经是公共生活状态。

7·5 子曰："甚矣吾衰也！久矣吾不复梦见周公。"

子曰："甚矣吾衰也！" 我衰老得太厉害了！
久矣吾不复梦见周公。 我已经很久没有梦见周公了。孔子的梦不同于常人，常人梦见的都是身边人、生活中的人，孔子居然梦见五百年前的周公，这个梦不同寻常。庄子也做过古怪的梦，梦见自己变成蝴蝶。庄周梦蝶可能是假的，是为了哲学创作的需要。而孔子的梦一定是真的。孔子说很久没有梦见周公，这表明过去他经常梦见周公。孔子崇拜的圣人很多，比如说尧舜，比如说文武，他为什么没有梦见尧舜和文武呢？为什么只是梦见周公呢？日有所思，夜有所梦，梦与思紧密相连。通过孔子梦周公，可以发现，孔子平常思得最多的是周公。为什么思周公呢？尧舜、文武都是帝王型的圣人，孔子没有做帝王的理想。周公是制礼作乐的圣人，是一位思想家，是周文化的真正创造者。孔子也以文化创造为己任，以维护周礼为己任，所以，周公就成了他最心仪的圣人。他不断梦见周公，正是他胸怀理想、有所作为的时候；他不能梦见周公，表明他身体衰老，并伴随着意志衰退。身体影响到他的精神状态。

7·6　子曰："志于道，据于德，依于仁，游于艺。"

子曰："志于道。"孔子说，立志向道。在老子那里，道是有和无的统一，世界不是有就是无，有无统一的道实际上就是世界整体。整体没有任何欠缺，整体是大全，是完满，也是完美。孔子说，"朝闻道，夕死可矣"，他没有对道进行任何规定，但这个表述让人体会到，道是一个最高的概念，是一个理念，只能靠近，不能到达。尽管不能到达，还是要一心向道。有了道，人就可以不断地超越自我、完善自我。

据于德。根据在德。德是万物所分享到的道。万物中任何一物都不可能分享到完整的道，它们只能分享到部分的道，部分的道就是物性，在人就称为德，也可以称之为性。德也就是人性。据于德，就是据于人性。人的德（性）是人的全部行为的根据，人的全部特征都是人的德（性），人的全部可能性都是人的德（性）。所以，在孔子这里，人的德（性）是无限开放的，是无所不包的。"据于德"就把人和其他动物区别开了。

依于仁。依靠在仁。仁是德之目，是德的一种。在诸多的德中，孔子为什么特别提到仁德呢？这并非说其他的德不重要，其他的德也很重要。比如说物质追求就很重要，但物质追求是人的自然性追求，人本能地就会追求，无须强调。孔子说依据仁德，这是很有见地的。所谓仁德，就是仁爱。仁爱有什么特点？孟子讲，"亲亲而仁民"，表明亲和仁的区别，亲的范围比较小，只局限于亲人；仁涉及的范围很广，包含了所有的人。孔子特别关注人的群体生活，关注人和人之间如何和谐相处。和谐相处的根据是什么？就是仁爱，仁爱把所有人凝聚到一起，使大家亲如一家。只有仁爱才能够做到"老吾老以及人之老，幼吾幼以及人之幼"。非常有意思的是，世界各大文化都很关注爱，比如佛教讲慈爱，基督教讲博爱。

游于艺。游于六艺。六艺，礼、乐、射、御、书、数。六艺是生活中每天都会遇到的。在生活中，每天都要与六艺打交道。游于艺，就是把道、德、仁落实到六艺中，否则的话，道、德、仁就会悬在空中，落不到实处。而六艺缺少道、德、仁的融入，就会变得浅薄庸俗。"游于艺"正好落实了"极高明而道中庸"，体现了儒家的伦常日用精神。这章讲的道德仁艺，是儒家人的精神结构的四要素。

7·7 子曰："自行束脩以上，吾未尝无诲焉。"

子曰："自行束脩以上，吾未尝无诲焉。" 脩，干肉。束，十条干肉。孔子说，凡是有人主动交上十条干肉，我没有不教导他的。十条干肉是微薄的见面礼，从孔子这句话的语气也可以看出来：只要拿来十条干肉，没有不教的。如果十条干肉是重礼，那肯定会教的，就不会说"吾未尝无诲焉"。这里的问题是，孔子为什么要收这微薄的见面礼呢？孔子办私学，为什么不免费呢？孔子三十收徒讲学，依靠这些学费来维持生存，这才"三十而立"，自食其力。孔子后来做官了，应该不差这点学费了，为什么还收点学费呢？这可能是体现知识的价值，同时也体现求学者的诚心。

7·8 子曰："不愤不启，不悱不发。举一隅不以三隅反，则不复也。"

子曰："不愤不启，不悱不发。"愤，心求通而未得；悱，口欲言而未能。不到苦思冥想而不能得的时候，不去点拨；不到有所感悟想表达而不能表达的时候，不去启发。这是孔子启发式的教育方式。启发式教育在今天可谓是人人皆知，但人们在使用启发式教学的时候，断章取义，只重视启发，忽略了启发的条件。启发式教学是有条件的，不是任何时候都能使用这种方法的，这个条件就是愤和悱。愤和悱，指启发的对象对问题本身有了深入的思考，在思考不明白的情况下，在百思不得其解时，才能够去启发。启发需要把握住时机，但时机需要我们去判断。生活中，由于人急于求成的本性，常常在时机不成熟的时候就开始启发，所以往往达不到启发应有的效果。启发还需要对所启发的内容有融会贯通的了解，否则也不能进行恰当的启发。所以启发式教学说起来容易，但做起来非常难。

举一隅不以三隅反，则不复也。隅，方位。告诉他一个方位，他却不知道还有三个方位，便不再去教导他了。好学生的重要特点，就是能举一反三。孔子最好的学生都有举一反三的能力。比如说，孔子跟子贡说，"未若贫而乐，富而好礼者也"，子贡马上就引《诗》"如切如磋，如琢如磨"，孔子表扬他"告诸往而知来者"；孔子对子夏说，"绘事后素"，子夏马上回答"礼后乎"。所以，孔子表扬子贡、子夏，说可以和他们谈论《诗》了。孔子最喜欢的颜回，更了不得，子贡说他"闻一而知十"。举一反三是人最基本的学习能力，不能举一反三，告诉一，只知道一，告诉二，只知道二，就永远不能把握知识的整体。孔子强调学习的能力，认为不具备这个能力的人，就没有必要去教他。孟子也有不教的思想，甚至把不教当作一个教学方法。这样也就能理解，孔子作为一个伟大的教育家，他有三千弟子，为什么只有七十二贤人。这就是说，即便是孔子，也不能使人人都成才。从这里可以更深入地思考教育的本质。教育的本质不是让所有人都成才，它也无法使所有人都成才。教育只提供平台，让每个人去发展自己的能力，具体发展到什么程度，因人而异。教育只提供机会，并不保证同等的机会就会获得同样的成果。这跟现代教学的观念是相冲突的。现在的教育都认为，没有教不好的学生，只有不会教的老师。这种观念会不会导致对人的歧视呢？这取决于对人才的理解。如果狭隘地理解才，认为只有某种人才算才，那的确有歧视的危险；如果广义地理解才，人的各种能力都可以称为才，就不会产生对人的歧视。这个人不具有这方面的才，但具有那方面的才，甚至无才也是一种才。

7·9 子食于有丧者之侧，未尝饱也。

子食于有丧者之侧，未尝饱也。孔子跟家中有丧事的人一起吃饭，从来没有吃饱过。吃饭是生理需要，满足生理需要，是一种享受。所以吃饭是一种快乐，食物的味道越好，快乐就越多。面对美食，人人都想吃饱。但是，在某种特定关系中，在"有丧者之侧"，是不是也要吃饱呢？当意识到这种特殊关系时，就有了一种他人意识，他人就会影响到自己的行为方式。更具体地说，当人意识到他人痛苦的时候，他人的痛苦就会转化成自己的痛苦，这种痛苦必然会抑制饮食的享受。孔子在"有丧者之侧"不吃饱饭，是一种同情心的表现，是对他人痛苦的感同身受。这看起来很平常，但是特别重要。人有对他人痛苦的意识，就不会做让他人痛苦的事，还会阻止他人做让人痛苦的事。

7·10 子于是日哭，则不歌。

子于是日哭，则不歌。孔子在这一天哭过，就不再唱歌。

哭是一种悲伤的情感，歌是一种快乐的情感。这两种情感可以相互转化。但转化的方式不太一样。从快乐的情感转化成痛苦的情感是无条件的，是瞬间就能完成转化的。但是，从悲伤的情感转化成快乐的情感则是有条件的，这个条件就是时间。人只能在时间中才能够实现这种转化。时间的长短取决于悲伤的程度。即便是一种很疏远的关系，只要你为此哭过，在这一天之内是不能唱歌的。让痛苦保留一段时间，这既是一种感情需要，也是一种理性要求。对痛苦的记忆体现了人性的深度，是人之为人的一种特性。孔子特别重视人的这种悲伤的情感。与此相对应，人们会说道家很无情。比如说庄子，妻子死了，他还"鼓盆而歌"，就连非儒家的惠子都不能理解。一般人都认为庄子很无情，这显然是误解。人们都忽略了庄子回答的开头两句话。庄子说："是其始死也，我独何能无概然！"她刚离开我的时候，我能不悲痛吗？正是因为太悲痛，才想办法从悲痛中解脱出来，才说出来那些貌似无情的话，其实这正是深情的表现。

7·11 子谓颜渊曰："用之则行，舍之则藏，惟我与尔有是夫！"子路曰："子行三军，则谁与？"子曰："暴虎冯河，死而无悔者，吾不与也。必也临事而惧，好谋而成者也。"

子谓颜渊曰："用之则行，舍之则藏。" 孔子对颜渊说：得到任用时，就施展自己的抱负；不得任用时，就隐身自爱。这里要注意行字。这里的行是以道而行。因为行也可以不以道，也可以背道而行。战国时的苏秦和张仪，也是"用之则行"。但他们的行，是要把世界玩弄于股掌之中，是破坏性的行。孔子的行是建设性的行。孔子这两句话类似孟子的"达则兼济天下，穷则独善其身"，这是一个非常高的境界。"用之则行"既需要德，还需要能力；"舍之则藏"需要修养。用舍自如，不是一般人能做到的。

惟我与尔有是夫！只有我和你能做到！这句话对颜回的评价实在是太高了。颜回和孔子平起平坐了。这明显是偏爱。

子路曰："子行三军，则谁与？"子路听到孔子的话显然很不服。他用质问的语气问孔子，如果你要统帅三军，会愿意和谁在一起呢？言下之意是，颜回再厉害，打仗不如我，打仗的时候你还要依靠我。只有子路敢说出这样冒犯的话。

子曰："暴虎冯河，死而无悔者，吾不与也。"暴虎，赤手空拳打老虎；冯河，不借助工具去渡河。暴虎冯河，是一种非常冒险的勇敢，这种勇敢随时让人失去生命。失去生命不感到后悔，还不反思，还在夸耀自己的勇敢。孔子说，这样的人我是不和他在一起的。子路以勇敢自夸，孔子批评了他的勇敢。

必也临事而惧，好谋而成者也。我只和那些面对事情知道恐惧的人，喜欢谋略而成事的人在一起。孔子的意思是，我不需要勇敢的人，而需要用谋略而成大事的人。这也体现了孔子的战争观。孔子认为，打仗需要的不是勇敢，而是谋略，这与《孙子兵法》的思想高度一致。《孙子兵法》讲："是故百战百胜，非善之善者也；不战而屈人之兵，善之善者也。故上兵伐谋，其次伐交，其次伐兵，其下攻城。攻城之法为不得已。"子路的勇敢相当于"攻城之法"，是不得已才使用的。

7·12 子曰："富而可求也，虽执鞭之士，吾亦为之。如不可求，从吾所好。"

子曰："富而可求也，虽执鞭之士，吾亦为之。" 执鞭之士，有不同的解释。有人认为是市场上拿着鞭子守门的人，也有人认为是为官员出行鸣锣开道的人。不管怎么解释，都是指地位特别低的人。孔子说，如果财富可以追求到的话，即便做个执鞭之士，我也愿意干。从字面上看，孔子肯定对财富的追求，但仔细体会，孔子是说对财富的追求与得到财富的关系。人追求财富是不是就能得到财富呢？显然是不可能的。如果追求财富就能得到财富，那么谁都追求财富，谁都会成为富人。追求财富是主观意志，获得财富需要客观条件。这些客观条件不以人的意志为转移。即便一个人富裕，和他当初追求财富也没有必然关系。就如马云，当初创业时，他不会想到能像今天这样富有。更重要的是，人们看到的只是少数成功者，而无数的失败者都被人遗忘了。所以，追求财富和得到财富没有必然关系，不是想追求财富就能得到财富的。

如不可求，从吾所好。 如果财富不是想求就能得到的，那就做我喜欢的事情。这句话说得特别好，这是他为自己的理想和追求所做的辩护。孔子的"所好"，就是求道，就是用仁义思想匡正天下。孔子"从吾所好"的原则很有启发性。以求职来说，什么是最好的职业？世俗的标准是，挣钱多的就是最好的职业。孔子的标准是，喜欢的职业就是最好的职业，这应该是每个人选择职业的标准。人的爱好成为职业，这是人生最幸福的事。

7·13 子之所慎：齐，战，疾。

子之所慎：齐，战，疾。 齐通"斋"。孔子慎重对待的事情是斋戒、战争、疾病。斋戒是祭祀前的准备工作。浅层次的斋戒是清洁自己的身体，深层次的斋戒是清洁自己的心灵，也就是庄子讲的心斋。通过斋戒这种仪式感的准备工作，让人进入一个心无旁骛的纯洁世界。这时，人以真诚的心态与祖先、山川之神去沟通、去交流。把自己和祖先、山川之神紧密联系到一起，克服生命短暂的恐惧，让人的生命价值得到永恒。可见，斋戒是一件很神圣的事情。

孔子重视战争。所谓重视战争，其实是反对战争，因为战争的破坏性太大。战争以暴力的方式改变现存的秩序，会导致社会动荡，民不聊生。战争最直接的破坏就是摧残人的生命，战争中杀死的不是抽象的人，而是具体的人，他是父母的儿子，是子女的父亲，是妻子的丈夫。这样理解人，是鲜活的人。不仅自己人是鲜活的，敌人也是鲜活的，所谓杀敌就是杀人，就是罪恶。当然，现存的秩序也需要改变，但必须以秩序的方式改变秩序，以确保社会的稳定。

孔子重视疾病。疾病能影响人的生活质量，还能剥夺人的生命。孔子对疾病的重视，既与生命的本能有关，也与他的生活经验有关。他三岁丧父，十七岁丧母，七十岁丧子，还有颜回早死，这都影响到他对疾病的看法。所以，他特别重视身体的健康，这一点《乡党篇》有很多描述。

孔子所重视的这三件事都和生命有关。斋戒和生命的延续有关，战争和生命的丧失有关，疾病和生命的痛苦有关。可见，孔子十分关注生命问题。

7·14 子在齐闻《韶》，三月不知肉味，曰："不图为乐之至于斯也。"

子在齐闻《韶》，三月不知肉味。 三月，指很长的时间。孔子在齐国听到《韶》乐，很久都吃不出来肉的味道。《韶》乐尽善尽美，是孔子最喜欢的音乐。孔子听到最喜欢的音乐，达到什么程度呢？改变了生理上的味觉享受，达到痴迷的境地。这里的肉味可以理解为美味。孟子把"七十者可以食肉"当作他的社会理想之一，可见，那时候吃肉是很难得的事情。因为难得，对吃肉的味觉记忆，就越是长久，越是强烈。闻《韶》乐"不知肉味"，说明孔子精神的享受，远远超越了味觉的享受。做到这一点非常难，因为感官的记忆是本能的记忆，是最顽固的记忆。人遗忘这种记忆，需要一种精神的超越，只有神性的东西，才有可能实现这种超越。

曰："不图为乐之至于斯也。" 没有想到欣赏音乐能达到这样的境界。欣赏音乐是审美，审美是一种忘我状态，忘记自己作为身体的存在，使自己变成纯粹的精神。先秦主要的艺术形式是诗、乐、舞。和诗、舞相比，乐是纯形式的，是纯粹的声音组合，它表达的内容模糊抽象，最容易让人进入忘我的状态。广义的诗指文学，文学反映现实，表现情感，很容易让人联想到自身的存在。读文学作品容易对号入座。清人读《红楼梦》，喜欢林黛玉的和喜欢薛宝钗的，互不相让，几乎老拳相见。舞以人的身体为媒介，身体是感性的，能引起人的欲望，也很难忘我。音乐相对于其他艺术，更容易让人达到不知肉味的状态。

7·15 *冉有曰："夫子为卫君乎？"子贡曰："诺，吾将问之。"入，曰："伯夷、叔齐何人也？"曰："古之贤人也。"曰："怨乎？"曰："求仁而得仁，又何怨？"出，曰："夫子不为也。"*

冉有曰："夫子为卫君乎？" 为，帮助、支持。冉有问，老师会支持卫国的国君吗？这句话涉及卫国的一段历史。卫灵公赶走了自己的儿子，立自己的孙子为太子。他死后，孙子即位，做了国君，这就是卫出公。在晋国的卫出公的父亲要回来争夺国君的位置。这就出现了父子争夺国君位置的尴尬局面。冉有很想知道在这场国君的争夺战中，孔子是否支持现任的国君。

子贡曰："诺，吾将问之。" 冉有没有直接问孔子，而是侧面向子贡打听孔子的想法。这也表现出，冉有和孔子的关系不是很融洽。子贡非常爽快，他答应了去问孔子。

入，曰："伯夷、叔齐何人也？" 到了孔子的住处，他问，伯夷、叔齐是什么样的人？他没有直接问孔子是否支持卫君，而是从侧面试探孔子对卫君的态度。

曰："古之贤人也。" 孔子说，他们都是古代的贤人。伯夷、叔齐是孤竹国国君的两个儿子，国君临死前把王位交给了小儿子叔齐，可是父亲死后，叔齐主动把王位让给哥哥伯夷，但伯夷不接受，而且主动地离开了孤竹国，而叔齐也没有即位，也逃离了孤竹国。兄弟二人面对君位，相互谦让。

曰："怨乎？" 子贡问，他们怨恨、后悔吗？由于他们的谦让，两人都没有成为国君。事后是否会彼此怨恨？

曰："求仁而得仁，又何怨？" 孔子回答，他们追求仁德又得到了仁德，有什么可怨恨的呢？求仁得仁，指他们放弃君位的行为，不是迫于外在的压力，而是出于自愿。叔齐让伯夷体现了悌德，伯夷让叔齐体现了孝德。

出，曰："夫子不为也。" 离开了孔子的住处，子贡说，老师不会支持卫国国君。这一章体现了两个思想。一个是子贡的聪明，他能够从孔子赞同伯夷和叔齐对君位的谦让，推断出孔子对卫君父子争夺君位，表示不满，得出孔子不会帮助卫君的结论；二是体现了孔子的原则性，孔子在现任卫君手下任职，而且还在谋求发展。从功利角度看，孔子应该帮助卫君，但从道义上看，孔子是不会帮助卫君的。

7·16 子曰:"饭疏食饮水,曲肱而枕之,乐亦在其中矣。不义而富且贵,于我如浮云。"

子曰:"饭疏食饮水,曲肱而枕之。" 疏食,粗食,粗茶淡饭。肱,胳膊。孔子说,吃的粗粮,喝着白水,弯起胳膊当枕头。《雍也·十一章》里,孔子说颜回,"一箪食,一瓢饮,在陋巷"。这两段文字非常相似,都表现了生活的极度贫困。当然,这里的贫困也是有底线的,基本的生活需要还是有保证的。如果基本生活都得不到保障,人的生存就会出问题,其他的一切都谈不上了。

乐亦在其中矣。 乐也在这里。也就是说,贫穷里也有乐,但此乐不是乐贫,没有人会以贫为乐。如果以贫为乐,把自己变贫即是乐,那人人都能乐了。此乐也不是乐富,若是乐富的话,贫穷就不能乐了,而且,乐富也不符合事实,我们何曾见过一个富人天天乐?马云天天乐吗?《红楼梦》写的贵族之家,他们都乐吗?金陵十二钗都是悲剧,贾宝玉出家了,也是悲剧。当然,富贵里也有乐,但那是世俗的乐,是一种虚幻的乐。还应该有一种世俗之外的乐,这是一种与富贵无关的乐,这就是乐道。鉴于孔子的儒家性格,他的乐一定具有人间特性。他以关心这个世界为乐,以让这个社会如何变好为乐。他说颜回在贫穷中不改其乐,那是因为贫穷并不妨碍乐,换句话说,贫穷并不妨碍求道。

不义而富且贵,于我如浮云。 不正当地得到富贵,对我来说，就像天边的浮云一样毫无意义。孔子并不反对富贵，他肯定地说，"富与贵是人之所欲"，但他更关注以什么方式获得富贵，以不正当的方式得到富贵，是他所不齿的。这样的富贵会造成社会的不公正。就个人而言，会导致道德上的亏欠、心理上的不安。如果是这样的话，人如何能够乐呢？

7·17　子曰："加我数年，五十以学《易》，可以无大过矣。"

子曰："加我数年，五十以学《易》。" 这是古文《论语》中的文字。鲁《论语》中，易作"亦"，这章文字的断句就成了："加我数年，五十以学，亦可以无大过矣。"这样，这一章的意思完全发生了变化。按照鲁《论语》的说法，孔子五十岁才开始学习，这也太离谱了。孔子明确讲"十五志于学"，所以古文《论语》中作"易"是正确的。

加，假。孔子说，再给我几年时间，到五十时开始学《易经》。很多人据此断定孔子五十学《易经》，但司马迁说"孔子晚而喜易"，这与孔子五十学《易》产生了矛盾。也有人辩解说，今天的人五十不算老，但孔子的时代也可以说是晚年了。这个辩解的问题是，司马迁晚于孔子几百年，知道孔子活了七十三岁，他就不能把孔子五十说成晚年。怎么解决这个矛盾呢？一些学者就在这章的文字上做功夫，对文字做出别出心裁的解释。如朱熹把五十改成了卒，清的代惠栋把五十改成七十。其实这些都是没必要的。人们都忽略了"加我数年"这句话,这只是个假设,没有证据表明,孔子到了五十岁就开始学《易》。五十学《易》是孔子的计划,他未必落实了这个计划。他的这个计划可能一拖再拖,直到晚年才学《易》。那么问题来了,孔子为什么到晚年才学《易》呢?即便是孔子计划中的五十学《易》,也算是很晚了。孔子好学是有名的,像《易经》这样一部伟大的著作,他为什么到晚年才读呢?

可以无大过矣。读《易》可以使人不犯大的过错。《易经》是讲世界变化的,六十四卦是讲六十四种生存状态,以及每种生存状态的变化规律。掌握了这些变化规律,按照这些变化规律做事,就能够与时俱进,就能减少错误。这句话说明,孔子对《易》高度认同。既然如此认同,为什么还要等到五十才学《易》呢?为什么现在不开始学呢?而且事实上,孔子五十并没有开始学《易》,而是拖到晚年才开始学《易》的。这是一件很费解的事。这里可能隐含着孔子思想的冲突和矛盾,这就是儒和道的矛盾。可以说,孔子到老都没有处理好这个矛盾,这就体现在他对《易》的态度上。他的儒家社会理想和《易》的自然思想是相冲突的。为了儒家的社会理想,他不断地把学《易》的时间往后拖。即便学《易》以后,他也没有把《易》的思想教给学生,所以子贡抱怨,在孔子那里没有听到性和天道的思想。但另一方面,孔子内心深处是认同《易》的。这从他周游列国时对隐士的态度就能看出来,他对隐士极为尊重。孔子读《易》,韦编三绝,可见他的喜爱态度。这一章里可能隐含着孔子思想的秘密，他表现给世人的是儒家的思想，但他内心的深处又有道家情结。

7·18 子所雅言，《诗》《书》、执礼，皆雅言也。

子所雅言。雅言，通行的口音，相当于现在的普通话。孔子也有说普通话的时候。这是个很有趣的问题，列国之间的交往、沟通必须使用雅言。那么雅言应该以谁为标准呢？今天的普通话以北方方言为基础。孔子那个时代，雅言应该是周朝人的普通话。周朝的国都最早是西安，据此可以判断，周朝人的雅言应该是陕西话。这里有个问题，周朝人如何推广普通话呢？孔子是鲁国人，他又是怎么学会雅言的呢？这是很有意思的问题，需要进行研究。

《诗》《书》、执礼，皆雅言也。孔子在读《诗》、读《书》、行礼时，都说普通话。《诗》和《书》是周人共同的文化典籍，礼也是放之四海而皆准的。读《诗》、读《书》、行礼用雅言，表明孔子对周的认同。尽管那时的周天子已名存实亡，但孔子仍然抱着天下一家的理想。

7·19 叶公问孔子于子路，子路不对。子曰："女奚不曰：'其为人也，发愤忘食，乐以忘忧，不知老之将至云尔。'"

叶公问孔子于子路，子路不对。叶公问子路，孔子是什么样的人，子路不知道该怎么回答。尽管天天在孔子的身边，但是突然问起来孔子是什么样的人，子路一下子也说不清楚，不知道如何回答。

子曰："女奚不曰。" 孔子说，你为什么不这样回答他呢？

其为人也。 他那个人呀。

发愤忘食。 勤奋得忘记了吃饭。勤奋的对象可以很广，但对孔子而言，恐怕主要指读书。食是生命最基本的需要，想忘都忘不了，孔子居然忘记了吃饭。在人的一生中，童年的时候，青年的时候，也常常会忘记吃饭。尽管不一定因为读书，有可能是为了玩耍，但忘的性质是一样的。都表明人对外部世界具有强烈的兴趣，把外部世界看得比自己的身体还重要。随着年龄的增长，人对外部世界的兴趣会越来越小。人老的时候，最难忘的就是按点吃饭，最需要的也是按点吃饭。孔子此时已经六十多岁，还具有一颗童心，也表明了他生命力的旺盛。

乐以忘忧。 快乐得忘记了忧愁。乐，前面讲过，是一种超越性的乐，不是世俗中的乐。世俗中的乐，是忘不了忧的。孔子特别喜欢讲乐，如"有朋自远方来，不亦乐乎""仁者乐山，智者乐水""回也不改其乐""乐亦在其中矣"。孔子讲乐表明他积极乐观的人生态度、生活态度。

不知老之将至云尔。 不知道自己将要衰老，如此罢了。不知也是忘，忘记自己即将衰老。老是忧中之忧，"人生不满百，常怀千岁忧"。人生当中，其他的忧都是具体的忧，是可以解决的忧；对衰老的忧，是对时间的忧，是抽象的忧，是无法解决的忧,唯一的办法就是忘,但是又没有一种忘的具体做法。不能有意识、刻意地忘。有意识刻意地忘反而会加深记忆。所以必须是自然地忘,是在"发愤忘食"中忘,在"乐以忘忧"中忘,在人的劳作中忘。忘的境界,也就是美的境界。

7·20 子曰:"我非生而知之者,好古,敏以求之者也。"

子曰:"我非生而知之者。" 孔子说,我不是生来就知道的那种人。孔子博古通今。他的见识和知识都是令人惊叹、难以企及的,所以学生们都认为他是"生而知之"。孔子坚决否认"生而知之"。为什么要否认呢?因为肯定了"生而知之",就是对老师的神化,而且也为自己不学习找到了借口。那么孔子的见识和学识来自哪里呢?

好古,敏以求之者也。 我是喜欢古代的知识,并且勤奋追求知识的人。孔子认为,他是刻苦学习获得知识的。孔子的这个回答,能让学生满意吗?学生会问,你为什么那么好学呢?你的好学是否又是天生的呢?为什么我们就不那么好学呢?从这个意义上讲,说孔子"生而知之",也不能说是毫无道理的。

7·21 子不语怪、力、乱、神。

子不语怪、力、乱、神。 怪,怪异。力,暴力,强力。乱,悖乱。神,鬼神。孔子不说怪异、暴力、悖乱和鬼神。首先要认识到，怪、力、乱、神是客观存在的。怪是生活中普遍存在的现象。由于人的认识能力有限，自然界中，社会中，有许多现象都不能认识，在不能认识的时候，它们就以怪的方式存在。力和乱是相关联的，因为有力，才会有乱，力和乱有一种因果关系。孟子很早就意识到，人类历史以一治一乱的形式出现，可见，乱也是人类社会的一种常态，人类历史经常陷入混乱。神不以物质的形式存在，而是以精神的形式存在。尽管没有人见过鬼神，但人们说到鬼神时，鬼神就存在了，当人们害怕、敬畏鬼神时，鬼神就存在着。既然怪、力、乱、神是客观存在的，为什么孔子不说呢？这里可能有两个原因。一个原因是，孔子认为怪、力、乱、神都是负面的东西，谈论负面或者阴暗面会影响到人的心理健康，也不利于社会稳定。第二个原因是，孔子重视人伦日用，关心平常的人、平常的事、平常的生活，认为平常才是最本质的，"极高明道中庸"。怪、力、乱、神不是非人的生活，就是错误的生活，它不符合孔子的价值观。孔子不说怪、力、乱、神，体现了他的智慧。在孔子那个时代，语怪、力、乱、神是普遍的社会现象，孔子不说怪、力、乱、神是明智的。但是，就今天来看，理性地看，说怪、力、乱、神又是很有必要的。比如说怪，怪实际上就是科学研究的对象。通过对怪的研究，使得怪不再怪。排斥说怪，也就失去了对怪的认知，失去了对事物的深度认识。力和乱也需要加以认识。社会为什么乱？认识乱的根源就会减少社会的乱，所以力和乱也不能回避，要正视它。鬼神呢，也有研究的必要，鬼神是未知的世界，是信仰的世界。人敬畏鬼神，就会约束自己的行为。而且，怪、力、乱、神还是艺术的素材。四大名著中，除了《红楼梦》，其他三部都是表现怪、力、乱、神的。好在孔子不说怪、力、乱、神，却没有禁止别人说怪、力、乱、神。说怪、力、乱、神能揭示出一个更真实的世界、一个更全面的世界。

7·22 子曰："三人行，必有我师焉。择其善者而从之，其不善者而改之。"

子曰："三人行，必有我师焉。" 孔子说，几个人一起行走，其中必有我的老师。孔子为什么说得这么肯定呢？这取决于对师的理解。从下文可以看出，他把善者作为自己的老师，把不善者也作为自己的老师。这样看来，就不是"三人行必有我师"，而是人人都有可能是我的老师。三人行是一个随机的说法，实际指的是每个人。

择其善者而从之。 选择好的就向他学习。要正确理解向善者学习。向善者学习，不是说要成为那个善者，而是要成为更好的自己。在生活中，向善者学习经常被误解。很多人学习别人先进的经验，回来就照葫芦画瓢，他不知道人家的经验可能不适合他，这种学习往往是不成功的。

其不善者而改之。 他们不好的地方便去改正。这是说向别人的失败学习，这个观点非常重要。人们通常都是向成功者学习，很少有人向失败者学习。其实，向失败者学习，意义可能更大。

成功是由各种机遇造就的，是不可模仿的、不能重复的。向马云学习如何成功，毫无意义。教学也是这样，向优秀教师学习固然重要，向差的老师学习也很重要，失败带来的触动可能会更大。但是，向失败者学习会遇到一个悖论，就是找不到学习的对象。由于失败，也就没有关于失败者的任何文字记录，只能见到成功者的记录。所以，如何向失败者学习是一个需要思考的问题。

7·23 子曰："天生德于予，桓魋其如予何？"

子曰："天生德于予。" 天把德给了我。孔子这句话有一个历史背景。孔子周游列国，路过宋，与弟子们在一棵大树下演习礼仪。宋国的大夫桓魋要砍掉大树，赶孔子走。弟子们担心孔子的安危，催促孔子赶紧离开，孔子就说了这句话。在这里，孔子把德与天联系起来，说明这不是一般的德，这是天德，天德代表正义和真理。

桓魋其如予何？ 桓魋能把我怎么样呢？孔子认为自己身上有一种天德，也就是说，他身上具有一种正气、一种正义、一种真理。有理走遍天下，理直气就壮。孔子这句话体现了真理战胜谬误的自信。但是，这种自信并不意味着真理就必然会战胜谬误。切不可认为孔子具有天德，就会拥有某种神秘使命，天不怕地不怕。桓魋是可以赶走他的，甚至可以杀了他。自信是绝对必要的，现实中的理性选择也是有必要的，所以孔子还是选择离开了。

7·24 子曰:"二三子以我为隐乎?吾无隐乎尔!吾无行而不与二三子者,是丘也。"

子曰:"二三子以我为隐乎?" 二三子,指学生。你们这些学生以为我在教学上有隐瞒吗?显然,学生在私底下议论孔子教学上有隐瞒。

吾无隐乎尔! 我没有隐瞒你们。师生双方各执一词。学生认为老师教学有隐瞒有没有道理呢?从学生的角度看,似乎也是有道理的。学生们跟着孔子学了很多思想,但在运用这些思想的时候,总是不尽如人意,感觉和孔子的差距特别大。所以,学生们就很自然地认为,老师没有把最重要、最关键的东西教给他们。但是孔子也很委屈,他认为该教的他都教了,他没有任何隐瞒学生的地方。就孔子诲人不倦的精神来看,孔子教学不可能有意留一手,一定是倾其所有教给学生。那么问题来了,师生双方都有道理,问题出在什么地方呢?问题出在对隐字的理解上。隐,指没有说出来的东西。问题在于,没有说出来的东西,是故意不说,还是本来就不能说,这就涉及能说和不能说的问题。孔子把能说的都说了,对不能说的只能保持沉默;而学生认为,没有不能说的东西,只有不想说的东西。从现代语言学观念来看,孔子是对的。这个世界上的确存在不能说的领域,正如维特根斯坦说,对能说的一定要说,对不能说的要保持沉默,孔子正是这样做的。说和沉默的关系,体现了语言的局限性。再好的数学老师,也只能讲公式、原理,至于如何运用公式、原理去做题目和解决问题,老师也就无能为力了。文学理论把文学创作说得头头是道,但是,它不能教会人创作出好的文学作品。

吾无行而不与二三子者,是丘也。 我做任何事没有不同你们在一起的,这便是孔丘。也就是说,我的所作所为都是公开的,至于为什么这样做,而没有那样做,我自己也说不清楚,我就是感觉应该这样做。对此,你们只能去体会、去感悟。

7·25　子以四教:文,行,忠,信。

子以四教。 孔子从四个方面教学生。

文,行,忠,信。 文,文献、典籍,即要求学生多读书。行,行为规范,具体地讲,就是要守礼,用今天的话讲,就是要守法,做事要有规矩。忠和信都是德,指人和人之间交往的原则。孔子的教学目标是培养君子,君子应该是一个有知识的人、一个守礼的人、一个有德的人。

7·26　子曰:"圣人,吾不得而见之矣;得见君子者斯可矣。"子曰:"善人,吾不得而见之矣,得见有恒者斯可矣。亡而为有,虚而为盈,约而为泰,难乎有恒矣。"

子曰:"圣人,吾不得而见之矣。" 孔子说,圣人,我是见不到了。孔子之前的圣人,有德又有位,像尧舜禹汤文武,他们都是天子。天子在现实中难得一见。

得见君子者斯可矣。能够见到君子也就可以了。君子有德无位，任何人只要努力修行，都可以成为君子。所以君子还是能见到的。

子曰：""善人，吾不得而见之矣。"" 孔子说，善人，我是见不到了。从孔子的表述看，善人的标准是很高的，以至于他都见不到善人。什么叫善人呢？孔子在《先进篇》第二十章里有解释，"善人之道，不践迹，亦不入于室"，由此可见，善人是特立独行的人，是孔子眼里的狂人。他们敢说、敢做、敢于批评社会并立志要改造社会，这种人在现实中也是不多见的。

得见有恒者斯可矣。恒，恒定，不变，也就是有操守。能够见到有操守的人就可以了。有操守的人不同流合污，追求道德自我的完善，相当于孔子所说的隐者。在孔子的时代，这些隐者有很多，是能够见得到的。

亡而为有，虚而为盈，约而为泰，难乎有恒矣。以无为有，弄虚作假，以少充多，这样的人很难有操守。这是现实社会中的人，这些人不能诚实地对待自己，弄虚作假，自欺欺人，没有操守，没有底线。孔子感慨，现实当中，不说见圣人、见君子、见善人，就是见一个有操守的人都很难。孔子感到非常绝望。

7·27 **子钓而不纲，弋不射宿。**

子钓而不纲。钓，一根鱼竿，一个钓钩。纲，一根大绳子上系了很多钓钩。孔子用一竿一钩钓鱼，不用绳索系上很多钓钩钓鱼。孔子"钓而不纲"可能有两种考虑。一是理性的考虑，用今天的话讲，就是生态考虑。人在获取自然资源时应该有所节制，自然资源是有限的，是有季节性的，无节制地获取会导致自然资源的枯竭，最终使人失去食物的来源，使人陷入生存的困境。"钓而不纲"着眼于人的长远利益，而非短期利益。二是审美的考虑，钓而纲关注结果，"钓而不纲"看重过程。重视结果是基于利益，重视过程是基于审美。钓鱼的乐趣在钓鱼的过程中。

弋不射宿。弋，射。宿，休息，也可以理解为睡觉。孔子用箭射鸟，但不射正在休息的鸟。既然都是射鸟，为什么还要讲究射鸟的方式呢？动物是人的食物来源，但动物也有生命，如何结束动物的生命体现了人的恻隐之心。一方面，不得已要射鸟；另一方面，给鸟一个逃生的机会。

7·28　子曰："*盖有不知而作之者，我无是也。多闻，择其善者而从之；多见而识之，知之次也。*"

子曰："盖有不知而作之者，我无是也。"知，真知。作，狭义的理解是著作，广义的理解是发表自己的见解。这句话是说，大概有人没有真知就发表见解，我不会这样。这里，把知理解为真知非常重要，因为发表见解的人必定有所知。问题在于，他把有所知当作了真知，去发表见解。为什么有所知的人把所知当作了真知呢？这就涉及如何理解知、如何才能获得真知。

述而篇第七　　237

多闻，择其善者而从之。多听，挑选其中好的去接受它。人为什么得不到真知呢？根本原因在于偏听则暗。用今天的话讲，即信息渠道的来源十分单一，他把自己听到的当作真知。生活中，这种情况比比皆是。他们固执地把自己从唯一渠道获得的消息当作真知，还无法说服他，他不知道他所听到的正是别人想让他听到的。孔子主张多听，兼听则明，用今天的话讲，就是获取信息的渠道一定要多元化。在多元化的信息中辨别真伪，选择正确答案，避免误判，把片面的知，甚至谬误当作真知。孔子的这个思想特别具有警醒作用，人如果不多听的话，就会被听来的那些知识所蒙蔽，可以说，没有信息渠道的多元化，我们所得到的就很难是真知。可悲的是，人们一直都认为它就是真知。

多见而识之。多见，然后把所见记在心中。记在心中也是为了辨别真伪，以获得真知。

知之次也。这是次一等的知。说多闻、多见是次一等的知，言下之意是，还有更高的知，这就是生而知之。孔子不相信生而知之，所以，学而知之也就成为获取真知的最基本方式。

7·29 互乡难与言，童子见，门人惑。子曰："与其进也，不与其退也，唯何甚？人洁己以进，与其洁也，不保其往也。"

互乡难与言。互乡，地名，此处指互乡的人。互乡这个地方的人特别难以沟通，这具体体现在什么地方呢？也没有确凿的证据。

童子见，门人惑。孔子见了互乡的一个童子，孔子的学生感到非常不理解。通过这个表述，我们大致可以猜测，孔子和他的弟子在互乡遇到过很大的挫折，而且孔子可能也在一气之下说过"再不见互乡人"的气话。可能是因为这样，学生们认为孔子违背了当初的诺言，所以才感到迷惑。

子曰："与其进也，不与其退也。"与，赞同，鼓励，勉励。孔子说，应该鼓励人进步，不能鼓励人退步。任何人追求善都应该鼓励，只有这样，善才会越积越多，社会才会越来越好。让人退步，善越来越少，社会就会越来越坏。

唯何甚？为什么那么过分呢？也就是说，过去我们可能有过某种承诺，但是，人是变化的，我们也不必要死守着过去的诺言。

人洁己以进，与其洁也，不保其往也。保，守，守住，也就是抓住不放。往，过去。他人洁身自好，要求进步，就应该鼓励他人的洁身自好，不要抓住过去的错误不放。这里的关键词是洁。洁己，就是清洁自己、反思自己，也就是说，改正了过去的错误，否定了自己的过去。这个时候，就不要纠缠他过去的错误，否则就是用他过去的错误来否定他现在的进步。每个人都会犯错误，如何对待曾经犯过的错误呢？关键在于当事人有没有对自己的错误进行反思、进行否定。如果他不反思，那就需要不断地重提他过去的错误；如果他反思、否定了过去的错误，那就不必纠缠过去的错误了。当然，这并不意味着从

述而篇第七

此忘掉他过去的错误。过去的错误必须得到忠实的记录，必须牢牢地记住。但是目的变了，这种记住是为了防止回到过去的错误，而不是为了否定现在的进步。

7·30 子曰："仁远乎哉？我欲仁，斯仁至矣。"

子曰："仁远乎哉？" 孔子说，仁很遥远吗？仁是全德，在孔子的思想里，仁近乎一个终极概念。现实中的人是很难达到仁的，所以，孔子从不许人为仁，他也否定自己是仁人。仁对每个人来讲都是遥不可及的。但仁真的很遥远吗？

我欲仁，斯仁至矣。 我想要仁，仁就来了。仁离我们又如此之近，来得又如此容易。怎么理解这句话呢？这句话是从根源处，从开端处说仁，也可以说，是从仁之体说仁。仁的根源在欲仁，欲字很重要，欲是想要的意思。人想要仁是很容易的事，只需要一个念头，一个决心。因为仁是内在的，人人都有欲仁的能力。孔子的欲类似于康德所说的自由意志。康德的自由有独特的含义，它是指人摆脱自然状态的一种能力。所以，自由意志就是善的意志。善的意志是各种善的根源，它能够自我立法，又被称为道德自律。但是，孔子的欲与康德的善的意志还是有区别的。在孔子这里，欲的对象是仁，仁的基本含义是仁爱，仁爱是一种道德情感。在康德那里，自由意志的对象是道德的法则，道德法则里排除一切感性的要素，包括道德的情感。欲仁就是仁，是就仁之体而言的，认为仁不可企及，这是就仁之用而言的,是就仁的实现而言的。实现仁和外部条件有关,会受到外部条件的制约。每个人只能得到仁之一体,就此而言,成为仁又变得很难。

7·31 陈司败问:"昭公知礼乎?"孔子曰:"知礼。"孔子退,揖巫马期而进之曰:"吾闻君子不党,君子亦党乎?君取于吴,为同姓,谓之吴孟子。君而知礼,孰不知礼?"巫马期以告。子曰:"丘也幸,苟有过,人必知之。"

陈司败问:"昭公知礼乎?" 陈司败问孔子,鲁昭公懂礼吗?通过下文我们会发现,鲁昭公违背了礼,他是不懂礼的。孔子也知道鲁昭公是违礼的。所以,陈司败的问话是故意为难孔子的。孔子陷入两难的困境:如果承认鲁昭公违礼,那就有悖于他的忠君思想;如果否认鲁昭公违礼,他就只能说假话。

孔子曰:"知礼。" 孔子说,鲁昭公懂礼。孔子为什么选择说假话呢?这是出于忠君的考虑。如果说鲁昭公不懂礼,那就一定是鲁昭公的错;如果说鲁昭公知礼,而事实又证明鲁昭公不知礼,那就是他判断的错误。至少从主观上讲,他保护了鲁昭公。

孔子退,揖巫马期而进之曰:"吾闻君子不党,君子亦党乎?" 党,偏心。孔子走后,陈司败示意巫马期过来,他问巫马期,我听说君子不偏心,难道君子也偏心吗?陈司败没有当面质疑孔子，大概也是不想让孔子很难堪。仔细体会陈司败的话，他不说孔子判断上失误，而说他偏心。可见，陈司败的提问是有备而来的。

君取于吴，为同姓，谓之吴孟子。 取，同娶。鲁昭公娶了吴国的女子，他们都姓姬，是同姓，只好称她为吴孟子。按照周朝的礼制，同姓不婚。鲁昭公娶同姓的吴国女子，这是对礼制的公然违背。他本该称吴国的女子为吴姬，这样一来，在称呼上就暴露出他的违礼。所以就改称吴孟子。

君而知礼，孰不知礼？ 如果鲁昭公知礼的话，那谁还不知礼呢？巫马期的指控，证据确凿，铁证如山，义正词严。

巫马期以告。 巫马期告诉了孔子。

子曰："丘也幸，苟有过，人必知之。" 孔子说，我真是幸运啊！我一旦有什么过错，就一定会有人指出来。孔子承认了自己的错误，而且乐见别人指出他的错误。有意思的是，他并没有说要改变错误，似乎有些避重就轻。可以设想，假如有人再问"昭公知礼乎"，孔子可能还是同样的回答。孔子的认错方式也很有意思，他不是直接承认错误，而是在乐见别人指出他的错误时，间接地承认了错误。这就转移了话题，淡化了他的错误，本质上是淡化了国君的错误。可见，孔子非常忠君。遇到国君有错就特别慎重，尽量去掩饰。这里还要注意，孔子的忠君和后人的忠君有着本质区别。孔子是可以选择国君的，所以他的忠君体现了一种品质。后人不能选择国君，他们的忠君是不得已的，是一种策略。

7·32 子与人歌而善，必使反之，而后和之。

子与人歌而善，必使反之，而后和之。 孔子和别人一起唱歌，如果发现有人唱得好，一定请他再唱一遍，自己跟着学唱。根据"子于是日哭，则不歌"，可以判断孔子非常喜欢唱歌，而且是每天必唱。只有在遇到丧事的这一天，他才不唱。这里面又提供了孔子爱唱歌的一些细节，他喜欢和别人一起唱歌，而且还跟着别人学唱歌。这让我们了解了孔子的日常生活状态，也看到了孔子乐观的生活态度。

7·33 子曰："文，莫吾犹人也。躬行君子，则吾未之有得。"

子曰："文，莫吾犹人也。" 莫，大概。孔子说，若论文献学问，我和别人大概差不多。

躬行君子，则吾未之有得。 至于亲身做君子，我还没有做到。很多人认为孔子太谦虚，他怎么连君子都没做到呢？但是，这句话可能说的也是实情。可以从三个方面来说明。首先，这句话可能出自孔子早年。孔子的思想有一个逐渐成熟的过程，他早年的思想可能还不够成熟，不能一概而论他一定是谦虚。其次，成为君子有很多标准。在常人的眼里，孔子已经是一个君子；但孔子的标准太高，他认为自己还没有成为一个君子。最后，做圣人、仁人很难，做君子其实也很难。孔子说"人不知而不愠，不亦君子乎""君子喻于义""文质彬彬，而后君子"，这些做起来都很难，君子所做的每一样都难。

7·34 子曰："若圣与仁，则吾岂敢？抑为之不厌，诲人不倦，则可谓云尔已矣。"公西华曰："正唯弟子不能学也。"

子曰："若圣与仁，则吾岂敢？" 孔子说，你们说我是圣人、仁人，我怎么敢当呢？这一章应该出自孔子的晚年，这时的孔子学问越来越大，思想越来越成熟，学生们很自然地认为老师已经是圣人、仁人了。孔子断然拒绝这种称谓。这绝不是谦虚，因为有德有位才是圣人，孔子有德无位，显然是不能成为圣人的。仁是全德，没有人会达到全德，所以孔子也是不能称为仁人的。学生说老师是圣人、仁人，难免有溢美之嫌，对此，孔子很理性、很冷静，绝不会头脑发热，接受圣人、仁人的称谓。也正因为如此，他才被后人称为圣人、仁人。圣人、仁人这些称谓，都是后人对前人的称谓，当事人是不能接受这些称谓的。有些人经不住利益的诱惑，乐于接受这些伟大的称号，这是不自量力，是很危险的。

抑为之不厌，诲人不倦，则可谓云尔已矣。 之，圣与仁。我只是朝着圣与仁的方向不断努力，也可以说，圣和仁虽不能至，但心向往之。以圣与仁去教诲别人而不知疲倦，大概也就是如此罢了。孔子的意思很明确，我既不是圣人，也不是仁人，但是我以圣人和仁人为榜样，不断地向他们学习。

公西华曰:"正唯弟子不能学也。"公西华说,这正是我们学不到的。哪个地方学不到呢?就是"为之不厌,诲人不倦"。"为之"和"诲人"都能够做到,但"不厌""不倦"可能就做不到了。常立志者无志,立志容易,但坚持难。每个人小时候都立过很多志,长大了以后,把这些志都忘得干干净净。

7·35 子疾病,子路请祷。子曰:"有诸?"子路对曰:"有之。《诔》曰:'祷尔于上下神祇。'"子曰:"丘之祷久矣。"

子疾病,子路请祷。孔子病重,子路向天地之神祈祷。子路平常性格比较急躁,但在孔子病重的时候却显得特别细心。他首先想到的是,如何能够治好老师的病。也可以看出,尽管子路平常会顶撞孔子,但是在关键时刻,他首先想到的还是老师。

子曰:"有诸?"孔子说,有这回事吗?也就是说,通过祷告这种方式能治好我的病吗?显然,孔子对祷告是不赞同的,这不符合他的思想。孔子对于鬼神的态度非常明确,那就是"敬鬼神而远之",而且"子不语怪、力、乱、神"。子路的这种行为表明,他没有深刻地领会孔子的思想。作为孔子,他尽管不赞同子路的做法,但鉴于子路的忠心,也不好批评他,只好以这种疑问的方式来表达自己的否定态度。

子路对曰:"有之。《诔》曰:'祷尔于上下神祇。'"子路回答说,有的。《诔》文上说,"向天地之神祷祝你的安康"。子路引经据典表明自己的做法是有根据的,也是有效果的。

子曰:"丘之祷久矣。" 孔子说,我已经祈祷很久了。这句话是什么意思呢?表面看来,孔子也是祈祷的。但仔细思考会发现,孔子所说的祷和子路所说的祷根本不是一回事。子路的祷是通过宗教仪式向神祈祷,神是外在于人的,这等于把人的命运寄托在外物身上。孔子所说的祷没有任何的宗教仪式,所祷的对象是仁、义、礼、智、信,是温、良、恭、俭、让。他所祷的对象是各种德。德是内在的,所以,孔子的祷,准确地讲,应该是一种宗教精神。人可以不信宗教,但不能没有宗教精神。不信宗教的人也有宗教精神。坚持以德要求自己,这正是一种宗教精神。现在人讨论"儒家是不是宗教"的问题,狭义地看,儒家肯定不是宗教,但广义地看,儒家也有宗教精神。

7·36 子曰:"奢则不孙,俭则固。与其不孙也,宁固。"

子曰:"奢则不孙。" 孙,通"逊",谦逊。不孙,不谦逊,换句话讲,就是傲慢。这句话的意思是,追求奢侈就会傲慢。

俭则固。 俭,不同于温、良、恭、俭、让里的俭。温、良、恭、俭、让中的俭是一种优秀品质。这里的俭是贬义的,是一种过分的俭,通俗地讲,就是抠。固,固执,孤僻,甚至是怪癖,与人不沟通、不交往。这句话是说,过分的俭,是一种怪癖。

与其不孙也,宁固。 傲慢与孤僻,都是不好的做法。但如果选择的话，孔子说，我宁愿选择孤僻。为什么选择孤僻呢？两害相权取其轻。奢会导致浪费，任何物品都是大自然的馈赠。对于这种馈赠的任何浪费，都应该受到谴责。另外，奢是群体中的行为，是自我炫耀，是藐视他人，这种傲慢会破坏人与人之间的和谐关系。俭就不一样了，俭没有浪费任何的物品。俭对个人不好，但没有伤害他人。

7·37 子曰："君子坦荡荡，小人长戚戚。"

子曰："君子坦荡荡，小人长戚戚。" 这里的君子和小人与地位无关，不能说地位高的人就坦荡荡，地位低的人就长戚戚。这里的君子和小人是不是指德行的高低呢？说德行高的人坦荡荡，这没有什么问题。但说德行低的人长戚戚，就有问题。生活中每个人都时常忧戚，能不能上个好学校，能不能找个好工作，能不能升职等等，人一生都在忧戚中。如果说没有德的人才忧戚，那么大家都成了没有德的人。这显然是有问题的。所以，这里的君子、小人应该是中性词。这里的君子指理性的人，小人指感性的人。理性的人以哲学家为代表，感性的人以艺术家为代表。哲学家以理把握世界。世界万物各种各样，在哲学家看来，万物一理，他不为万物表面的多样所迷惑，他能够冷静、客观、全面地看待万物，不受万物的干扰，以不变应万变。所以，他胸怀坦荡，得之不喜，失之不忧。得失只与我相关，物本身既不得也不失，它永远都是它自己。但艺术家就不一样

述而篇第七

了，艺术家特别感性，他们以感觉的方式去体验万物的变化。万物的任何变化都会引起他们感情的变化，即所谓"气之动物，物之感人，故摇荡性情，形诸舞咏"。艺术家感物伤情，伤春悲秋，多愁善感，常怀忧戚。也可以说，艺术正是"长戚戚"的产物。所以，"君子坦荡荡"不是褒义，"小人长戚戚"也不是贬义。我们既需要坦荡荡，也需要长戚戚。

7·38　子温而厉，威而不猛，恭而安。

子温而厉。孔子温和而严厉。这是讲孔子的性格，孔子的性格由对立的两极构成。"温而厉"，不能理解为不是温和，就是严厉，温和和严厉之间都是"温而厉"。这就体现了孔子性格的丰富性。性格只是温很单调，只是厉也很单调。

威而不猛。威，威严。猛，刚猛。威是一种好的性格，这种性格的上限就是猛。一旦达到了猛，威就成了一种坏性格。这句话的表达方式跟前一句不一样，但表达的意思是一致的。实际上也是讲，孔子的性格在威和猛之间。

恭而安。恭是一种好品格，它的下限就是安。低于安，恭就是媚俗，就成了一种坏品格。这是说，孔子的行为举止正好在恭和安之间。孔子的性格和行为体现了中庸，中庸在两极之间。具体在两极之间的什么位置呢？这要根据情况而定。孔子的二重性格非常类似于文学理论里面讲的典型性格。典型性格也可以被称为中庸性格。

泰伯篇第八

8·1 子曰:"泰伯,其可谓至德也已矣。三以天下让,民无得而称焉。"

子曰:"泰伯。" 泰,通"太"。泰伯是周太王的长子。次子叫虞仲,少子叫季历。季历就是周文王的父亲。

其可谓至德也已矣。 他的德行可以说是至高无上了。孔子说中庸是至德,这里又说泰伯达到至德,可见,他对泰伯的评价特别高。

三以天下让。 三,三次或多次。他三次把天下拱手相让。在泰伯的时候,周只是一个小邦,他让的只是周国国君的位置。因为周后来得了天下,所以也可以说他是让天下了。天下是世界上最宝贵的东西,让天下就是把最宝贵的东西让给了别人。这样的品质无论怎样赞美都不过分,所以孔子说这是至德。需要思考的是,泰伯为什么要让位于季历?他是不是真心让位呢?真正的让位,应该是自觉自愿,主动要求让位。但事实是,他的父亲要把君位传给少子季历。理由是季历的儿子姬昌有德行,能成大事,为了姬昌以后能够继承君位,要把君位传给他的父亲季历。这就意味着是周太王决定把君位传给小儿子季历,泰伯是在不得已的情况下让位的,是被迫让位的。让位以后,泰伯跑到遥远的吴地来表明自己让位的决心,这是要让父亲和弟弟季历放心,这也说明他的父亲和弟弟其实对他不放心。让位的背后有一个很心酸的故事，并不像孔子说的那么崇高。孔子在面对真实的历史时，感觉很难处理。按照嫡长子继承制，周太王理应把君位交给泰伯。而且，按照孔子的说法，泰伯达到了至德，周太王也没有任何理由不把君位传给泰伯。但太王强调孙子的贤德，而漠视儿子的贤德，很明显，周太王只是因为喜欢季历，就擅自改变了嫡长子继承制，这是明目张胆地破坏礼。但是孔子也不好批评周太王，因为他的孙子是周文王。如果没有周太王对礼的破坏，文王也就不是文王了。可见，泰伯至德的背后是太王对礼的破坏。所以孔子，包括儒家，都对于圣人的历史往往多有美化。面对历史，需要保持理性，但孔子却过多地注入了情感。

民无得而称焉。百姓找不到语言去称赞他。至德是最高的德，在最高的德的面前，语言是无能为力的。百姓称赞让之德，主要因为泰伯的让避免了流血冲突，也让老百姓有了稳定的生活。就这个意义上讲，孔子称赞泰伯三让是非常有意义的。因为在我们的文化中，一直把让看作软弱的表现。我们根深蒂固的意识是成王败寇。孔子赞美泰伯，实际上是在赞美失败者。这是一种非常深刻的思想。

8·2 子曰："恭而无礼则劳，慎而无礼则葸，勇而无礼则乱，直而无礼则绞。君子笃于亲，则民兴于仁，故旧不遗，则民不偷。"

子曰："恭而无礼则劳。"一味地恭敬而不用礼去节制，会导致一种疲倦。恭是质的概念，这一概念内部有着程度上的区别。什么是恭呢？如何表现恭呢？有很多不同的做法。点点头是恭，弯弯腰是恭，弯成九十度是恭，跪着磕头也是恭。如果没有礼的限制，恭就没有底线，人们层层加码，争相表现更恭，以至于最后丧失人格。所以需要礼规定恭的下限，来保护人格。

慎而无礼则葸。葸，畏惧。一味地谨慎而不以礼节制，会导致人的畏惧。什么叫谨慎？如何表现谨慎？这也需要礼的规定。慎与说话有关，少说话是谨慎，不说话是谨慎，说违心话也是谨慎。这就需要礼给谨慎划一个下限，以保证人说话的自由，即便人说错了话，也不会受到惩罚。

勇而无礼则乱。勇敢是一种好的品质。勇敢主要表现在军事上。用一个班的人去打一个排的人，这是勇敢；用一个班的人去打一个连的人，也是勇敢；用一个班的人去打一个师的人，这也叫勇敢。勇敢没有上限，最后就会变成莽撞。这就需要用礼给勇敢设一个上限，并不是说越勇敢越好。

直而无礼则绞。直也是一种好的品质。什么是直？直是直接指出别人的错误。指出别人的错误有很多种方式：可以委婉地指出来，可以坦率地指出来，可以尖锐地指出来，可以刻薄地指出来。如果不加限制，直就可能走向反面，可能变成恶意的批评，变成人身攻击。所以，直也需要礼规定上限。任何批评应只对事不对人，避免人身伤害。以上都说明礼的重要性。礼给人的行为划定了界限，人只能在这个界限之内活动，不能越界。礼对人的行为既是一种限制，同时也是一种提升。勇和直是一种扩张性的品质，需要设定上限以限制它们的越界。恭和慎是一种收缩性的品质，需要设定下限以保护人格和自由，这是避免他人的越界。可见，礼在人们的日常生活中作用有多大！礼把中庸的思想落实到了生活中，中庸太难得，所以转而求其次。礼实际上是一种形式化的、凝固的中庸思想。

君子笃于亲，则民兴于仁。君子，有地位的人。有地位的人厚待自己的亲人，百姓就会兴起仁爱之风。这句话以下和前面四句话表现的思想不太相关，所以有人认为下面四句应独立成章。这句话是强调行为的影响力。但这种影响可能是虚构的，因为仁德不是靠影响得来的，是人天生就有的。

故旧不遗，则民不偷。偷，淡漠。有地位的人不遗忘故交，百姓就不会薄情寡义。这句话同样是强调，有地位者的行为如何影响百姓。这个影响同样是被质疑的。因为人的情义也是天生就有的，也是不需要有地位者去影响的。这种影响的理论说明，儒家倾向于等级划分，对民有明显的贬低意味。

8·3　曾子有疾，召门弟子曰："启予足，启予手。《诗》云：'战战兢兢，如临深渊，如履薄冰。'而今而后，吾知免夫，小子！"

曾子有疾，召门弟子曰。有疾，病重。曾子病重，召来门下的弟子。从这一章开始，下面几章都是曾子的语录。曾子在孔门弟子中地位非常高，对后世的影响也非常大。曾子的影响源于三个方面。一是年龄小，当孔门其他弟子离世后，他就自然地成为孔门弟子中的权威。二是他专心学问，有一批学生。三是传说他著有《孝经》和《大学》，它们成为后人学习的文本。颜回亏在没有著作，其他的学生也是如此，当时名声很大，但时过境迁，人们就是想学，也不知道从何处下手，可见立言的重要性。

启予足，启予手。启，通"瞽"，看，视。看看我的脚，看看我的手。这是曾子的临终遗言。这个遗言让人很意外，它显得有些琐碎，似乎没有什么重要的思想。他让学生看看他的脚，再看看他的手。这是什么意思呢？他是要说明，他的脚和手完好无损。曾子在《孝经》里有几句名言："身体发肤，受之父母，不敢毁伤。"这是他的孝亲理论。他自己严格遵守了这个理论，做到了言行一致、知行合一。他的孝亲理论非常独特。他认为，身体是父母给予的，保护好身体就是对父母的大孝。这种孝亲理论让人很费解。

《诗》云："战战兢兢，如临深渊，如履薄冰。"他是如何保护手脚的呢？他引《诗经》说，小心谨慎，就像面临着万丈深渊，就像踩在薄薄的冰面上。如此谨慎小心必然会对行为产生约束。它会约束自己不做任何坏事，因为做坏事会受惩罚，会伤害到人的身体。那么问题在于，人做好事也有可能伤害身体。人坚持真理、坚持正义，也会受到打击报复，也会伤害到身体。这样看来，人战战兢兢地保护自己的身体也妨碍了人去坚持真理。可见曾子的孝亲思想会产生负面影响，它阻止了人去做坏事，但也阻止了人去做好事。在这样的孝亲思想培养下，人就容易变成顺民，而且还理直气壮地变成了顺民。

而今而后，吾知免夫，小子！ 从今以后，我再也不会战战兢兢地生活了。这句话让我们感觉到曾子的生活一直受压抑，他只是一个生命的符号，没有体会到任何生命的乐趣，所以面对死亡，他竟然有解脱的轻松感。可见，身体已经成为他的负担和拖累，这也让人怀疑他的孝亲理论。这个理论和生命相对立，并让生命枯萎，这是一种极端化的孝。

8·4 曾子有疾，孟敬子问之。曾子言曰："鸟之将死，其鸣也哀；人之将死，其言也善。君子所贵乎道者三：动容貌，斯远暴慢矣；正颜色，斯近信矣；出辞气，斯远鄙倍矣。笾豆之事，则有司存。"

曾子有疾，孟敬子问之。 曾子病重，孟敬子去探问。

曾子言曰："鸟之将死，其鸣也哀。" 曾子说，鸟将死的时候，鸣叫声特别哀伤。这是起兴的手法，主要是烘托气氛，核心是下面的话。

人之将死，其言也善。 人将死的时候，所说的话一定是善言。遗言是一生中最后的叮嘱，是肺腑之言。对于生者来说，遗言是有约束力的，生者一定会想方设法实现逝者的遗言，满足他最后的要求。

君子所贵乎道者三。 君子所重视的修身之道有三条。

动容貌，斯远暴慢矣。 暴，粗暴。慢，怠慢。这句话的意思是，使容貌生动，就能远离粗暴和怠慢。这是曾子修身之道的第一条。这条相当于今天讲的礼仪培训，时时使自己面带微笑，这样的训练，时间久了，就会习惯成自然，就会改变人的气质和素质。人就会远离暴慢，使自己变得可亲、可爱。这种可亲、可爱影响到他人，他人也会远离暴慢，使自己也远离他人的暴慢。

正颜色，斯近信矣。让自己庄重、严肃，会使自己变得诚信。通常讲，人诚信会显得庄重、严肃。曾子认为，训练、培养人的庄严感会让人变得诚信，也就是说，形式的培训会导致内容的变化。前面培训容貌生动，这里培训容颜庄重。可见培训是多方面的，该亲切时要亲切，该严肃时要严肃。

出辞气，斯远鄙倍矣。鄙倍，粗鲁、粗野。出，可以理解为说。人说话时，一定要讲究吐字、发音，要字正腔圆、声音婉转。这是从吐字发音来训练优雅，让人远离粗野，培训久了，人真的就会变得优雅。曾子的修身之道强调，人可以通过具体的、可操作的方式，对人的容貌、体态，还有语言发音进行多方面的培训，使人彻底地从一个野蛮人变成一个文明人。这是最早的礼仪培训理论，不能小看礼仪培训，它会影响人的思想和行为，让修身从单纯的理论变成了行为实践，具有可操作性且效果明显。但作为思想家来看，曾子的修身三条又显得过于琐碎，不够大气。

笾豆之事，则有司存。笾，豆，古代的礼器。有司，专职人员。至于礼仪方面的细节，自有专门人员去负责。在曾子看来，人的修身实践最为重要，外部的礼仪细节不必去操心。

8·5　曾子曰："以能问于不能；以多问于寡；有若无，实若虚，犯而不校。昔者吾友尝从事于斯矣。"

曾子曰："以能问于不能；以多问于寡。" 曾子说，能力强的人向能力弱的人请教，学问多的人向学问少的人请教。这正是"不耻下问"。不过，要注意的是，这种"不耻下问"不是出自谦虚，而是出自认知角度的不同。在常人的认知里，真有能与不能、多与少的区别。但就问者本人而言，他并不认为自己能，也不认为自己多，在他的认知里，是把自己与全知全能相比较，所以常人所说的能，在他那里就是不能，所讲的多，在他那里就变成了少。

有若无，实若虚。 有好像无，实好像虚。有和实意思相近，无和虚意思相近。所以"有若无"和"实若虚"，意思也就相近。为什么他会把有当作无，把实当作虚呢？这也是由认知角度决定的。因为跟无限相比，他所拥有的那一点有和实，是微不足道的。这两句话和《述而篇》第二十六章的"亡而为有，虚而为盈，约而为泰"形成了鲜明的对照。

犯而不校。 有所冒犯却不计较。一般说来，有冒犯，就会有计较。为什么会有计较呢？当人认为自己真理在握，认为只有自己正确时，有犯必有校；当人不认为自己真理在握，不认为自己一定正确时，就不会计较别人的冒犯了。

昔者吾友尝从事于斯矣。 从前我的朋友就是这样做的。很多人都认为"吾友"是颜回。的确，在孔子的学生里，只有颜回才具有以上的品质。

8·6 曾子曰："可以托六尺之孤，可以寄百里之命，临大节而不可夺也。君子人与？君子人也。"

曾子曰："可以托六尺之孤。" 古代，尺比较短，身高七尺才算是成年，六尺指未成年。六尺之孤，未成年的孤儿，这里特指幼主。这句话是说，可以把幼主托付给他。幼主非常弱小，极容易被人废弃。所以辅佐幼主的，必须是有德之人。

可以寄百里之命。 百里，方圆百里之地，指的是诸侯国。百里之命即君命。这句话是说，可以让他代理国政，即摄政。摄政需要能力，既能平衡内部的势力，又能够抵御外敌入侵。

临大节而不可夺也。 在大是大非的问题上意志坚定。这里的大节，内涵丰富，可以指国家的安危，也可以指个人的生死。节有节操的含义，所以最好把大节理解为克服自己内心的欲望。面对幼主，自己有德又有才，别人不免会有劝进，自己的内心很容易有取而代之的欲念。即便在这种情况下，他也毫不动摇。

君子人与？君子人也。 这样的人应该是君子吧？这样的人肯定是君子。他有德有才，又有机会，却没有取而代之。毫无疑问，这样的人就是君子，他可敬可佩，可歌可泣。在中国历史上，这样的人不在少数，他们都名垂青史。但是，对此还需要进行反思，这个悲壮的感人托孤场面背后是什么呢？这就是"家天下"形成的嫡长子继承制，是这个制度造成了这个感人的场面。这样感人的场面越多，君子也就越多，同时也表明了这个继承制度的落后。

8·7　曾子曰："士不可以不弘毅，任重而道远。仁以为己任，不亦重乎？死而后已，不亦远乎？"

曾子曰："士不可以不弘毅。" 士，读书人。读书人不可以不胸怀宽广，意志坚忍。这是对读书人提出的一个要求，这个要求很高。

任重而道远。 他们重任在肩，道路遥远，如果志向不远大，就承担不起这样的重任；如果意志不坚忍，就会半途而废。

仁以为己任，不亦重乎？ 把仁作为使命担当，这个任务不是很重吗？为什么这样讲呢？因为仁是全德。他们追求全德，就会以理想去看待社会，就会看到社会的不足，就会批评社会的不足，就要改造这个社会，使它变得更完美。古代的士，相当于今天讲的知识分子。知识分子是社会的良知、良心，他们的责任就是批评社会，所以，真正的知识分子都会讲真话，绝不会同流合污。

死而后已，不亦远乎？ 生命结束，方敢停止，这个路不是很长吗？偶然地批评社会并不难，但坚持一辈子批评这个社会就很难。因为批评会受到打击，会遭受挫折，甚至还会带来生命危险，所以很多人都半途而废。鲁迅小说中的知识分子，早年都是满腔热情、斗志昂扬，可是后来，一个个地都颓废了，与社会和解了，再也不见当初的锋芒了。

8·8 子曰："兴于《诗》，立于礼，成于乐。"

子曰："兴于《诗》。" 兴，开始。开始于《诗》。孔子这里讲人的精神发展的三个阶段。这是第一个阶段，这个阶段是学《诗》。为什么要学《诗》呢？在今天看来，《诗》属于文学作品。但最早民间采诗，是为了了解当时社会的生活状况，了解民生疾苦，所以《诗》不是文学，而是历史和现实，学《诗》就是了解历史和现实，这是从《诗》的来源看。《诗》还有特殊功用，就是"诗言志"。"诗言志"有两层含义，一是写诗言志，二是引诗言志。在孔子的时代里，"诗言志"主要指引诗言志。贵族社会的交往中，都是引诗来表达自己的思想。如果不懂《诗》，就进入不了贵族社会的生活圈，所以《诗》就是社交工具，是人们进入社会的必要知识储备。不同的时代对知识储备的要求不太一样，科举考试考《四书》，读《四书》就成了必要的知识储备。今天的范围更广，有数理化，有文史哲，但在孔子的时代，读《诗》就够了。

立于礼。立足于礼。这是强调礼的重要。人进入社会，就是进入礼的社会，用今天的话讲，就是进入法的社会。没有礼，就没有规范，社会就会混乱。人进入社会，首先要遵守礼，然后要维护礼，最后对礼进行增减。有了礼，人对未来社会就有确定的预期，人心就会稳定，社会就会稳定，礼是社会的框架，不能动摇。

成于乐。完成于音乐。人的精神的最高阶段为什么是乐呢？这是因为礼的不足。"礼之用，和为贵"，礼造就和的社会，但"礼别离"，礼本身又意味着等级、差别、界限。这一切都会限制人的自由，所以人需要进一步地超越，进入乐的境界。"乐合同"，只有在乐里，在艺术里，才能进入大同世界，这里面没有等级、差别、界限。人在乐里，也就是在艺术里，才能实现完美的人生。孔子区别了社会理想和人生理想。通过礼就能实现社会理想，但只有通过乐，才能实现人生理想。换句话讲，孔子承认社会理想永远是不足的，人最后要寄希望于艺术，在艺术中实现最高理想，实现大同世界。这也就否定了在现实社会实现大同理想的可能性。这体现了孔子的理性精神。

8·9 子曰："民可使由之，不可使知之。"

子曰："民可使由之，不可使知之。" 孔子说，可以让老百姓跟着去做，不可以使老百姓知道为什么这样做。从字面上看，这一章明显有愚民嫌疑。这和古代的民本思想，尤其是和现代的民主思想背道而驰。这个思想显然过于保守，所以很多人就对这一章的文本进行改造，或者是对文字进行新的解释。有人认为，这里的民指的是人；有人认为，民是孔子的弟子。还有人改变句读，把这一章的文本改造成，"民可，使由之，不可，使知之"。他们的目的都是让孔子这一章的思想更符合民本或民主思想。怎么理解这一章的思想呢？在这一章里，孔子其实是讲行政决策问题，跟民本或民主思想毫不相干。孔子做过官，这两句话应当是他做官时行政决策的经验。官员在行政决策时，是很难问计于民的。民数量众多，决策者不可能在决策之前一一征询他们的意见。即便征询了意见，由于利益上的不同，人们对于决策会有不同的看法，很难形成统一的意见，最后还是由决策者做主，自行其是，所以征询意见只是一个形式。很多人把决策过程中征询百姓意见当作民主，这是对民主的误解。现代民主有特定含义，它是一种特定的权力结构方式。在这种权力结构中，公民通过投票的方式选举决策者，决策者在行使权力的过程中，要受到严格地监督。孔子这一章表达的思想和民主毫无关系，他只是阐述了行政决策的事实。

8·10 子曰："好勇疾贫，乱也。人而不仁，疾之已甚，乱也。"

子曰："好勇疾贫，乱也。" 喜欢勇敢而又厌恶贫穷，会导致祸乱。好勇是中性的品质。好勇和好的品质结合，会产生好的结果；好勇和坏的品质结合，会产生坏的结果。把好勇用于疾贫，必然就会作乱。

人而不仁，疾之已甚，乱也。 对待不仁的人，逼迫太过，也会导致祸乱。不仁之人有程度的区别，可以把他们分为两类。一类危害极大，实力又很强，对待他们需要理性、冷静和智慧，鲁莽行事会酿成大祸；另一类危害性不大，对待他们要宽容，要给人一条生路，给人一个机会。现实中，那些道德感极强的人，对待不仁之人，容易感情用事。他们嫉恶如仇，恨不得把不仁之人完全彻底地消灭干净。孔子虽然不具有老子那种善恶辩证法思想，但是，在生活当中，对待不仁之人，他始终采取理性的态度。

8·11 子曰："如有周公之才之美，使骄且吝，其余不足观也已。"

子曰："如有周公之才之美。"之有两种解释，一种认为是代词：其。之作代词其的话，这句话就可以翻译为，"如果有周公那样的才能和美德"，这里的才和美就变成了两种并列的品质。这样理解就和"骄且吝"产生了矛盾。有周公的美德，就不能假定他会"骄且吝"。所以最好将之理解为助词：的。那么这句话可以翻译成："即便一个人有周公那样卓越的才能。"

使骄且吝，其余不足观也已。 如果他骄横而且吝啬，其他方面也就不值一提了。骄，骄横、盛气凌人，拒人于千里之外，人们只能对他敬而远之。这样，他和别人的关系就会疏远、冷漠，甚至对抗，这就和仁爱思想背道而驰了。吝，吝啬，主要表现为对财富的态度。财富只入不出，不能与他人共享。他的能力越强，获得的财富越多，贫富的差距就越大，关系也就越紧张。这一章的思想和上一章"好勇疾贫，乱也"的思想是一样的。才也是个中性词，看它与什么品质结合。如果才和"骄且吝"结合，就会危害社会。才气越大，危害就越大。周公之才和周公之德结合在一起，周公才成圣人。

8·12 子曰："三年学，不至于谷，不易得也。"

子曰："三年学，不至于谷，不易得也。" 孔子讲，读书三年，还没有想着做官，真是很难得。谷，俸禄，这里指做官。人为什么要学习呢？学习主要为了谋生，这一点古今都一样，这是一种正常的行为。对人来说，生存毕竟是第一位的。但是，在读书人当中，还有极少部分人，他们以读书为乐，以求知为乐，以追求真理为乐。这种人往往都有独特的禀赋，用佛教的话来讲，他们都有慧根。他们天生爱好思考，他们都是思想文化的创造者。朱熹四岁就问天之上有何物。陆九渊十几岁写读书笔记就说，"宇宙便是吾心，吾心便是宇宙"。王阳明十二岁时就认为，人生第一等事，应是读书做圣贤。这些人人数很少，但是特别珍贵。孔子的三千弟子里，只有颜回才能做得到。颜回好学不是为了做官,不是为了发财,而是为了悟道。这样才能理解孔子为什么那样推崇颜回。

8·13 子曰:"笃信好学,守死善道。危邦不入,乱邦不居。天下有道则见,无道则隐。邦有道,贫且贱焉,耻也;邦无道,富且贵焉,耻也。"

子曰:"笃信好学,守死善道。" 笃信大道,学道不倦,到死都要守护这样美好的道。这句话讲信道,然后是学道,再后是守道。道看不见,摸不着,只能去信。信的可能不是正道,而是歪门邪道,这就需要通过学对所信之道进行验证。确信是正道以后,就终生守护这个道。

危邦不入,乱邦不居。 危险的国家不进入,混乱的国家不停留。既然已经是危邦,进去就等于送死;既然已经是乱邦,留下来也就是等死。人在危急中,首先要保全生命,不做无谓的牺牲。因为人在,道才在。人在,才能守护道。

天下有道则见,无道则隐。 天下清明,就应该去做一番事业,天下无道,就应该隐居,保全生命。这种表达方式在《论语》里多次出现,它体现了一种世俗智慧。但这里也有一个问题,那就是,如果都"天下无道则隐",天下如何才能从无道变成有道呢?

邦有道,贫且贱焉,耻也。 国家清明的时候,你还是贫穷、卑贱,那就是耻辱。国家清明,每个人都可以自由地发展自己、实现自我。你没有抓住这样的机会，责任在你自己。

邦无道，富且贵焉，耻也。国家混乱的时候，你却富且贵，那也是羞耻。国家混乱，你还能够富贵，这表明你和这个无道的社会同流合污了，所以这是一件羞耻的事情。

8·14 子曰："不在其位，不谋其政。"

子曰："不在其位，不谋其政。"孔子说，不在那个位置上，就不要谋划那个位置上的事。言下之意，每个人只谋划自己职位上的事，也就是告诫人们不要去越位。越位有两种情况，在孔子那个时代，主要指下级的越位，表现为下级对抗上级。具体有什么表现呢？比如，礼乐征伐应该出自天子，但孔子那个时候，礼乐征伐出自诸侯。诸侯不就越位了吗？后来，礼乐征伐出自大夫，这不也是越位了吗？到最后，"陪臣执国命"，那就更是越位了。这个越位，换句话讲，就是对礼的僭越。"八佾舞于庭""三家者以雍彻"，不都是越位吗？所以，孔子告诫"不在其位，不谋其政"，是维护周礼的另一种表达方式。现代社会，越位的情况和孔子那个时候正好相反，是上级对下级的越位，表现为一种权力的强势。大的方面讲，比如说，全国一盘棋，让地方变成一个个棋子，任人调遣，没有任何自主权，这就是越位；小的方面，学校里，教务处规定每个老师应该怎样上课、怎样考试、怎样阅卷，这也是越位，这就取消了老师教学的自主权、老师教学的个人特色，使教学过程变得僵化，老师们都失去了创造力。

8·15 子曰："师挚之始，《关雎》之乱，洋洋乎盈耳哉！"

子曰："师挚之始，《关雎》之乱。" 挚，鲁国乐师。乱，结束。孔子说，从太师挚奏乐开始，到演奏《关雎》结束。这是古代音乐演奏的一个程序。

洋洋乎盈耳哉！ 满耳都洋溢着美妙的音乐。这话听来有点奇怪，既然是听音乐，自然满耳都是音乐，不可能是别的什么。那么这样说是什么意思呢？每个人做事时，都有心不在焉的状态。如果心不在焉，按照《大学》的说法，就是"听而不闻"。听是一种行为，闻才是听的结果。所以听有两种情况，一种是徒有听的形式，一种是真正听见了。孔子说"洋洋乎盈耳哉"，表明他全身心地投入去听，真正感受到了音乐的美，而不是装模作样地听了听。

8·16 子曰："狂而不直，侗而不愿，悾悾而不信，吾不知之矣。"

子曰："狂而不直。" 狂傲而不直率。通常说来，一个狂傲的人，必定会直率。狂傲是缺点，直率是优点。也就是说，人有一个缺点，也会相应地有一个优点。"狂而不直"，只有缺点而没有优点。

侗而不愿。侗，幼稚。愿，老实。幼稚的人相应地就比较老实。幼稚是缺点，老实是优点。"侗而不愿"，只有缺点而没有优点。

悾悾而不信。悾悾，没有能力。信，守信、相信。人没有能力就该信任别人。悾悾是缺点，信是优点。"悾悾而不信"，也是只有缺点而没有优点。

吾不知之矣。我无法理解他们是怎样的人了。也就是说，这样的人无可救药了。

8·17 子曰："学如不及，犹恐失之。"

子曰："**学如不及**。"学习好像来不及。这是好学者的一个心理状态，好学者总有时间来不及的感觉。产生这种感觉有两个原因。一是要学习的东西太多。理科不说，单是文科就有文史哲，还有政治、经济、法律、宗教、艺术。每一门学科都和人密切相关，都是人需要学习的。二是生命太短暂。以有限的生命去学习无限的知识，必然会产生来不及的感觉。有了这种感觉，人才会抓紧时间，才不会浪费时间。对每个人来讲，学习的时间是很短的。一般人也就停留在本科阶段，少数人才会进一步深造。其实深造的时间也是很有限的，对大多数人来说，从工作开始，学习就停止了。

犹恐失之。那些学到的知识又担心丢失。"学而时习之",只学不习,学到的东西很容易遗忘。这就需要时常去习,这样学的时间就更短了。

8·18 子曰:"巍巍乎!舜、禹之有天下也而不与焉。"

子曰:"巍巍乎!" 孔子讲,德行巍峨如同高山啊!

舜、禹之有天下也而不与焉。这句话的翻译取决于对"不与"的理解。有人把与理解为参与,不与就是不参与具体的管理。换句话讲,就是无为而治。在这句话里,孔子把舜禹并列在一起,这也就意味着,舜和禹都是无为而治。孔子明确说过,舜无为而治。禹是不是也无为而治呢?大禹治水,三过家门而不入,这明显是有为,而不是无为。所以,把"不与"理解为无为而治,可能是有问题的。有人认为不与是不相关的意思,也就是不把天子的地位看得很重要。这样理解好像也说得通。但问题在于,尧也具有这样的品质。尧的地位远远高于大禹,这里只提舜禹而不提尧,也是很难理解的。所以,这里的不与应该理解为没有参与追求。这句话是说,舜禹拥有天下,不是他们自己追求得来的。那是怎么得来的?是尧禅让得来的。尧开创了禅让制,使舜顺利地成为天子;舜也采取禅让制,让禹也顺利地成为天子。所以这一章的"巍巍乎",应该是称赞尧的。下一章里,孔子用了两个"巍巍乎"来称赞尧,也可以印证,这里的"巍巍乎"是指尧。

8·19 子曰:"大哉尧之为君也!巍巍乎,唯天为大,唯尧则之。荡荡乎,民无能名焉。巍巍乎其有成功也,焕乎其有文章!"

子曰:"大哉尧之为君也!" 孔子说,伟大啊!尧作为国君,伟大体现在何处呢?

巍巍乎,唯天为大,唯尧则之。 则,准则。这句话是说,巍峨啊,只有天是最伟大的,尧效法天道。为什么说天伟大呢?天的伟大,不在于它做了什么,而在于它没做什么。做了什么,好像很伟大,但做就有倾向性,就很难面面俱到。也就是说,很难做到公平公正。不做,对每个人一视同仁,才能做到绝对的公平公正。老子讲"天地不仁",也是这个意思。尧效法天,就是效法天的无为。从这个意义上讲,尧和舜一样,都是无为而治的。

荡荡乎,民无能名焉。 尧的这种恩泽广远浩荡,老百姓不知道该怎样称赞他。为什么不知道怎么称赞呢?因为他们找不到称赞的对象。尧无为而治,没有发布任何行政命令,也没有任何决策,老百姓都不知道他这个人存在,也就不知道应该称赞谁。这是治理天下的最高境界,这正是老子所说的"太上,不知有之"的境界。

巍巍乎其有成功也。 巍峨高大啊,他所成就的功业!因为他的无为,每个人才能够以自己的方式成就自己,每个人也因此获得了成功。这里的成功不是指辉煌成就。有了喜欢的工作,成家立业,过上了美好的生活都算成功。在尧的治理下,人人都获得了成功，这样的治理成就是无与伦比的。

焕乎其有文章！流光溢彩啊，那些礼仪制度！孔子在这里提到一种特殊的成就，即人们在这样的自由环境中创造了礼乐制度。

8·20　舜有臣五人而天下治。武王曰："予有乱臣十人。"孔子曰："才难，不其然乎？唐虞之际，于斯为盛；有妇人焉，九人而已。三分天下有其二，以服事殷。周之德，其可谓至德也已矣。"

舜有臣五人而天下治。臣，特指贤臣。舜有五位贤臣就天下大治。

武王曰："予有乱臣十人。"乱，治。武王说，我有十位治国的贤臣。

孔子曰："才难，不其然乎？"孔子就此发表评论说，人才难得，难道不是这样吗？臣子很多，但贤臣很少。即便是大舜，也只有五位贤臣；即便是武王，也只有十位贤臣。可见人才难得。人才为什么难得呢？其实，各行各业的顶尖人才都是有定数的。比如说，文学上的天才，大概平均一百年只能出一个；哲学也一样，从孔子到现在，两千五百年里，杰出的哲学天才也不会超过二十五位。治国的人才也不例外，也是屈指可数的。相比较而言，其他领域的人才容易被发现，也不会有滥竽充数的情况出现。读了李白、杜甫的诗，就能断定他们是天才，读了庄子的书，就会断定他是哲学天才；但政治家就不一样了,每个人都有自己的治国理念,都自认为是治国天才。他是不是治国的天才呢?这就需要甄别,需要伯乐。如果没有慧眼的话,就会把庸才当人才。所以,政治方面的人才最难分辨。

唐虞之际,于斯为盛。于,通"与"。斯,特指周朝初年,也就是周武王时。孔子说,尧舜的时候,周初的时候,人才最多。

有妇人焉,九人而已。周武王的十位贤臣里,实际上只有九位人才,还有一位是女性,这位女性是周武王的妻子。

三分天下有其二,以服事殷。这是讲周文王。他拥有天下的三分之二,仍向纣王称臣。

周之德,其可谓至德也已矣。周人的德,可以说是最高的德。这里的"周之德",严格来讲,是指文王之德,因为武王推翻了纣王,所以"周之德"应该不包含武王。尽管武王伐纣有他的理由,那就是纣王太暴虐。但纣王是否真的那样暴虐呢?这是有争议的。子贡就明确地认为,纣王不像传说的那样暴虐。而且,武王伐纣,伯夷、叔齐也公开表示反对,可见,武王伐纣并非那样理直气壮。所以,这里的"周之德"只能指文王之德。但进一步思考,文王之德也是有疑问的。周开始是个小国,它怎么能够"三分天下有其二"呢?那是不断扩张的结果。如果文王没有死,他会继续扩张,迟早有一天,他也会走上伐纣的道路。"三分天下有其二,以服事殷"未必能够体现"周之德",可能只是时机不成熟,所以,孔子所说的"周之德"很可能是想象的。本章前一部分讲人才,后一部分讲文王之德，两个部分没有逻辑上的关联，所以有人说可以把它分为两章。

8·21　子曰："禹，吾无间然矣。菲饮食而致孝乎鬼神，恶衣服而致美乎黻冕，卑宫室而尽力乎沟洫。禹，吾无间然矣。"

子曰："禹，吾无间然矣。" 间，间隙、缝隙，动词是非议、批评的意思。孔子说，对于禹，我没有什么可批评的。前面说到尧的时候，全用感叹词，如"大哉""巍巍乎""荡荡乎""焕乎"；说到舜的时候，是无为而治，评价都特别高；但对禹的评价，相对比较低。孔子崇拜圣人，对圣人只能颂扬，不可能批评，圣人跟批评这个词搭不上边的。说禹没有可批评的地方，其实就是对禹的批评。

菲饮食而致孝乎鬼神。 自己吃的是粗茶淡饭，却用丰富精美的祭品去祭祀鬼神。

恶衣服而致美乎黻冕。 黻冕，祭服。自己穿得很破旧，却把祭服做得很华贵。

卑宫室而尽力乎沟洫。 沟洫，兴修水利。自己的宫殿修得很低矮，却致力于兴修水利。从孔子描述的这三个方面来看，禹应该是勤政的典范。在常人看来，大禹无可挑剔。

禹，吾无间然矣。 他又重复说，禹，我没有什么可批评的了。对照对尧舜的赞美，明显地看出，孔子是以表扬的方式批评了大禹的不足，表达了对大禹的不满。他为什么不满呢？可能有这样几个原因。首先,"菲饮食""恶衣服""卑宫室"这些做法,对大禹来说,无疑是真诚的,但在他人看来,难免有刻意的嫌疑。即便是真诚的,但这种自苦的方式,和孔子乐的精神是有距离的。其次,禹"致孝乎鬼神""致美乎黼冕",都是强调祭祀的外在形式,而孔子更强调祭祀的内在真诚,如"祭如在""吾不与祭,如不祭""礼,与其奢者,宁俭"。再次,禹"尽力乎沟洫",亲力亲为,这和他治水时"三过家门而不入"如出一辙。过去做臣子,有为是可以的;现在做天子,必须无为。天子不能做臣子的事。最后,尧、舜建立了禅让制,禹破坏了禅让制,把君位传给了自己的儿子。以上这些都使得孔子对禹有所不满。

子罕篇第九

9·1 子罕言利与命与仁。

这一章里，杨伯峻先生不作断句，把它看作完整的一句。所以他的翻译是：孔子（很少）主动谈论功利、命运和仁德。这样理解是有问题的。孔子很少言利，但在很多地方说到命和仁，这在《论语》里比比皆是。杨伯峻先生对此有个解释，他说，正因为它们出现得多，表明孔子平时说得少。因为说得少，所以弟子们才把它记下来。按照这样的观念，孔子说得多的那些思想都没有被记下来，既然没被记下来，我们也就无法知道孔子的思想究竟是什么。所以杨伯峻先生的说法是站不住脚的。本章应该在"利"字后断句，这一章的文本就应该是"子罕言利，与命与仁"。

子罕言利。孔子很少说到利。孔子为什么不说利呢？可能有这样一些原因。首先，逐利是人的本性，是人的本能，无须去说。其次，逐利是当时的社会风尚，正是逐利的行为导致了礼崩乐坏。孟子和孔子相距不过百年，他们所处的时代背景是一致的，梁惠王一见孟子，第一句话就问"何以利吾国"。可见，现实中，人人都陷于逐利而不能自拔。再次，与孔子的言说对象有关。言说对象决定了如何言说，言说什么。孔子一生大部分时间都和学生在一起，他的言说对象都是学生。老师应该教学生什么呢？他是不会在课堂上教学生逐利的。即便是今天的经济学、金融学,也是教经济和金融的原理,也不是教人如何赚钱,而且逐利也是无法教的。就赚钱而言,老师并不比学生高明,子贡就比孔子会赚钱,那子贡向孔子学什么呢?他到孔子这里求知识,求真理,学习哲学、历史、艺术、宗教。这些都和功利无关。当然也不能否认,学成之后,可以用它们谋生。最后,孔子不言利,不是因为利不重要,而是因为利太重要,人们才需要创造文化去超越利。从个人修养而言,人可以排斥利,藐视利;但从社会角度看,正是通过对利的分配来体现公平、公正、正义。所以必须言利。

与命与仁。孔子赞同说命、说仁。孟子说,"莫之致而至者,命也",不知道为什么发生就发生的事,就是命。所以,命就是神秘的必然性,生死有命,富贵在天,人的生死富贵都是命定的,都不由自己决定。所以说,命是告诉人你可能做不成什么;说仁正好相反,是告诉人一定能做成什么,比如人的道德活动,"我欲仁,斯人至矣"。"欲仁"是一种意志活动,是人的决心,只要你愿意,你就能做得到,没有人能够阻止你的仁心。"与命"是告诉我们不能做什么,"与仁"是告诉我们一定能做什么。

9·2 达巷党人曰:"大哉孔子!博学而无所成名。"子闻之,谓门弟子曰:"吾何执?执御乎,执射乎?吾执御矣。"

达巷党人曰:"大哉孔子!博学而无所成名。"巷党,里巷。

子罕篇第九 275

在名字叫达的里巷里，有人说，伟大的孔子，学问广博，却又说不出他有哪样专长。达巷党人的话让人有些捉摸不透，既像是表扬，又像是批评。说"大哉孔子""博学"像是表扬，说"无所成名"又像是批评。说一个人好，好到别人都说不出来好在什么地方，这就耐人寻味了。这个人可能是真好，也可能是假好。

子闻之，谓门弟子曰："吾何执？" 孔子听说后，对学生们说，那我到底以什么为专长呢？

执御乎，执射乎？吾执御矣。 我是专攻驾车还是专攻射箭呢？我还是专攻驾车吧。孔子听出了达巷党人话里的微妙，随口也开了个玩笑。孔子很有幽默感，面对这样两可的问题，开个玩笑就算过去了。

9·3 子曰："麻冕，礼也；今也纯，俭，吾从众。拜下，礼也；今拜乎上，泰也；虽违众，吾从下。"

子曰："麻冕，礼也。" 孔子说，用麻做礼帽，这是礼的规定。

今也纯，俭，吾从众。 现在改用丝做礼帽，这样很节俭，我遵从大家的意见。这是讲礼的变革。礼在什么情况下可以变革呢？是要实现一种更高的价值。在这里，这个更高的价值就是俭。因为能够节俭，而节俭是一种美好的品质，可见孔子并不固守礼。

拜下，礼也。 臣见君，先在堂下拜，然后再到堂上拜，这是礼的规定。

今拜乎上，泰也。 现在，只在堂上拜，这种做法容易让臣子桀骜不驯。

虽违众，吾从下。 虽然和大家的观点不一样，我还是遵从先从堂下拜之礼。在臣见君的礼上，孔子坚持古老的礼制，反对对礼进行变革。理由是，不在堂下拜，只在堂上拜会助长臣子的骄横。在一个礼崩的时代，对礼的任何俭省，都可能进一步催生违礼行为的发生。出于稳定社会秩序的需要，孔子反对对拜礼进行变革。问题是拜下之礼可不可以改变呢？肯定是可以改变的。如果绝对不能变，那今天还在流行拜下礼。什么情况下可以改变拜下礼呢？两种情况下可以改。一种是社会处于稳定时期，由君来改革拜下礼，这能保证社会的稳定；另一种情况是，有了一种更高的价值观，比如平等的价值观出现以后，为了追求人格平等，就可以废除拜下礼，甚至进一步废除拜上礼。所以今天我们以握手礼来表现人格平等。

9·4　*子绝四：毋意、毋必、毋固、毋我。*

子绝四。 孔子杜绝了这四种毛病。

毋意。 不凭空猜测。人在没接触事物以前，总是先要猜测。对于我们信任的人，就会往好里猜测；对于我们不信任的人，就会往坏里猜测。因为猜测没有根据，没有事实，所以造成许多不必要的矛盾。孔子不臆测，根据事实说话。

毋必。 必，肯定。毋必，即不肯定如何。不臆测，就会追求真实。真实来自视和听这两种感官。在视和听中，视更真实，"耳听为虚，眼见为实"，相信看到的东西，这就是必。但是，孔子对看到的东西又产生了怀疑。因为看是有角度的，从某个角度去看，固然是真实的，但它并不代表真相。从其他角度看到的也是真实，但是人坚信，自己看到的就是真相。孔子摆脱了看的偏见。

毋固。固，顽固。不固执己见。人对偶然的经验，也可能进行反思，但是，经过反复的经验，就会形成一个固定的看法，也可以说是一个成熟的看法。它会形成一种认知模式，并用这种认知模式去理解世界。由于这种模式根深蒂固，所以也可以称之为思想的成熟。但是，这个成熟，换句话讲，也是思想的固执。孔子不固执于他的思想体系。

毋我。不唯我独尊。这个世界上不是只有我，而是有千千万万的我，每个我都不是世界的中心，每个我都不是真理。真理在什么地方呢？在众我之间，或者说在我和你和他之间。这就要保持思想的开放，保持与其他思想的对话。在这里，"意""必""固""我"四者不是并列关系，而是递进关系，孔子通过不断的否定，使思想不断提高。

9·5 子畏于匡，曰："文王既没，文不在兹乎？天之将丧斯文也，后死者不得与于斯文也；天之未丧斯文也，匡人其如予何？"

子畏于匡。畏，有两种解释。一种把它理解为拘囚、拘禁。司马迁说得很具体，说孔子被拘禁了五天。第二种解释是，畏，通"围"，被包围住了。哪种说法比较好呢？第二种说法比较好。理由有两点。第一点，如果孔子被拘禁、拘囚的话，那应当是孔子周游列国当中遇到的最惊险的事情，这样的事情弟子们应该有所记录，但事实上没有这样的记录；第二点，按照司马迁的说法，孔子为什么被围呢？因为鲁国的阳虎曾经祸害过匡人，阳虎长得很像孔子，所以匡人就把孔子误认作阳虎，包围了他们。这显然是一场误会。消除这个误会并不难，只要澄清事实就可以了，不可能拘禁五天才澄清这个误会。匡人围住了孔子，孔子说明了真相，问题就解决了。所以畏应该是围，更接近于真实。

曰："文王既没，文不在兹乎？" 文，文献、礼乐。孔子说，文王去世以后，文道礼乐不是就在我这里了吗？在这里，孔子越过了武王、周公，让自己接续文王，表现了极度的自信。

天之将丧斯文也，后死者不得与于斯文也。 后死者，指孔子。天如果要灭绝文道礼乐的话，我就不可能得到这些文道礼乐。

天之未丧斯文也，匡人其如予何？ 如果天不灭绝文道礼乐的话，匡人能把我怎么样呢？孔子在《述而篇》第二十三章讲过很相似的话，"天生德于予，桓魋其如予何"。孔子屡次把自己的使命和天连在一起，表达了这个使命的崇高和神圣。当然，这只是表达一种信念。人的信念特别重要，它能够使人战胜现实中的困难，摆脱现实中的困境，但同时也要注意，信念毕竟不是现实，这并不意味着孔子有了这个信念就有了金刚不坏之身，匡人就真的对他无可奈何。

9·6 太宰问于子贡曰："夫子圣者与，何其多能也？"子贡曰："固天纵之将圣，又多能也。"子闻之，曰："太宰知我乎！吾少也贱，故多能鄙事。君子多乎哉？不多也。"

太宰问于子贡曰："夫子圣者与，何其多能也？"太宰问子贡，夫子是圣人吗？怎么会那样多才多艺呢？在这里，太宰肯定孔子是圣人。还有一种说法，认为太宰否定夫子是圣人，认为圣人不该多才多艺，这是用多才多艺来否定孔子是圣人。这种理解显然是不对的。如果这样理解的话，后面子贡的回答就是答非所问。

子贡曰："固天纵之将圣，又多能也。"子贡回答说，老师本来就是天纵的大圣，并让他多才多艺。子贡不仅肯定孔子是圣人且多才多艺，还认为他成为圣人并多才多艺是天赋与的。孔子成为圣人，与学生有密切关系。子贡在这方面功劳最大，他是造圣运动的主力。

子闻之。孔子听到太宰的话。子贡向孔子转达了太宰的话，但是子贡肯定没有转达他回答太宰的话，因为孔子后面只批评了太宰，而没有批评子贡。

曰："太宰知我乎！"杨伯峻先生在"乎"字后用了感叹号，改成问号更好。孔子说，太宰知道我吗？具体地说，太宰知道我过去的事吗？

吾少也贱，故多能鄙事。鄙事，即多才多艺。今天看来，多才多艺是值得炫耀的事；但在孔子那个时代，多才多艺被称为"鄙事"，是卑微的人才做的事。"君子不器"，君子不该做这样的事。孔子解释他为什么多才多艺，那是因为小时候很贫贱，什么事都要做，就如孟子所说，去做"乘田"、去做"委吏"。

君子多乎哉？不多也。高贵的君子有这么多的才艺吗？没有的。这说明孔子作为君子和那些高贵的君子有区别，他是从底层走出来的君子。

9·7 牢曰："子云：'吾不试，故艺。'"

牢曰："子云：'吾不试，故艺。'" 试，用。这里特指做官。子牢说，老师曾经这样说，我不被任用，所以多才多艺。这是他对多才多艺的又一种解释。他不被任用才多才多艺的。任用会有很多日常事务，会忙忙碌碌。不被任用，就有了闲暇的时间。因为闲，人就可以做自己喜欢的事情，能够自由创造。成为艺术家有一个重要前提，那就是闲。考察一下艺术家的出身，就会发现，古代的艺术家大多出身于没落的贵族家庭，没落的贵族有修养、有文化，生活不愁，无所事事，有大量的闲暇时间从事艺术创造。《红楼梦》大观园里的女孩子们，都会吟诗作画，这与她们的闲暇是分不开的。闲暇甚至可以成为选择职业的标准，能够自由支配时间的职业，应该是比较好的职业。

9·8 子曰："吾有知乎哉？无知也。有鄙夫问于我，空空如也。我叩其两端而竭焉。"

子曰："吾有知乎哉？无知也。" 孔子说，我有很多知识吗？没有啊。学生们都认为孔子的知识很多，但孔子却坚持认为自己没有知识。谁说得对呢？应该说都对，这取决于跟谁相比。跟孔子相比，学生的那一点知识显得微不足道。孔子拿自己拥有的知识和无限的知识相比，那他的知识也就不值一提了。所以，学生说孔子知识很多是真心话，孔子说自己没有知识，也是真心话。尽管这样说，事实上，孔子真的拥有很多知识。这些知识是怎么来的呢？

有鄙夫问于我，空空如也。 鄙夫，村野之人。为什么要让鄙夫询问他呢？因为鄙夫所思考的那些问题，对孔子而言，是完全陌生的，这样就便于说明问题。如果是学生来问他，可能就会问一些他很熟悉的问题，就不能很好地说明他的知识从何而来。这里的"空空如也"，有人认为指鄙夫，这是不对的。"空空如也"，是指孔子自己。所以这句话的意思是，一个村夫向我提问题，我对这个问题一无所知。那我是如何从一无所知变得有所知呢？

我叩其两端而竭焉。 这是他的求知方法。这个方法里面有这样几层意思。首先是叩，叩即问。一定要问，要了解情况，不能主观臆断。问什么呢？问两端，问事物正反两个方面，因为在两端之间，才能找到中。但通常情况下，人们只是停留在一端，尽管人们也知道"偏听则暗"，但还是愿意偏听。这是人的一种情感，人受到情感的影响，就喜欢听好听的。另外，人也受到习惯的影响。比如，我们总是习惯于把红和太阳放在一起，组成红太阳，习惯成自然，所以大家都说红太阳。太阳是不是红的呢？就没有人思考了，也没有人看一眼现实中的太阳究竟是什么颜色的。我们常常只看到事物的一端，根据事物的一端下结论，这样的结论肯定是不正确的。孔子不仅要了解两端，而且对两端的了解不限于表面，他还要穷尽两端之理，然后得到真知。孔子就是这样从无知达到有知，他掌握了一套获得知识的方法，所以他到处都能获得知识，他的知识自然就会很多。

9·9 子曰："凤鸟不至，河不出图，吾已矣夫！"

子曰："凤鸟不至，河不出图，吾已矣夫！" 凤鸟，一种神鸟，非常吉祥。据说，凤鸟在舜和文王时来过。关于图，有个传说，伏羲氏的时候，黄河里的龙马背上有一幅图，伏羲根据这个图画出了八卦，通过八卦去把握世界，所以它也是吉祥物。凤和图的出现，都是祥瑞之兆。现在，凤鸟不来了，黄河里也不出图了，这也就意味着，孔子所处的社会，看不到任何希望。这里要注意，孔子"不语怪、力、乱、神"，这里讲的"凤"和"图"，在某种意义上讲，也属于怪的范畴。这里的怪和"怪、力、乱、神"的怪是不是一样呢？应该是不一样的。"怪、力、乱、神"的怪是自然界里的怪，比如说，天上掉下来了一颗陨石，或者天上突然出现很多乌鸦，这些怪往往会动摇、瓦解现实中的秩序，使人对自然产生恐惧；而这里的怪，是文化创造的产物，是出于人的心理需要，是对秩序的稳定和维护。其实儒家的祭祀，何尝不是一种怪。准备很多祭品奉献给那些看不见的鬼神，不是怪是什么呢？但这个怪是人类文化创造的产物，它能安定人心，让人的生命有归宿。

9·10 子见齐衰者、冕衣裳者与瞽者，见之，虽少，必作，过之必趋。

子见齐衰者、冕衣裳者与瞽者。齐衰，丧服。冕，礼帽。衣，上衣。裳，下衣。衣裳，指礼服。瞽，盲人。孔子见到穿丧服的人，身着礼服、头戴礼帽的人和盲人。这几种人都很特别。见到他们，应该有什么样的态度呢？

见之，虽少，必作。见到他们，虽然对方年少，也必须站起来。这表明，这三种人的出现对他产生了很大的影响，以至于他要改变身体的状态，让身体由舒适的状态变成拘谨的状态。

过之必趋。经过他们的身边，一定要小步快走，以示尊敬。为什么要快走呢？因为平行的步伐，就会始终跟他们在一起，就有种看热闹的感觉。快步经过，可能是不忍看到这样的状况，不去打扰他们现在的状况。这里要特别关注，孔子见到这三种人，他的反应是怎么产生的？是按照礼的规定产生的呢？还是他自发产生的呢？肯定是一种自发的反应。如果是礼的规定，见到这三种人，都应该这样去做，那记录孔子的做法也就没有意义了。可见，礼并没有如此这般的规定。礼的纲目很多，《中庸》讲"礼仪三百，威仪三千"，但礼的规定无论如何细，它也无法穷尽生活的各个方面。也就是说，在礼和礼之间有很多缝隙。如果人只是依礼而行，行为就会僵化，就会遗漏很多东西。就像这里，遇到这么特殊的三种人，应该怎么去做呢？礼又没有做出具体的规定，在这个时候，我们才能体会到孔子仁学的重要性。也就是说，在礼和礼的缝隙中，要用仁心去填补。仁心大于所有的礼仪之和。所以，一个有仁心的人，在没有礼的规定下，看到穿丧服的人，自然就会站起来以表哀情；看见穿祭祀礼服的人，自然就会站起来以表示肃敬；见到盲人，自然就会站起来以表同情。孔子的仁不是一种理念，而是一种生活体验、一种生活实践。在这里，可以把孔子的仁理解为一种生活感觉，甚至一种生活直觉。他在没有任何规定的情况下知道怎么做最恰当。生活中，很多人都缺少了这种直觉。该做的没有做，或者是没有做好。说到底，就是缺少了仁心。对人来讲，仁心真的很重要，它能够时时处处体现在各种规定的缝隙之间，它超越了各种规定。

9·11 颜渊喟然叹曰:"仰之弥高,钻之弥坚。瞻之在前,忽焉在后。夫子循循然善诱人,博我以文,约我以礼,欲罢不能。既竭吾才,如有所立卓尔。虽欲从之,末由也已。"

颜渊喟然叹曰。 颜渊由衷地感叹说。

仰之弥高。 越仰望它越觉得高远。高到看不到顶,也可以说望不到边。因为望不到边,看不到对象的形状,就把握不住对象。这是讲孔子思想的广度。

钻之弥坚。 越钻研就越觉得它深奥。这是讲孔子学说的深度。

瞻之在前。 看见它就在眼前。这是说刚刚感觉把握住了他的思想。

忽焉在后。 忽然之间它又到了后面。前面讲把握住了,这里讲好像又没有把握住。这是讲孔子的思想富于变化。孔子说,"仁者爱人",刚弄明白是什么意思,又听到他说,"克己复礼为仁"。那么,仁究竟是什么呢?

夫子循循然善诱人。 老师循序渐进、按部就班地教导我。

博我以文,约我以礼。 一方面让我阅读文献典籍,另一方面又用礼仪约束我的行为。

欲罢不能。 想要停止都不可能。说明孔子的教学效果非常好,层层递进、引人入胜。

既竭吾才。 我用尽了所有的力量跟随老师学习。那结果怎么样呢?

如有所立卓尔。就好像前面还有一个高大的东西矗立在那里,让人高不可攀。

虽欲从之,末由也已。虽然想追随他,却不知如何下手。这一章颜回谈到他学习孔子思想时的感受。颜回感觉老师的思想博大精深,变化莫测;另一方面,又觉得学习老师的思想力不从心。冉有也说过学习孔子思想的体验,说"非不悦子之道",而是"力不足也"。尽管冉有的出发点不一样,但就学习的感受来说,恐怕也不是毫无道理。这里就有一个问题:一方面,孔子是一个杰出的老师,他"循循然善诱人",有很好的教学方法;另一方面,颜回又是孔子最好的学生。这样好的学生遇到这样好的老师,他应该很容易理解老师的思想才是,怎么会感觉力不从心呢?这说明,孔子的思想中的确有让人难以把握的东西。这个难以把握的东西是什么呢?从今天的阅读感受来看,读《论语》要比读《老子》《庄子》容易得多。《论语》里也有哲理,但这哲理不像《老》《庄》那样玄妙,更没有佛经那样深奥的思辨性。它讲的都是伦常日用,相对说来比较好理解。颜回这样的好学生,怎么就理解不了呢?这就涉及孔子思想的隐与显。显就是已经说出来的,隐就是没有说出来的。显体现为理论,只要用心学习都能把握;隐表现为生活实践,生活实践是没办法言说的。孔子见到"齐衰者",就自然地站起来,经过时自然加快脚步。这一切,礼没有做出明确规定,这是孔子的临场发挥。现场发挥依靠判断力,而现场本身是千变万化的,谁也不知道下一次会遇到怎样的现场,所以就没办法去教人怎样做。正因为如此,即使是一个好老师,他也没有办法教学生怎么做。这就引起学生对老师的误解,觉得老师在教学上有所隐瞒。颜回显然不相信老师会隐瞒。但是,他的学习感受让人思考语言的局限性,即有些是能说的,有些是不能说的。

9·12 子疾病,子路使门人为臣。病间,曰:"久矣哉,由之行诈也!无臣而为有臣。吾谁欺?欺天乎?且予与其死于臣之手也,无宁死于二三子之手乎!且予纵不得大葬,予死于道路乎?"

子疾病,子路使门人为臣。 孔子病重,子路让门人以家臣的身份为孔子准备后事。子路只小孔子九岁,长期跟随在孔子身边,是孔子的大弟子,在孔子的学生中有很高的威望。孔子病重,子路理应牵头操办孔子的后事。

病间。 病好了一些。

曰:"久矣哉,由之行诈也!" 杨伯峻先生将这句话翻译为:"仲由干这种欺假的勾当竟太长久了呀!"这种译法容易产生误解,以为子路一直在欺骗孔子。子路性格直率,根本不可能欺骗孔子。所以这句话应该翻译为:"子路大概蓄谋很久了吧,要做这件骗人的事。"这就把子路骗人限制在"以门人为臣"这样特定的事件上。孔子应该是这个意思。

无臣而为有臣。 我明明没有家臣,你却让学生冒充家臣,这不是欺骗吗?孔子这时已经不是大夫,也就没有家臣。子路为什么要弄虚作假呢?学生以家臣的身份给孔子准备后事,这是为了提升老师的身份地位，表明孔子仍然是个大夫，这样丧事就具有了官方色彩，从而给老师争面子。子路是以欺骗的方式表达自己对老师的爱戴之情。

吾谁欺？欺天乎？ 我这是欺骗谁呢？是欺骗老天吗？孔子反对弄虚作假，况且这样做也不符合礼。更重要的是，很多人会认为，学生的做法得到了老师的默许，即便是学生擅自做主，人们同样会认为，孔子的学生不讲礼仪，这也会损害孔子的声誉。

且予与其死于臣之手也，无宁死于二三子之手乎！ 况且，我与其死在家臣手里，宁愿死在你们这些学生手里。人临死时最想和亲人待在一起，也希望亲人去操办丧事。孔子这种说法，意味着他把学生当成了亲人。表面看孔子是在骂子路以及其他的学生，但被骂的学生却会感到信任、温暖、幸福。孔子通过骂表达了对学生的爱，这是充满爱的骂，表达了师生之间的深情厚谊。

且予纵不得大葬，予死于道路乎？ 况且，我纵然不能被大礼厚葬，我真的会死在路上吗？言下之意是，不是有你们这些学生在身边吗？再一次用骂表达爱。

9·13 子贡曰："有美玉于斯，韫椟而藏诸？求善贾而沽诸？"子曰："沽之哉！沽之哉！我待贾者也。"

子贡曰："有美玉于斯，韫椟而藏诸？" 韫，藏。椟，柜

子罕篇第九　289

子。子贡说,这里有一块美玉,要把它放在柜子里吗?

求善贾而沽诸? 善贾,识货的商人。还是找一个识货的商人卖掉它呢?这块美玉指的是孔子。这是说,老师这么贤能,你是隐藏自己的贤能,还是要让这种贤能发挥作用呢?子贡试探孔子愿不愿意做官。子贡特别聪明,他不直接说,他用了这么个比喻。这个比喻很能体现子贡的商人身份,真可谓三句话不离本行。

子曰:"沽之哉!沽之哉!" 孔子说,卖掉吧!卖掉吧!连着两个"沽之哉",说明孔子对做官很急迫、很急切。《孟子·滕文公章句下》说,"《传》曰:'孔子三月无君,则皇皇如也,出疆必载质。'"又说,"士之失位也,犹诸侯之失国家也"。又说,"士之仕也,犹农夫之耕也"。这都说明,孔子那个时代,人们都追求做官,把做官看作实现理想的主要方式。尽管古人讲,人可以"立德、立功、立言",但立德太难,立言是不得已,立功最为现实。所以古代人都追求立功,因为官场失意,才去写诗词歌赋。但是做官还是他们最大的心结。这种官本位思想从孔子就开始了,非常具有中国特色。到今天,找工作的首选还是考公务员。这个现象非常值得思考。从今天的眼光看,孔子幸亏没有成为一个官员,才使得我们拥有一位伟大的圣人。

我待贾者也。 我在等着那个赏识我的人。这里要注意,孔子想要做官,而且非常急迫,但他做官是有原则的。不赏识他的人让他做官,他是不去的。对孔子来说,做官不是谋生,而是为了实现自己的政治理想。

9·14 子欲居九夷。或曰:"陋,如之何?"子曰:"君子居之,何陋之有!"

子欲居九夷。九夷,泛指古代东方落后的部族。孔子想到九夷居住。很多人把这句话和《公冶长篇》第七章里的"乘桴浮于海"相提并论,其实这两句话的意思不一样。"乘桴浮于海"纯粹是个假设,它所要强调的是"从我者,其由也",而这句话是直接叙述想去九夷,应该是孔子的真实想法。尽管最后没去成,但这个想法是很真实的。

或曰:"陋,如之何?" 陋,简陋,这里指文化落后。有人说,那里文化落后,怎么能去?

子曰:"君子居之,何陋之有!" 孔子说,君子住到那里,还有什么落后的呢? 君子是文明的象征。君子不仅向内自我修养,还会向外改造现实。君子走到哪里,就把文明带到哪里。本章到此结束。但是从逻辑上讲,"或曰"还会有个疑问。他问什么呢? 你去九夷改造现实,为什么不留在中原改造现实呢? 对于这样的问题,孔子很难回答,但这又是孔子的真实感受。如何理解这个问题? 这不是逻辑的问题,而是现实的问题。在现实中,中原地区因为有文明,改造起来会更加困难。这正是弗洛伊德讲的"文明的压抑"。而落后的九夷,像一张白纸,好画最新最美的图画,好写最新最美的文字,改造起来相对更容易。我们有五千年的历史,这当然值得自豪,但同时也可能是负担,变革起来会特别困难。

9·15　子曰："吾自卫反鲁，然后乐正，《雅》《颂》各得其所。"

子曰："吾自卫反鲁。" 孔子说，我从卫国回到鲁国。孔子回到鲁国，一心一意地授徒讲学。教授学生需要教材，于是，孔子开始系统地整理古代文化。

然后乐正。 这是讲整理音乐。正意味着以前不正，现在要归于正。所以正也就具有了制礼作乐的意味。这是通过述来作，以达到"润物细无声"的效果。通过修订教材，实现自己的教育思想。

《雅》《颂》各得其所。 这里的《雅》《颂》指音乐。使得《雅》乐和《颂》乐各归其位。"乐正"体现为两个方面。一个是指正乐章，比如《鹿鸣》在乡饮酒礼上演奏，"三家者以《雍》彻"的《雍》乐是《颂》乐，只能在天子祭祀结束时演奏。第二个是正乐音，使音乐符合音律，不掺杂《郑》《卫》之声。

9·16　子曰："出则事公卿，入则事父兄，丧事不敢不勉，不为酒困，何有于我哉？"

子曰："出则事公卿。" 在外要事奉国君大夫。这里的事应指以礼事奉。孔子对违礼的行为深恶痛绝，他肯定不会做违礼的事。

入则事父兄。 在家要侍奉父母、兄长。"事父兄"指孝悌孝悌是仁之本，孔子思想的根本是仁，孝悌是理所当然。

丧事不敢不勉。替人办丧事不敢不尽心。孔子看到"齐衰者"都会肃然起敬，站立起来。他参与办丧事，尽心尽力是不言而喻的。

不为酒困。不被酒所困扰。孔子在《乡党篇》说"唯酒无量不及乱"。可以看出，孔子好喝酒，酒量还非常大，但从来不喝醉。

何有于我哉？这些对我有什么难的呢？

9·17 子在川上，曰："逝者如斯夫！不舍昼夜。"

子在川上，曰。川，河边。孔子在河边说。

逝者如斯夫！逝，往，过去。这里特指光阴、时间。时间就像流水一样，一去不复返。面对流水，人们有很多的感触。不同的感触产生不同的思想。孔子看见流水就想起了光阴，想起了时间。流水的什么特质和时间相似呢？那就是一去不复返。水"奔流到海不复回"，不再回来意味着不会再见到。时间也是一样，每个时间点或时间段，都是不会重复的。所以我们在时间中，不断地与时间道别。就像今天，现在这个时刻，它是唯一的。在人类的历史中，它也是唯一的，是不可重复的，所以是值得珍惜的。孔子感慨时间，实际上是感慨生命。生命和时间相关，也可以说时间和生命相关。生命在时间中展开，也在时间中结束。生命的每个时刻，都是独一无二的，过去了再也不会回来。这会带来两种结果。一种是及时行乐。行乐其实是不能乐的，因为乐是自然的，而行乐是强制自己乐，最终还是不乐。另一种就是珍惜时间，在时间里做自己喜欢的事，抓紧时间实现自己的梦想。孔子在流水里感到了时间的紧迫，感到了生命的短暂。

不舍昼夜。这是孔子对流水的第二个感悟。流水一去不复返，可不可以让它停止呢？可不可以筑一座大坝，挡住流水呢？这是不可能的。流水会漫过大坝继续前行，所以时间是挡不住的。人类想出各种办法来阻止、抗拒时间，比如制造药品、保健品、化妆品，尽管也取得了一些成绩，达到了年轻的效果，但在时间面前，这些成就是微不足道的。人最终是无法战胜时间的，相反，倒是人被时间战胜了。时间像流水一样昼夜不停。人意识到时间的时候，时间在走；人意识不到时间的时候，时间仍然在走。这就揭示了时间的独立性。这是孔子对时间的感叹，也是对生命的感叹。孟子对本章也有一个解释。水为什么不断地流呢？因为水有源，有本。宋儒说水是道体。他们都有创意，但是，他们的创意是说他们自己的思想，而不是孔子的思想。

9·18 子曰："吾未见好德如好色者也。"

子曰："吾未见好德如好色者也。"我没有见过像好色那样好德的人。在这里，孔子把好德和好色进行比较。好色是一种本能，它是人的动物性的一种表现。好色涉及种族的繁衍，没有任何物种和个体能够摆脱这种本能的欲望，它是根深蒂固的，是先天就有的，具有普遍性。好德是一种社会行为，是人的一种独特本性。尽管这种本性也具有先天性，但是，这种先天性需要通过教育加以实现，教育的程度决定了德行的高低。所以人的德行会千差万别。拿好德和好色比较，无论在广度上，还是在深度上，好德都不如好色。但是孔子有一个理想，那就是，如果人能像好色那样好德的话，那该多好。《大学》对孔子这个思想进行了发挥，说人好德应该"如好好色"，好德达到"如好好色"，才是最高的境界。这时，好德就像好色一样自然。当然，这个理想很难达到，这就不免让人产生一些感叹。应该注意的是，孔子这句话并不反对好色。他只是认为要超越好色，达到好德。《周易》讲"生生之大德"，讲"男女构精，万物化生"，告子认为"食色，性也"，孟子也认可这个观点。可见，儒家思想里并不反对好色。孟子说，"不孝有三，无后为大"，没有男女的好色，就没有后代。这样看来，好色也成了一种德。所以人们把男女相爱也看作一种德，用通俗的话来讲就是"男大当婚，女大当嫁"。

9·19　子曰："譬如为山，未成一篑，止，吾止也。譬如平地，虽覆一篑，进，吾往也。"

子曰："譬如为山，未成一篑，止，吾止也。" 孔子说，好比堆土成山，只差一筐没有堆成，停了下来，这是我自己停下来的。孔子这里用一个非常极端的例子,来说明人的行为的自主性。用康德的话来讲就是"自由的因果性"。人的自由意志能够决定终止某件事。即便这件事情在世俗的眼光看来已经接近成功了,但是仍然可以终止成功。这是强调停止是由我来决定的,不受任何外界的干扰。

譬如平地,虽覆一篑,进,吾往也。进,前进。与前面的"止"相对应,这里的进也可以理解为开始。这句话的意思是:好比填坑成地,尽管只倒了一筐土,这是开始,这是由我开始的。这里又举了一个极端的例子。即便是微不足道的开始,也是由我开始的,也不受他人的干扰。这两个例证都是要说明,人做与不做都是取决于自己,由人的自由意志来决定。

在这一章里,人们特别关注孔子所举的两个例证,对这两个例证进行价值评判,而忽略了孔子利用这两个例证所说明的问题。看到"进,吾往也",就进行肯定;看到"止,吾止也",就进行批评。尤其是抓住"功亏一篑"进行发挥,认为人应该不停地努力,不断地进步。这显然是对孔子思想的一个误读。他们认为"功亏一篑"令人惋惜。但是,从行为的自主性来看,从自由意志来看,"未成一篑"可能是一个明智的选择。因为山成为山,并不取决于这筐土。少了这筐土,它仍然是山,没必要增加这一筐土。"未成一篑"假定了山由多少筐土构成,少了一筐土就不能称之为山。但是这个假定是不成立的。当人意识到对山的观念有错误的时候,及时停止了这样错误的行为,不是理所应当的吗?所以"未成一篑"是一个伪命题。另外,所谓"功亏一篑"，离成功只有一步之遥，那是事后反思时所发现的问题，在人追求成功的进程中，他并不知道离成功只有一步之遥。退一步讲，即便他真的知道离成功只有一步之遥，他还会受制于自己的能力。人的能力能否跨过这一步，还是未知的。人的能力不论有多大，总有一步跨不过去。这一章孔子强调人的行为的自主性，再大的事情人都可以停止；再小的事情人也可以去做，这一切都取决于我，这是本章的核心思想。

9·20 子曰："语之而不惰者，其回也与！"

子曰："语之而不惰者，其回也与！" 语，说话，这里指孔子的教学。孔子说，听我教学从不倦怠的，也只有颜回了吧！颜回为什么听孔子讲课不倦怠呢？试想，如果他对孔子的思想不感兴趣，必然会像冉有那样画地为牢。勉强去听，一定会倦怠。可以讲，颜回是孔子思想的知音，他对孔子的思想始终保持浓厚兴趣，并对孔子的思想心领神会。孔子这句话还表明，孔子是很孤独的，尽管有三千弟子，但理解他思想的唯有颜回一人。

9·21 子谓颜渊，曰："惜乎！吾见其进也，未见其止也。"

子谓颜渊，曰。 孔子这样说颜渊。
惜乎！吾见其进也，未见其止也。 可惜呀，我只见到他不断地前进，没见到他停止。这是对颜回早逝的惋惜。这里需要注意的是，颜回只进不退的学习行为是自然的呢，还是人为的苛求？可能两个方面都有。从上一章看，"语之而不惰"，说明颜回真心喜欢孔子的思想。但从《子罕篇》第十一章来看，"虽欲从之，末由也已"，表明他把握孔子思想有点力不从心。所以颜回好学，应该有自我强制的成分。可以想见，他学习孔子的思想有些吃力，颜回只进不退，或许与孔子的表扬有关，这给颜回也带来了相当的精神压力，这可能影响到了颜回的身体健康。如果他能停下，效果可能会更好。

9·22 子曰："苗而不秀者有矣夫！秀而不实者有矣夫！"

子曰："苗而不秀者有矣夫！" 秀，有的理解为开花，有的理解为结穗。无论怎么理解，都不影响这句话要表达的思想。禾苗茁壮生长却没有开花。这是讲禾苗生长过程中遇到的挫折。通常说"有苗不愁长"，以为禾苗生长就必然会开花。禾苗生长会出现意外。这种意外可能是天灾，比如说干旱、洪涝、病虫害；也可能是人祸，比如人的懒惰、疏于管理，或者因为人的勤快，施肥过度。

秀而不实者有矣夫！ 开花而不能结果也有。已经开花了，快要结果了，但是意外又出现了。这里意外的情况跟上面是一样的。孔子从禾苗生长所遇到的挫折，可能联想到人在成长过程中所遇到的挫折。比如说，有人很有天分，可惜没有接受好的教育；有人得到了好的教育，最终没有取得相应的成就。孔子这句话让人感觉是感慨颜回的。

9·23　子曰："后生可畏，焉知来者之不如今也？四十、五十而无闻焉，斯亦不足畏也已。"

子曰："后生可畏，焉知来者之不如今也？" 后生，年轻人。孔子说，年轻人让人生畏呀，怎么知道他们未来不如我们今天呢？中国是农业文明的社会，农业文明重视经验，年龄越大，经验越多，越值得人尊重。中国向来有尊老的传统，年轻人极易被轻视、被压制。在这样的文化背景下，孔子力挺年轻人就显得难能可贵了。后生可畏有什么道理呢？首先，人是一种可能性的存在。在各种可能性当中，就有一种可能性，即年轻人会达到我们现在的水平，甚至超过我们。"江山代有才人出"。其次，年轻人都会变老，老人都曾年轻，所以，每个人都曾是年轻人，每个人也都会是老人。今天取得成就的老人，当年都是年轻人，所以瞧不起年轻人，就是瞧不起自己。最后，对年轻人的看法取决于如何比较。如果以自己此时的强势，面对年轻人此时的弱势，那后生就不可畏；如果以历时性为标准进行比较，拿年轻时的自己与现在的年轻人进行比较，那后生就一定可畏。

四十、五十而无闻焉，斯亦不足畏也已。 如果到了四十、五十岁时，还默默无闻，也就不值得敬畏了。孔子说后生可畏，是说后生作为群体，是令人敬畏的；但后生作为个体，未必都令人生畏。四十、五十，这是孔子时代的年龄标准，按照今天的标准，相当于现在的五十、六十。现代人五十、六十，快到退休了，还默默无闻的话，别人也就不再有敬畏之心了。孔子以四十、五十为标准，应该是基于他的人生经验。他四十不惑，五十知天命，"不惑""知天命"，正是他的思想成就。尽管成才有早有晚，但大器晚成的人必定比较少。有些领域出名很早，比如说体育、音乐、舞蹈。文学领域，出名相对晚一些。但无论如何，五十多岁也该有所成就了。

9·24 子曰："法语之言，能无从乎？改之为贵。巽与之言，能无说乎？绎之为贵。说而不绎，从而不改，吾末如之何也已矣。"

子曰："法语之言，能无从乎？" 法，法规，规范。法语之言，即真理性的语言。真理的语言，谁能不听从呢？任何人都不敢公开违抗真理之言。他可以无视真理之言，但不敢违抗真理之言。违抗真理之言被视为大逆不道，真理之言的权威性是不能挑战的。

改之为贵。 以真理之言为标准，改正自己的错误，这才是最重要的。如果只是听从而不改，这就架空了真理之言，真理之言就会变成空言，对人的现实生活不发挥任何作用。

巽与之言，能无说乎？ 巽，奉承的话。人听到奉承的话，能不喜欢吗？人本能地都会喜欢听奉承话。

绎之为贵。 绎，演绎、分析。听到奉承的话加以分析，才是可贵的。奉承的话里,有真有假,切不可都当真。要理性分析,不能盲目乐观。比如学校里,每学期结束都要评教,评教里奉承的话多。这时就要分析,这些奉承的评语是真的吗?是出于面子,还是出于功利?

说而不绎,从而不改,吾末如之何也已矣。喜欢听奉承的话,而不加以分析;听从真理之言,而不改正自己的错误。对于这样的人我也就无可奈何了。这里要思考人为什么会"说而不绎,从而不改"呢?这源于人的感性存在。孔子认为,人应该完成对感性的超越,用理性去限制感性,使人成为完整的人。

9·25 子曰:"主忠信,毋友不如己者,过,则勿惮改。"

本章重出,同《学而篇》第八章。

9·26 子曰:"三军可夺帅也,匹夫不可夺志也。"

子曰:"三军可夺帅也。" 周朝的礼制,大国诸侯有三军:上军、中军、下军。这里泛指军队。孔子说,可以夺走三军的统帅。在现实中,夺走三军统帅很难,但无论多难,夺帅都是可能的。为什么呢?因为帅是一物,只要是物,就有可能获得。"胜败乃兵家常事",没有常胜将军,都说明夺帅是可能的。

匹夫不可夺志也。 匹夫,普通人。这里的夺应该理解为改变。这句话是讲,只要你愿意,没有人能改变你的意志。现实中，很多人迫于压力改变了自己的意志。这是否说明人的意志是可以被改变的呢？不是的。这里讲"不可夺志"，是说在你决定不改变时，任何人都不可能让你改变。当然，这样会承担很多的风险，甚至会有生命的危险。但是，即便有生命的危险，仍然可以不改变意志。这就给道德提供了一个基础，让任何人找不到为不道德进行辩护的借口。不管外在的环境如何恶劣，都可以不改变你的意志。如果你改变了你的意志，你就要为自己的改变承担责任。需要强调的是，从个人修养而言，"匹夫不可夺志"是令人钦佩的道德行为；但作为社会而言，要尽量减少"匹夫不可夺志"的情况，不让人纠结于夺志是美好社会的表现。

9·27　子曰："衣敝缊袍，与衣狐貉者立。而不耻者，其由也与！'不忮不求，何用不臧？'"子路终身诵之，子曰："是道也，何足以臧？"

子曰："衣敝缊袍，与衣狐貉者立。"衣，动词，穿。穿着破旧的丝棉袍和穿着狐貉皮大衣的人站在一起。穿着破旧的衣服表示贫穷，穿着狐貉皮衣服表示富贵。贫穷者和富贵者站在一起，贫穷者都会有一种羞耻感，尤其是熟人之间，就更容易产生一种攀比之心。

而不耻者，其由也与！而不感到羞耻的人，这大概就是仲由吧！子路不以自己的贫穷而羞耻，说明子路有独立的价值观，他在追求道，所以孔子对子路提出表扬。

不忮不求，何用不臧？ 忮，嫉妒。臧，善良。不嫉妒，不贪求，怎么不是善呢？孔子引用《诗经》里的两句话表扬子路。这是对子路最大的褒扬。

子路终身诵之。 终身，不能理解为终其一生。如果理解为终其一生，那么孔子后面的话就是在子路去世后说的。孔子对子路的死非常悲痛，不可能在子路死后还批评他，所以这里的终身应该理解为终日，就是那天，或者理解为长时间。很多人把"诵之"的"之"仅理解为《诗经》里的那两句话，这种理解可能有点问题，这个"之"应该指孔子所有表扬子路的话。子路对孔子的表扬沾沾自喜，不可能只提到《诗经》里的那两句话，他一定会把孔子所有表扬的话都记在心里。这句话的意思是，子路一直念叨着孔子对他的表扬。

子曰："是道也，何足以臧？" 孔子说，只是这样的话，怎么足以称为善呢？子路的这种品格固然是一种善，但如果只有这种善，那么他的善就是有限的。孔子又批评了子路。子路在孔子那里的遭遇，每次都差不多，都是开始受表扬，后来挨批评。不是孔子爱批评子路，而是子路太经不起表扬。孔子其实很喜欢子路，但又不得不故意板着面孔批评子路。

9·28 子曰："岁寒，然后知松柏之后凋也。"

子曰："岁寒，然后知松柏之后凋也。" 孔子说，天寒地冻的时候，才知道松柏的叶子最后凋落。这是讲松柏的品质。这个品质需要经过岁寒的考验，然后才能表现出来。如果是盛夏季节，各种树木都是枝繁叶茂，也就很难分辨哪种树木更耐寒。孔子讲松柏的品质，本义是要讲人的品质。在通常情况下，很难发现人的品质高低，只有在关键时刻，在利益冲突的时候，在人的生命安危的时候，才能够凸显人的品质。也就是说，人的品质是需要考验的。这里，孔子把人的品质和松柏的品质相类比，开启了后代儒家的"比德"思想，它也成了儒家的自然美思想。儒家把自然中和人的品质有对应关系的那些自然物看作审美的对象。这些自然物具有反季节的特征，因而具有了超常品质。除了松柏以外，还有梅、兰、竹、菊，还有周敦颐《爱莲说》里所喜欢的莲花，它们都成为审美的对象，它们是艺术家，尤其是画家所青睐的对象。道家把自然物都当作审美的对象，跟道家相比，儒家自然美的对象很有限。还有一点要注意，孔子的这一思想和他的北方生活环境是分不开的，若是在南方，四季常绿，不会看到"岁寒，然后知松柏之后凋"的现象。可见，思想和地理环境密切相关。

9·29 子曰："知者不惑，仁者不忧，勇者不惧。"

子曰："知者不惑。" 知，通"智"。孔子说，智者不会迷惑。智者为什么不迷惑呢？智者透过现象看本质，现象复杂多变，难以把握。事物的本质是一样的，把握住本质，就把握了变化背后的不变，就能够以不变应万变。古今多少事，都付笑谈中，古今的事数不胜数，但最后都成为后人的笑谈材料。

仁者不忧。仁者不会忧愁。这是为什么呢？仁者爱人，所谓爱人，就是心里只有别人，没有自己。没有自己，也就没有我，没有我，哪里还有我的忧愁呢？现实生活中，仁者毕竟还有个身体，有身体就免不了死亡之忧。仁者如何解决死亡之忧呢？儒家有一种观点，"仁者与天地为一体"。也就是说，仁者把身体融到天地当中，只要天地在，仁者就会在。

勇者不惧。勇者不会恐惧。勇者为什么不恐惧呢？勇者见义勇为。所谓的义，即正义、道义、真理。因为有义的支撑，人才义无反顾，才勇敢，才死而无憾。这里要区分勇敢和胆大，胆大不是勇敢，胆大与私欲有关，所以才说胆大妄为。一旦东窗事发，他们就会痛哭流涕，表示要痛改前非。勇敢让人无怨无悔，胆大让人悔恨不已。

9·30　子曰："可与共学，未可与适道；可与适道，未可与立；可与立，未可与权。"

子曰："**可与共学，未可与适道**。"孔子说，可以一同学习，但不可以一起追求大道。人们一起学习，但学习的目的各个不同。对于大多数人来说，学习只是为了谋生，只有少数人是为了谋道。

可与适道，未可与立。可以一起追寻大道，但不可以一起坚守大道。谋道不易，坚守更难。谋道很难给人富贵，反而给人带来贫穷，谋道的过程中，会遇到各种各样的诱惑，大浪淘沙，只有很少的人才能坚守大道。

可与立，未可与权。可以与他一起坚守大道，却不可以灵活地运用大道。人们坚守的是道之经。经是不变的规则。但是，生活是不断变化的，人们坚守的那些经不足以应对生活的变化，这就需要灵活地处理经和现实的关系，这就是权。权，即灵活地使用经。孟子极大地发展了孔子权的思想，《孟子·尽心上》讲，"执中无权，犹执一也。所恶执一者，为其贼道也，举一而废百也"。孟子是处理经权关系的大师。比如说，"男女授受不亲"，这是经，但"嫂溺，援之以手"，这是权；"言必信，行必果"，这是经，"言不必信，行不必果"，这是权。这里要注意的是，权的思想固然高明，灵活多变，但是极易被误用、滥用。所以，权是有条件的，这个条件还是极为严格的。

9·31 "唐棣之华，偏其反而。岂不尔思？室是远而。"子曰："未之思也，夫何远之有。"

唐棣之华，偏其反而。唐棣，一种植物。华，通"花"。偏，通"翩"。反，通"翻"。这句话是说，唐棣之花，翩芊摇曳。这两句话是起兴，没有实际意义。

岂不尔思？室是远而。难道不想念你吗？只是你住得太远了。这四句是逸诗，今本《诗经》里没有。从字面上看，这应当是首爱情诗。谈过恋爱的人都知道，这是委婉地表示要分手。

分手总得有一个理由，是什么理由并不重要，关键是双方都有一个台阶下。

子曰："未之思也，夫何远之有。"孔子说，是不想思念吧，有什么远的呢？的确，思念和远近没有关系，路途的遥远还能增加人的思念，所以它不是思念的障碍。孔子不依不饶，非要戳破这层窗户纸。从今天的眼光来看，孔子似乎有点较真。感情问题说不清道不明，好聚好散就好，无须进行指责。那么孔子为什么还要指责呢？可以这样理解，尽管这四句诗的作者不知是男是女，但感觉上应该是男性。所以，这四句诗应该是男性给女性的分手诗。古代女性处于弱势地位，男性始乱终弃是常有的，就此而言，孔子的指责是可以理解的，他是为女性鸣不平。

乡党篇第十

10·1 孔子于乡党，恂恂如也，似不能言者；其在宗庙朝庭，便便言，唯谨尔。

孔子于乡党。乡党，家乡。孔子出生于陬邑的昌平乡，后来迁居到曲阜的阙里。这里的乡党泛指这两个地方。孔子在父老乡亲面前是怎样的呢？

恂恂如也，似不能言者。恂恂，温恭的样子。孔子温恭谦逊，像一个不会说话的人。人把自己的出生地称为家乡的时候，说明他已经离开了出生地。人重回故乡的时候，都喜欢衣锦还乡，在家乡人面前炫耀自己的成功；但孔子与之相反，显得谦卑，好像不会说话。这不是礼的规定，而是仁心的自然流露，在家乡父老面前，只适合谈情叙旧，而不能卖弄自己的口才、学问，以及所谓的成功。

其在宗庙朝庭。他在宗庙朝廷时，则是另外的表现。

便便言，唯谨尔。便便，明辨。言辞明辨清晰，只是有些谨慎。宗庙和朝廷是公共领域，言辞必须条理清晰，方能尽职尽责，但也不多言，只阐明自己的观点，不强求他人，又很有分寸感。

10·2 朝，与下大夫言，侃侃如也；与上大夫言，訚訚如也。君在，踧踖如也，与与如也。

朝。在朝廷等待国君临朝的时候。

与下大夫言，侃侃如也。侃侃，和乐的样子。孔子与下大夫说话时，温和而快乐。下大夫级别比较低，相处没有压力，自然显得轻松愉快。

与上大夫言，訚訚如也。訚訚，和悦而正直的样子。孔子同上大夫说话时，和气而正直，既表现出对他们的尊重，又不失自己的尊严。

君在，踧踖如也，与与如也。踧踖，恭敬不安的样子。与与，威仪得体的样子。面对国君的时候，都是略显不安，表达对国君的尊重。这一章讲孔子对不同的人表现出不同的态度。它们都是仁心的自然转换，不能理解为投机善变。

10·3 君召使摈，色勃如也，足躩如也。揖所与立，左右手，衣前后襜襜如也。趋进，翼如也。宾退，必复命曰："宾不顾矣。"

君召使摈。国君让他迎接别国的宾客。

色勃如也，足躩如也。勃，变色。躩，轻快。脸色马上会变得庄重，脚步会变得轻快。这个变化也是很自然的，因为有重大的使命，人的身体会相应地发生变化。

揖所与立，左右手。对同列的人，作揖示意，左右拱手。

衣前后襜如也。襜，整齐。衣服随身俯仰，前后摆动，但又显得非常整齐。

趋进，翼如也。快步行走时，好像鸟儿舒展翅膀。

宾退，必复命曰："宾不顾矣。"送走了宾客，一定会向国君回复，客人不再回头了。这一章讲孔子迎接外宾的场景。这里孔子的行为、动作、身体状况，应该都是礼仪的规定，不是孔子的独创。孔子只是严格地遵守了礼制的规定，也表明孔子言行一致，他让别人遵守周礼，他自己也严格地遵守了周礼。

10·4 入公门，鞠躬如也，如不容。立不中门，行不履阈。过位，色勃如也，足躩如也，其言似不足者。摄齐升堂，鞠躬如也，屏气似不息者。出，降一等，逞颜色，怡怡如也。没阶，趋进，翼如也。复其位，踧踖如也。

入公门。进入朝廷的大门。

鞠躬如也，如不容。鞠躬，收敛的样子。收敛自己的身体，好像大门容不下自己的身体。朝廷是非常严肃的地方，到这里来会接受一些重大使命。面对这样庄严的场景，身体会自然地收缩紧张，以体现使命的庄严和自身的渺小。

立不中门，行不履阈。阈，门槛。不站在门的中间，不去踩门槛。站在门的中间，会妨碍别人的进出；踩着门槛就会弄脏门槛。这些规定是符合自然的，礼的规定有着自然的基础，不是想怎么规定就怎么规定。

过位，色勃如也，足躩如也。 经过国君的座位，面色会变得庄重、严肃，脚步也变得轻快。

其言似不足者。 说话好像中气不足。同僚之间讲话轻声细语，怕干扰和破坏这样严肃的气氛。类似于现在开严肃的大会，与会者如果说话，必定要压低声音。

摄齐升堂。 摄，提着。齐，指衣服的下摆。升堂的时候，一定要提着衣服的下摆，使衣服离开地面，防止不小心踩着衣服跌倒。

鞠躬如也，屏气似不息者。 收敛自己的身体，屏住气，像不能呼吸一样。这是显示庄重严肃。

出，降一等。 走出来，下一级台阶。

逞颜色，怡怡如也。 脸色舒展开来，显得轻松愉快。

没阶，趋进，翼如也。 走完台阶，快步向前，如鸟儿张开翅膀。

复其位，踧踖如也。 回到原位，又显得恭敬不安。这一章讲孔子上朝的情况。这里，孔子的种种行为也应该是礼的规定，上朝的大夫都应该如此，不是孔子独特的行为方式。

10·5 执圭，鞠躬如也，如不胜。上如揖，下如授。勃如战色，足蹜蹜如有循。享礼，有容色。私觌，愉愉如也。

执圭。 圭，一种玉器，是出使他国携带的信物，类似于现在外出的介绍信。手里拿着圭。

鞠躬如也，如不胜。 收敛自己的身体，好像举不动的样子。圭虽轻，但使命很重。

上如揖，下如授。 往上好像是作揖，往下好像是授人以物。这是讲拿圭时，手应该有的位置。如果位置不恰当，就会显得不恭敬。

勃如战色，足蹜蹜如有循。 面色庄敬，好像很畏惧，步伐紧凑，符合规矩。

享礼，有容色。 进献礼物时，满脸和悦。

私觌，愉愉如也。 觌，见。以私人身份会见别国国君时，显得轻松愉快。这一章讲孔子出使国外时的情景，这些行为也应该是礼制的规定。

10·6 君子不以绀緅饰，红紫不以为亵服。当暑袗絺绤，必表而出之。缁衣，羔裘；素衣，麑裘；黄衣，狐裘。亵裘长，短右袂。必有寝衣，长一身有半。狐貉之厚以居。去丧，无所不佩。非帷裳，必杀之。羔裘玄冠不以吊。吉月，必朝服而朝。

君子不以绀緅饰。 绀，一种颜色，类似于天青色。緅，一种颜色，类似于铁灰色。君子不用天青色和铁灰色作为衣服的装饰。这两种颜色接近于黑色，黑色是古代礼服的颜色。礼服的颜色很尊贵。绀和緅接近这种尊贵的颜色，也相应地变得尊贵起来，所以就不用这两种颜色作为装饰。这里的君子，很多人以为就是孔子，这样的说法可能有问题。以下关于服饰的规定,应该是对君子阶层的普遍规定。

红紫不以为亵服。亵服,居家穿的便服。不用红色、紫色作为居家便服的颜色。红、紫这两种颜色类似于朱色,朱色也是一种贵重的颜色,所以红紫也就连带着获得了尊重。

当暑袗絺绤。袗,单衣,这里作动词,穿单衣。絺,细葛布。绤,粗葛布。暑天的时候,穿着葛布的单衣。

必表而出之。表,在外。出门会客时,一定要在外面加上外衣,以示对他人的尊重。

缁衣,羔裘。羔裘,毛黑色。黑色的衣服要配黑色的羔裘。

素衣,麑裘。麑,小鹿,毛白。白色的衣服就要配麑裘。

黄衣,狐裘。狐裘,毛黄色。黄色的衣服配黄色的狐裘。这些都是讲衣服里外颜色要相配。

亵裘长,短右袂。袂,衣服的袖子。居家时的便服要长,右手的袖子要短。便服长是为了保暖,右手袖子短是为了干活方便,有点像今天藏族同胞的服装。

必有寝衣,长一身有半。有,又。身,人的上身。睡觉一定要有睡衣,睡衣的长度是人上身的一倍半,大概能盖住人的膝盖。

狐貉之厚以居。居,坐。用厚厚的狐貉皮当坐垫。

去丧,无所不佩。丧期以外,什么都可以佩戴。

非帷裳,必杀之。帷裳,祭服。杀,削减,剪裁。只有上朝的礼服要用整幅的布去做,其他的衣服都要裁去一些布料,这是对祭祀活动的重视。

羔裘玄冠不以吊。不能穿着羔裘衣、戴着黑礼帽吊丧。羔裘、玄冠都是黑色的，而黑色是一种吉祥的颜色。

吉月，必朝服而朝。每月初一，必须穿着朝服去朝觐。这一章讲服饰的颜色、款式、搭配等等，应该都是礼制的要求。

10·7　齐，必有明衣，布。齐必变食，居必迁坐。

齐，必有明衣，布。齐，通"斋"。明衣，浴衣。斋戒沐浴时一定有浴衣，浴衣是用布做成的。这个布不是今天的棉布，而是麻布和葛布。

齐必变食，居必迁坐。斋戒时，必须改变饮食，改变住处。变食，主要指的是不饮酒，不吃荤，甚至一些辛辣的食物。迁坐，指夫妻不能同住，要住特定的外寝。斋戒改变饮食和住处，使斋戒具有隆重的仪式感。人就会从日常生活状态进入与神灵相处的超越状态，体验到一种庄严崇高的情感。

10·8　食不厌精，脍不厌细。食饐而餲，鱼馁而肉败，不食；色恶，不食；臭恶，不食；失饪，不食；不时，不食；割不正，不食；不得其酱，不食。肉虽多，不使胜食气。唯酒无量，不及乱。沽酒市脯不食。不撤姜食，不多食。

食不厌精，脍不厌细。脍，切细的鱼肉。粮食不厌弃精，肉食不厌弃细。也就是说，粮食越精越好，肉食越细越好。据说这样才能养人。

食馈而餲，鱼馁而肉败，不食。 馈，受潮。餲，变味。馁，鱼腐烂。败，肉腐烂。食物受潮变味，鱼肉腐烂变质，不吃。

色恶，不食。 食物的颜色难看，不吃。

臭恶，不食。 食物的气味难闻，不吃。

失饪，不食。 烹调失当，不吃。

不时，不食。 不是吃饭的时候，不吃。不时，也有另外的解释，即不是时令的食物，但是，在孔子的时代，可能没有反季节的食物。

割不正，不食。 不以正确的方式宰杀的肉食，不吃。宰杀动物的方式有人道的，也有不人道的。应该用人道的方式宰杀动物，这体现了孔子的仁心。

不得其酱，不食。 酱，调味品。没有相配的调味品，不吃。

肉虽多，不使胜食气。 食气，五谷之气。五谷是主食。肉虽然很多，但是不能超过主食。

唯酒无量，不及乱。 乱，心志乱。只有喝酒不限量，但不会喝醉。孔子酒量很大，但很有理性，能控制自己不喝醉。

沽酒市脯不食。 沽、市，都是买的意思。不买外面的酒和干肉。孔子自己酿酒，自己腌制干肉。他可能觉得外面的酒和干肉不够卫生，也可能是他有很高的酿酒和腌肉手艺，觉得外面的酒肉不如他的好。

不撤姜食，不多食。 不撤走姜食，但也不多吃。这一章讲孔子对饮食的要求，这和前面讲的服饰不太一样。服饰带有公共性质，服饰里包含着很多礼的规定，服饰体现身份、等级、地位。在等级社会里,对服饰有严格要求。但饮食不一样,饮食是私人的,是个性化的。孔子对饮食要求很严格,甚至很苛刻,今天的人都自叹不如。孔子对食的态度,主要体现为三个方面:一个是卫生的方面,一个是审美的方面,一个是养生的方面。

10·9 祭于公,不宿肉。祭肉不出三日。出三日,不食之矣。

祭于公,不宿肉。参与国家祭祀所得的祭肉,当天晚上必须分给他人。祭祀当天宰杀牲畜,第二天还要进行一次祭祀,这叫绎祭。这样,分到的祭肉已经存了两天了,所以当晚一定要分给别人。

祭肉不出三日。出三日,不食之矣。祭祀所得的祭肉保存不能超过三天,超过三天就不能再吃了。这样规定是要保证祭肉的新鲜。祭肉里含有某种神性的因素,如果腐烂变质,就是对神的不敬。

10·10 食不语,寝不言。

食不语。吃饭时不说话。吃饭时不说话有点费解。现在人吃饭往往是为了说话,许多重要的事情都是在饭桌上通过讲话完成的,所以现在人吃饭,实际上是一种社交活动。古人也需要社交,但古人比较闲暇,可能不需要在饭桌上社交。也可能是把吃饭看得特别重要,要仔细品味食物的味道,说话会让人

"食而不知其味"。

寝不言。睡觉时不说话。这个好理解。睡觉需要安静，安静便于入睡。话语投缘，会令人兴奋，话不投机，会让人气愤，这都会影响睡眠。

10·11 虽疏食菜羹，瓜祭，必齐如也。

虽疏食菜羹，瓜祭，必齐如也。瓜，鲁《论语》写作"必"，意思更明确。齐，通"斋"。即便是粗糙的粮食，简陋的羹汤，也一定要在吃前祭拜。这是说孔子如何对待食物。哪怕是最简单的食物，孔子饭前都要举行祭祀，以表达对食物的感恩、感激。孔子对食物的感恩态度，对今天人来讲，非常具有启发意义。现在的食物很丰富，而且来得很方便，以至于人们不把食物当回事，随便浪费食物。孔子饭前必须祭祀，就在人和食物之间建立了原初的亲缘关系，让人意识到食物来之不易，要对食物心存感激。也有学者认为，本章的瓜不必改字，可以这样断句：虽疏食菜羹瓜，祭，必齐如也。这是把瓜当作一种食物，也能说得通。但这样一来，祭就不是必然的，就是偶然的。也就是说，如果祭的话，祭礼一定要像斋戒一样。而必祭，意味着在任何情况下都要祭祀。

10·12 席不正，不坐。

席不正，不坐。座席不端正，不坐。古人席地而坐，对席的方位有严格的礼制规定。席正是一种文化约定。既是约定，就应该遵守这个约定。孔子以不坐来维护约定，是对周礼的一种坚守。

10·13 乡人饮酒，杖者出，斯出矣。

乡人饮酒，杖者出，斯出矣。杖者，老人。乡人一起饮酒，老人出去了，才跟着出去。这里的"乡人饮酒"，很多人都解释为乡饮酒礼。如果是乡饮酒礼的话，那么老人出去，就跟着出去，就是一种符合礼仪的行为。如果"乡人饮酒"只是乡人的一种普通饮酒聚会，那么老人出去，才跟着出去，就体现为孔子的仁心。老人是长者，也是弱者。作为长者，理应得到尊敬，作为弱者，理应得到保护。

10·14 乡人傩，朝服而立于阼阶。

乡人傩，朝服而立于阼阶。傩，驱逐疫鬼的活动。阼阶，东阶，主人站立的位置。乡人举行驱逐疫鬼的活动，孔子穿着朝服站在东边的台阶上。这充分地体现了孔子对于鬼神的态度，即"敬鬼神而远之"。乡人举行驱除疫鬼的活动，他不参与，也不反对。他穿着朝服站在台阶上，这是敬；他只是穿着朝服站在台阶上，这是远。

10·15 问人于他邦，再拜而送之。

问人于他邦，再拜而送之。托人问候别国的朋友，对所托之人拜而又拜，恭敬相送。孔子"再拜"，表现他对此事极为重视，态度特别诚恳，孔子对受托人的这份情谊必将由受托人传递给朋友。受托人类似于桥梁，沟通桥的此岸与彼岸，对桥梁的重视，也就是对彼岸的重视。

10·16 康子馈药，拜而受之。曰："丘未达，不敢尝。"

康子馈药，拜而受之。季康子送药，拜谢收下。从孔子拜谢收下的行为看，孔子并未生病，季康子送来的应该是补药，是养生的补品。

曰："丘未达，不敢尝。"孔子说，我还不了解此药的药性，所以不敢试服。按照古代的礼仪，孔子必须尝试一下送来的补药，但是药品不同于食品，对症它是药，不对症就是毒。关乎身体健康，孔子不敢随便尝试，但是不尝又失礼。怎么办呢？孔子的回答既实在又智慧，他不说药如何，而是说自己对药性不了解，所以问题不在于药，而在于他药物知识的欠缺，这就给了季康子台阶。可见，智慧其实很简单，就是说实话，正如孔子所言，"知之为知之，不知为不知，是知也"。不知道药性，就老实告知，这就是诚实的智慧。

乡党篇第十　319

10·17 厩焚，子退朝，曰："伤人乎？"不问马。

厩焚。 孔子家的马棚失火了。

子退朝，曰："伤人乎？" 孔子退朝回家，问道，伤到人了吗？孔子第一时间问的是人，这是对生命的尊重。这里还要注意，所伤之人最有可能是养马之人，是下层人。可见，在孔子这里，生命的价值没有高低贵贱之分。另外，孔子问人不是出于理性的思考，而是仁心的自然流露。所以，问人是极自然的事，是无须思虑的本能反应。

不问马。 第一时间不问马，并不是说始终不问马。儒家爱有差等，对人爱，对马也应该爱。

10·18 君赐食，必正席先尝之；君赐腥，必熟而荐之；君赐生，必畜之。侍食于君，君祭，先饭。

君赐食，必正席先尝之。 食，熟食。国君赐熟食，必定会摆正座席马上尝用。国君赐熟食，马上要尝用，这是礼的规定，但"正席"行为应该是孔子的临场发挥。孔子重礼，他家的席一定会是正的，所以他的"正席"行为只是一种仪式，表示对国君的尊重。

君赐腥，必熟而荐之。 腥，生肉。荐，敬奉。国君赏赐生肉，做熟以后必定要敬奉给祖先。在这里，国君赏赐生肉，煮熟了吃，这也是礼的规定。但是，自己吃之前，敬奉先祖，这又是礼之外的仁心的表现。

君赐生，必畜之。生，活物。国君赏赐活物，必定要好好豢养。在这里，国君赏赐活物，感激地收下，这也是礼制的规定。收下以后怎么办呢？可以杀掉，也可以养着。养着体现了对国君的尊重。可以看出，君有不同的赏赐，孔子以不同的礼回应。但在回应之外，仁心对礼又有所发挥。礼得到仁心的滋润，不再是干枯的、机械的形式，它体现了礼和仁的统一，也可以说是仪式和生命的统一。

侍食于君，君祭，先饭。陪同国君吃饭，国君举行饭前祭祀，自己先吃饭。"先饭"让人很费解。按照通常的观点，他应该辅助国君祭祀，怎么能自己先吃饭呢？很多人对"先饭"只做字面翻译，不解释为何要"先饭"。也有人尝试解释，但是解释都很牵强。比如郑玄说，"若为君先尝食然也"，皇侃也解释说，"所以然者，示为君先尝食，先知调和之是非者也"。孔子作为客人陪国君吃饭，没有道理让他替国君去尝食物的好坏。"先饭"一直没有得到很好的解释。

10·19　疾，君视之，东首，加朝服，拖绅。

疾，君视之。之，指孔子。孔子生病卧床，国君前来探望。

东首，加朝服，拖绅。头朝东边，披上朝服，拖着大带。孔子躺在床上，头为什么要朝东呢？国君以主人的身份从东边过来，头朝东是迎接国君的到来。披上朝服，拖着大带，是以臣子的身份迎接国君。人生病的时候，可以不执君臣之礼，但孔子还是坚守君臣之礼，这再一次表明，孔子不只是反对他人突破礼制，他自己也是严格遵循了礼制。

10·20　**君命召，不俟驾行矣。**

君命召，不俟驾行矣。国君下令召见，不等车马备好，便先行启程。孔子的这个行为，是遵守礼制的规定还是仁心的体现呢？这取决于孔子的这个行为是表现在私人领域，还是在公共领域。如果是私人领域，这个行为就体现了仁心，如果是公共领域，孔子这个行为就是对礼的遵循。这个行为到底属于私人领域还是公共领域呢？这又取决于传达君命的人是否与孔子同行。如果同行，就是公共领域，孔子的行为就符合礼；如果不同行，就是私人领域，孔子的行为就符合仁。

10·21　**入太庙，每事问。**

本章同《八佾篇》第十五章，重出不述。

10·22　**朋友死，无所归，曰："于我殡。"**

朋友死，无所归。朋友死后，没有亲人。
曰："于我殡。"孔子便说，我来安葬。这种行为显然不是礼的规定，而是仁心的自然流露，表现了孔子重情和仗义。

10·23　朋友之馈，虽车马，非祭肉，不拜。

朋友之馈，虽车马，非祭肉，不拜。朋友馈赠的礼物，即便贵重如车马，只要不是祭肉，就不行拜礼。车马属于物质，拜车马就是拜物质，所以孔子不拜车马。为什么要拜祭肉呢？祭肉里蕴含了精神，祭肉和天地山川祖先的神灵联系在一起，拜祭肉就是拜精神，换句话讲，孔子拜精神，不拜物质。

10·24　寝不尸，居不容。

寝不尸。尸，死人。睡觉不能像死人那样直直地躺着。为什么要"寝不尸"呢？大概因为这种睡姿身体不舒服。不过，仔细思考，这句话也有问题。什么是舒服的睡姿呢？任何睡姿时间久了都不舒服，从这个意义上讲，舒服的睡姿就是各种睡姿的交替变化。这样看，尸睡也是不能完全排除的。这句话的可疑之处还在于，谁有时间、有机会、有兴趣彻夜不眠地观察孔子的睡姿呢？"寝不尸"还有强制的意思。人在睡眠中如何强制自己的睡姿呢？所以，"寝不尸"很有疑问。

居不客。客本作"容"，杨伯峻先生根据《释文》和《唐石经》校订作"客",这个校订是正确的。孔子闲居在家,不像客人那样拘谨。人是家的主人,主人是自由的。人喜欢在家就是喜欢自由,所以不会像客人那样拘谨。

10·25　见齐衰者,虽狎,必变。见冕者与瞽者,虽亵,必以貌。凶服者式之,式负版者。有盛馔,必变色而作。迅雷风烈,必变。

见齐衰者,虽狎,必变。齐衰,丧服。狎,关系密切。看见穿丧服的人,即使平日关系亲密,也一定要脸色庄重。

见冕者与瞽者,虽亵,必以貌。看见戴礼帽者和盲人,虽然非常熟悉,也必须依礼致敬。这两句话的意思前面已经讲过,这里不再重复。

凶服者式之。式,通"轼",车前横木。孔子在车上看到路人穿丧服,一定要俯身示意。

式负版者。版,国家的图籍。负,不是背负,也不是手持,而应该是车载。这些珍贵的东西不可能背在身上,也不可能拿在手里,它一定会放在车子里,并且车子上一定有明显的运送国家图籍的标志。孔子在车上遇到运送国家图籍的车子,也会俯身示意以表尊重。

有盛馔,必变色而作。别人盛宴款待,一定会面色惊喜,起身致谢。

迅雷风烈,必变。遇到狂风、炸雷,脸色会异常凝重。以上孔子的种种行为，都不是来自礼的规定，都是仁心的自然流露，是人性美好的表现。

10·26　升车，必正立，执绥。车中不内顾，不疾言，不亲指。

升车，必正立，执绥。上车时，一定先要端正地站好，拉着用来扶手的带子。这样上车安全。

车中不内顾，不疾言，不亲指。在车中，不四面环顾，不高声喧哗，不指指点点。在车中四面环顾，似乎对人有戒心，让人感觉不自在；在车内大声喧哗，指指点点，旁若无人，显得自己缺乏教养。所以，在公共场合，要有他人意识，要隐身到群体中，不突出自己。

10·27　色斯举矣，翔而后集。曰："山梁雌雉，时哉时哉！"子路共之，三嗅而作。

色斯举矣，翔而后集。这两句话没头没尾，不好理解。如果把这两句话的顺序颠倒一下，变成"翔而后集，色斯举矣"，就很好理解了。根据下文，"翔而后集"的主语应该是"雌雉"。孔子看见一只雌雉飞走，又停下来，他的脸色微微一动，似乎有所感触。

曰："山梁雌雉，时哉时哉！"雌雉，野鸡。时，识时务。山梁上的野鸡，识时务啊，识时务啊！

子路共之，三嗅而作。共，有人认为通"拱"，拱手的意思。子路听到孔子称赞雌雉，就向雌雉拱手以示敬重。这个解释是有问题的，人不可能对动物表示敬重。共，通"供"，提供的意思。子路听到孔子称赞，就向雌雉提供食物。这是人们通常所做的。雌雉很警觉，没有吃这个食物，又飞走了。

本章像一幅画，画面开阔，意境高远。又像一首诗的片段，留下许多空白，有待读者想象。

《论语》里，人是主角，自然似乎是可有可无。此处意外出现一只雌雉，雌雉竟占了画面的大部分，着实让人有些惊喜，像大自然中吹来一阵清风，让人耳目一新，精神为之一振。现实中的孔子与大自然有不少的接触，但《论语》中的孔子与大自然毕竟有些疏远。孔子看到了雌雉，雌雉也看到孔子一行。雌雉神色警觉，飞向天空，一阵盘旋，又停在一处。此情此景让孔子颇多感慨，山中雌雉，过着自在自足的生活，他们的到来扰乱了雌雉的自在。雌雉避开不速之客的侵扰，又恢复到它的自在。子路不甘心，投以粮食，向雌雉示好，以示关心。但雌雉不为所动，张开翅膀飞去，寻找属于它的自在。雌雉有自己的生活，孔子在沉思：应该向雌雉学点什么呢？

先进篇第十一

11·1 子曰:"先进于礼乐,野人也;后进于礼乐,君子也。如用之,则吾从先进。"

子曰:"先进于礼乐,野人也。" 野人,指普通人。孔子说,先进到我门下的那批学生,对于礼乐而言,像是普通人。

后进于礼乐,君子也。 君子,有文化的人。后到我门下的这批学生,对于礼乐而言,像是有文化的人。这里的先进和后进有很多的说法,应该指进入孔门先后的弟子。以什么作为入门先后的标准呢?应该说,孔子自卫返鲁是个时间节点,此前招收的学生都叫先进,此后招收的学生都叫后进。先进的这批学生,年龄相对比较大,有的和孔子相差无几。按照孔门四科十哲的说法,德行科、言语科、政事科的弟子应该是先进,文学科的弟子属于后进,他们的年龄和孔子相差比较大。就礼乐而言,孔子为什么把先进称为野人,把后进称为君子呢?先进的这批学生和孔子有着共同的救世情怀,他们崇尚仁义礼乐,是为了改造这个社会,他们对礼乐知识的掌握,是有所欠缺的,跟普通人相差无几,所以说他们像野人。而后进的这些弟子,也就是孔子晚年招收的弟子,学识渊博。就所掌握的礼乐知识而言,他们都像是君子。孔子先进弟子和后进弟子为什么有这么大的差别呢?这与孔子本人的思想是密切相关的。孔子早年有意入仕，后来终于在鲁国做官。辞官以后，周游列国其实也是在寻找明君，还是立足于社会改造。受他的影响，学生也都是积极入仕。孔子晚年回到了鲁国，入仕之心已经淡漠，他开始系统地整理古代文化，教授古代文化。这些后进的弟子跟随孔子深入学习古代文化，掌握了丰富的礼乐知识。

如用之，则吾从先进。如果要运用的话，我倾向于先进的那批弟子。这句话表明，尽管孔子晚年专心学问，但是他的内心里还是具有救世情怀的。他认为，救世比做学问要重要得多，救世体现了儒家的精神，是君子儒；做学问是不得已而为之，它的重要性比不上救世，所以他批评子夏沉溺于学问，是小人儒。

11·2 子曰："从我于陈、蔡者，皆不及门也。"

子曰："从我于陈、蔡者，皆不及门也。"孔子说，跟随我遭受陈蔡之厄的学生，如今都不在我门下了。孔子周游列国，在陈绝粮，处境十分艰难。这些先进弟子，在孔子感慨的时候，最小的都已经四十多岁了。他们各奔前程，有些人已经功成名就，连孔子都难得一见。孔子念叨陈蔡之厄的那些学生，大概有三个原因。首先，他们曾经同甘苦、共患难，度过一段令人难忘的时光。其次，这批学生和他志趣相投，追随他周游列国，实现救世的理想。最后，大概是孔子老了，越老越念旧。

11·3 德行：颜渊，闵子骞，冉伯牛，仲弓。言语：宰我，子贡。政事：冉有，季路。文学：子游，子夏。

德行：颜渊，闵子骞，冉伯牛，仲弓。德行方面有颜渊、闵子骞、冉伯牛、仲弓。

言语：宰我，子贡。言语方面有宰我、子贡。这里的言语指口才好，语言能力强。

政事：冉有，季路。政事方面有冉有、季路。

文学：子游，子夏。文学方面有子游和子夏。这里的文学指文献。这就是孔门四科十哲。十哲是贤人中的贤人。四科十哲的名单有以下几点值得注意。第一,四科十哲的名单不是孔子拟定的。十哲称字不称名，显然不是孔子的口气。但是这份名单，孔子是认同的，孔子的学生也是认同的，所以这份名单是具有公信力的。第二，这份名单体现了孔子重德的思想。德行科的学生有四位，快到十哲的一半了，可见德行在孔子思想中的地位。第三，除德行科以外，其他各科的学生都被孔子批评过。子路、宰我、冉有受到过严厉的批评，但是他们都进入了十哲的名单。可见，名单的拟定者非常理性、非常公正。孔子认同这份名单，也表明他的理性和公正。第四，子游、子夏的入选代表了孔子思想的新方向，对儒学未来的发展起到了非常大的作用。文学科的设立是很有远见的。第五，这份名单也有明显的欠缺，子张、有子、曾子未能入选，这是很遗憾的。曾子以德行著称，应该放到德行科，但是德行科已经有四位长者，曾子是小字辈，列在一起也不合适。再说，没有曾子，德行科实力依然强大。子张长于政事，可以放到政事科，大概也是因为年龄的原因没有入选。有子长于思辨，是一位纯粹的思想家，理论水平极高，在四科里无法归类，所以也遗憾地落选了。

11·4 子曰："回也非助我者也，于吾言无所不说。"

子曰："回也非助我者也。" 孔子说，颜回不是对我有所帮助的人。颜回次次受老师表扬，这次是个例外，挨了批评，而且批评的语气还很重，很像是对颜回的全盘否定。

于吾言无所不说。 说，通"悦"。他对我所说的话没有不赞同的。孔子这句话反映了颜回为学的特点，即善于接受他人的思想，但是缺少自己独创性的思想。因为缺少独创性，所以对所接受的思想，只能表示赞同。这句话还反映了孔子的思想，孔子不认为自己的思想都是正确的，他希望得到别人的批评，以完善自己的思想。对于颜回，他更是有所期待。发现颜回对他的思想没有提出批评时，他感到很遗憾，并批评了颜回。可见，孔子的思想特别开放，他愿意接受各种批评。后人把孔子的思想定于一尊，这与孔子的思想是背道而驰的。

11·5 子曰："孝哉闵子骞！人不间于其父母昆弟之言。"

子曰：孝哉闵子骞！ 孔子说，真是孝啊，闵子骞这个人。

闵子骞，名损，字子骞。孔子应该称他闵损，不应该称他闵子骞。闵子骞只比孔子小十五岁，且德行高尚。孔子是否对他另眼看待，称字而不称名呢？

人不间于其父母昆弟之言。间，非议。昆弟，兄弟。人们从不非议他父母、兄弟称赞他孝顺的话。家人说孝，未必是真孝，有时碍于亲情和面子，不得不说孝。所以，家人说孝未必可信。所以真正的孝，必须是家人说孝，外人认可家人说的孝。可见，闵子骞是真孝。

11·6 南容三复白圭，孔子以其兄之子妻之。

南容三复白圭。三，指多次，经常。白圭诗，见于《诗经·大雅·抑》。原文是："白圭之玷，尚可磨也；斯言之玷，不可为也！"白玉上的污点，可以磨掉；人说话中出现了污点，没有办法再更改。南容经常念诵白圭的诗句，表明他为人谨小慎微，谨言慎行。这样的人可靠、稳重。

孔子以其兄之子妻之。孔子把侄女嫁给了他。这件事在《公冶长篇》第二章里也有记载，可以参看。这里要注意的是，孔子最欣赏有个性的学生。按道理来讲，孔子应该把侄女嫁给他所欣赏的狂者、狷者。很有意思的是，他把侄女嫁给了缺少个性但稳重的南容，似乎很注重生活的稳定。因为有个性的狂者、狷者容易招惹是非，导致个人生活的动荡不安。从这里能看出孔子思想的复杂性。从社会面而言，他喜欢有个性的人，但是，就托付终身而言，他给侄女选择了一个没有个性的人。

11·7 季康子问："弟子孰为好学？"孔子对曰："有颜回者好学，不幸短命死矣，今也则亡。"

这段话参见《雍也篇》第三章，鲁哀公也有此问，只是回答有详略不同，故不重复。

11·8 颜渊死，颜路请子之车以为之椁。子曰："才不才，亦各言其子也。鲤也死，有棺而无椁，吾不徒行以为之椁。以吾从大夫之后，不可徒行也。"

颜渊死。颜渊去世了。
颜路请子之车以为之椁。颜路，颜回的父亲。椁，外棺。古代的棺材有两层，内称为棺，外称为椁。颜路请求孔子卖掉他的车为颜回置办椁。颜回家里贫穷，只能置棺，不能置椁，所以颜路才有这样的请求。但是，这个请求既奇怪又无礼。为什么奇怪呢？孔子此时已经七十多岁，生活应该比较富裕。颜路为什么指名要孔子卖车为颜回置办椁呢？而且颜回的同学很多，完全可以众筹的方式解决椁的问题啊！为什么讲他无礼呢？人再需要别人帮助，也不应该强迫别人帮助自己，这样的要求近乎胁迫，甚至有点无赖。颜路如此请求的唯一理由，只能是孔子对颜回的爱。他大概认为,孔子的爱要有所体现。应该说,他是滥用了孔子对颜回的爱。

子曰:"才不才,亦各言其子也。" 孔子说,你儿子有才,我儿子无才,但都是自己的儿子,对于自己儿子的爱应该都是一样的。言下之意就是,你爱你的儿子,我也爱我的儿子。

鲤也死,有棺而无椁。 鲤,孔鲤,孔子的儿子,在颜回去世的前一年去世。孔鲤去世时,也是有棺无椁,所以我不能卖掉车子为你的儿子置椁。孔子的理由非常充分,但说出这样的理由又非常痛苦。孔子那么爱颜回,现在却被迫对爱进行比较,好像孔子不爱颜回似的。这是对爱的伤害。应该说,孔子是能够给儿子置椁的。他为什么不这样做呢?其实这很符合孔子的思想。孔子在《八佾篇》第四章讲:"丧,与其易也,宁戚。"

吾不徒行以为之椁。 我不能卖掉车置办椁而徒步行走。这句话既是针对颜回之死,也是针对孔鲤之死。

以吾从大夫之后,不可徒行也。 因为我居大夫之列,不可以步行。孔子此时已经不是大夫,因为他的特殊身份,可能保留了大夫的待遇。大夫出门只能坐车,不能步行。孔子讲了不能卖车的两个理由。这两个理由,颜路应当都是知道的。那他为什么还要请求孔子卖车呢?颜路是什么样的人呢?颜路不是蠢,就是坏,可能更多的还是蠢,所以提出这个不合情理的要求。如果说颜回是孔子最好的学生,那么颜路可能就是孔子最蠢的学生。这里有个现象值得研究,儒家圣人父子的品质往往相反,比如尧舜,两个大圣人,他们的儿子都是不肖之子。曾子是大孝子，但是，他的儿子对他不够孝顺。孟子批评曾子的儿子曾元，只是养口体，而不是养志。

11·9　颜渊死。子曰："噫！天丧予！天丧予！"

颜渊死。颜渊去世了。

子曰："噫！天丧予！天丧予！" 噫，叹气声。孔子说，唉，天要灭我！天要灭我！得到颜回的死讯，孔子唉了一声，连说两个"天丧予"。在看望病中的冉伯牛时，孔子也是连说两个"斯人也而有斯疾"，但仔细体会又有微妙的不同。他称伯牛为斯人，称颜回为予。伯牛是斯人，故感慨中不失冷静；颜回就是予，所以情不自禁。孔子不说"天丧回"，而说"天丧予"，他把颜回当作了自己。予不是指身体的我，而是指精神的我、思想的我。他把颜回看作精神的传承人，思想的接班人。孔子看重颜回什么呢？就是颜回传承思想的能力。因为他没有自我，所以他更容易全盘接受孔子的思想。可以说，颜回就是一个小孔子，是孔子的化身。任何一个有个性的学生，都会按照自己的理解去传承孔子的思想，这样孔子的思想就会被割裂。事实正是如此，孔子死后，儒分为八。假如颜回在世，就不可能出现这样的局面。从思想的创造性来说，缺乏个性是个缺点；但就思想的传承来说，缺乏个性又是个优点。孔子看中的正是颜回的这个优点，所以他预感，颜回死了，他的思想也就得不到完整的传承了。

11·10　颜渊死，子哭之恸。从者曰："子恸矣。"曰："有恸乎？非夫人之为恸而谁为？"

颜渊死，子哭之恸。 恸，过分地伤心。颜渊去世，孔子哭得特别伤心。

从者曰："子恸矣。" 跟从孔子的学生提醒孔子，老师，您哭得太伤心了。孔子说过"哀而不伤"，这句话是针对《关雎》这首诗而言的，在生活中也具有普遍适用性。但是，即便是孔子，在生活中面临如此大的变故时，他还是突破了"哀而不伤"的限制。人的爱越深，就会越伤心，这是不以人的意志为转移的，孔子也不例外。

曰："有恸乎？" 孔子说，我哭得真那么伤心吗？什么叫伤心呢？有不同的观察点，"旁观者清，当局者迷"，孔子陷入哀伤当中，并没有觉察到自己哀伤过度，反而觉得这是很正常的事情，在学生的提醒之下，他才发现自己的确哀伤过度。

非夫人之为恸而谁为？ 我不为这个人伤心，我为谁伤心呢？在确认了自己哀伤过度时，孔子没有任何自责，反而为自己哀伤过度进行辩护。这个辩护，明显体现了对颜回的偏爱，他也毫不忌讳对颜回的偏爱。这时候，我们看到的不是理性的孔子，而是感性的孔子。魏晋时期，何晏与王弼争论圣人有情还是无情，何晏认为圣人无情，王弼认为圣人有情。在这个问题上，孔子显然赞同圣人有情。王弼还说，圣人与普通人的差别在于，普通人为情所累，而圣人情顺万物。从孔子哭颜回以及在颜回去世后不断念叨颜回看，孔子其实也为情所累。

11·11 颜渊死，门人欲厚葬之，子曰："不可。"门人厚葬之。子曰："回也视予犹父也，予不得视犹子也。非我也，夫二三子也。"

颜渊死，门人欲厚葬之。 颜渊去世，孔子的学生们要厚葬颜渊。厚葬主要指棺外置椁。学生们主张厚葬的理由很充分。一则，同学一场；二则，颜回是孔子最喜欢的学生，厚葬颜回，也是为了安慰老师。

子曰："不可。" 孔子说，不可以。孔子明确表示反对，反对的理由可能有三个。第一，颜回家境贫穷，没有财力棺外置椁。不能为了厚葬，去做无法胜任的事。第二，不符合孔子的丧葬思想。孔子认为，"丧，如其易也，宁戚"，不要注重丧葬的形式，而要注重丧葬的感情。孔鲤也是有棺而无椁，说明孔子在丧葬问题上从简的思想。墨子指责儒家厚葬，但是从孔子对于儿子以及颜回有棺无椁看来，孔子是主张薄葬的。第三，孔子让颜和与他儿子一样，都是有棺而无椁，说明孔子是拿颜回当儿子一样对待。这是对颜回的最高礼遇。

门人厚葬之。 孔子的学生们还是厚葬了颜回。学生们没有领会孔子的内心思想，甚至可能误解了孔子的"不可"，以为这不代表孔子的真实想法。

子曰："回也视予犹父也，予不得视犹子也。" 孔子说，颜回待我像待父亲，我却不能把他当儿子对待。这是孔子的感慨。如果孔子能够把颜回当儿子，他的话就是一言九鼎，学生们也就不敢违背孔子的意愿去厚葬颜回。在孔子看来，学生厚葬颜回，不是拉近了他与颜回之间的感情，而是疏远了他与颜回之间的感情，这是把父子之情退化到师生之情。所以，学生们的这种做法，让孔子感到非常痛苦。我们也可以猜想，孔鲤去世时，学生们也应该主张厚葬。只是因为孔子以父亲的身份进行拒绝，学生们也就不再坚持了。

非我也，夫二三子也。 这不是我的原因啊，是学生们要这样做。学生们主张厚葬，在感情上可以理解，孔子作为老师没有办法阻止这种出于善意的厚葬。一方面，他想埋怨这些学生，但另一方面，又不知道如何埋怨。有时候，心与心之间的沟通是很难的。这里可以说，学生们出于好心，做了一件令孔子遗憾的事情。

11·12 季路问事鬼神。子曰："未能事人，焉能事鬼？"曰："敢问死。"曰："未知生，焉知死？"

季路问事鬼神。 季路问孔子如何侍奉鬼神。在古代，侍奉鬼神是一件重大的事情。

子曰："未能事人，焉能事鬼？" 孔子说，还没有侍奉好人，怎么能够侍奉好鬼呢？孔子并不反对侍奉鬼神。但是，在侍奉鬼神之前，他给侍奉鬼神附加了条件，即侍人。

先侍人，后侍鬼。问题是，侍人是无休止的活动。人活着的时候，谁也不敢说已经侍奉好人。这样一来，侍鬼的活动就被无限延期。事实上，人活着的时候，也就没有侍鬼的可能性。孔子的这个回答很智慧。一方面，他不否定侍鬼，另一方面，由于他增加了侍人这个先决条件，这就等于把侍鬼搁置起来了。

曰："敢问死。"曰："未知生，焉知死？" 子路又说，斗胆问一下什么是死？孔子说，不知道什么是生，哪里知道什么是死呢？这句话的问答方式和上句话的问答方式完全一样。这里的问题涵盖面更广，它包含了侍人与侍鬼的问题。生死的问题更本源，而侍人、侍鬼则是派生的问题。子路的问题非常重要。人生在世，不外乎生死两件大事。既然死亡如此重要，孔子为什么要回避死亡问题呢？可能有三个原因。第一，殷人尚鬼，周人尚德。从尚鬼到尚德，体现了人的道德自觉，这个变化过程不是一蹴而就的，早于孔子不远的臧文仲给大乌龟制造雕梁画栋的房屋，这个行为在那个时代是很普遍的，不是个别行为。所以，孔子的文化使命就是要强化德的思想，弱化鬼神的思想。第二，孔子强调家庭伦理以及社会秩序。如果谈论死，就会冲淡，甚至是瓦解孔子思想的基础。死是生的否定，是意义的毁灭。第三，对死亡的思考会产生自由的思想。生不能证明人有自由，死反而证明人是自由的。生离不开他人，而死只能独自面对。从死亡里产生的自由思想，对儒家伦理是一个威胁。

孔子对死亡的态度也面临着质疑。第一，人是不是先要知生，然后才能知死？有没有这样的先后顺序？如果是这样，那么死亡的问题就永远得不到思考。人与生俱来会意识到死，当人意识到死时，就开始思考死了。人一边活着，一边死去，可以随时随地思考死亡，而不必像孔子所说的，把生的问题都搞清楚了，再去思考死的问题。第二，死是一个必有的问题。让人不去思考这个问题是不可能的，像子路这样的粗人也会提出这个问题。第三，人关于生的思想实际上都根源于死。比如孔子说，"学如不及""逝者如斯夫，不舍昼夜"等，这些感慨正是从死亡中萌发出来的。日常生活中的格言，"少壮不努力，老大徒伤悲""一寸光阴一寸金，寸金难买寸光阴"等，如果不从死亡来理解，这些话也就没有任何意义。

11·13 闵子侍侧，訚訚如也；子路，行行如也；冉有、子贡，侃侃如也。子乐。"若由也，不得其死然。"

闵子侍侧，訚訚如也。 闵子站在孔子旁边，一派忠正。

子路，行行如也。 子路一派强悍。

冉有、子贡，侃侃如也。 冉有、子贡一派和乐。

子乐。 孔子很快乐。孔子为什么很快乐呢？看到这些优秀的学生，充满一种成就感、自豪感。这是老师特有的快乐。这种乐里包含自己的理想、思想得到传承。

先进篇第十一　339

"**若由也，不得其死然。**"仲由这个样子，恐怕难以善终。这句话单独列为一章可能更好。在如此快乐的情景当中，孔子不应该说出这样煞风景的话。非常不幸的是，子路真的没有得到善终，他死于卫国的内乱。这里也可以看出性格与命运的关系，有什么样的性格就有什么样的命运。

11·14 鲁人为长府。闵子骞曰："仍旧贯，如之何？何必改作？"子曰："夫人不言，言必有中。"

鲁人为长府。长府，放财货的地方。此处的鲁人应该是三桓。三桓要改建长府。

闵子骞曰："仍旧贯，如之何？何必改作？"闵子骞说，保持原样，怎么样？何必要改建呢？闵子骞反对改建长府。

子曰："夫人不言，言必有中。"孔子说，这个人不说话，一说话就说到点子上。为什么"仍旧贯"就是说到了点子上呢？两者有必然关系吗？显然不是。如果是，就意味着，"仍旧贯"是绝对正确的。这显然是不对的，需要改建长府的时候就应该改建。所以，这里的"仍旧贯"没有涉及一般的思想，只与具体的史实有关。什么样的史实呢？鲁国的三桓曾联合起来把待在长府的鲁昭公赶出了鲁国。不论此事的是非曲直，单是臣子驱逐国君，这就是大逆不道的。显然，三桓改建长府是要毁灭罪证。孔子认为保留这个历史遗迹对三桓具有警告作用。在这一点上，闵子骞与孔子想到一起去了。

11·15 子曰:"由之瑟奚为于丘之门?"门人不敬子路。子曰:"由也升堂矣,未入于室也。"

子曰:"由之瑟奚为于丘之门?" 仲由为什么要在我这里弹瑟呢?很多人把弹瑟理解为真实的弹瑟。这样理解可能有些问题,如果真是弹瑟的技艺不高,继续努力就是了,有什么必要批评子路弹瑟呢?弹瑟弹出声音,弹出心声,弹出自己的思想和情感。所以,子路弹瑟应该只是一个比方,应该是子路的某种思想、某种做法引起了孔子的不满。

门人不敬子路。 孔子的学生们便不再尊敬子路。这句话很奇怪,隐含的信息量很大。如果这句话实指子路的弹瑟水平不高,这应该是人所共知的。子路的特长在军事,不在弹瑟。以子路业余爱好的水平低而瞧不起子路,也不符合常理。如果弹瑟指子路的思想,同学们相处已久,子路的率真、诚实大家都是很清楚的。无论是哪种情况,都会产生这样的问题:孔子批评子路之前,同学们都尊重子路;孔子批评子路之后,同学们就开始不尊敬子路。它说明了什么呢?说明孔子在学生中的权威已经确立,学生们都以孔子之是为是,以孔子之非为非,完全丧失了独立思考的能力。即便知道孔子不对,也随声附和,不敢提出疑义。这种现象发人深思,我们需要一个文化巨人,但又很容易拜倒在巨人的脚下,这是十分危险的。这种拜倒使人对思想失去了批判性,导致思想走向它的反面。当然,在不敬子路的学生里,应该没有子贡、宰我,因为他们始终坚持独立思考。

子曰:"由也升堂矣,未入于室也。" 孔子说,仲由已经走进大厅,只是还没进到内室。孔子批评子路,不是为了否定子路,而是希望子路能更上一层楼。但他没有想到的是,他对子路的批评被学生们当真了,所以又赶紧表扬子路。孔子显然已经意识到,他对子路的评价影响到了学生对子路的态度。这表明孔子具有自我反思的精神。问题是,如果孔子不能自我反思,那会怎样呢?所以,我们一方面需要思想权威,另一方面对这个思想权威还要进行思考,不能盲目屈从。

11·16 子贡问:"师与商也孰贤?"子曰:"师也过,商也不及。"曰:"然则师愈与?"子曰:"过犹不及。"

子贡问:"师与商也孰贤?" 师,子张。商,子夏。子贡问,师和商相比,谁更强一些呢?

子曰:"师也过,商也不及。" 孔子说,师太过,商又不够。一个太过,一个不够。孔子这样评价,显然预设了一个标准,这个标准就是"中"。师超过了中,商没有达到中。中不是事物的中间,它随周边事物的变化而变化,所以中很难把握。对普通人来讲,如果中不能把握,中就很难发挥作用。在生活中,中的表现形式就是礼。礼是凝固化的中。所以,孔子这句话也是说,师做事经常超过了礼,而商往往达不到礼。

曰:"然则师愈与?"子贡问,是不是说师比商更强一点?也就是说,在过和不及中,过在价值上要超过不及。这是子贡的观点,也代表了大家的观点,即认为在过和不及中,过比不及要好。这在日常用语中就有所体现。比如说"礼多人不怪",言下之意是,礼多比礼少要好。人们为什么会认为过比不及要好呢?因为过关联着许多正面的价值观。比如说认真、敬业、负责、忠诚、严格等。如果没有这些品质,就很难把事情做过头。受到这些观念的影响,人们宁左勿右。比如说,上班实行"五加二""白加黑",这是公然侵犯公民休息和享受假期的权利,是违法行为。但是,这种行为屡禁不止,甚至有人把这当作评先进的条件,因为牺牲个人的休息时间去努力工作,领导就自然而然地把他树立为榜样,让人学习。这种思维方式由来已久,子贡算是这方面的代表人物。

子曰:"过犹不及。"孔子说,过和不及一样,都不好。孔子这个思想非常重要,但没有得到应有的重视。"过犹不及"在自然学科里很好理解。自然学科重视数据,比如说身体方面各种健康的数据,低于这个数据,身体不健康,高于这个数据,身体也不健康。没有人会认为数据越高越好。但是在生活中,人们却有意无意地把一些优秀品质过度发挥。孔子的伟大就在于,他认为,任何一种优秀品质的无节制发挥,都会带来灾难性的后果。按照"过犹不及",牺牲休息时间工作,这种行为不应该受到任何鼓励,更不能树立为榜样,而应该受到批评。因为这些做法违反了礼制,也违反了今天的法治。所以,当孔子说"过犹不及"时,他实际上是在捍卫礼制,捍卫今天的法治。

11·17 季氏富于周公,而求也为之聚敛而附益之。子曰:"非吾徒也。小子鸣鼓而攻之,可也。"

季氏富于周公。这里的周公,不是周公旦,是周公旦的后代,他们世袭周公的称号。这些周公世代为臣,非常富裕。季氏作为诸侯国的大夫,比天子之臣还要富裕。他本不该如此富裕,可见他的富裕是不义之财。

而求也为之聚敛而附益之。而冉求还在为他聚敛财富,使他富上加富。社会财富的总量是一定的,为季氏聚敛的财富越多,百姓所拥有的财富就越少,这就损害了百姓的利益。

子曰:"非吾徒也。"孔子说,他不是我的学生。这话说得非常重。孔子"有教无类",只要给上十条干肉,他都愿意收为学生。给人的感觉是,孔子招收学生不设任何标准。但从这句话看,孔子对学生有价值观方面的要求。儒家基本的价值取向就是仁义。仁义不是抽象观念,它体现为人的情感态度和行为方式。作为他的学生,必须站在弱者的立场上,同情弱者,保护弱者,为弱者伸张正义。如果恃强凌弱,就失去了仁爱精神,就不能称为孔子的学生了。

小子鸣鼓而攻之,可也。你们这些学生大张旗鼓地声讨他,也是可以的。可见,孔子对冉求的做法深恶痛绝。

11·18 柴也愚，参也鲁，师也辟，由也喭。

柴也愚，参也鲁，师也辟，由也喭。柴，高柴。愚，愚直。参，曾参。鲁，迟钝。师，子张。辟，偏颇。由，仲由。喭，刚猛。这是孔子对他的四位学生所下的评语。孔子的评语有几个特点。一是精炼。每人就一个字，不像今天人的评语面面俱到、拖泥带水。二是准确，突出特征。他以愚、鲁、辟、喭四个字来评价柴、参、师、由，让人拍案叫绝。三是犀利直率，快人快语、有啥说啥。

11·19 子曰："回也其庶乎，屡空。赐不受命，而货殖焉，亿则屡中。"

子曰："回也其庶乎，屡空。" 庶，接近，这里特指接近于道。孔子说，颜回致力于求道，但却一贫如洗。颜回活着的时候，生活特别贫穷，"一箪食，一瓢饮，在陋巷"；死的时候，也是有棺而无椁。

赐不受命，而货殖焉，亿则屡中。 亿，通"臆"，臆想，猜测。货殖，做生意。孔子又说，端木赐不接受命运的安排，去做生意，每单生意都很成功。如果说颜回是孔子门下最贫穷的学生，子贡就可以说是孔子门下最富裕的学生。孔子比较颜回和子贡的命运，感到很困惑，颜回那样有德行，为什

先进篇第十一　345

么那样贫穷呢？端木赐德行不及颜回，为什么那样富裕呢？有德的人是否也应该有福呢？这是一个很重要的问题。如果有德的人没有福报，那么谁还有求道的热情呢？人们都说好心必有好报，但事实上好心未必有好报。佛教为了解决这一难题，就把福报寄托在来世。康德借助上帝的观念，让人最终在上帝那里获得福报。但儒家没有来世的观念，在现世中，如果不能获得福报，那么求道的源动力何在呢？这是个问题。

11·20　子张问善人之道。子曰："不践迹，亦不入于室。"

子张问善人之道。子张问善人的行事之道。"善人"在《论语》中出现过五次，也是一个很有频率的词。在孔子的时代，它应该是一个流行词。很可惜的是，善人这个词后来莫名其妙地消失了。它为什么会消失呢？它的消失预示着时代的巨变。先秦时期，善人还是一个深受欢迎的词，但是秦以后，善人就没有自己的市场了。善人的消失与其特点有关。

子曰："不践迹，亦不入于室。" 践迹，踩着别人的脚印，循规蹈矩地往前走。入于室，即思想的最高境界。达到思想最高境界的是仁人、圣人。这句话是说，善人不遵循别人的思想，有自己独立的思想。他们个性鲜明，敢于批评不合理的社会现实；但是他们又没有达到仁人和圣人的思想境界。春秋战国时期，善人很多，也很受欢迎；但秦以后，思想统一，定于一尊，善人的社会批评就显得不合时宜了，所以善人最终就销声匿迹了。这里有个很有意思的问题，就是思想境界远高于善人的仁人、圣人概念被保留下来了。统治者并没有感觉到仁人、圣人与统一思想有任何矛盾，他们反而大肆宣传仁人、圣人的品质，为我所用，但是对低一层次的善人却毫不留情，赶尽杀绝。我们发现，一个概念的层次越高，内涵就越少。它们充其量只是一种文化符号，人人都可以使用，人人都可以为我所用。比如说，真理这个词，谁也不可能反对真理，结果就是真理被滥用，变得没有任何实际含义，反而是低一个层次的自由、平等这些概念，它们具有确定的内涵，更具有思想意义。

11·21 子曰："论笃是与，君子者乎？色庄者乎？"

子曰："论笃是与。" 与，赞同。孔子说，只是因为言论实在，便加以赞许。这是通常的做法。与他人交往，首先就是听取他人的言论，并根据他的言论下结论，确定他是怎样的人。这样下的结论是否正确呢？

君子者乎？色庄者乎？ 他是真君子呢？还是只是外表庄重的伪君子呢？言下之意是，不能通过人的言论轻易断定他是一个君子。言论是不可靠的，关键是行为。孔子多次表达了对语言的不信任，这里不再重复。

11·22 子路问:"闻斯行诸?"子曰:"有父兄在,如之何其闻斯行之?"冉有问:"闻斯行诸?"子曰:"闻斯行之。"公西华曰:"由也问闻斯行诸,子曰'有父兄在';求也问闻斯行诸,子曰'闻斯行之'。赤也惑,敢问。"子曰:"求也退,故进之;由也兼人,故退之。"

子路问:"闻斯行诸?"子路问孔子,听到了就去做吗?

子曰:"有父兄在,如之何其闻斯行之?"孔子回答,有父亲和兄长在,怎么能够听了就去做呢?"有父兄在"有两层意思。第一层意思是,既然父兄还在,你必须征询一下他们的意见,然后才去做。第二层意思是,有父兄在,你的不当行为有可能连累到他们,所以你不能轻举妄动。所以,"父兄在"对人的行为构成了制约。要注意的是,这里的父兄只是方便之说。也就是说:如果子路有父兄,孔子就拿父兄说事;如果子路没有父兄,孔子就要拿别的东西说事,最终达到制约子路的目的。

冉有问:"闻斯行诸?"冉有问孔子,听到便去做吗?

子曰:"闻斯行之。"孔子说,听到就去做。冉有有没有父兄呢?也可能碰巧他没有父兄;但更有可能的是,他故意不提冉有的父兄,也是为了达到他想要的结果。

公西华曰:"由也问闻斯行诸,子曰'有父兄在';求也问闻斯行诸,子曰'闻斯行之'。赤也惑,敢问。"公西华说,仲由问,是否听了便做,您说,有父兄在,怎么能听了就做呢?冉求问,是否听了便做,您说马上去做。我很困惑,斗胆问这是什么道理。

子曰："求也退，故进之；由也兼人，故退之。" 孔子说：冉求临事退缩、胆小，所以我要鼓励他往前进；仲由勇猛过人，所以我要让他后退。这是一个典型的因材施教的实例。教育的最高原则是个性化。没有适合所有人的教育原则，只有适合特定个人的教育原则，孔子不仅创造了因材施教的教育观念，而且真正把这个教育观念落实到具体的教学中。还有一点要注意，冉求和孔子的关系一直不够融洽，冉求的许多做法孔子都不满意，但孔子仍然承认求的行政才能，并把他列为孔门十哲之一。孔子为什么还是认同冉求呢？显然，孔子认为，冉求许多行为不是源自他的品质，而是源自他的性格。他的性格相对来说比较懦弱，他只知道服从，而不敢去反抗。既然只是性格问题，不是品质问题，所以，孺子还是可教的。

11·23 子畏于匡，颜渊后。子曰："吾以女为死矣！"曰："子在，回何敢死！"

子畏于匡，颜渊后。 孔子在匡地被围，大家突围后走散了，颜渊最后才来会合。这句话表明，孔子在匡地被围时情况相当危急，肯定发生了打斗，以致弟子们都走失了，各自奔命。"颜渊后"还表明，颜渊的身体素质非常差，所以，他是最后一个才来会合的弟子。

子曰："吾以女为死矣！" 女，通"汝"。孔子说，我以为你已经死了呢。因为很久不见颜回到来，孔子才有这种担心。

曰："子在，回何敢死！" 颜渊说，老师在，我怎么敢死呢？很多人把这句话往实里理解，进行过度阐释，他们列举颜回不该死的各种原因，这种理解显然是微言大义。在那样危急的状态下，颜回没有办法决定自己的生死，他也不会考虑到，因为老师在，所以他不能死。再说颜回和老师走散，老师也生死未卜，根本不存在老师在他不能死的问题。这是颜回急中生智的回答。这句话既老实，又机智，还有几分对老师的恭维，是《论语》中颜回说得最有意思的话。

11·24 季子然问："仲由、冉求可谓大臣与？"子曰："吾以子为异之问，曾由与求之问。所谓大臣者，以道事君，不可则止。今由与求也，可谓具臣矣。"曰："然则从之者与？"子曰："弑父与君，亦不从也。"

季子然问："仲由、冉求可谓大臣与？" 季子然问孔子，仲由、冉求可以说是大臣吗？

子曰："吾以子为异之问，曾由与求之问。" 孔子说，我以为你问别的问题，原来是问仲由和冉求啊。

所谓大臣者，以道事君，不可则止。 止，指辞职。什么叫大臣呢？大臣"以道事君"，如果国君违背了仁义的原则，就应该据理直谏，批评国君的错误做法，国君不听劝谏，就辞职离开。大臣不盲目听从国君的命令，他要思考国君的命令是否正确。

今由与求也，可谓具臣矣。 由和求，只能说是具臣。具臣，具备做大臣的各种能力。和大臣相比，具臣有一个明显的弱点，他从来不思考，只是盲目地执行命令。如果国君的命令是错的，他们的能力越强，所做的坏事就越多。但是，他并不以为这是错，他认为他是在尽职尽责。比如，冉求充分发挥了自己的能力，毫无顾忌地为季氏敛财。在现实中，具臣特别多，大臣特别少。具臣错误地使用了自己的能力，做了很多坏事却毫不自知，还很得意。以大臣的标准来衡量，孔子对仲由和冉求是很不满意的。用今天的话讲，仲由和冉求的行政能力无可挑剔，但他们的世界观、价值观有严重问题。

曰："然则从之者与？" 季子然又问，他们会唯命是从吗？也就是说，是否任何命令他们都会执行呢？

子曰："弑父与君，亦不从也。" 孔子说，杀父杀君的事情，他们是不会做的。也就是说，具臣也是有底线的。这一点，孔子很自信。如果没有这样的自信，他就不会认他们为学生。

11·25　子路使子羔为费宰，子曰："贼夫人之子。"子路曰："有民人焉，有社稷焉，何必读书然后为学。"子曰："是故恶夫佞者。"

子路使子羔为费宰。 子路推荐子羔做费地的行政长官。

子曰:"贼夫人之子。" 孔子说,这是坑害了人家的儿子。孔子反对子羔去做费宰。孔子为什么反对呢? 主要原因是,子羔的性格不适合做行政官员。子羔就是高柴,孔子在《先进篇》第十八章中对他有过评价,"柴也愚"。愚,老实,不善变通。《孔子家语》对子羔有一个记载。说他"足不履影",自己的脚都不踩别人的影子;"启蛰不杀",活着的小虫子他都不杀;"方长不折",正在生长的枝条他都不去折断;"执亲之丧,泣血三年",亲人去世,哭了三年。可见,子羔是一个特别性善的人,是一个特别有慈悲心的人。可以说,他是一个学佛的种子,非常适合学佛,这种性格的人不适合做行政官员。他优柔寡断,既没有决策力,也没有执行力。孔子了解他的性格,所以才说让他去做官,就是害了他。

子路曰:"有民人焉,有社稷焉。" 子路说,那里有百姓,还有土神和谷神。因为有百姓,可以学习治民;因为有土神和谷神,可以学习祭祀。也就是说,可以边工作边学习,在工作中完善自己。

何必读书然后为学。 为什么一定要读书才算是学习呢? 子路显然是误解了孔子不让子羔做费宰的理由。他以为,孔子认为子羔学业还不够成熟,需要进一步学习,然后才能去做官。如果真是这样的理由,子路的辩解就合情合理,人是可以在实践中学习的。

子曰:"是故恶夫佞者。" 孔子说,所以我很讨厌油嘴滑舌的人。子路没有正确理解孔子的意思,想当然地认定孔子就是这个意思，然后还义正词严地批评这个意思。子路振振有词，但实际上是文不对题。

11·26 子路、曾皙、冉有、公西华侍坐，子曰："以吾一日长乎尔，毋吾以也。居则曰：'不吾知也。'如或知尔，则何以哉？"子路率尔而对曰："千乘之国，摄乎大国之间，加之以师旅，因之以饥馑，由也为之，比及三年，可使有勇，且知方也。"夫子哂之。"求，尔何如？"对曰："方六七十，如五六十，求也为之，比及三年，可使足民。如其礼乐，以俟君子。""赤！尔何如？"对曰："非曰能之，愿学焉。宗庙之事，如会同，端章甫，愿为小相焉。""点，尔何如？"鼓瑟希，铿尔，舍瑟而作，对曰："异乎三子者之撰。"子曰："何伤乎？亦各言其志也。"曰："莫春者，春服既成，冠者五六人，童子六七人，浴乎沂，风乎舞雩，咏而归。"夫子喟然叹曰："吾与点也！"三子者出，曾皙后。曾皙曰："夫三子者之言何如？"子曰："亦各言其志也已矣。"曰："夫子何哂由也？"曰："为国以礼，其言不让，是故哂之。""唯求则非邦也与？""安见方六七十、如五六十而非邦也者？""唯赤则非邦也与？""宗庙会同，非诸侯而何？赤也为之小，孰能为之大？"

子路、曾皙、冉有、公西华侍坐。子路、曾皙、冉有、公西华陪坐在孔子的左右。曾皙，名点，是曾参的父亲。孔子经常和学生坐在一起聊天。

先进篇第十一　353

子曰:"以吾一日长乎尔,毋吾以也。"孔子说,我年纪稍长你们一点,不要因为这样,大家讲话就有所拘束。孔子希望学生们在自己面前畅所欲言。

居则曰:"不吾知也。"居,平常。你们平常总是说别人不了解我。

如或知尔,则何以哉?如果想要了解你们,你们会怎样做呢?

子路率尔而对曰。率尔,轻率,不假思索。子路不假思索回答说。子路性格急躁,凡是孔子提出问题,他总是抢着回答。

千乘之国,摄乎大国之间。摄,夹。一个千乘之国,夹在大国中间。这日子非常难过,关系非常难处,需要在大国之间寻找外交平衡。

加之以师旅。而且还面临着外敌入侵。

因之以饥馑。而且国内还面临着饥荒。这个千乘之国面临如此大的困境,也就意味着要治理好这个千乘之国非常困难。

由也为之,比及三年,可使有勇,且知方也。方,礼义。如果让我去治理这个国家,只要三年时间,可以使百姓变得很勇敢,而且还知道礼义。子路突出千乘之国的艰难处境,通过他三年的治理,就完全摆脱了困境,凸显了他的治国能力。

夫子哂之。孔子微微一笑。这个笑有某种讽刺的意味。

求,尔何如?冉求,你怎么样呢?孔子对子路的一笑,让别的学生变得十分谨慎,谁也不愿意主动发言,孔子只好点名。

对曰:"方六七十,如五六十。" 如,或。冉求回答说,方圆六七十里的国家,或者是方圆五六十里的国家。冉有所说的国家方圆不足百里,比子路的"千乘之国"小了很多。冉有很低调。

求也为之,比及三年,可使足民。 如果我去治理,需要三年的时间,可以使百姓富足。

如其礼乐,以俟君子。 至于礼乐教化,就要等待君子了。他只能富民,但是,礼乐方面需要君子去做,他无法完成。

赤!尔何如? 赤,你呢?

对曰:"非曰能之,愿学焉。" 公西华回答说,我不敢说我能做好,但我愿意朝着这个方向努力。这比冉有还谦虚。

宗庙之事,如会同。 宗庙祭祀,或者是诸侯会盟。

端章甫,愿为小相焉。 端,礼服。章甫,礼帽。相,司仪。我穿着礼服,戴着礼帽,愿意做个小司仪。公西华没有提到如何治国,他把自己定位于仪式活动中的小配角。

点,尔何如? 曾点,你怎么样呢?

鼓瑟希,铿尔。 鼓瑟的声音渐弱,铿然而止。

舍瑟而作,对曰。 曾晳放下瑟,站起来回答。曾晳的出场与众不同,在孔子与另外三位学生对话时,曾晳始终沉浸在自己的世界里,但同时,他又关注到了孔子和其他学生的对话。

异乎三子者之撰。 我的志向和前面三位同学有所不同。因为不同,所以不太好意思说出来。

子曰："何伤乎？亦各言其志也。"孔子讲，没关系，每个人都是在说自己的心志罢了。受到孔子的鼓励，曾皙说出他与众不同的心志。

曰："暮春者，春服既成。"他说，暮春时节，做好春天的单衣。

冠者五六人，童子六七人。冠者，成人。五六个大人，带着六七个孩童。

浴乎沂，风乎舞雩，咏而归。浴，有人理解为洗澡，但是，暮春三月在河里洗澡恐怕还有点冷，所以，浴应该理解为盥洗，即在河里洗洗手洗洗脚。沂，河水名。舞雩，祭台名。在沂水盥洗，在舞雩台上乘凉，然后唱着歌回家。这就是曾皙的志向，这个志向其实就是一次春游。和前面三位同学的志向比较起来，这的确不算志向。甚至可以说，是无志向的，也难怪曾皙羞于说出自己的志向。

夫子喟然叹曰："吾与点也！"与，赞同。孔子感叹说，我赞同曾点的志向，我的志向和他是一样的。"吾与点也"被后儒津津乐道，因为它开启了孔子思想不为人知的一面，甚至可以说是孔子思想隐秘的一面。孔子通过赞同曾皙的志向，从而也表明了自己的志向。孔子的这个志向让人大吃一惊，与我们心目中的孔子形象很不一样。我们印象中的孔子，忧国忧民，孜孜不倦地宣传仁义，要恢复周礼。他是一位社会改革家，是一个思想的创造者，他赞同"三子者"的志向才是对的。他所表达的内在价值追求，让我们感觉很陌生。这或许真正地代表了孔子的价值追求。在孔子这里，一切政治都是为生活服务的，都是为了生活才应该去做的。"三子"的志向充其量是生活的手段，而曾晳的志向是生活的最终目的。当然，也可以把生活的最终目的当作标准去衡量一切政治活动，只有政治活动有利于促成最终的生活目的，这样的政治活动才是有意义的、有价值的。孔子把生活的最终目的说得非常平凡，也非常富有诗意。他把生活的最终目标与春天、童子、戏水、乘凉、唱歌联系在一起。这样的生活目标既平凡，又不平凡。就生活的内容来看，极为平凡；就实现这样的平凡生活而言，它又极不平凡。两千多年来，人们都试图实现这样的生活目标，但纵观历史，却充满着战争、饥荒、焦虑不安，人们至今仍然为实现这样的理想而奋斗。迄今为止，孔子的这个生活理想仍然让我们怦然心动，我们仍然被这样的生活目标深深吸引着，这表明我们和这个生活目标还相距甚远。就这个意义而言，"三子者"的治国理想和曾晳的生活理想并不矛盾，"三子者"的治国理想最终是为曾晳的生活理想服务的。所以，这四者的志向合在一起方是孔子的志向。若是单说曾晳的志向也没错，因为曾晳的志向内在地包含了前面三位同学的志向。

三子者出，曾晳后。 三位同学走了以后，曾晳留在后面。

曾晳曰："夫三子者之言何如？" 曾晳说，这三位说得怎么样呢？

子曰："亦各言其志也已矣。" 孔子说，他们都是说自己的心志罢了。

曰:"夫子何哂由也?" 曾皙说,老师你为什么要笑仲由呢?

曰:"为国以礼,其言不让,是故哂之。" 孔子说,人应该以礼治国,可是他说话却不知道礼让,所以我笑话他。

唯求则非邦也与? 难道冉求说的不是治国吗?

安见方六七十、如五六十而非邦也者? 你哪里见过方圆六七十里,或者方圆五六十里的地方还不是一个国家呢?也就是说,冉求说的也是关于治国的大事。

唯赤则非邦也与? 难道公西赤说的不是治国吗?

宗庙会同,非诸侯而何? 孔子说,宗庙祭祀、诸侯会盟不是诸侯做的事吗?

赤也为之小,孰能为之大? 赤只做小司仪的话,那么谁还能做大司仪呢?

曾皙让孔子对三子的志向进行评价,孔子充分肯定了"三子者"的志向。这就避免了产生误解,以为孔子只赞同曾皙的观点,而否定三子的观点。实际上,孔子对四位学生的志向都表示肯定,但是,他对四个志向又做了进一步的层次划分,把三子的志向看作手段,把曾皙的志向看作目的,这进一步揭示了孔子思想的层次性。治国本身不是目的,只是手段。治国只是为了更好地生活。

颜渊篇第十二

12·1 颜渊问仁。子曰:"克己复礼为仁。一日克己复礼,天下归仁焉。为仁由己,而由人乎哉?"颜渊曰:"请问其目。"子曰:"非礼勿视,非礼勿听,非礼勿言,非礼勿动。"颜渊曰:"回虽不敏,请事斯语矣。"

颜渊问仁。颜渊问,什么是仁。

子曰:"克己复礼为仁。"孔子说,约束自己,使自己回到合礼的状态,这就叫作仁。这个仁字,在孔子这里是一个本体性的概念,是一个抽象原则,它需要有具体的表现。它究竟表现为什么呢?在孔子这里是随机的。面对不同的人,不同的环境,说法是不一样的。以下几章都问什么是仁,但是孔子因人而异,对仁的回答各不相同。在孔子那个时代里,最严重的问题就是礼崩。礼崩的结果是社会失序,社会混乱。孔子把回到礼当作仁,这是对社会秩序的追求,对社会稳定的追求。

一日克己复礼,天下归仁焉。能够一天做到"克己复礼",那这一天,天下就归于仁德。言下之意是,如果天天都能"克己复礼",那么天下就会一直处于仁的状态。可见"克己复礼"的重要性。"克己复礼"是针对所有人而言的,但是,在实际生活中,它更多的时候特指统治者。因为统治者拥有权力,他有动机,也有能力破坏礼制。我们发现,在《论语》中,孔子所批评的都是统治者如何违背礼制。统治者里有诸侯、大夫，甚至还有陪臣。

为仁由己，而由人乎哉? 行仁在于自己，哪里在于别人呢? 这句话是讲，人能够"克己复礼"。复礼的关键是克己，那么人能够不能够克己呢? 这就涉及行仁的可能性问题。"为仁由己"，是说人能够为仁。用康德的话讲，人有一种自由意志，也可以称为善的意志。只要人下决心，他就能够行仁。所以，孔子对"克己复礼"抱有一种人性的信念。

颜渊曰:"请问其目。" 颜渊说，请问"克己复礼"的细则。也就是具体如何操作。

子曰:"非礼勿视，非礼勿听，非礼勿言，非礼勿动。" 孔子说，不合乎礼的不要看，不合乎礼的不要听，不合乎礼的不要说，不合乎礼的不要做。孔子从视、听、言、动四个方面，要求人们遵守礼制的规定。在孔子这里，遵守礼制的规定，不只是针对普通人，更是针对统治者。因为普通人没有能力突破礼制的规定，他们都能遵守礼制规定。但是，孔子这句话后来被统治者曲解，因为统治者有权力来规定、解释礼的内容。结果，对于视、听、言、动的礼制规定，就变成了只针对普通人，这就完全背离了孔子思想的本意。所以，"五四"的时候，要打倒孔家店，这是对的，但要打倒孔子，就错了。

颜渊曰:"回虽不敏，请事斯语矣。" 颜渊说，我虽然不聪明，也要照着做。这里要注意，对颜回来讲，他肯定能做到"非礼勿视，非礼勿听，非礼勿言，非礼勿动"。他说按照这几句话去做，不完全针对他自己。他要传承孔子礼制的思想，让所有人都遵守礼制。

12·2 仲弓问仁。子曰："出门如见大宾，使民如承大祭。己所不欲，勿施于人。在邦无怨，在家无怨。"仲弓曰："雍虽不敏，请事斯语矣。"

仲弓问仁。仲弓问，什么是仁。

子曰："出门如见大宾。"孔子说，外出时，如同去会见贵宾。外出，应该指的是上朝处理政事。每天上朝处理政事，政事往往重复，很容易产生懈怠，出现工作上的失误。孔子认为，人应该以见贵宾的心态，去处理政事。这样就会对政事充满敬心，进行周密的筹划。当然，对今天的人来讲，对工作充满敬心，也需要有个前提，即这个工作本身应该是有意义的。

使民如承大祭。使唤百姓如同举办隆重的祭典。百姓地位低，所以，统治者不把使唤百姓当回事，随意地使唤百姓，容易造成君民冲突，激化社会矛盾。孔子认为要尊重百姓，要把使唤百姓当作祭祀大典那样认真对待。这两句话讲仁者怎么做事。

己所不欲，勿施于人。这两句话特别有名，被称为黄金道德律，是普遍适用的，是人人都应该遵守的。这两句话为什么这么重要呢？它包含了人和人相处的两个重要原则。首先是平等的原则,自己不想做的,不要强迫别人做。这是把他人当自己对待,认为他人和自己是平等的。为什么要用否定的句式表达平等呢?为什么不能用肯定的句式呢?肯定的句式也能表达平等。比如说,"己所欲,施于人"。这种表达方式看起来也是平等的,但是这种表达方式可能会干涉别人的自由。因为你所欲的,他人未必欲。用否定的方式来表达,就给了他人选择的自由。你不想做的,不要求他人去做,他人可以做想做的,他人是完全自由的。所以两句话里又包含了自由的原则。这两句话作为人和人相处的原则,会带来自由平等的人际关系。这是处理人和人关系的一个普遍原则。

在邦无怨,在家无怨。人做到了以上两个方面,在诸侯国任职,不会遭受怨恨,在大夫采邑任职,不会遭受怨恨。人在做事和做人方面都符合规则,就不会遭受他人的怨恨。

仲弓曰:"雍虽不敏,请事斯语矣。" 仲弓说,我虽然不聪明,也一定要这样做。

12·3 司马牛问仁。子曰:"仁者,其言也讱。"曰:"其言也讱,斯谓之仁已乎?"子曰:"为之难,言之得无讱乎?"

司马牛问仁。 司马牛问,什么是仁。

子曰:"仁者,其言也讱。" 讱,缓慢。孔子说,仁者说话很缓慢。这是仁者在说话方面的表现。

曰:"其言也讱,斯谓之仁已乎?" 司马牛又问,说话缓慢就是仁吗？孔子说仁者有一个表现，他说话很缓慢。司马牛不是问仁的表现，而是问什么是仁，他问的是仁的本质。每门学科都存在这样的问题。比如说美，美有各种表现。有人的美，有山水的美，有艺术的美。但它们都不是美的本质。问什么是美，什么是仁，思路是一样的。它们都是抽象问题，需要进行思辨。孔子回避抽象思辨的问题，他要解决具体的问题。孔子的这个思维方式影响深远。

子曰："为之难，言之得无讱乎？" 孔子说，做事很难，说话能不缓慢吗？这句话答非所问。孔子回避了司马牛的问题，他在进一步解释前面的话，因为做事很难，为了保持言行一致，说话就得谨慎、缓慢。

12·4 司马牛问君子。子曰："君子不忧不惧。"曰："不忧不惧，斯谓之君子已乎？"子曰："内省不疚，夫何忧何惧？"

司马牛问君子。 司马牛问什么是君子。

子曰："君子不忧不惧。" 孔子说，君子不忧愁，不恐惧。

曰："不忧不惧，斯谓之君子已乎？" 司马牛问，不忧愁、不恐惧就是君子吗？这里，司马牛的思维方式和上一章是完全一致的。看来，司马牛很喜欢思考抽象问题。他不满足于君子的表现，他要追问什么是君子。

子曰："内省不疚，夫何忧何惧？" 孔子说，问心无愧，有什么忧愁、有什么恐惧呢？孔子的回答也和上一章一样，只解决具体问题，回避抽象的思辨问题。

12·5　司马牛忧曰："人皆有兄弟，我独亡。"子夏曰："商闻之矣：死生有命，富贵在天。君子敬而无失，与人恭而有礼，四海之内皆兄弟也——君子何患乎无兄弟也？"

司马牛忧曰。司马牛忧愁地说。

人皆有兄弟，我独亡。亡，通"无"。人人都有兄弟，就我没有。有兄弟，就能相互帮忙、相互支撑；没有兄弟显得孤立无援。

子夏曰："商闻之矣。"子夏说，我听说过这两句话。

死生有命。生死是命决定的。所谓命，不由自己决定，而由他人决定，生不由自主，死也不由自主。人是否生、什么时候生、生在哪个家庭，什么时候死、以什么方式死，都是不由自主的。如果生死由我不由命，那么人都想生在富贵之家，都想长生不死。

富贵在天。富贵是天决定的。富是财富多，贵是地位高。人拥有财富是偶然的，没有改革开放，马云不可能富；一朝天子一朝臣，地位高也是偶然的。如果富贵由自己做主，大家不都富贵了吗？既然生死富贵要听天由命，就没有必要为没有兄弟而纠结，因为你的思虑不能解决这些问题。

君子敬而无失，与人恭而有礼。君子要敬心做事，而没有过失。这是讲如何做事。待人恭敬有礼，这是讲如何做人。用敬心做事，对人恭敬有礼，这是人能够做到的，所以要在这方面下功夫。如果都能做到这一点，就会拥有共同的价值观。

四海之内皆兄弟也。 古人认为，中国被东南西北四海所环绕，所以，四海之内指中国，又指天下。如果拥有共同的价值观，天下人都是兄弟。这句话非常重要，思想非常深刻。我们通常讲的兄弟，或者说司马牛所讲的兄弟，都是指血缘关系上的兄弟。把血缘关系放大，还有地域上的兄弟、国别的兄弟、民族的兄弟。这些兄弟都是先天被决定的，偶然被决定的。子夏以价值观论兄弟，突破了血缘关系、地域关系、国家关系、民族关系。只要拥有共同的价值观，就是兄弟。用中国人共同的价值观来讲，哪里有仁义哪里就有兄弟。如果用西方的观念表达，哪里有自由平等，哪里就有自己的兄弟。所以，"四海之内皆兄弟也"是一个非常具有超越性的思想。

——**君子何患乎无兄弟也？** 君子有什么必要担心没有兄弟呢？只要你坚守仁义，具有仁义价值观的人都是你的兄弟，你兄弟有多少啊！

12·6　子张问明。子曰："浸润之谮，肤受之愬，不行焉，可谓明也已矣。浸润之谮，肤受之愬，不行焉，可谓远也已矣。"

子张问明。 子张问什么叫明察。

子曰："浸润之谮。" 谮，坏话、谗言。孔子说，像水一样渗透无声的谗言。浸润，一点一滴地，不知不觉地，让人习以

颜渊篇第十二　365

为常。浸润可以是褒义的，比如说，好雨"润物细无声"；也可以是贬义的，比如王维的《山中》诗，"山路元无雨，空翠湿人衣"。山路上没下雨，可是雾气就能把人的衣服打湿。"浸润之谮"能形成一种生存环境，变成一种生活风俗，人身在其中没有任何警惕，没有任何反思。比如片面的教育，只看小说、戏曲，会不知不觉地把曹操看成反面人物。比如仇恨教育，认定某些人、某些民族、某些国家是敌人。"浸润之谮"不知不觉地改变了人们的价值观，使人们处在一种片面的认知里，毫无察觉。人们身处其中，就会失去对事物的判断能力。

肤受之愬。愬，通"诉"，控诉。那些切肤之痛的控诉。因为有切肤之痛，这种控诉往往显得动容、动情，让人感动，人在这种感动中，就容易失去判断能力。

不行焉，可谓明也已矣。这两者都行不通，便可以说是明察了。对于"浸润之谮"需要超越的眼光。要认识曹操不是一个反面人物，就不能只读《三国演义》，还要读《三国志》。对于"肤受之愬"，我们需要从感动中摆脱出来，要看穿、看透这种感动。唐僧容易被感动，白骨精就变成可怜的村姑、老太太、老大爷，让他感动。孙悟空火眼金睛看到感动的虚假性、可怕性、欺骗性，不被"肤受之愬"困扰。所以，这里的明不是指人的感官能力，而是指人的理性洞察力。能够透过现象看本质，越过现在看未来，在平常处看到奇异。人只有摆脱感官的困扰，才能获得理性的洞察力。

浸润之谮，肤受之愬，不行焉，可谓远也已矣。像水一样渗透无声的谗言，切肤之痛的那种诬诉，都行不通，便可以说是目光长远。

12·7　子贡问政。子曰："足食，足兵，民信之矣。"子贡曰："必不得已而去，于斯三者何先？"曰："去兵。"子贡曰："必不得已而去，于斯二者何先？"曰："去食。自古皆有死，民无信不立。"

子贡问政。子贡问如何为政。

子曰："足食，足兵，民信之矣。"孔子说，有足够的粮食，有足够的武器，还有老百姓对政府的信任。这是治国的三要素，具备这三点，国家就会长治久安。

子贡曰："必不得已而去，于斯三者何先？"子贡说，在迫不得已的情况下，在这三者中必须去掉一个，请问先去掉哪一个？

曰："去兵。"孔子说，去掉兵器。强大的军备是国家安全的前提，是国家强大的标志。怎么能去掉兵器呢？因为和食和信相比，兵是附属的，是后起的。正因为食不足，信不足，才会兴兵器。如果有信、有食，兵器是完全不必要的。在今天的世界上，很多小国都没有强大的兵器，但是他们都生活得非常美好。

子贡曰："必不得已而去，于斯二者何先？"子贡说，在迫不得已的情况下，在剩下的两者中，再去掉一个，先去掉哪一个呢？

曰："去食。"孔子说，去掉粮食。说去掉兵器，还可以理

颜渊篇第十二　367

解；说去掉粮食，就不太好理解了。粮食是生存之本，没有粮食，人必死无疑。

自古皆有死，民无信不立。自古以来，人都会死，如果老百姓不信任政府，那么政府就会垮台。这句话解释为什么去食。人都会死，但死的方式不一样。尽天年而死，这是最好的死亡；因为饥饿而死，这样的死亡让人悲伤；"民无信不立"而死，死得没有尊严。百姓不信任政府，政府就会垮台，社会就会混乱，就会弱肉强食，最终同归于尽。这种死暴露了人性的残酷、阴暗。去食更重要的理由是：有食而无信，最终会有食而不得食；有信而无食，最终会凭借信获得食物。信是构成社会的条件，没有信就没有社会，没有社会也就没有秩序，没有秩序就自相残杀，同归于尽。可见，政府获得百姓的信任是多么重要。政府获得百姓的信任，要做到这几点。第一，政府一定要说真话，绝对不能说假话，说真话才能赢得百姓的信任。第二，政府应该关心每个人的利益。不能借口为了大多数人的利益，去牺牲个别人的利益。只要个别人的利益可以被牺牲，所有人的利益最终都会被牺牲。第三，要允许百姓对政府进行批评。政府是为百姓服务的，服务得不好，理所当然要接受百姓的批评。

在这一章里，我们还可以看到孔子的特殊教学方式，即问答式教学。你不问，他不答；你要问，他必答。你问得少，他答得少；你问得多，他答得多；你问得精彩，他答得就精彩。孔子的思想是被问出来的。孔子和子贡一联手就出新思想。一般人问出为政的三要素，就很满意了，但子贡穷追不舍，逼着孔子做减法，一定要问出最重要的为政要素。做减法的意义在于，让人在价值之间进行衡量，最先减去的一定是价值最小的，最后留下的一定是价值最大的。

12·8　棘子成曰："君子质而已矣，何以文为？"子贡曰："惜乎夫子之说君子也！驷不及舌。文犹质也，质犹文也，虎豹之鞟犹犬羊之鞟。"

棘子成曰："君子质而已矣，何以文为？" 棘子成说，君子的内在本质好就行了，为什么一定要有外在的文采呢？这里文和质的概念，也可转化成内容和形式的概念，质和文的关系也可以表述为内容与形式的关系。在内容与形式中，通常都认为，内容决定形式，形式表现内容，内容显然比形式重要。所以，棘子成的观点是一种普遍的共识。

子贡曰："惜乎夫子之说君子也！" 子贡说，可惜啊，您这样说君子。子贡不赞同棘子成的观点。

驷不及舌。 驷，四匹马。舌，指说话。四匹马拉的车都追不上人说话的速度，也就是通常讲的，"一言既出，驷马难追"。子贡是说，棘子成说君子的言论过于草率，缺乏深入的思考。接下来是子贡的正面观点。

文犹质也，质犹文也。 文就是质，质就是文。换句话讲，内容就是形式，形式就是内容。这就好比洋葱，总以为剥去洋葱的外在形式，里面就藏着洋葱的内容。可是，当我们一层一层地

颜渊篇第十二　369

剥去洋葱的形式时，内容也就消失不见了。对于洋葱来讲，内容就是形式，形式就是内容。内容和形式的关系有两个层次。一个是浅层次，也可以称为非生命的层次。在这里，内容与形式是可以分离的。比如说，衣服和身体的关系。同一个身体可以穿不同的衣服，同一件衣服也可以穿在不同的身体上。所以，身体与衣服的关系，就不是一种生命的关系。另一个是深层次，也可以称为生命的层次。就生命来讲，内容与形式是不能分离的。君子是个生命体，他的内容和形式是密不可分的。如果一个人的行为非常粗野，语言非常粗俗，如果他一向如此，那你还会认为他是一个君子吗？君子的内质是通过君子合乎礼的言行表现出来的。我们也正是根据他的言行判断他是不是君子。凡是生命体，内容与形式都不能分离。艺术作品是有生命的，所以艺术作品的内容与形式也是不可分的。以文学为例，说一部作品不同于另一部作品，这意味着什么呢？这意味着它的文字排列方式不同。《红楼梦》的伟大之处在哪里呢？就在于它那独特的文字排列方式，产生了独特的表达效果。《红楼梦》中的文字我们都认识，但我们不会这样排列组合。那我们为什么又说内容决定形式、形式表达内容呢？从创作构思阶段而言，可以说内容决定形式；从创作的表达阶段来看，又可以说形式决定内容。但就作品而言，内容与形式融为一体。在作品里，我们既看不到内容，也看不到形式。孔子讲过，"文质彬彬，然后君子"，子贡完全继承了孔子的观点。

虎豹之鞟犹犬羊之鞟。鞟，去掉毛的皮。去了毛的虎豹之皮和去了毛的犬羊之皮是一样的。也就是说，我们平常正是根据它们的毛，即它们的外在形式区分虎豹和犬羊，一旦去掉了外在形式，虎豹和犬羊也就无法区分。这里，子贡举例说明形式的重要。

12·9　哀公问于有若曰："年饥，用不足，如之何？"有若对曰："盍彻乎？"曰："二，吾犹不足，如之何其彻也？"对曰："百姓足，君孰与不足？百姓不足，君孰与足？"

哀公问于有若曰。鲁哀公问有若。

年饥，用不足，如之何？年岁饥荒，用度不足怎么办呢？鲁哀公征求有若的意见。这句话暗示性极强，他暗示要加税。他在试探有若的态度，想获得有若的支持。

有若对曰："盍彻乎？"盍，何不。彻，周朝的税制，十分之一的税率。有若知道鲁哀公的意图，他坚持传统的税率，否决了鲁哀公的加税意图。

曰："二，吾犹不足，如之何其彻也？"鲁哀公说，十分之二的税率我还嫌不足，怎么能采取十分之一的税率呢？鲁哀公终于暴露出想加税的意图，尽管遭到了有若的反对，他还是坚持要加税。

对曰："百姓足，君孰与不足？百姓不足，君孰与足？"有若说，百姓足了，君能不足？百姓不足，君哪里去足？有若试图说服鲁哀公不要加税。理由有两点。第一点，有若提出了利益共同体的观念。百姓足，你才能足；百姓不足，你也不能

颜渊篇第十二　371

足。一损俱损，一荣俱荣。在饥荒的年份，不但不能加税，还应该减税，与百姓同甘共苦。第二点，坚持民本思想，以百姓的利益为根本出发点。百姓足，你也跟着足；百姓不足，你也跟着要不足。以百姓为标准，这就把儒家的民本思想落到了实处，落实到了利益的分配上。民本不是一个抽象观念，它有实际的内容。这里的问题是，鲁哀公会不会听从有若的劝说呢？恐怕很难。这里可以看出，儒家的民本思想与现代的民主思想有一个重大差别：民本思想的落实取决于君主的觉悟，取决于他的道德感，他可以接受，也可以不接受；而民主思想就不一样了，不接受也得接受，否则就下台。

12·10　子张问崇德辨惑。子曰："主忠信，徙义，崇德也。爱之欲其生，恶之欲其死，既欲其生，又欲其死，是惑也。'诚不以富，亦祗以异。'"

子张问崇德辨惑。子张问如何提高品德，如何辨别迷惑。崇德与辨惑相辅相成，崇德必须辨惑，辨惑才能崇德，这是一个问题的两面。

子曰："主忠信。"孔子说，以忠信为主。孔子多次提到这个思想，这里就不重复了。

徙义。唯义是从。义，应该。要做应该做的事。比如，路见不平拔刀相助。

崇德也。这能提高人的品德。也就是说，严格地遵守忠、信、义，就能提高品德。

爱之欲其生，恶之欲其死。 爱他，就希望他永远不死；恨他，要他马上就死。爱之深，恨之切。同一个人，由于受爱恨两种情感的左右，对他人的态度截然相反。这也就意味着，当人沉溺于情感，为情所困时，就会产生一些不可思议的想法。

既欲其生，又欲其死，是惑也。 既想要他不死，又想要他死，这就是迷惑啊。当人对同一个人产生完全相反的情感时，这就是自相矛盾。爱的时候如胶似漆，恨的时候形同陌路。需要明确的是，惑是人生的本质，是人的一种生存状态。艺术表达情感，就是表达人生惑的生存状态。《红楼梦》是一部悟道书，悟的就是情感的虚妄。如何解惑呢？解惑不是要消灭情感，而是要用理性超越情感。

诚不以富，亦祇以异。 这是《诗经·小雅·我行其野》里的诗句。这句话比较费解，从文字上看，可以把它翻译为："真的没有好处，只会产生怪诞。"也就是说，人完全受制于情感，就会产生各种各样的困惑。

12·11　齐景公问政于孔子。孔子对曰："君君、臣臣、父父、子子。"公曰："善哉！信如君不君，臣不臣，父不父，子不子，虽有粟，吾得而食诸？"

齐景公问政于孔子。 齐景公问孔子如何为政。

孔子对曰："君君、臣臣。" 孔子回答说，君要守君道，臣要守臣道。什么是君道？什么是臣道？在孔子这里，有特定的含义。"君使臣以礼"，就是守君道；"臣事君以忠"，就是守臣道。君臣在职守中都严守规定。而且，"君君、臣臣"的表达顺序似乎暗示，君要先守君道，然后臣才守臣道。应该说，孔子的这个思想非常具有现实意义。但是，对于什么是君道，什么是臣道，君具有绝对的解释权。这样，"君君、臣臣"最终被歪曲成"君要臣死，臣不得不死"。孔子的思想经常被后人歪曲，所以，要严格区分孔子本人的思想与后人眼里的孔子思想。当孔子思想受到批评时，就要回到孔子本人的思想，回到《论语》中的孔子思想，这也是读《论语》的重要性。

父父、子子。父要守父道，子要守子道。父道就是慈，子道就是孝。要注意的是，这里的"父父、子子"，从形式上看，它的涵盖面很广，包含了所有的父子关系。但是，孔子这里的"父父、子子"，应该特指君臣的父子关系。所以，"父父、子子"实际上是"君君、臣臣"的另一种说法，否则就无法理解"父要子死，子不得不死"这句话。就通常的父子关系而言，不存在"父要子死"的问题。可见，这里的"父"就是君，这里的"子"就是臣。

公曰："善哉！"齐景公说，说得好啊！

信如君不君，臣不臣，父不父，子不子，虽有粟，吾得而食诸？如果真的君不守君道，臣不守臣道，父不守父道，子不守子道，虽然有粮食，我能吃得到吗？齐景公赞同孔子的观点，但他不是从礼的角度、社会秩序的角度肯定"君君、臣臣、父父、子子",而是从个人利益上肯定"君君、臣臣、父父、子子"。这好像有点俗。但必须明白,对于一般人来讲,只有通过利益的博弈,才能认同秩序。一般人也正是从齐景公的思路去认知"君君、臣臣、父父、子子"的合理性。

12·12 子曰:"片言可以折狱者,其由也与?"子路无宿诺。

子曰:"片言可以折狱者,其由也与?" 孔子说,听一面之词就能断案的人,也就是仲由了吧?从字面上看,孔子似乎在批评子路错误的断案方式。但仔细一想,好像不对。因为按照这个说法,子路就是在制造冤假错案,就是在草菅人命。子路的品质让人相信,他不可能做这样的事。所以,这句话应该还是讲子路的性子急,听完一面之词就忍不住想要下结论。

子路无宿诺。 子路没有隔夜的承诺。子路不把诺言拖到明天,今天的诺言今天一定要兑现。还是讲子路的性子急。

12·13 子曰:"听讼,吾犹人也。必也使无讼乎!"

子曰:"听讼,吾犹人也。" 孔子说,审理案件,我和别人是一样的。审理案件要公平公正,要尽职尽责,在这一点上,孔子与其他人没有区别。

必也使无讼乎! 如果说我和别人有不同的话,那么我希望这样的诉讼案件不要发生。通常人能够把本职工作做好,能公平公正地审理案件，就觉得特别满意了，就觉得问心无愧了。但是，孔子不满足于公平公正地审理案件，他在思考，如何使这样的案件不发生，要把案件化解在发生之前。这显然是职业之外的问题，超越职业要求了。这是思想家和行政官员的区别。行政官员的最高理想就是如何把这件事做好；但是，思想家却在思考，为什么会发生这样的事情？在孔子看来，判案时实现了正义，并不意味着就是正义，它可能是不正义。一个人因为饥饿偷了面包，得到了他应有的惩罚，看起来实现了正义，但这真的是正义吗？这样的正义似乎很残酷。他为什么会偷吃面包呢？如果一个社会让人吃不饱，这是谁的罪过呢？这就需要改造社会。孔子的格局就是这样形成的。

12·14 子张问政。子曰："居之无倦，行之以忠。"

子张问政。子张问如何为政。

子曰："居之无倦。"孔子说，在位不要倦怠。人开始在位，会有一种新鲜感，这种新鲜感保证了人的敬业精神，时间久了就会产生职业倦怠，也可以说是审美疲劳。这是人性使然。但是，人必须克服这种职业倦怠的心理，为政尤其不能倦怠，它涉及千家万户。孔子这是从心理学角度来谈论为政之道的。

行之以忠。做事要忠心。人应该忠于自己所做的事。这里要注意，忠是有前提的，即人的自由。人自由选择替什么人做什么事，就要对自己的选择负责，正是这种责任要求忠。如果人没有自由，人不能作出选择，也就无所谓对选择负责，也就没有了忠。

12·15 子曰："博学于文，约之以礼，亦可以弗畔矣夫！"

本章见《雍也篇》第六章。此处不再重复。

12·16 子曰："君子成人之美，不成人之恶。小人反是。"

子曰："君子成人之美。" 孔子说，君子成就人的好事。君子，指德行高的人。所谓德行高，就是无私。君子的无私有点像母爱的无私。母亲帮助子女成就自己，看到他们有所成就时，由衷地感到高兴。这是建立在血缘关系基础上的"成人之美"，每个父母都能做得到。君子"成人之美"超越了血缘关系，他也不是成就特定人群的好事，比如说本单位的、本民族的、本国的好事，他超越了民族、国家，他要成就天下人的好事。

不成人之恶。 不成就别人的坏事。这里的人，也指天下人、所有人。只要是坏事，就要制止。就像"9·11"事件，这样的事情无论发生在哪个国家，发生在什么人身上，都应该受到谴责，更不用说促成这样的坏事了。

小人反是。 小人与此相反。这里的小人，指的是一个自私之人，一个以自我为中心的人。当他以自我为中心时，必然会把他人看作自己的威胁，就会千方百计消除威胁。所以，他就会破坏别人的好事，助纣为虐，成全别人的坏事，以确保他个人的安全。

12·17 季康子问政于孔子。孔子对曰:"政者,正也。子帅以正,孰敢不正?"

季康子问政于孔子。季康子问孔子如何为政。

孔子对曰:"政者,正也。"孔子回答说,所谓政治,就是要走正道。正道的含义非常丰富,从今天的角度来讲,它包含了一种政治架构,涉及政治的方方面面。但是,孔子这里讲的正,特指品行的端正。

子帅以正,孰敢不正?帅,通"率"。你带头走正道,谁敢不走正道呢?孔子强调的仍然是一种德治思想,也就是说,统治者要率先垂范,要以身作则,那么老百姓谁敢不走正道呢?孔子这种为政思想可能会遇到两个问题。第一个问题是,统治者是不是一定带头走正道呢?显然,在现实当中,很多统治者是不走正道的。统治者也是人,也有私心杂念。不是说成为统治者,就会大公无私。可以这样说,统治者不走正道的可能性远大于走正道的可能性。因为走正道就是要正自己,谁愿意跟自己过不去呢?那么问题来了,如果统治者不走正道,该怎么办呢?孔子也没有很好的办法,他也只是尽可能地劝说季康子走正道,但是季康子会不会听呢?孔子可能就管不着了。宗法制社会的权力是世袭的,大家都承认统治者权力的合法性。在这样的前提之下,统治者走不走正道就是一个无解的问题。

第二个问题，退一步讲，即使统治者走了正道，是否就意味着大家跟着就会走正道呢？统治者的道德影响有那么大吗？在熟人社会里，道德的作用可能要大一些，但也不能大到无边。人总是有私心的，他未必总以道德来要求自己。在一个陌生的社会里，人们更愿意相信契约，而不是道德。道德是靠不住的。否则，举全社会之力打造一个道德榜样，不就万事大吉了吗？而且，就历史来看，道德的影响力显然没有孔子说的那么大。尧、舜、禹、汤、文、武、周公，他们的道德是无可挑剔的、无可置疑的，但是他们的道德影响力其实也是有限的。人亡政息，他们去世以后，他们许多好的为政做法都没有被继承下来。

12·18 季康子患盗，问于孔子。孔子对曰："苟子之不欲，虽赏之不窃。"

季康子患盗，问于孔子。 季康子苦于盗贼太多，问孔子应该怎么办。

孔子对曰："苟子之不欲，虽赏之不窃。" 假如你不贪欲，就算是奖励偷窃，也没有人偷窃。这里要注意区分盗和窃。现在盗、窃不分，盗窃变成了一个词。在这里，盗和窃是有区别的。盗，公开的，明目张胆的；窃，私下的，偷偷摸摸的。盗的性质比窃要严重得多。孔子想要说的是，如果你没有贪欲，不但没有人去盗，就是奖励偷窃，也不会有人去窃。为什么这样说呢？人都有自尊，都想有尊严地活着，不到万不得已，没有人去偷。因为你的贪欲，导致民不聊生，衣食无着，他们不得不行窃、偷盗。季康子问孔子如何防盗，孔子却追问盗贼产生的原因，是季康子的贪欲造成了别人的偷盗，季康子就是产生盗贼的原因。这样，如何防盗的问题就变成了季康子的自我反省问题。

12·19 季康子问政于孔子曰："如杀无道，以就有道，何如？"孔子对曰："子为政，焉用杀？子欲善而民善矣。君子之德风，小人之德草，草上之风，必偃。"

季康子问政于孔子曰。季康子问孔子如何为政。

如杀无道，以就有道，何如？如果杀掉无道的恶人，去亲近有道的善人，怎么样？从"何如"的语气来看，季康子对他的为政方针是非常自信的，他期待孔子的认可。在一般人看来，季康子的为政之道似乎也没有什么问题，甚至还觉得这是为政的正确做法。

孔子对曰："子为政，焉用杀？"孔子说，你处理政事，哪里用得着杀呢？孔子明确地否定了季康子的为政方法。孔子为什么要反对杀呢？可能有这样几个原因。首先，以杀的方式为政，简单、粗暴、残忍，场面过于血腥，激发了人性中的恶，不符合孔子的德政思想。其次，从下文"子欲善而民善"这句话来看，季康子所杀的对象应该是民。民为什么要被杀呢？一定是民威胁到了季康子的统治，不杀不能维护他的统治、他的利益。但是，民为什么要造反呢？还不是官逼民反吗？所以，民是被冤枉的，杀民是不合理的。最后，欲加之罪，何患无辞？统治者会借此以杀的方式清除异己，制造恐怖氛围，来产生专制效果。所以，孔子坚决反对用杀的方式为政。

子欲善而民善矣。你想要为善，民自然也就为善。言下之意是，如果民不为善，那是因为你没有先为善。在民那里出现的任何问题，最终都是统治者的问题。所以，统治者必须自我反省，绝对不能把责任推卸给民。

君子之德风，小人之德草。按照文意推理，这里的君子应该指在位的统治者，这里的小人指的是民。这句话的意思是，统治者的德就像风，百姓的德就像草。孔子的比喻，本意是要说明统治者的德对百姓具有绝对的影响力。但是，孔子把统治者的德与百姓的德做了区分，给人的感觉，好像有两种不同的德。按道理讲，德应该是一样的。而且，统治者未必都有德，百姓未必就没有德。孔子在这里针对季康子本人，希望季康子能变成一个有德的人，然后使百姓也都有德。但是，孔子的这个比喻本身可能会造成一种误解，让人以为统治者的德高于百姓的德。

草上之风，必偃。风吹草，草必倒。风吹草倒是一种自然现象，也是一种必然结果。道德的影响力有没有这样的必然性呢？恐怕未必。另外，风会停止，风一旦停止，草又恢复了原样。如何保证风会不断地吹呢？所以，孔子以风和草的关系来类比统治者的德与百姓的德之间的关系，似乎不够贴切。这一章里，如果去掉这个类比，思想可能会更鲜明。

12·20 子张问："士何如斯可谓之达矣？"子曰："何哉，尔所谓达者？"子张对曰："在邦必闻，在家必闻。"子曰："是闻也，非达也。夫达也者，质直而好义，察言而观色，虑以下人。在邦必达，在家必达。夫闻也者，色取仁而行违，居之不疑。在邦必闻，在家必闻。"

子张问："士何如斯可谓之达矣？" 子张问孔子，读书人怎样做才算是达呢？

子曰："何哉，尔所谓达者？" 孔子说，你所说的达是什么意思呢？孔子反问子张，引出子张对于达的看法。

子张对曰："在邦必闻，在家必闻。" 子张回答说，在诸侯处作为公臣，名气很大；在大夫处做私臣，名气也很大。子张认为，一个人只要有名气，就是达。

子曰："是闻也，非达也。" 孔子说，这是闻，而不是达。子张混淆了闻和达，孔子要辨别闻与达的不同。

夫达也者，质直而好义。 达的特点是，品德正直，倾心道义。这是强调达者的内在品质。

察言而观色。 考察别人的言语，观看别人的举止或神色。察言观色，现在是一个贬义词，但在孔子这里，它是一个褒义词，说明达者非常具有智慧。

虑以下人。 为人谦让。

在邦必达，在家必达。 在诸侯处为公臣，通达无阻；在大夫处为私臣，通达无阻。所谓通达无阻，即办事效率高，办事效果好，赢得大家的一片赞扬。

夫闻也者，色取仁而行违。 闻的特点是，表面上很仁义，行为上却违背了仁义，显得很虚伪。

居之不疑。 伪装的时间久了，自以为真的很仁义。其实只有仁义的形式，而没有仁义的内容。

在邦必闻，在家必闻。 这样的人为公臣，名气很大；为家臣，名气也很大。孔子对闻和达做了明确区分。闻和达在形式上很类似，都是出名，很容易混淆。它们的区别主要在内容上。闻者一心追求出名，达者则并无出名之心，只是不期而然地出了名。达真诚，闻只是表演真诚。达经得住时间的考验，闻迟早会暴露真面目。

12·21 樊迟从游于舞雩之下，曰："敢问崇德、修慝、辨惑。"子曰："善哉问！先事后得，非崇德与？攻其恶，无攻人之恶，非修慝与？一朝之忿，忘其身，以及其亲，非惑与？"

樊迟从游于舞雩之下。 樊迟陪同孔子游于舞雩台附近。

曰："敢问崇德、修慝、辨惑。" 樊迟问孔子，什么叫崇德，什么叫修慝，什么叫辨惑？崇德与辨惑前文已解释过，这里新增了修慝。慝，隐藏在心中的恶念。修，根除。修慝，即根除心中的恶念。

子曰："善哉问！" 孔子说，问得好啊！

先事后得，非崇德与？ 先做事后收获，这不就是提高道德吗？这句话说的是常识，孔子重复了这个常识，说明要做到这个常识很不容易。人有不劳而获的思想，这个思想会让人忘掉常识。

攻其恶，无攻人之恶，非修慝与？ 批评自己身上的恶念，不要批评别人身上的恶念。别人身上也有恶念，也应该加以根除。孔子为什么说不要批评他人的恶念呢？他人太多，批评他人的恶念是一个无法完成的任务。另外，恶念是内在的，即便你要批评他人的恶念，也无处下手。最后，攻人之恶，容易转移视线忽略自身的恶。所以孔子讲，你只要专心批评自己的恶念就行了。人很清楚自己身上的恶念，能对症下药，就能取得好的根治效果。

一朝之忿，忘其身，以及其亲，非惑与？ 一时愤怒便忘掉了自己的身体和双亲，这不是很迷惑吗？平常，人关心自己的身体，也关心父母的身体。但是，因为一时的感情冲动，使自己的身体受到伤害，也连累父母去关心，因为情感上的失控，人们平时最看重的，变成了受伤最大的，这不是迷惑吗？

12·22 樊迟问仁。子曰："爱人。"问知。子曰："知人。"樊迟未达。子曰："举直错诸枉，能使枉者直。"樊迟退，见子夏曰："乡也吾见于夫子而问知，子曰'举直错诸枉，能使枉者直'，何谓也？"子夏曰："富哉言乎！舜有天下，选于众，举皋陶，不仁者远矣。汤有天下，选于众，举伊尹，不仁者远矣。"

樊迟问仁。 樊迟问什么叫仁。

子曰:"爱人。" 这是孔子对仁的经典解释。什么叫爱人呢?可以从两个方面理解。第一个方面,所爱的人不是特定的个人,也不是特定的群体,它应该指所有人,包括那些批评你的人、反对你的人。第二个方面,什么叫爱呢?爱的方式多样,不只是赞美,也有批评,也有责骂,甚至有恨。孔子骂过很多的学生,但骂其实都包含着爱。爱有多深,恨有多深,反过来讲也可以,恨有多深,爱有多深。

问知。 又问什么叫知。

子曰:"知人。" 孔子回答说,了解人。

樊迟未达。 樊迟没有明白其中的意思。

子曰:"举直错诸枉,能使枉者直。" 孔子说,选拔正直的人放在邪曲的人上面,可以使邪曲的人变得正直。

樊迟退,见子夏曰。 樊迟退下,见到子夏说。

乡也吾见于夫子而问知。 乡,通"向"。刚才我见了老师,问他什么叫知。

子曰"举直错诸枉,能使枉者直"。老师说,选拔正直的人放在邪曲的人上面,可以使邪曲的人变得正直。

何谓也? 这是什么意思呢?他向子夏求教。

子夏曰:"富哉言乎!" 子夏说,这句话内涵丰富啊!

舜有天下,选于众,举皋陶,不仁者远矣。 舜治理天下,在众人中选中了皋陶,不仁的人从此就远离了。

汤有天下,选于众,举伊尹,不仁者远矣。 汤治理天下,在众人当中选中了伊尹,不仁的人从此远离了。子夏举了两个例子来说明什么是知人。但是,仔细思考会发现,孔子说任用贤人可"使枉者直"与子夏说任用了贤人使"不仁者远矣"的意思很不一样。"举直错诸枉,能使枉者直"是把枉变成了直,这个过程是非常艰难的。而"举皋陶""举伊尹"让"不仁者远矣",相对来说比较容易。他不是要把一个恶人变成一个善人,而是让恶人远远离开。现在我们发现,樊迟不明白知人,不是不明白这句话的意思,他应该是怀疑孔子这句话的可行性。子夏在举例说明孔子的思想时,实际上也意识到了这个问题,他悄悄地修正了孔子的观点。经过这样的修正,樊迟认同了孔子的观念。子夏在解释孔子的思想时,捎带地修正了孔子思想中那些过于理想的部分,使孔子的思想更接近现实。

12·23 子贡问友。子曰:"忠告而善道之,不可则止,毋自辱也。"

子贡问友。子贡问如何交友。

子曰:"忠告而善道之。"孔子说,对于朋友不对的地方,要衷心劝告,还要善于劝告。衷心劝告,是尽朋友之责,不能眼看着朋友走上错误的道路。善道,指劝导方法一定要恰当。劝告的方法非常重要,方法正确,劝告就容易成功。

不可则止,毋自辱也。不被接受时,一定要停止,不要自取其辱。如果不听,坚持要劝说,就等于把自己的观点强加给别人,就会引起朋友的反感,甚至让朋友怀疑你的动机。问题是，如果停止了劝告，眼睁睁地看着朋友犯错误，这是不是不负责任呢？显然不是。朋友有独立的判断力，即便他的判断是错误的，那也应该是他走向成熟应该付出的代价。人只能在错误中纠正自己、完善自己，犯错误也是人的可贵经历。

12·24　曾子曰："君子以文会友，以友辅仁。"

曾子曰："君子以文会友。"曾子说，君子以文章、学问去交友。交友的方式有很多，通常都以酒肉去交友，酒肉朋友、狐朋狗友，给人的感觉很俗。君子通过文章和学问交友，大家志同道合，相互切磋。这种交友方式特别高雅。

以友辅仁。以这样的交友方式促进仁德。仁是一个终极性的概念，无所不包。它能够让人从狭小的群体中走出来，关心群体之外的人们生活状况，而不只是限于这一小群人吟风弄月、诗赋唱和，它还要关注世界上他人的苦难，这就把"以文会友"的雅事变成了"以友辅仁"的高尚之事。否则，"以文会友"就变成了少数人的自娱自乐。

子路篇第十三

13·1 子路问政。子曰:"先之劳之。"请益。曰:"无倦。"

子路问政。子路问如何为政。

子曰:"先之劳之。"孔子说,先于百姓劳作,然后让百姓劳作。这是强调自己的表率作用,也符合德行的基本原则,让别人做之前,自己先要做,这很有针对性。子路擅长政事,在德行方面有所不足。孔子提醒他,做事要率先垂范。换句话讲,是要求子路自我约束。没有自我约束,人就容易生事。只要自己认为可以做,就会让别人去做。如果要求别人做的,自己先要做,行为就会受到约束,这就防止了为政者任意妄为。

请益。曰:"无倦。"子路请求孔子多讲一点。孔子说,不要倦怠。《颜渊篇》第十四章里,孔子讲,"居之无倦",可见,孔子对于为官的倦怠问题非常重视,也可以说,孔子对于职业倦怠问题非常重视。职业倦怠会影响职业精神,而做官作为一种职业,又非常特殊,它的职业倦怠会影响很多人。这里,孔子实际上是从心理学的角度来谈论为政问题。

13·2 仲弓为季氏宰,问政。子曰:"先有司,赦小过,举贤才。"曰:"焉知贤才而举之?"曰:"举尔所知。尔所不知,人其舍诸?"

仲弓为季氏宰,问政。仲弓去做季氏的家臣,问孔子如何为政。

子曰:"先有司。" 有司,职官,即各级官员。"先有司"有两种翻译方法:若是翻译为"先于有司",就跟上一章"先之劳之"的意思完全一样,也是强调为官的表率作用。那么这句话就是泛泛而谈,没有特别的针对性。所以,这种翻译不太好,应该把"先有司"翻译为"让有司先",即让有司先做事。这种译法增加了孔子为政的新思想,同时,也很有针对性。仲弓德行高,德行高的人自然会身先士卒。孔子没有必要跟仲弓强调个人的表率作用。对仲弓来讲,这是不言而喻的。对于德行高的人,为官可能出现的问题是容易身先士卒,容易亲力亲为。这种为政方式的弱点,就是自己替有司做事,有司反而成了摆设。这种管理方式,处处体现了管理者的表率作用,但效果非常不好。针对仲弓的德行,孔子提醒仲弓,要少做表率作用,要发挥有司的作用。孔子这种管理学思想非常深刻,非常符合现代的管理理念。

赦小过。 赦,宽容、宽恕。宽容别人小的过错。人做事难免有过错,如何对待那些小过错呢?孔子主张要宽容。这也是针对仲弓而言的。对有德行的人而言,尤其是对于德行完美的人而言，他会特别关注德行的纯洁性、纯粹性。他会以自己的完美要求别人也完美。他容不得别人的小过，就像眼里容不下沙子一样。对人苛刻，这是有德之人从政时易犯的错误。这会让人害怕犯错误而不敢去做事。做事免不了犯错误，做的事情越多，犯的错误就可能越多。"赦小过"就是鼓励有司敢作敢为，发挥积极性、能动性。

举贤才。推举贤能之才。这是对"先有司"的进一步深化，是把"先有司"的思想落到实处。"先有司"就是鼓励有司作为，这就需要有司们有才能。如果有司没有才能，放手让他们去做事，等他们犯了错再问责他们，毕竟是下策。这就需要选拔贤人作为有司，这里的贤人既有德又有才，他能独立思考，能独当一面。可见，先要"举贤才"，然后才能"先有司""赦小过"。

曰："焉知贤才而举之？" 我怎么知道谁是贤才而推举呢？

曰："举尔所知。尔所不知，人其舍诸？" 孔子说，推举你知道的，你所不知道的，难道别人会遗漏掉吗？仲弓的问题有两方面的意思。一个方面是，我如何发现谁是人才呢？孔子的回答似乎认为这不算问题，只要长期共事，自然会知道谁是人才。所以，他没有从如何认识人才这个方面回答仲弓。另一方面，在哪里寻找人才呢？孔子着重回答了这个问题。人们通常喜欢去各地寻找人才，这势必就会出现仲弓的问题。如何在陌生的地方寻找人才呢？孔子认为不必好高骛远，我们的身边就有很多人才，只要把身边的人才提拔出来就足够了，至于陌生地方的人才不必操心，自有熟悉他们的人举荐他们。孔子的这个人才思想也很重要，人才不在别处，人才就在我们身边。但是，人最不容易看见身边的人才，总是喜欢到外地去招聘人才。

13·3 子路曰："卫君待子为政，子将奚先？"子曰："必也正名乎！"子路曰："有是哉，子之迂也！奚其正？"子曰："野哉，由也！君子于其所不知，盖阙如也。名不正则言不顺，言不顺则事不成，事不成则礼乐不兴，礼乐不兴则刑罚不中，刑罚不中，则民无所措手足。故君子名之必可言也，言之必可行也。君子于其言，无所苟而已矣。"

子路曰："卫君待子为政，子将奚先？" 卫君特指卫出公。待，等待、留住。这是一种尊敬的说法。卫君如果让您治理卫国，您会先做什么呢？先做的事情必定是重要的事情。所以这句话也就是说，如果让您去治理卫国，您认为最重要的事是什么呢？

子曰："必也正名乎！" 孔子说，我一定要使名实相符。名，名称、观念。一方面，先有实后有名，名需要符合实。另一方面，名产生后，名就成为一种文化符号，一种文化价值，一种社会规范。有了名，就要循名责实。周一到周五上班，周六周日休息，这就是名，这一周的生活就要遵循这个名。遵循名就是名实相符；否则就是名实不符，名实不符就会出现混乱。名实不符有两种情况。一种情况是实冲破了名，破坏了已有的规范；一种情况是名束缚了实，使社会僵化，停滞不前。在孔子这里，所谓的正名，就是以名规范实，强调对规则的尊重，而不是根据现实调整规则。孔子是针对卫国的现实有感而发，卫出公根据祖父的意志来拒绝父亲回国继位，自己做国君，实不符名。孔子提出要正名，就是要求按照规则去继承君位。

子路曰："有是哉，子之迂也！奚其正？" 子路说，真的这样吗？您也太迂腐了！为什么要正名呢？子路对孔子的正名思想不以为然，而且出言不逊，公然说孔子的思想很迂腐。子路主张要承认现实，识时务者为俊杰，认为孔子那种做法是违背历史潮流的。

子曰："野哉，由也！" 孔子说，粗野啊，仲由！师生对骂，这种情景非常有趣，也表明孔子与子路亦师亦友的关系。

君子于其所不知，盖阙如也。 君子对他所不知道的事情，应该保持沉默。孔子批评子路思想肤浅，只看到眼前的现象，不知道名实相符的重要性，目光短浅。

名不正则言不顺。 名实不符，说话就不会顺畅。名实不符，有人会站在名的角度去规范实；有人站在实的角度要突破名的限制，双方会产生激烈的矛盾、冲突。

言不顺则事不成。 双方各执己见，相互对立，相互牵制，导致任何事情都无法做成。

事不成则礼乐不兴。任何事情都做不成,礼乐就不能振兴。礼乐不是抽象的,不是悬浮在空中的,它要借助于事去体现自己、成就自己。

礼乐不兴则刑罚不中。礼乐不能振兴,刑罚就不会得当。礼乐是行为的规范,做事的标准。标准不存在,对人的惩罚就不会恰当。相应地,对人的赏赐也就不会恰当。

刑罚不中,则民无所措手足。惩罚不得当,百姓就会手足无措。百姓对未来失去了预期,不知道如何做才对,人在不确定性中,会非常不安。

故君子名之必可言也。所以君子对于名的态度应该是,凡是名规定了的,就必须能够言说。

言之必可行也。所言说的东西必须是可以实行的。这样,名、言、行就构成了一个正名体系。

君子于其言,无所苟而已矣。君子对于说,不会有任何苟且。也就是说,君子特别重视说。在名、言、行三者中,君子最重视言。名是长远的目标,人们容易就名的问题达成共识,没有人公然地反对名。比如说言论自由,没有人会公然反对言论自由。但是,人们会在具体操作中,让言论自由变得有名无实。孔子深刻地意识到说的重要性。如果名规定了言论自由,而不能说言论自由,那么言论自由就徒有虚名。所以孔子讲,君子在说这个层面上绝对不能苟且。名只能通过说的中介,最终才能落实为行。

13·4 樊迟请学稼。子曰："吾不如老农。"请学为圃。曰："吾不如老圃。"樊迟出。子曰："小人哉，樊须也！上好礼，则民莫敢不敬；上好义，则民莫敢不服；上好信，则民莫敢不用情。夫如是，则四方之民襁负其子而至矣，焉用稼？"

樊迟请学稼。樊迟请教孔子如何种庄稼。

子曰："吾不如老农。"孔子说，我不如种庄稼的能手。

请学为圃。又请教孔子如何种菜。

曰："吾不如老圃。"孔子说，我不如种菜的能手。

樊迟出。樊迟走了。

子曰："小人哉，樊须也！"孔子说，小人呐，樊须！这里的小人不能理解为指品德低下的人。如何种庄稼、如何种菜绝不是小事，这是人生的大事。神农、后稷最重要的功绩就是教民稼穑。所以，孔子绝不至于把学稼、为圃看作低贱的事。这里的小人应该理解为感性的人，缺乏理性思考。孔子为什么说樊迟是一个感性的人呢？

上好礼，则民莫敢不敬。上，统治者。敬，敬心做事。统治者好礼，老百姓就不敢不敬心。

上好义，则民莫敢不服。统治者好义，老百姓不敢不服从。

上好信，则民莫敢不用情。统治者讲究诚信，老百姓也就不敢不说真话。

夫如是，则四方之民襁负其子而至矣，焉用稼？如果能做到这一点，四方的老百姓都背负着自己的孩子投奔，哪里还用得着自己种庄稼呢？上好礼、好义、好信，就形成了君民和谐的社会局面，人们就自然而然地来到了这个国家，那还用得着自己种庄稼吗？这里需要注意的是，"上好礼""上好义""上好信"是自然就有的，还是受到了思想的影响而形成的呢？显然，上并不是天生就好礼、好义、好信的，是通过儒者的努力使他变得好礼、好义、好信的。儒者的职责就是影响教育这些统治者，这才是儒者应该做的事情。樊迟跟孔子学习，就是要学习仁、义、礼、智、信，然后用这种思想教化统治者，形成了和谐的社会局面，你还用得着种庄稼吗？可见，孔子的话不是说鄙视种庄稼，而是说儒者有比种庄稼更重要的事情要做。樊迟到孔子这里学习，就是要学习仁、义、礼、智、信。如何种庄稼，如何种菜，这不是他分内的事情。孔子批评樊迟只是感性地认识学稼、为圃的重要性，而没有理性地认识到学习礼义的重要性。

13·5 子曰："诵《诗》三百，授之以政，不达；使于四方，不能专对。虽多，亦奚以为？"

子曰："诵《诗》三百，授之以政，不达。" 孔子说，熟读《诗经》三百首，让他处理政事，却办不好。这句话至少表明了，在孔子那个时代，《诗经》不是文学，而是社交活动的百科全书。读《诗》与从政有关，也就是说，从政的人都要去读《诗》。

使于四方，不能专对。 让他出使外国，不能独自应对外交事务。读《诗》还与外交有关。

虽多，亦奚以为? 虽然读了那么多诗，又有什么用处呢? 读《诗》固然重要，在生活实践中运用《诗》更重要。否则，读得再多，也没有用处。但是，把知识转化为实践，是一件非常难的事情。这需要人的体验能力和思考能力。要学会把学问和生活联系在一起，各门学问都是为了解决生活中的某个问题而产生的。"和尚念经，有口无心"，是很能难念好书的。你可能读了很多书，但是，它对你的生活不发挥任何作用。

13·6 子曰："其身正，不令而行；其身不正，虽令不从。"

子曰："其身正，不令而行。" 其，指统治者。统治者行为端正，不下命令，别人也会跟着做。孔子仍是强调道德的影响力。对于君子而言，是很容易接受这种影响的。君子看到统治者行为端正，就会自觉地做好该做的事情。但是，就一般人而言，榜样的影响力很有限。从理论上讲，如果这种影响力是无限的话，那么全社会只要有一个完美的榜样就可以了，治国就变成了一件很简单的事。所以，"其身正，不令而行"针对君子是可行的，对于一般人而言是不可行的。

其身不正，虽令不从。 统治者行为不正，虽然命令别人去做，人们也不会服从。同样的道理，统治者行为不正，命令君子去做，君子是不会服从的，君子会用人格去对抗这个错误的命令。如果是一般人，即使是错误的命令，他也会选择服从。一般人没有人格作为抗拒命令的基础。

13·7 子曰："鲁卫之政，兄弟也。"

子曰："鲁卫之政，兄弟也。" 鲁、卫两国的政治状况就像兄弟一样。鲁国是周公之后，卫国是康叔之后，他们本来就是兄弟之国。但在这里，孔子显然不是着眼于鲁、卫两国的祖先是兄弟，更多的是感慨两国的政治现状非常相似，就像兄弟一样。至于如何相似，孔子应该是有所指的。

13·8 子谓卫公子荆，"善居室。始有，曰：'苟合矣。'少有，曰：'苟完矣。'富有，曰：'苟美矣。'"

子谓卫公子荆。 孔子这样评价卫国的公子荆。

善居室。 这个人特别善于居家生活。实际上是说公子荆有好的生活态度。这句话是对公子荆的一个总评价。

始有，曰："苟合矣。" 有，财富的积累。刚刚有一点财富积累，就说，已经足够了。

少有，曰："苟完矣。" 少有，又有所增加。财富又有所增加，就说，已经很完备了。

富有，曰："苟美矣。" 财富相当多的时候，就说，真是十全十美了。公子荆对自己所拥有的财富有与众不同的态度，孔子称之为好的生活态度。这种生活态度对现代人追求幸福生活有很大的启示。幸福不在于你已经拥有多少财富，而在于你对拥有的财富所持的态度。公子荆永远都认为所拥有的财富高于期望值，这时候，就会感觉到满足、幸福；另一种态度认为拥有的财富远低于期望值，这时候，就会感觉很失望。对于一般人来讲，刚刚有一点财富显然是不会满足的；在积累了更多财富时，还表示不满；在拥有大量财富时，还可能不满。财富是无限的，和无限的财富相比，所获得的财富都是微不足道的。所以，无论拥有多少财富，人们都会感到不满。这就需要对拥有的财富有一个好的态度。这就是公子荆对于财富的态度，这种态度，好就好在让人拥有幸福感、满足感。

这种生活态度会不会让人不思进取呢？应该说不会的。公子荆的财富从始有到少有到富有，他的财富实际上是在不断增加的。知足并没有妨碍他对美好生活的追求，相反，知足的心态成就了他对美好生活的追求，使他在追求中时时感觉到生活的幸福。知足的心态是追求美好生活的基础。需要注意的是，公子荆这种生活态度，对于个人幸福生活的追求，是非常必要的。但是，它只是一种针对个人的生活态度；对于社会而言，这种生活态度是不可取的。对于社会而言，应该采取相反的态度，即社会生活永远不及我们的预期，这就需要我们不断地对社会生活提出新的要求，对社会生活提出批评，使得社会生活变得越来越完善。

13·9 子适卫，冉有仆。子曰："庶矣哉！"冉有曰："既庶矣，又何加焉？"曰："富之。"曰："既富矣，又何加焉？"曰："教之。"

子适卫，冉有仆。仆，驾车。孔子去卫国，冉有替孔子驾车。

子曰："庶矣哉！" 庶，这里指人口众多。孔子说，卫国人口众多啊！人口众多是国家繁荣的标志。现代如此，古代更是如此。古代医疗条件落后，还有饥荒、战争等因素的影响，人口常会急剧下降，所以古人重视人口的数量。

冉有曰："既庶矣，又何加焉？" 冉有说，有了众多人口，接下来应该做什么呢？

曰："富之。" 孔子说，让他们富裕起来。这句话体现了孔子对于富的态度。首先，他承认富是人之所欲。其次，他认为求富有道。要用正确的方法获取财富。孔子说"小人喻于利"，孟子说"何必曰利"，让人误以为儒家不讲利，只讲义。误解的根源在于，人们没有注意孔孟所言说的对象。孔子认为，君子有特殊的责任，不能追求利，只能"喻于义"。但对于百姓而言，孔子明确主张要"富之"；孟子"何必曰利"是针对梁惠王而言的，对于百姓，孟子说"有恒产者有恒心"。这里，孔子只说富之，没有说如何富之。孟子对孔子的思想进行了发挥。从孟子的发挥来看，孟子主张通过计划的方式使民富裕，他详细地规定了民要有多少土地，房屋的前后要

子路篇第十三　399

种什么样的树，以及牲畜要养多少；就富之的目标来看，孔孟以及他们所代表的儒家思想，应该赞同以市场的方式使民富裕。

曰："既富矣，又何加焉？" 冉有又问，百姓富裕以后，又该做些什么呢？

曰："教之。" 孔子说，要让他们受教。从由富而教的顺序看，孔子显然认为，教育必须建立在富裕的基础之上。教育不是空洞的，不是让人在贫穷中受教育，使人安于贫穷。教育应该有更高的目的。孔子这个思想非常重要。人富裕以后，为什么还要进行教育呢？因为富会产生两种结果。一方面，可以用富来实现更好的人生；另一方面，也可能用富走向堕落的人生。孟子说"富贵不能淫"，这也意味着富贵而淫是人生的一种常态，只有通过教育才能够做到"富贵不能淫"。而且，富裕只能解决人的物质生活问题，不能够解决人的精神生活问题。只有通过教育，人的生活才能上升到哲学的、艺术的、宗教的层次。当然，对于孔子而言，教是有特定内容的，主要是仁、义、礼、智、信。

13·10 子曰："苟有用我者，期月而已可也，三年有成。"

子曰："苟有用我者，期月而已可也。" 期，同"朞"，一年。孔子说，如果有人任用我，一年就会有所成绩。

三年有成。 三年可以有大成就，是孔子给自己做的广告。

广告有两个特点。第一个就是心切，急于推销自己的产品；第二个需要自信，相信自己产品的功效。孔子的广告符合这两个特点。第一，表现了他做官心切，急于自我推销；第二，体现了他的自信，只要有人任用，一年就会有成绩，三年就会有大成就。孔子的广告使我们对孔子有了新认识。孔子是圣人，也是一个平常人。他也要急于推销自己。这没有影响到圣人的形象，反而让人感觉到圣人的亲切。

13·11 子曰："'善人为邦百年，亦可以胜残去杀矣。'诚哉是言也！"

子曰："'善人为邦百年，亦可以胜残去杀矣。'诚哉是言也！"孔子说，善人治理国家百年，可以做到克服残暴，消除杀戮。首先要明确，善人的地位是相当高的。善人"不践迹，亦不入于室"，他有独立的个性和独立的见解。胜残去杀，指从野蛮国家进入文明国家。野蛮国家以残暴和杀人来维护统治。要使一个国家从野蛮走向文明，需要漫长的时间。从某种意义上讲，古代中国一直都没有走出野蛮，进入文明社会。以善人的治国理念，也要经过一百年才能使国家从野蛮进入文明。可见，进入文明社会多么艰难，这不是一朝一夕之功，是一个渐进的过程。它需要有足够的耐心和清醒的理性态度。文明的社会不仅关乎制度，还关乎人心。如果没有人心，制度就会形同虚设；如果只有人心，没有制度，人心也会败坏。所以，文明社会的建立，需要制度和人心的互动。不能急于求成，也不能坐等其成。

13·12 子曰："如有王者，必世而后仁。"

子曰："如有王者，必世而后仁。" 世，三十年。孔子说，如果有王者兴起，一定要过三十年，然后才能实现仁德。这里的王者指的就是圣人。圣人以仁、义、礼、智治理天下，也要经过三十年，才能够实现仁德。为什么是三十年呢？钱穆有一个很有意思的解释："盖旧被恶化之民，经三十年一世而皆尽，新生者渐渍仁道三十年，故其化易成。"这是说，三十年，受到坏思想影响的那一批人，都死得差不多了；拥有新思想的这批人经过三十年仁道的熏陶，已经接受了仁道的思想。这个解释很有道理，但也使人很悲观。这也意味着，改造人是很难的。长期错误的文化心理积淀，使得他们没有办法接受仁道思想。只有等到他们离开世界，新的思想通过新一代人的接受才能变成普遍的社会思想。这也解释了，战国时期，国君为什么不行仁政了，因为实行仁政需要漫长的时间，而霸道在短时间内就能达到目的。

13·13 子曰："苟正其身矣，于从政乎何有？不能正其身，如正人何？"

子曰："苟正其身矣，于从政乎何有？" 孔子说，如果能够端正自己，从政有什么难呢？这句话和《子路篇》第六章讲的"其身正不令而行"意思一样，不再重复解释。

不能正其身，如正人何？ 不能端正自己，又怎么能端正别人呢？这句话和《子路篇》第六章里"其身不正，虽令不从"的表达有所区别。"其身不正"，迫于权力的压力，尽管内心并不愿意听从命令，但是行为上却不敢违抗命令。这里的"正"和前面的"令"不同，"令"需要行为的认同，"正"是心理上的认同。统治者不能端正自己，就没办法端正别人，因为口服而心不服。

13·14 冉子退朝。子曰："何晏也？"对曰："有政。"子曰："其事也。如有政，虽不吾以，吾其与闻之。"

冉子退朝。子曰："何晏也？" 冉子退朝而归。孔子说，怎么这么晚才回呢？这里的退朝，可能是中午，也可能是晚上。如果是中午，表明冉有和孔子是在一起吃饭的；如果是晚上，表明冉有不仅和孔子一起吃饭，他还住在孔子家里。这是冉有的特殊情况还是普遍情况呢？是否还有别的学生也与孔子同吃同住呢？这句话透露出孔子与学生的日常关系。

对曰："有政。" 冉有回答说，有政务。

子曰："其事也。" 孔子说，那是私事吧。孔子认定冉有在撒谎，他们不是在办公事，而是在议私事。

如有政，虽不吾以，吾其与闻之。 以，用。如果有公事，虽然我不在任，我也是会知道的。这句话也透露出一个信息，即孔子虽然不在职,但是他还保持了在职时的待遇。鲁国的一些重大事务,是会提前向孔子通报的。孔子没有得到这样的通报,这表明冉有退朝晚,是在谋划私事。这里,孔子反对的不是回来晚,而是谋划私事回来晚。这里所描述的情景,让人似曾相识。学生回家晚了,父母问为什么放学这么晚,学生的回答都是,有作业或有课。但父母以他们掌握的信息揭穿了谎言。两千多年过去了,世事变化,沧海桑田,但是那些关乎人性的东西似乎没有任何变化。孔子师生之间的对话场景,仍然让我们心领神会。

13·15 定公问:"一言而可以兴邦,有诸?"孔子对曰:"言不可以若是其几也。人之言曰:'为君难,为臣不易。'如知为君之难也,不几乎一言而兴邦乎?"曰:"一言而丧邦,有诸?"孔子对曰:"言不可以若是其几也。人之言曰:'予无乐乎为君,唯其言而莫予违也。'如其善而莫之违也,不亦善乎?如不善而莫之违也,不几乎一言而丧邦乎?"

定公问:"一言而可以兴邦,有诸?" 定公问孔子,一句话可以振兴国家,有这样的事吗?作为统治者,他总是希望找到一个最简洁的方式治理国家。

孔子对曰:"言不可以若是其几也。" 几,近。孔子回答说,话不可以说得这样玄乎。治国是很复杂的事,很难用一句话来概括如何能够治国兴邦。

人之言曰:"为君难,为臣不易。" 有人说过,做国君很难，做大臣也不容易。

如知为君之难也，不几乎一言而兴邦乎？ 如果知道为君很难，不就近于一言兴邦吗？为什么知道为君之难，就能够一言兴邦呢？因为知道为君难，他就会慎重地为君，就不会随意做出决定，就会愿意听从他人的意见和建议，尽量避免出现决策上的失误。知道为君难，实际上就是国君主动限制自己的权力，以便给他人的意见留出空间。主动限制自己的权力，不就是德吗？所以，为君之难，最终又回到了"为政以德"上。

曰："一言而丧邦，有诸？" 鲁定公又问，一句话可以灭亡国家，有这样的事吗？

孔子对曰："言不可以若是其几也。" 孔子回答说，话不可以说得这么玄乎。

人之言曰："予无乐乎为君，唯其言而莫予违也。" 有人说，我不喜欢做国君，我只是喜欢我说的话没有人能够违背。本来，做国君是运用权力为民办事，造福一方。如果说做国君，唯一的乐趣就是说话没人敢反对，这就意味着他在享受权力。而享受权力的方法就是，做反常的事，做不能做、不该做的事，以这样的方式体现自己的权威。

如其善而莫之违也，不亦善乎？ 如果你说的是善言而无人违背，不是很好吗？

如不善而莫之违也，几乎一言而丧邦乎？ 如果你说的不是善言而没人敢违背，这不就近于一句话而灭亡国家吗？说不善的话，还不让人去违背，这就是独裁者。面对独裁者，人就会追求自保，就会乐于奉承。独裁者听不到一句真话，就必然做出错误的决断，最后毁灭国家，也毁灭自己。值得注意的是，无论是一言兴邦，还是一言丧邦，都是表明权力的绝对性。在一个社会里，一言可以兴邦，一言可以丧邦，这是一个不正常的社会，这是一个制度比较落后的社会，是一个距文明很遥远的社会。在文明的社会里，不可能出现一言兴邦、一言丧邦的事情。所以，不能认为一言兴邦就好，一言丧邦就坏。一言兴邦，看起来是利用权力振兴了国家，但它也只是个人的道德行为，没有持续性。只要有一言兴邦，必然就会有一言丧邦。只有一言不能兴邦，才能一言不能丧邦。以现代的治国标准来看，一言兴邦和一言丧邦，都是有问题的。

13·16 叶公问政。子曰："近者悦，远者来。"

叶公问政。叶公问孔子如何为政。

子曰："近者悦。"孔子说，为政要使近处的人喜悦。针对叶公的问题，孔子本该讲为政的方法，但是他并没有讲如何为政，他讲到了为政的两个效果。"近者悦"是其中的一个效果，为政的效果应该是百姓内心喜悦。悦是一种心理感觉，感觉的标准有什么好处呢？人不能强加一种感觉给别人，所以感觉最实在、最客观。另外，以感觉为标准，就把标准交给了百姓，执政效果的好坏就由百姓说了算。统治者总有一种自我肯定的倾向，他们往往自认为统治效果特别好。以悦为标准，就否定了统治者的标准。

悦有特定内涵。只有具备这两点，百姓才可能悦。一是物质的丰富性，百姓必须在吃、穿、住方面都得到满足。二是精神的自由性。人不同于动物，不是说有了吃穿住就满足了，他还有更高的追求，即对自由生活的追求。具备这两点，必然会"近者悦"。

远者来。远方的人想来。想来也是不能强迫的。可以强迫人家来，但不能强迫人家想来。人自由流动，总是想流动到他喜欢的地方。"远者来"的思想，应该说很前卫。它以人口流动来衡量为政的效果。人口流出的地方，肯定是不好的地方；人口流入的地方，肯定是好地方。人口由农村流入城市，由小城市流入大城市，由边远城市流入沿海城市，去的都是好地方，就是很好的例子。所以，治理程度的好坏，用人口的流出和流入就能进行判断。国家也是这样，哪个国家移民多，哪个国家的治理相对就会好。这两个为政效果有因果关系，因为"近者悦"，所以"远者来"。近者不悦，远者不可能来。所以，治国的入手处应该使"近者悦"。

13·17 子夏为莒父宰，问政。子曰："无欲速，无见小利。欲速则不达，见小利则大事不成。"

子夏为莒父宰，问政。子夏做莒父的行政长官，问孔子如何为政。

子曰："无欲速。" 孔子说，不要追求马上出政绩。做官的人总有一种心理，想要快速出成绩，以证明自己的能力，有利自己顺利升迁。针对从政者的急切心理，孔子告诫不要求快。这个告诫在今天仍然具有警示作用。

无见小利。不要贪图小利。小利，眼前的利益。小利非常实在，容易获得，也容易被其诱惑，言下之意，你要追求大利，要追求长远目标。

欲速则不达。想要快，反而达不到目的。也就是说，追求快，反而快不了。为什么呢？每个事物都有它的本性，有它内在的发展规律。追求快，就破坏了事物的发展规律性，也就是破坏了事物的内在本性，必然达不到想要的目的。但是，在现实中，通过短平快，似乎也能取得一定的成绩，人们被眼前的成绩所迷惑，看不到它的危害性。它的危害性要很长时间才能显现出来。

见小利则大事不成。贪图小利是做不成大事的。身边的小利太多，诱惑太大，会分散自己的精力。让生命消耗在对小利的追逐上，难以集中精力成就大事。更重要的是，人在追逐小利的过程中，心胸也慢慢地变小了。所以，追求小利的人是做不成大事的，做大事的人往往都敢于放弃某些小利。孔子这个为政思想对读书也有启发性，读书也是慢功夫，也不能急于求成，不能为身边的小利所迷惑。

13·18 叶公语孔子曰："吾党有直躬者，其父攘羊，而子证之。"孔子曰："吾党之直者异于是：父为子隐，子为父隐，直在其中矣。"

叶公语孔子曰："吾党有直躬者。"直躬，以直道立身。叶公对孔子说，我们那个地方有一个正直的人。

其父攘羊，而子证之。攘，偷。证，告发。父亲偷了羊，儿子告发了父亲。告发做坏事的人是正直的，是维护社会的公平正义；告发自己的父亲，不用说，那就更正直了，大义灭亲嘛。

孔子曰："吾党之直者异于是。"孔子说，我们那里正直的人与你说的不同。

父为子隐，子为父隐。父亲为儿子隐瞒，儿子为父亲隐瞒。

直在其中矣。正直就在这里面。孔子讲的正直和叶公讲的正直意思不一样。叶公的正直侧重于法理，孔子的正直更强调亲情。法理需要维护，亲情也需要维护。在情和理产生矛盾时，该如何是好呢？父子相互揭发，维护了正义，但伤害了情感；父子相互隐瞒，维护了情感，但是又伤害了正义。在叶公和孔子的争论中，谁是谁非呢？应该说，孔子主张"亲亲相隐"是正确的。亲情是基于血缘而产生的一种伦理情感，它是人本能的情感，它是最牢固、最稳定的情感，也是最值得信赖的情感。即便是一个罪大恶极的人，他也离不开亲情，他也会被亲情所感动。如果允许儿子告发父亲，这就意味着亲情也是不可靠的。那么，人间还有什么是可靠的呢？当亲情都不可靠时，这个世界就完全失去了意义。"文革"期间，亲人之间相互伤害，亲情沦丧，让人痛心疾首。基于这种情况，《宪法》明确规定亲人之间的回避制度。被告的配偶、父母、子女都可以不出庭作证，这就是出于对亲情的保护。这正是孔子"亲亲相隐"的思想。就父亲偷羊这件事而言，除了告发之外，还有许多解决途径。比如儿子说服父亲，儿子偷偷把羊放走，完全没有必要采取这种极端的告发行为。

问题是，"亲亲相隐"会不会有损于公平正义呢？应该说，不会的。儿子不告发并不意味着偷羊这件事不了了之，司法机关可以介入调查。所以，父亲偷羊最终会得到应有的惩罚。但是，惩罚不能由儿子完成，只能由司法机构完成。所以，丝毫不必担心"亲亲相隐"会干扰公平正义。在这里，情与理的冲突是一个伪命题，它并不存在。

但是，必须也要看到，"亲亲相隐"一直受到了批评和质疑，在现代更是如此。这些批评有没有道理呢？应该说，也是有道理的。理由有两个：一是，古代宗法制家庭的伦理关系与权力关系合二为一。家庭并不单纯，家庭被政治化了，政治也被家庭化了。这时，情与理纠缠在一起。古代皇族内部父子、兄弟相残的事件屡见不鲜。二是，在孔子与叶公的讨论里，"亲亲相隐"严格地限定在父子之间，但是，后人把"亲亲相隐"的原则扩大到所有的生活领域。一个单位、一个组织，甚至一个国家，在它们的内部也形成了类似于"亲亲相隐"的原则，所谓家丑不可外扬。这样一来，单位也好，组织也好，国家也好，就借"亲亲相隐"隐瞒自己内部的缺点和错误。这就产生了非常恶劣的影响和非常严重的后果。当务之急就是要划界。在家庭领域，要坚持"亲亲相隐"；对于家庭之外，那些以契约关系构成的群体，要反对"亲亲相隐"。

13·19 樊迟问仁。子曰:"居处恭,执事敬,与人忠。虽之夷狄,不可弃也。"

樊迟问仁。樊迟问孔子,什么是仁。

子曰:"居处恭。"居处、私处、立身。恭,收敛。孔子说,立身要收敛。内与外是一致的,立身收敛,对外就会谦和。

执事敬。做事要有敬心。做事没有敬心,就做不好事。

与人忠。对人要忠诚。对人不忠,彼此失去信任,就不能构成人际交往,最终会一事无成。

虽之夷狄,不可弃也。即便到了夷狄之地,也不能够背弃。在孔子看来,恭、敬、忠三者是普遍适用的价值观,任何人都不能例外,任何人也不能够以特色为借口来否定这三个普遍适用的价值观。

13·20 子贡问曰:"何如斯可谓之士矣?"子曰:"行己有耻,使于四方,不辱君命,可谓士矣。"曰:"敢问其次。"曰:"宗族称孝焉,乡党称弟焉。"曰:"敢问其次。"曰:"言必信,行必果,硁硁然小人哉!抑亦可以为次矣。"曰:"今之从政者何如?"子曰:"噫!斗筲之人,何足算也?"

子贡问曰:"何如斯可谓之士矣?"子贡问,怎样才能称之为士呢?

子曰:"行己有耻。"立身要有羞耻之心。人有了羞耻之心，才知道什么该做，什么不该做，什么该说，什么不能说。人的羞耻之心非常重要，甚至可以说，它是道德前提。人有了羞耻之心，才有了道德感。道德看起来很崇高，但从心理学上来讲，就是人有羞耻感。

使于四方，不辱君命。出使各国，很好地完成君命。前面讲的是德，这里讲的是能。

可谓士矣。既有德，又有能，就可以称之为士了。

曰："**敢问其次。**"子贡又问，次一等的士是怎样的？子贡的思想非常精细。他不是笼统地问什么是士，他问各种不同的士。这就说明，士是有等级的，不能一概而论。

曰："**宗族称孝焉，乡党称弟焉。**"宗族称赞他孝顺父母，邻里称赞他友爱兄弟。这里只说到士的德，没有提到士的能，所以这是低一层次的士。

曰："**敢问其次。**"子贡又说，再次一等的士是怎么样的呢？

曰："**言必信，行必果，硁硁然小人哉！**"孔子说，说话一定要算数，行动一定要追求结果，这是顽固不化的小人啊！硁硁然，浅陋、顽固。这里的小人，应该指层次比较低的人。今天人都把"言必信，行必果"当作褒义词，来体现自己的人品；但在孔子这里，"言必信，行必果"带有贬义性质，这与我们通常对这句话的理解是完全不同的。孔子把"言必信，行必果"说成是小人的行为，可能有两个理由。第一个理由是，言和行在性质上是中性的。如果言、行符合道义，"言必信，行必果"没有任何问题；如果言、行不符合道义，坚持"言必信，行必果"，那问题就大了。所以，有子在《学而篇》第三章中讲，"信近于义，言可复也"，信要受到义的制约。第二个理由，言与信、行与果之间存在着时间差。在这个时间差里，事物会发生很多变化。这样，当初的言就不必信了，当初的行也不必果了。如果不能顺应事物的变化，那就很僵化。孟子很好地理解了孔子的这个思想。孟子在《离娄章句下》里讲："大人者，言不必信，行不必果，惟义所在。"孟子的解释同时也意味着，"言必信，行必果"依然是我们行为的基本准则，只有一些特殊的大人才能够按照义的原则来超越这个行为准则，并不是任何人都可以随便地以"言不必信，行不必果"为自己的不守信做辩护。

抑亦可以为次矣。这样的人可以称为再次一等的士。可以看出来，孔子对"言必信，行必果"还是肯定的。只不过，这种士只执着于一些道德信条，不知道变通。但是，他们的本心毕竟还是好的，所以他们还可以被称为士。

曰："今之从政者何如？"子贡问，当今这些从政的官员怎么样呢？

子曰："噫！斗筲之人，何足算也？"噫，感叹词。斗，容量有十升。筲，容量有五升。斗筲，气量狭小。孔子说，这些气量狭小的人，怎么能算作士呢？这是对当权者的彻底否定，他们根本算不上是士。他们没有操守，唯利是图，被孔子所鄙视。可见，孔子愤世嫉俗，个性鲜明。

13·21 子曰:"不得中行而与之,必也狂狷乎!狂者进取,狷者有所不为也。"

子曰:"不得中行而与之,必也狂狷乎!" 中行,中庸。不能与中庸的人交朋友,一定要和狂狷之士交朋友。中庸是至德,是最高的德。它是人的理念,现实中,没有人能真正地达到中庸。孔子在《中庸》里说:"天下国家可均也,爵禄可辞也,白刃可蹈也,中庸不可能也。"可见,中庸有多难。见不到中庸的人,也就无法和中庸之人交朋友,现实中该怎么办呢?就和狂人、狷人交朋友。

狂者进取。进取,不满于现状,批评现状,改造现状。狂者的抱负是要改变现实。正是因为他们有改变社会的决心,所以才称之为狂。

狷者有所不为也。狷者和现实保持距离,不和统治者合作。他们以远离现实的方式来对抗现实,以不为的方式来为。狂者和狷者,共同特点就是有个性,有人格魅力。孔子喜欢的学生里,德行科里近于狷者,言语、政事科里近于狂者。他们个性鲜明,活跃在孔子身边,丰富着孔子的生活与思想。现实中,平庸者居多。而狂者、狷者正是平庸者的另外一极,他们是社会的改革家,是文化的创造者。他们的存在构成了社会的平衡,使社会在整体上处于中庸的状态。

13·22 子曰:"南人有言曰:'人而无恒,不可以作巫医。'善夫!""不恒其德,或承之羞。"子曰:"不占而已矣。"

子曰:"南人有言曰:'人而无恒,不可以作巫医。'" 孔子说,南方人有一句话,人没有恒心,就不可以做巫医。巫医,是一个词,古代的巫和医集于一人之身,巫医通过事鬼神的方式来治病祈福。孔子病重时,子路替他祈祷,应当是子路请巫医来为孔子祈祷,而不是子路自己为孔子祈祷。巫医应当非常专业,而且知识面广。他既要通鬼神,还要把握人的生理和心理。所以,巫医不是一般人能做的,没有恒心的人是不可以做巫医的。

善夫! 这句话说得好啊!

不恒其德,或承之羞。 德行不能恒久,一定会蒙受耻辱。这是《易经》中恒卦之辞。前面讲恒心,这里引用《易经》,把恒心转化成恒德。人没有恒德,其实就是失德,就是无德。无德的人狂妄自大、目中无人、胡作非为,最终没有好结果。

子曰:"不占而已矣。" 孔子说,这就不用占卜了吧。古人做事之前,总要占卜来确定凶吉。孔子认为,没有德,肯定会招致耻辱,这个道理人人都懂,哪里还需要占卜呢?孔子这里是以一种理性精神反对宗教仪式。人完全可以用理性去判断自己的行为。孔子反对占卜,为什么又敬鬼神呢?这反映了他对宗教的理解,他似乎认为人是需要有宗教精神的,是需要有敬

子路篇第十三 415

畏之心的。在实践层面，他又反对那些宗教仪式。他认为仪式无助于人的行为，甚至还误导人的行为。孔子有没有宗教呢？就宗教精神的角度而言，他是相信宗教的；就宗教仪式的角度而言，他是不相信宗教的。

13·23 子曰："君子和而不同，小人同而不和。"

子曰："君子和而不同，小人同而不和。" 孔子说，君子追求和而反对同，小人追求同而反对和。这里的君子和小人是以道德而言的。这一章里有两个关键词，一个是和，一个是同。什么叫和呢？和基于一个前提，就是要承认世界的多样性、异质性。和要解决的问题是，异质性的存在如何相处。在自然界中，自然地呈现出了和的状态，有山，有水，有大树，有小草以及鸟兽虫鱼，自然万物和谐共存。在人类社会中，所谓异质性的相处，就是人和人之间如何相处，如何构成好的社会。但是，人类社会的和不是自然生成的，而是人构造出来的。它比自然界中的和更复杂。和的社会有一个前提，就是要承认人的多样性。每个人都是不同的，尤其是观念上的不同。所以，和的社会面临的最大问题就是，如何对待不同的观念。

在和的社会中，首先是各种观念的平等。既然观念是平等的，就不能否定他人的观念。各种观念要达成共识，就需要相互承认，相互妥协，在妥协中产生新观念。《左传·昭公二十年》里，晏子这样说："和如羹焉，水火醯醢盐梅，以烹鱼肉，燀之以薪，宰夫和之，齐之以味；济其不及，以泄其过。"这段话的意思是，五味中的每一味都不能坚持自己，这样才能与别的味相融合，才能做出美味的羹汤。如果五味各自坚持自己，彼此不能融合，那五味就是机械地合在一起，就不能产生新的味道。晏子还说："君臣亦然。君所谓可而有否焉，臣献其否以成其可。君所谓否而有可焉，臣献其可以去其否。"这里要特别注意，后面的"成其可"中的可与前面的"君所谓可"中的可，意思是完全不一样的。"成其可"中的可已经不是以前的可了，是经过否定过后的可，是一种新的可；"君所谓否"中的否与"臣献其可以去其否"中的否意思也不一样。后面的否，是经过可之后而形成的否。所以，这个否也是一个新物。由此可见，和就是双方妥协而形成的一种结果。"和实生物"，和能够产生新的事物，能产生新的思想。所以和具有创造性。如果用中庸的观念来表达，即中庸实际上就是两极平衡而形成的一个结果。另外，和里面还有观念的自由。平等固然很重要，但没有自由的平等，就不是真正的平等，就可能退化为绝对一致。自由意味着个体的独立性，在这里，人和人的关系表现为一种对立，但对立是表面的，实质上是一种互补关系。比如，孔子和宰我、孟子和告子、庄子和惠子等。他们进行自由的辩论，都在坚持自己的立场，互不相让。看起来，好像会导致社会的分裂。但实际上，他们在突出各自思想特色的同时，也暴露了各自思想的局限性、片面性，这就会形成一种思想上的互补。再比如儒墨、儒法、儒道、道法，看起来，它们的思想各不相同，但其实也都是互补的，它们共同呈现丰富多彩的思想，展示思想的魅力。《国语·郑语》讲，"声一无听，物一无文，味一无果，物一不讲"。这都说明，应该把思想的多样性理解为思想的互补。这种互补性最终又再次导致思想的大融合。宋明理学是新儒学，跟先秦儒学有很大不同。不同之处在于，宋明理学中已经包含了佛、道的思想。宋明理学实际上是以儒学为主体，儒、释、道三家融合的结果。这种融合就产生了新思想，宋明理学变成了全新的思想。

和的社会，一定是一个平等的、自由的、妥协的、创新的社会。如何形成和的社会呢？一方面，寄希望于统治者的个人修养。统治者的个人修养对形成和谐社会肯定会有一定的作用。另一方面，个人修养是靠不住的，建成和的社会要依赖礼。所以，孔子特别强调礼的规范。"礼之用，和为贵"，因为礼的存在，才能产生和的社会。用今天的话讲，礼就是法。和谐的社会一定是法治的社会。

同就比较简单了。同即相同，完全一样。同是同质性的无限重复，只有数量的增加，没有质量的改变。它单纯、单调、单一，具有排他性。同的社会要求统一思想、统一行动。在同的社会中，看起来大家都在思想，但其实只有一个思想；看起来都在行动，但其实只有一个动作。用晏子的话讲就是："君所谓可，据亦曰可；君所谓否，据亦曰可。若以水济水。谁能食之？若琴瑟之专一，谁能听之？同之不可也如是。"同的社会单调、简单、乏味。"同则不继"，在同的社会里，没有任何创造力，只有模仿。在现实中，人们经常误解和，把同理解为和。如果有不同的声音，就说这个声音不和谐；如果没有不同的声音，就会说非常和谐。这和孔子所说的和正好相反，把孔子所批评的同当作了和，我们必须引以为戒。这两句话也可以用来判断君子和小人。如果某人"和而不同"，就是君子；如果某人"同而不和"，就是小人。

13·24 子贡问曰："乡人皆好之，何如？"子曰："未可也。""乡人皆恶之，何如？"子曰："未可也。不如乡人之善者好之，其不善者恶之。"

子贡问曰："乡人皆好之，何如？" 子贡问，一乡的人都说他好，这个人怎么样呢？言下之意是，他算不算一个好人？

子曰："未可也。" 孔子说，不能就由此就判断他是一个好人。这与我们通常的判断不太一样。通常认为"皆好之"，就一定是好人，也就是说，全票通过，都说他好，他一定是好。但是，孔子对全票通过说好表示质疑。为什么质疑？全票通过会有这样几种情况。第一，全乡的人都是好人，好人都说他好，那他一定是好。这不是不可能，但是非常罕见。第二，有可能被人操纵。大家不得不说他好，是刻意塑造一个好人，将其作为榜样，供人学习。第三，这是一个八面玲珑的人，是一个变色龙，极具表演性，演什么像什么。人前说人话，鬼前说鬼话。基于这三点，孔子对全票通过就是好人的观念表示质疑。

乡人皆恶之，何如？ 一乡人都厌恶，这个人怎么样呢？他就是一个坏人吗？

子曰："未可也。" 孔子说，不能这样判断。孔子对全票否定一个人就判定这个人是坏人，也表示质疑。第一，只有全乡人都是好人，他们的投票结果才能认定某人是坏人。与上面的理由一样，这个前提是不太可能的。第二，被人操纵，故意抹黑，刻意打击，让人不敢不说他坏。第三，还有一类人，特立独行，超越了好人与坏人，这种人极容易被当作坏人。比如说艺术家，他所表达的思想和现实的道德经常会发生冲突。他秉持一种更高的道德原则，正因为他高，而不被人理解。基于这三点，孔子认为，全乡人投票说某个人坏，并不意味着这个人就真的坏。孔子在《卫灵公篇》第二十八章中，有类似的表述："众恶之，必察也；众好之，必察也。"孟子在《孟子·梁惠王下》中也表达了类似的思想："左右皆曰贤，未可也；诸大夫皆曰贤，未可也；国人皆曰贤，然后察之……左右皆曰可杀，勿听。诸大夫皆曰可杀，勿听，人皆曰可杀，然后察之。"

不如乡人之善者好之，其不善者恶之。 不如乡里面好人喜欢他，坏人讨厌他。好人喜欢他，意味着他真的是好人；坏人厌恶他，也表明他是好人。如此推理，如何判断一个人是坏人呢？乡里的好人都讨厌他，乡里的坏人都喜欢他。在这里，孔子对于乡人的构成进行了分析。他认为，乡人不可能都是好人，也不可能都是坏人。其实，在好人与坏人之间，在善者和不善者之间，还有大量说不上好坏的人。乡人的构成如此复杂，怎么可能出现全票赞同或者全票否定的状况呢？

13·25 子曰："君子易事而难说也。说之不以道，不说也；及其使人也，器之。小人难事而易说也。说之虽不以道，说也；及其使人也，求备焉。"

子曰："君子易事而难说也。" 说，通"悦"，喜悦。君子容易共事，但难以取悦。这里的君子指道德水平而言。

说之不以道，不说也。 不以正当的方法去取悦他，他是不会高兴的。什么是以道取悦呢？就是做好自己的事情，才能取悦他，没有必要溜须拍马，逢迎巴结。这些都不能让他高兴。

及其使人也，器之。 当他用人时，却能够量才任用。君子不受情感困扰，他不会打击报复，他会根据你的才能理性地安排你的工作。

小人难事而易说也。 小人难于共事而容易去取悦。

说之虽不以道，说也。 哪怕你用歪门邪道的方式去取悦他，他也会高兴。小人受情绪的困扰，没有一贯的做事原则。

及其使人也，求备焉。 当他用人时，会求全责备。因为他受情绪困扰，而情绪又是无法把握的，所以他随心所欲，横挑鼻子竖挑眼。正如俗话所说，宁可得罪君子，不能得罪小人。

13·26　子曰："君子泰而不骄，小人骄而不泰。"

子曰："君子泰而不骄。" 泰，舒泰、淡定、平常心。君子舒泰而不骄傲。君子有德，能够自我约束。君子为什么能够自我约束呢？这来自君子的认知。他认识到了个人在群体中的地位，意识到个人的渺小。既然个人是渺小的，个人就必须依赖于他人，与他人共处，没有骄傲的资本。

小人骄而不泰。 小人骄傲而不舒泰。小人无德。无德的人膨胀自我，自高自大，目中无人。但是，他毕竟不是世界的中心。所以时时有受挫感，显得焦虑不安。

13·27　子曰："刚、毅、木、讷，近仁。"

子曰："刚、毅、木、讷，近仁。" 孔子说，刚强、坚毅、质朴、拙于言辞，这四种性格接近于仁。刚为什么会接近于仁呢？孔子说过"无欲则刚"，刚强的人就是无私欲的人。没有私欲就接近于公心，而公心就接近于仁心。毅为什么接近于仁？《泰伯篇》第八章讲，"士不可以不弘毅"，读书人必须要有坚毅的品格，"任重而道远"，如果没有这种坚毅的品格，就会半途而废，坚持不到最后。坚毅的性格是通向仁心的一个条件，只有坚毅的性格才能达到仁。所以毅近于仁。木，质朴。讷，拙于言辞。木讷为什么接近于仁呢？孔子说过，"巧言令色鲜矣仁"，"巧言"是讷的反面，"令色"是木的反面。既然

"巧言令色"很少有仁德，那么它的反面，木讷不就接近于仁了吗？孔子说"刚、毅、木、讷，近仁"，扩大了仁的涵盖范围，把我们认为与仁无关的品德都纳入仁的范围内，仁就变得无所不包。

13·28 子路问曰："何如斯可谓之士矣？"子曰："切切偲偲，怡怡如也，可谓士矣。朋友切切偲偲，兄弟怡怡。"

子路问曰："何如斯可谓之士矣？" 子路问，怎样才可以称之为士？这个问题前面已经有很多学生问过了，孔子的回答都不一样。但是，这些不同的回答都是士的内涵。

子曰："切切偲偲，怡怡如也，可谓士矣。" 切切偲偲，相互责善。怡怡，和顺的样子。孔子说，相互责善、和和顺顺就可以称为士了。

朋友切切偲偲，兄弟怡怡。 朋友可以相互责善，而兄弟要和和顺顺。也就是说，不同的关系有不同的要求。"切切偲偲"讲的是友情，"怡怡"讲的是亲情。亲情和友情有什么区别呢？兄弟之情，在今天看来，似乎是平等的，但在古人眼里，兄弟之间是不平等的。在宗法制社会中，兄长的地位独一无二。如果兄弟之间相互责善，那么，兄对于弟就具有绝对的优势。出于尊重，弟弟必须听命于兄长，这就容易伤害情感。朋友就不一样了，朋友志同道合走到一起，他们追求的目标是一致的，但采取的手段未必一致。他们之间会有争论，会有批评。这种批评也很伤感情，有的甚至会不欢而散。朱熹、陆九渊都是孔孟的信徒，治学方式却截然相反。鹅湖之会中争论激烈，不欢而散，双方耿耿于怀。亲情和友情还有一个区别：亲情基于血缘关系，剪不断理还乱。不管你承不承认这种关系，这种关系都客观存在。在无法分开时，一定要慎重，不要制造分裂，不要相互伤害。朋友之间没有血缘关系，朋友既可以合，又可以分，不怕争论、不怕批评。所以，不同的关系有不同的处理方式。

13·29　子曰："善人教民七年，亦可以即戎矣。"

子曰："善人教民七年，亦可以即戎矣。" 即，就。戎，兵。善人教导百姓七年，也可以从军打仗了。孔子很少谈军事，他跟卫灵公说他不懂军事。但是，那是搪塞之词，不必认真。孔子重视三件大事：斋、战、疾。春秋末期，战争频发。有战争，就得应对战争，就得提前训练百姓。所以，孔子谈军事也不必奇怪。孔子谈军事有自己的特色。这个特色就体现在由谁教民的问题上。孔子强调"善人教民"。在孔子的思想中，善人的地位非常高。他有独立的思想，信奉仁、义、礼、智。由善人来教民，所教的内容就会不同寻常，他不仅仅教军事技术，还会教仁、义、礼、智。这就确保了战争的正义性质。七年是一个漫长的时间，仅仅教军事技术，应该不需要七年。所以，善人教民应该是系统的、综合的。孔子谈军事并不局限于军事，还着眼于仁义道德。

13·30 子曰:"以不教民战,是谓弃之。"

子曰:"以不教民战,是谓弃之。" 用没有经过训练的百姓打仗,这是抛弃百姓。上一章中,他讲的是理想的状况,由善人教民;这一章讲的是现实状况。现实状况非常糟糕,不仅没有善人教民,干脆就没有人教民。把那些没有经过任何战争训练的人推向战场,那只能是送死。如果说"善人教民七年,亦可以即戎矣",那么"以不教民战,是谓弃之"就是必然的结果。

宪问篇第十四

14·1 宪问耻, 子曰:"邦有道, 谷; 邦无道, 谷, 耻也。""克、伐、怨、欲不行焉, 可以为仁矣?"子曰:"可以为难矣, 仁则吾不知也。"

宪问耻。宪, 原宪, 孔子的弟子。耻, 羞耻。原宪问什么叫羞耻。

子曰:"邦有道, 谷。" 谷, 俸禄, 这里特指做官。孔子说, 国家政治清明, 理应去做官。孔子经常讲"邦有道""邦无道"。什么叫"邦有道"呢?道, 就是路, 有道就是有路, 人人有路可走, 就是一个美好社会。美好的社会有两个层面。在物质层面上, 要保证生活的温饱, 最好是生活很富裕; 在精神层面上, 人有尊严、有自由, 人像人那样活着, 而不是仅仅活着。用儒家的观念表述, 就是生活在仁、义、礼、智、信、温、良、恭、俭、让的社会里。在这些观念中, 仁、礼、信、义特别重要, 它们是构成美好社会的骨架。所谓仁, 就是爱, 就是人有同情心, 对弱者的痛苦感同身受。由于这种同情心, 人才能去帮助别人。所谓礼, 就是规范、秩序。用今天的话来讲, 就是法治。这些规范必须得到普遍遵守。只有守住各自的行为边界, 才能够保证人的自由。当然, 这些规范不是僵化的, 不是一成不变的, 需要不断改进。但是, 改变的方式应该是和平的, 而非暴力的。所谓信,就是诚信,就是信守承诺,彼此信任。因为信任,人们才能合作,才能做成一件事。否则,这个社会就会是一盘散沙,各自为政,一事无成。所谓义,即宜,就是应该,要做应该做的事。什么是应该做的事呢?坚持并维护仁、礼、信这些观念,对破坏仁、礼、信的行为进行批评和斗争。在有道的社会里,为什么可以做官呢?在有道的社会里,官所做的事是有道社会的一部分,他的一切行为都是在强化、维护这个社会。

邦无道,谷,耻也。国家政治黑暗,还去做官,这就是羞耻。这是一个黑暗社会。在物质层面,不仅不富裕,连温饱都难以为继;在精神层面,人没有尊严,没有自由,人只是像动物那样活着。在这样的社会里,没有仁,没有同情心。人与人之间非常冷漠。在这个社会里,没有礼,没有规范,没有秩序,人们随意地跨过边界,干扰别人的生活。在这个社会里,没有诚信,彼此都怀有戒心,互不信任。在这个社会里,也没有义。看到破坏仁、礼、信的事情,也不敢站出来批评。在这样的社会里做官,所做的事情都成为无道社会的一部分。与无道的社会同流合污,都在强化无道的社会。在孔子看来,这就是羞耻。羞耻是道德的心理根源,又是人的一种心理状态。具备了这种心理状态,人就知道该做什么,不该做什么。人人都有羞耻感。即便是小偷,也有羞耻感,也知道偷窃是不光彩的,只能偷偷摸摸地做。尽管人人都有羞耻感,但人们羞耻的对象不完全一样。人们常说,不以为耻,反以为荣。这说明,人羞耻的对象不一样。不同的羞耻对象，反映了人不同的价值观。在孔子这里，没有同情心，不讲诚信，无视社会不公，这些都是羞耻。这是社会层面的羞耻问题。对于这些羞耻，很多人很麻木，这实在是令人羞耻的。

克、伐、怨、欲不行焉，可以为仁矣？ 克，好胜。伐，自夸。怨，怨恨。欲，贪欲。好胜、自夸、怨恨、贪欲，这几种不好的情绪都避免了，可以称为仁了吗？

子曰："可以为难矣，仁则吾不知也。" 孔子说，可以说很难得了，至于是不是仁，我就不知道了。这四种情绪植根于人性，避免它们需要有很深的功夫。佛教讲，人要摆脱贪、嗔、痴，跟这里的说法很相似。但是，孔子否定了这种修行境界就是仁。因为摆脱了负面的情绪，并不是正面的情绪，只停留到人的修行层面，没有进入广大的社会层面，就体现不出儒家的思想特色。

14·2　*子曰："士而怀居，不足以为士矣。"*

子曰："士而怀居，不足以为士矣。"居，居所。人待在自己的居所里安逸、舒适，所以，居也可以理解为安逸、舒适。孔子说，一个士人如果追求安逸的生活，就不足以成为一个士人。士人也是人，和普通人一样，他也会追求生活的安逸和享受，但是，士人又不同于普通人，他是读过书的人，总该有一些不同的追求。孔子对士人的要求很高。孔子办私学，不是为了解决学生的就业问题、生活问题，他要传播一种价值理想。士人要弘道，要有社会的担当，他的责任是让天下人都能怀居。孔子是这么说的，也是这么做的。他带着弟子周游列国十几年，四处传道，四处碰壁，无怨无悔，令人感佩。

14·3 子曰："邦有道，危言危行；邦无道，危行言孙。"

子曰："邦有道，危言危行。" 危，正。孔子说，国家政治清明，言语可以正直，行为可以正直。有道的社会是自由的社会，想说什么就可以说什么，想做什么就可以做什么，不会因为自己的言行而带来麻烦。

邦无道，危行言孙。 孙，通"逊"，顺着。国家政治黑暗，行为可以正直，言语却必须谦逊。在无道的社会里，"危行言孙"是最好的处事法则。道理是这样的，国家无道时，语言谦逊，行为迁就，就是向无道的社会妥协，就会丧失做人的尊严。若是行为正直，语言也正直，就会与无道的社会直接对抗，就有失去生命的危险。孔子的策略是跟无道的社会周旋，行为上要坚守，语言上可以妥协。这样，既没有向无道的社会低头，也没有与无道的社会对抗。孔子经常讲"邦有道""邦无道"时人该如何自处，尤其是"邦无道"时如何自处。给人的感觉是，孔子在讲生存的智慧。但是我们要知道，孔子在讲无道社会的生存法则时，更强调如何改变这个无道的社会，这是我们必须要注意的。上一章，孔子讲"士而怀居，不足以为士矣"，实际上就是讲，士要通过自己的努力，使无道的社会变成有道的社会。这一章里讲的处世法则，也可以用来判断邦有道还是无道。当人们"危言危行"时，这就是一个有道的社会；当人们"危行言孙"时，这就是一个无道的社会。

14·4 子曰："有德者必有言，有言者不必有德。仁者必有勇，勇者不必有仁。"

子曰："**有德者必有言。**"言，特指善言，好的言语。孔子说，有德的人必定有善言。德具有实践性，说某人有德时，必定是他做了有德的事。所以，德里已经包含了言。言可以说出来，也可以不说出来。在德的前提下说出的言，必定是善言。

有言者不必有德。有善言的人不一定有德。这个言在德之先，或者说在德之外。它没有受到德的限制，所以是独立的言。换句话讲，这个言是共用的，有德者可以使用，无德者也可以使用。生活中的那些善言，比如真理、公正、和平这些词，有德者、无德者都会使用。所以，不能根据他们使用这些词就判定他们是有德者。

仁者必有勇。仁爱之人必定勇敢。仁，即爱。通常都认为，爱很柔弱、很柔软。其实，爱有一种韧性，能产生一种力量。爱的本质是忘我，也包括忘掉身体，有爱的人为了所爱之人会不顾一切，直至牺牲生命。所以，爱必然使人勇敢。仁不仅包含爱，也包含理，孔子讲，"唯仁者能好人，能恶人"。仁者以理的方式去爱、去恨。理也能给人力量，理直气壮嘛。

勇者不必有仁。勇敢的理由很多，仁只是勇敢的理由之一。孟子曾经把勇敢区分为大勇和小勇。大勇体现了仁爱精神，小勇是匹夫之勇，跟仁爱毫无关系。

14·5 南宫适问于孔子曰："羿善射，奡荡舟，俱不得其死然；禹、稷躬稼而有天下。"夫子不答。南宫适出，子曰："君子哉若人！尚德哉若人！"

南宫适问于孔子曰。南宫适问孔子说。

羿善射，奡荡舟，俱不得其死然。羿，夏代有穷国的国君。奡，传说中的古代大力士。荡舟，覆舟。羿善于射箭，奡能够覆舟，他们都不得善终。羿、奡崇尚武力，炫耀武力，以武力彰显自己的强大。南宫适认为，崇尚武力的人最终都不得好死。这是对崇尚武力的一种否定。

禹、稷躬稼而有天下。躬稼，亲自耕种，也就是关注民生。禹、稷因关注民生而拥有天下。崇尚武力与关注民生是完全不同的价值取向，南宫适否定了武力，肯定了民生。

夫子不答。夫子没有回答。

南宫适出。南宫适出去了。

子曰:"君子哉若人！尚德哉若人！"孔子说,君子啊,这个人！尚德啊,这个人！南宫适所举的正反两方面的例子,都是历史上的真实例证,但却不是真实例证的全部。历史上也有因为武力而拥有天下的,也有因为关注民生而失去天下的。所以,南宫适的例证并不能反映真实的历史,他是在历史中选择例证来表明自己的价值观。因为他的这种选择,孔子才说他是君子,才说他尚德。

14·6 子曰:"君子而不仁者有矣夫,未有小人而仁者也。"

子曰:"君子而不仁者有矣夫。"孔子说,君子有不仁的时候。这句话听起来很费解。既然是君子,为何还有不仁的情况呢？这里体现了孔子对君子更深的思考,也就是,人成了君子,是否就一成不变呢？君子是否有非君子的言行呢？这是对君子进行现实层面的考察。君子作为人,也会有人性的弱点。尽管君子能克服这些弱点,但这些弱点又是置身于君子自身之内的。我们以健康为例,一个健康身体的内部会有一些不健康的因素。不能说一个健康的人就完完全全是健康的,但是,健康的身体最终会战胜身体内部的不健康因素。

未有小人而仁者也。小人没有仁的时候。这是对小人的彻底否定。这个否定,从理论上讲,是说不通的。小人也是人,也有仁性,他通过努力也有成为仁者的可能。孔子这句话是从现实层面,从事物发展趋势角度讲的。还以健康为例,小人就相当于身体的不治之症。身体得了不治之症,并不表明身体的所有器官都是有问题的。但是,由于这样的不治之症,最终会殃及那些好的器官,就发展的趋势看,已经没有健康的可能了。这两句话讲整体和局部的关系。整体是好的,局部的坏可能变好;整体是坏的,局部的好可能会变坏。引申一下,好的制度下也有坏人,但坏的制度下很难有好人。

14·7 子曰:"爱之,能勿劳乎?忠焉,能勿诲乎?"

子曰:"爱之,能勿劳乎?"孔子说,爱护他,能不让他操劳吗?人们对爱通常有误解,以为爱就是帮助所爱的人做事,帮助得越多,就越能体现爱。这其实是溺爱。人们通常把溺爱当作爱。溺爱有什么不好呢?溺爱付出多,就要求回报,得不到回报,就会产生怨恨。对于被爱的人来说,溺爱会让人失去生活能力。孔子这里讲的爱,是真正的爱,是理性的爱,也可以称为大爱。真爱让所爱的人独立,不替代他做事,而是教会他做事,让他操劳。

忠焉,能勿诲乎?忠于他,能不去教导他吗?忠也常常被误解。人们认为,忠就是绝对服从。问题是,如果是错误的命令,服从就是错上加错,既害了自己,也害了别人。这样的忠是愚忠。人们通常把愚忠当作忠,而不知道忠言逆耳。忠言是批评之言,忠言好像不忠,很容易被误解,弄不好还会杀头。可见,真爱和真忠都不容易。

14·8 子曰:"为命,裨谌草创之,世叔讨论之,行人子羽修饰之,东里子产润色之。"

子曰:"为命。" 命,这里特指外交公文。这里的为命没有主语,因为裨谌、世叔、子羽、子产都是郑国的大夫,所以为命的主语应该是郑国。孔子说,郑国创制外交公文。

裨谌草创之。 先由裨谌起草。

世叔讨论之。 讨论,详细审核。审核主要是内容方面的,世叔对草稿的内容进行详细审核。

行人子羽修饰之。 行人,外交官。修,减少。饰,增加。外交官子羽对于审核过的内容再进行增删。子羽的增删侧重于职业要求,使内容更符合职业规范。

东里子产润色之。 东里,子产的驻地。润色,主要指文字上的加工。最后,由东里的子产作文字方面的修订。这一章讲郑国创制外交公文的过程。在这个过程中,有两点让人印象深刻。第一点是他们的敬业精神。创制一篇外交辞令,需要经过四人之手。从内容到形式,层层把关,一丝不苟。这种敬业精神是一种人们普遍认同的价值观。任何人任何时候读到这样的文字都会深受感染。第二点是团队的合作精神。团队合作的前提是团队的分工,分工不同,才能各尽所长。四人里,裨谌的特长是草创,负责宏观的架构;世叔擅长挑毛病,指出内容方面的问题;子羽以外交官的身份对内容再做进一步增删;子产擅长于文字润色。这四个人各有所长,他们共同合作,完成了这篇外交文件。

14·9　或问子产，子曰："惠人也。"问子西，曰："彼哉，彼哉！"问管仲，曰："人也。夺伯氏骈邑三百，饭疏食，没齿无怨言。"

或问子产。有人问子产是什么样的人。子产是郑国著名的政治家，也是法家思想的先驱。

子曰："惠人也。"孔子说，他是一个对百姓有恩惠的人。法家思想给人威严、寡恩的感觉，与惠是不相干的。但是，孔子却在子产的思想里发现了恩惠，这是他眼光独到之处。从现存的材料看，子产的惠表现在两个方面。一方面体现为他对百姓生活的帮助。《孟子·离娄下》记载子产用自己的车马帮助百姓渡河，尽管孟子批评子产"惠而不知为政"，但是我们从这个场景中还是能体会到子产的爱民之心。第二个方面就是他"不毁乡校"，这是精神惠民。作为执政者，他愿意倾听百姓的意见，听取百姓的批评。而且，他的态度是真诚的，绝不是敷衍了事。"不毁乡校"给百姓提供了一个批评和诉求的平台，使得百姓的批评和诉求能够真正地表达出来。

问子西。子西，子产的同宗兄弟，也是郑国的政治家。因为问到子产，所以顺带问了他。

曰："彼哉，彼哉！"孔子说，那个人呐！那个人呐！这是一种轻蔑的称呼。孔子对他的评价很低，认为他不值一提。

问管仲。又问管仲是什么样的人。

曰："人也。"孔子回答说，这个人是人才。

夺伯氏骈邑三百，饭疏食，没齿无怨言。伯氏，齐国的大夫。骈邑，伯氏的封地。管仲剥夺了伯氏三百户的骈邑，让伯氏只能吃粗茶淡饭，可是，伯氏到死都没有怨言。从常理来看，管仲让他从富贵堕落到贫穷中，他应该记恨管仲才是，但是，他却毫无怨言。这说明管仲执法公正无私，让人心服，赢得了受罚者的尊重。当然，这也说明法是公正的。否则，即便是受罚，也会感到冤枉。比如说连坐法，被连坐的人是无辜的，所以这是一个恶法，恶法是不能让人心服的。

14·10 子曰："贫而无怨难，富而无骄易。"

子曰："贫而无怨难，富而无骄易。"孔子说：身处贫穷，没有怨恨很难；身处富贵，不骄纵却容易。子贡曾经悟出八字箴言，"贫而无谄，富而无骄"。这是修养的两种境界，孔子对这两种境界已经做过评述。在这里，孔子对两种境界的思想又有所深化。深化体现在两个方面。第一个方面，他把子贡的"贫而无谄"改成了"贫而无怨"。与无谄相比，无怨更难做到。谄是公开的，是外在的，是有声音的；怨是私下的，内在的，是无声的。怨随时随地都有，是普遍存在的。孔子把谄改成怨，就是强调怨的情绪的普遍性、切身性，以及和每个人的相关性。第二个方面，孔子对这两种修养境界进行了比较，认为"贫而无怨难"，而"富而无骄易"。这就是说，"贫而无怨"的境界更高。为什么这样说呢？贫穷是物质生活的匮乏，而物质生活关系到生命的存在，关系到身体的生存。因为它和身体相关，所以无法回避。在修养中，看破生命、看破生死，是最难的事。历代农民起义带来的改朝换代，其实都与贫穷有关。所以，颜回能忍受贫穷，并能够在贫穷中保持快乐，孔子对他大加赞扬。为什么"富而无骄易"呢？富是身外之物，是身体的安全保障，无关身体的现实情况，所以，可以用观念的方式破解骄，使人达到无骄。比如老子讲"身与货孰多"，比如民间所讲财富生不带来、死不带去。人想要的财富很多，但人实际需要的财富很少。这些观念都是对骄的解构，想通了这个道理，人就会从骄变成无骄。

14·11 子曰："孟公绰为赵、魏老则优，不可以为滕、薛大夫。"

子曰："孟公绰为赵、魏老则优，不可以为滕、薛大夫。" 老，家臣。孔子说，孟公绰做赵、魏的家臣绰绰有余，不可以做滕、薛的大夫。这是孔子的人才观。孟公绰只能做赵、魏的家臣，不能做滕、薛的大夫。那么，孟公绰是不是人才呢？如果做赵、魏的家臣，他就是人才；如果做滕、薛的大夫，他就是庸才。这就是说，如果处在恰当的位置上，每个人都是人才；如果处在不恰当的位置上，每个人都是庸才。人是不是人才与他所处的位置很有关系。孔子的人才观类似于老子"不尚贤"的人才观。这样的人才观非常具有启发意义。对个人而言，应该做的就是发展自己、完善自己，然后寻找合适自己的职业。

适合自己的选择都是有价值的，这就否定了主流的价值选择。对于管理者而言，就是如何寻找人才。寻找人才的方式很多，最好的方式是让市场调配人才。更准确地讲，让市场决定谁是人才，这样就不会遗漏人才，这样每个人都有可能成为人才。

14·12 子路问成人，子曰："若臧武仲之知、公绰之不欲、卞庄子之勇、冉求之艺，文之以礼乐，亦可以为成人矣。"曰："今之成人者何必然？见利思义，见危授命，久要不忘平生之言，亦可以为成人矣。"

子路问成人。成人，完人，完美的人，即今天讲的全面发展的人。子路问，怎样是一个完美的人。

子曰："若臧武仲之知。"孔子说，就像臧武仲那样有智慧。什么是臧武仲的智慧呢？见于《宪问篇》第十四章。

公绰之不欲。像孟公绰那样寡欲。上一章讲孟公绰不能做滕、薛大夫，因为滕、薛大夫公务繁忙，而他清心寡欲，厌恶烦琐的事务。

卞庄子之勇。像卞庄子那样勇敢，见义勇为。勇和义有关，这里的勇，应该是孟子所说的大勇，而不是小勇。这三句话讲到了智、仁、勇，这是儒家推崇的三大德。人具有其中的一德，就很了不起。同时达到三德，肯定是完美的。

冉求之艺。像冉求那样多才多艺。艺，六艺，指书、数、礼、乐、射、御。精通六艺，就能自如地应对生活。

文之以礼乐。还要用礼乐修养自己。礼乐用于处理人际关系。一个完人不仅有很多美好的品质、多才多艺,还要善于处理人和人之间的关系。

亦可以为成人矣。这样就可以成为一个完美的人了。

曰:"今之成人者何必然?"又说,如今的完人何必如此呢?也就是说,前面讲的完人,是理想的完人,这里讲的是现实中的完人。现实中的完人比理想的完人标准要低。

见利思义。见到利,能想到义。即用义去规范利、超越利,体现了道德的超越性。

见危授命。见到危难,能舍身赴死。这体现了道德的勇气。

久要不忘平生之言。要,即约,困顿、困境。久处困境,不忘平日所许的诺言。这体现了道德的坚持。

亦可以为成人矣。现实中的完人侧重于道德,能够做到这些,也就可以称为完人了。

14·13 子问公叔文子于公明贾曰:"信乎,夫子不言,不笑,不取乎?"公明贾对曰:"以告者过也。夫子时然后言,人不厌其言;乐然后笑,人不厌其笑;义然后取,人不厌其取。"子曰:"其然?岂其然乎?"

子问公叔文子于公明贾曰。孔子向公明贾问公叔文子的事。

信乎,夫子不言,不笑,不取乎?是真的吗?先生不说话，不笑，分毫不取吗？传说中的公叔文子，不说话，也不笑，而且分毫不取。这显然违背了常识。遇到违背常识的事情，就应该怀疑。

公明贾对曰："以告者过也。" 公明贾回答说，这是传话的人说得过头了。这里涉及传播学的问题。在传播的过程中，事物的性质会发生变化，或是被美化，或是被丑化。不论美化还是丑化，都是对事实的歪曲。所以，对美化或丑化的事物，都要有所怀疑，努力使它回到真实的状态。

夫子时然后言，人不厌其言。 先生时机恰当才说话，所以，人就不厌烦他的话。人每天都在讲话，但是讲了很多假话、空话、大话，讲了很多无意义的话。这样的话，听上一句，就让人反感。公叔文子从不说假、大、空的话，从不说废话，他只在恰当的时候说恰当的话，他的话既好又少，这就给人一种印象，他好像没有说什么话。

乐然后笑，人不厌其笑。 快乐时才会笑，人们就不厌烦他的笑。生活中，有很多笑声，但发自内心的笑并不多。它们可能是干笑、皮笑肉不笑、假笑、坏笑、傻笑、职业性的笑，这些笑声都不能感染别人。这种笑声越多，人就越反感。公叔文子的笑发自内心，最具感染力。生活中烦恼很多，这种发自内心的笑很少，以至于人们觉得公叔文子好像不笑。

义然后取，人不厌其取。 合乎道义才会获取，人们便不厌烦他的获取。生活中，有巧取豪夺，有贪污腐败，这样的获取让人愤怒。公叔文子在该获取的时候才获取，他所获取的都是他的劳动所得。这样的获取再多，人们也不会见怪，所以，公叔文子让人觉得他从来没有获取。

子曰："其然？岂其然乎？" 孔子说，是这样吗？怎么会传成那样呢？真实的情况是这样，怎么神化成那样了呢？

14·14 子曰："臧武仲以防求为后于鲁，虽曰不要君，吾不信也。"

子曰："臧武仲以防求为后于鲁，虽曰不要君，吾不信也。" 防，臧武仲的封地。为后，立后。要，要挟。孔子说，臧武仲凭借防的封地，要求鲁国立他的后人为大夫。虽然他说自己没有要挟国君，我也不相信。这就是《宪问篇》第十一章讲的"臧武仲之知"。"臧武仲之知"在于，他没有说要挟国君，但事实上却要挟了国君。要挟需要实力，拥有防这块封地就是他的实力。防靠近齐国的边界，能进能退。处于防地，请求国君立他的后人为鲁国大夫，尽管他的语言低调、委婉，但孔子明显地感觉到了背后的要挟。从这里也可以看出，孔子精通人情世故，不是一个书呆子。

14·15 子曰："晋文公谲而不正，齐桓公正而不谲。"

子曰："晋文公谲而不正，齐桓公正而不谲。" 谲，伪诈。孔子说，晋文公伪诈而不正派，齐桓公正派而不伪诈。齐桓公、

宪问篇第十四 441

晋文公是春秋的两霸，孔子对他们的评价却不同。孔子赞扬齐桓公正，批评晋文公谲。谲停留在政治技巧的操作方面，正体现在政治的道义方面。道高于技。齐桓公的正体现在孔子对管仲的评价上，没有齐桓公，也就没有管仲。现有的材料不能充分证明晋文公的谲，也可能孔子看到了今人没有见过的材料。

14·16 子路曰："桓公杀公子纠，召忽死之，管仲不死，曰未仁乎？"子曰："桓公九合诸侯，不以兵车，管仲之力也。如其仁，如其仁！"

子路曰："桓公杀公子纠，召忽死之，管仲不死。" 子路说，齐桓公杀了他的哥哥公子纠，辅佐公子纠的召忽自杀了，管仲没有自杀。这是历史事实。如何评价这一历史事实呢？在子路看来，管仲不死是他私德的一个污点。很多人替管仲辩护，认为管仲辅佐公子纠时，他们不是君臣关系，而是主仆关系，所以管仲没有必要为公子纠而死。这个辩护显然是有问题的。君臣之间需要忠，主仆之间也需要忠。所以，管仲不死，无论如何都应该是管仲私德的一个污点，至少在当时人看来应该是这样，否则就很难理解子路和下章的子贡都提出这样的问题。

曰未仁乎？ 子路说，这是不仁吧？根据史实，子路得出管仲不仁的结论。应该说，子路对自己的结论是比较自信的，因为孔子对管仲的私德也有过指责。在《八佾篇》第二十二章里，孔子说"管仲之器小哉"，又说管仲"不知俭""不知礼"，这些都是对管仲私德方面的批评。所以子路说管仲不仁，他认定会得到孔子的肯定。

子曰："桓公九合诸侯。" 九，有人认为是实指九次，有人认为是虚指，多次。孔子说，齐桓公多次主持诸侯会盟。春秋时期，天子的权力不断削弱，诸侯蠢蠢欲动，争相称霸，天下秩序大乱。齐桓公主持诸侯会盟，就是要解决诸侯争霸导致社会动荡不宁的问题。

不以兵车。 没有使用武力。齐桓公不以武力胁迫诸侯来会盟，诸侯非常信任齐桓公，自愿推他作为盟主。会盟本身也意味着要以和平的方式来制定各国相处的原则。各国要维持现有的边界，不能以大欺小，以强凌弱。齐桓公是春秋五霸之首，他不以兵车维护天下秩序，非常接近孔子的仁义理想。在孔子的眼里，齐桓公不是霸道，而是王道，这和孟子的观点有显著的不同。

管仲之力也。 这都是管仲的功劳。没有管仲，也就没有齐桓公的霸业，也就没有当时天下的稳定。所以，管仲对于春秋时期天下的稳定作出了巨大贡献。

如其仁，如其仁！ 这就是管仲的仁德，这就是管仲的仁德！孔子很少许人以仁，他把难得使用的仁字用在了管仲身上，可见孔子对管仲的推崇。在这里，孔子从公德的角度对管仲给予了高度的评价。现在的问题是，子路以及孔子本人对管仲的私德都进行了批评，但孔子又从公德的角度肯定了管仲，可见，孔子对于管仲的态度是矛盾的。怎么解决这一矛盾呢？这就涉及如何评价历史人物的问题。下一章进行具体说明。

宪问篇第十四　443

14·17　子贡曰:"管仲非仁者与?桓公杀公子纠,不能死,又相之。"子曰:"管仲相桓公霸诸侯,一匡天下,民到于今受其赐。微管仲,吾其被发左衽矣。岂若匹夫匹妇之为谅也,自经于沟渎而莫之知也。"

子贡曰:"管仲非仁者与?" 子贡说,管仲不是个仁人吧?

桓公杀公子纠,不能死,又相之。 桓公杀了公子纠,管仲不为公子纠而死,反而辅佐杀了公子纠的桓公。子贡说管仲不是仁人的理由与子路完全一样,也认为管仲的私德有问题。

子曰:"管仲相桓公霸诸侯,一匡天下,民到于今受其赐。" 孔子说,管仲辅佐齐桓公称霸诸侯,匡正天下,老百姓到现在还受他的恩惠。孔子没有纠缠私德的问题,他又是从公德方面肯定管仲的贡献。由于他辅佐齐桓公称霸,才使天下稳定,老百姓过上幸福的生活。

微管仲,吾其被发左衽矣。 被发,披着头发;左衽,从左边开衣襟。这些都是夷狄的风俗。没有管仲的话,我现在可能披着头发,穿着左边开衣襟的衣服。言下之意,中原文化会倒退到夷狄的水平。也就是说,管仲挽救了华夏文化。这样的功绩就无与伦比了。

岂若匹夫匹妇之为谅也,自经于沟渎而莫之知也。 匹夫匹妇,普通人。谅,小节。他难道应该像普通人一样守着小节,在山沟中自杀而不为人知吗?在这里,孔子不但没有批评管仲,反而对批评管仲的那些人进行批评,竭尽全力地为管仲辩护。从这里可以发现孔子评价历史人物的两个原则。第一，公德和私德分开的原则，尤其是对政治人物的评价，不能以私德干扰公德的评价。孔子对管仲的私德是否定的，对他的公德是肯定的。这样就能理解孔子对于管仲评价的矛盾性。第二，量的原则，也就是对私德和公德进行量的比较，以获得对历史人物的整体评价。通过比较，孔子认定管仲是仁人。公子纠被杀，管仲无能为力。公子纠死后，他可以死，也可以不死。死了，德行方面更完美；不死，也只是德行上的小污点。与他日后成就的伟业相比，私德方面的小污点可以忽略不计。两相比较，孔子对管仲的总体评价是仁人。当然，就量的原则而言，如果管仲后来没有取得这么大的功业，管仲是不是仁人就难说了。这也体现了孔子的理性精神，理想的人是不存在的，现实中的人或多或少都有问题，不能因某一方面的问题就把这个人一棍子打死。

14·18 公叔文子之臣大夫僎与文子同升诸公，子闻之，曰："可以为'文'矣。"

公叔文子之臣大夫僎与文子同升诸公。臣，家臣。公叔文子的家臣大夫僎在公叔文子的推荐下，和公叔文子一样，也做了魏国的公卿。

子闻之，曰："可以为'文'矣。" 文，谥号。孔子听到后说，他配得上"文"的谥号。《周书·谥法》里认为，文有六个方面，其中一方面是"锡民爵位"，即推荐别人做官。家臣的地位很低，推荐家臣为同列，是需要勇气和胆识的。在等级森严的社会里尤其如此。它需要克服人的心理障碍，还要摆脱世俗的偏见，这需要何等的心胸和雅量！当然，在公叔文子看来，他的所作所为可能极为平常，他无须克服什么，也无须摆脱什么，这一切对于他来讲，是自然而然的。这样理解也是有根据的。在《宪问篇》第十三章里，公明贾说公叔文子"时然后言""乐然后笑""义然后取"，可见，他有一种遗世独立的人格，不受任何世俗的羁绊，这样的人是非常罕见的。

14·19　子言卫灵公之无道也，康子曰："夫如是，奚而不丧？"孔子曰："仲叔圉治宾客，祝鮀治宗庙，王孙贾治军旅，夫如是，奚其丧？"

子言卫灵公之无道也。孔子说卫灵公无道。这是孔子对卫灵公的整体评价。

康子曰："夫如是，奚而不丧？"季康子说，既然如此，他为什么没有亡国失位呢？这个问题问得好。卫灵公在位长达四十二年，可见他的政权是相当稳定的。一个无道的昏君是怎么做到的呢？

孔子曰："仲叔圉治宾客，祝鮀治宗庙，王孙贾治军旅。"孔子说，仲叔圉管理外交，祝鮀管理祭祀，王孙贾管理军队。

夫如是，奚其丧？有这三个人在，怎么会亡国失位呢？这三个人都是卫国的人才。卫灵公把他们放在适当的位置上，说明卫灵公知人善任。在《孔子家语·贤君》里，孔子甚至称卫灵公为贤君，还举了很多卫灵公知人善任的例子。可见，卫灵公知人善任不是偶然的现象，他真的很会用人。现在的问题是，孔子前面说卫灵公无道，后面又说他知人善任，是个贤君。如何解释呢？这里又涉及孔子对历史人物的评价，孔子依然坚持他的评价原则。首先把公德和私德分开。这在《孔子家语·贤君》里就有佐证："公曰：'吾闻其闺门之内无别，而子次之贤，何也？孔子曰：'臣语其朝廷行事，不论其私家之际也。'"说卫灵公贤是就他的公德而言的，卫灵公私德很差但公德还不错。再以量的标准对公德和私德进行比较。卫灵公宠爱南子并没有大错，但他由宠爱发展为废长立幼，这就破坏了嫡长子继承制。在他死后，最终酿成了卫国的内乱。两相比较，卫灵公在根本性的、方向性的问题上犯了大错。他的知人善任无法弥补这样的大错，所以，孔子在整体上仍然评价他无道。这里还隐含了一个思想，就是不以成败论英雄。卫灵公四十二年不失位，应该说是成功的，但孔子并不因为他这方面的成功就赞美他。即便他成功地在位，他仍然是无道的昏君。

14·20 子曰："其言之不怍，则为之也难。"

子曰："其言之不怍，则为之也难。" 怍，惭愧。孔子说，说话大言不惭，做事一定很难。说话大言不惭，就是放纵自己随便去说，说话没有节制，想怎么说就怎么说，对自己所说的事没有任何思考，也不知道所做的事究竟有多难。到真的做事的时候，就会发现这件事情很难做，或者根本无法去做。这句话跟"轻诺必寡信"的意思相近。

14·21 陈成子弑简公，孔子沐浴而朝，告于哀公曰："陈恒弑其君，请讨之。"公曰："告夫三子。"孔子曰："以吾从大夫之后，不敢不告也，君曰'告夫三子'者！"之三子告，不可。孔子曰："以吾从大夫之后，不敢不告也。"

陈成子弑简公。 陈成子杀了齐简公。陈成子是齐国的大夫。臣弑君，大逆不道。孔子守君臣之礼，无法容忍这样的事情发生。

孔子沐浴而朝。 孔子沐浴上朝。沐浴上朝表明对这件事极为重视。

告于哀公曰："陈恒弑其君，请讨之。" 告诉哀公说，陈恒杀了他的国君，请您出兵讨伐。问题是，臣弑君理应由天子讨伐，现在天子式微，由诸侯讨伐，会不会有干涉别国内政的嫌疑呢？在孔子那个时代的人看来，这不是对别国内政的干涉，这是以公理和道义制止叛逆，也就是说，在春秋那个时代，大家公认在国与国关系之上，还存在着公理和道义。那么，鲁国有没有实力讨伐陈恒呢？如果没有这个实力，那孔子要求讨伐陈恒就只是走过场，没有实质的意义。事实上，孔子是非常认真的。他仔细分析了两国的军事实力，以打消鲁哀公的顾虑。

他认为"陈恒弑其君，民之不与者半。以鲁之众加齐之半，可克也"（《左传·哀公十四年》）。可见，孔子认为，讨伐是可行的，是能够成功的。

公曰："告夫三子。" 鲁哀公说，你跟三位大夫去说。三子，孟孙、叔孙、季孙。出兵讨伐的事，本该鲁哀公做主。但鲁哀公大权旁落，让孔子去找三位有实权的大夫去说，言下之意：讨伐的事情由他们定，我无法做主。

孔子曰："以吾从大夫之后，不敢不告也。" 孔子说，因为我也曾是大夫，所以我不敢不告诉你。以孔子的性格和思想，他不能容忍陈恒的叛逆行为。但是，作为一个已不在位了的大夫，他又担心别人嫌他事多，他得给自己关心这件事找个理由。他之所以要来提这样的建议，是履行他的职责，否则就是失职。

君曰"告夫三子"者！ 国君却说，去找那三位大夫说。孔子在自言自语中，表达了对哀公的不满。孔子原本认为通过这件事，哀公可以收回自己的权力。他对鲁哀公是"哀其不幸，怒其不争"。

之三子告，不可。 去三家大夫那里，告诉了此事，他们说不可以讨伐。不可二字，可以看出三子口气之强硬，态度之蛮横。他们根本没有询问国君的态度，就断然拒绝了孔子的请求。他们为什么会断然拒绝呢？其实，他们内心里也藏着一个隐秘的欲望，他们也想像陈恒那样弑君，所以，他们不可能讨伐一个给他们树立了榜样的人。

孔子曰："以吾从大夫之后，不敢不告也。" 孔子说，因为我曾经是大夫,所以我不敢不来告诉你们。这是一种无奈,但也体现了孔子"知其不可而为"的精神。这一章很典型地反映了春秋时期的政治现状。

14·22 子路问事君,子曰:"勿欺也,而犯之。"

子路问事君。子路问如何事奉国君。

子曰:"勿欺也,而犯之。"孔子说,不要欺骗他,而要去冒犯他。孔子这句话是针对国君所犯的错误而言的。如果国君犯了错误,大臣该怎么办?孔子的态度是,不要阿谀奉承,而要犯颜直谏。在孔子看来,阿谀奉承是对国君的不忠,而犯颜直谏表现了臣子的忠心。孔子讲的道理是对的,只是,如果犯颜直谏的是"一言而兴邦"的明君,固然是好,如果犯颜直谏的是"一言而丧邦"的昏君,那就会有生命的危险。所以,犯颜直谏有一个前提,就是谏者的生命要得到保证。在这个问题上,统治者的修养是靠不住的,要靠制度来保证。

14·23 子曰:"君子上达,小人下达。"

子曰:"君子上达,小人下达。"这里的君子和小人不应该指地位,不能说地位高的人就上达,地位低的人就下达。孔子和他的学生社会地位都不高,但是他们都追求上达。这里的君子和小人也不是指德行的高低。杨伯峻先生把君子理解为有德的人，把小人理解为无德的人。他这样翻译这两句话："君子通达于仁义，小人通达于财利。"这就把仁义和财利完全隔绝了。这显然不符合孔子的思想。孔子讲，"富贵是人之所欲"；又讲，"君子爱财，取之有道"。可见，孔子并不认为君子只讲仁义而不讲财利。所以，这里的君子和小人应该指职业的不同。君子指脑力劳动者，小人指体力劳动者。这句话应该翻译成："君子上通大道，小人下至器物。"君子有君子要做的事情，小人有小人要做的事情。"君子上达"是达于道，"小人下达"是达于器。但是，道和器不分离，道也在器中。所以，君子和小人是相通的，君子依器而体道，小人依道而制器。

14·24 子曰："古之学者为己，今之学者为人？"

子曰："古之学者为己，今之学者为人？" 己，内心、内在。人，他人、外在、流行的价值观念。古人学习是为了自己，今人学习是为了别人。为己是发自内心的爱好，把学习当作目的，为己而学接近于审美。为人则是为了一个外在目的，服从于一种外在价值。为人而学把学习当作手段，学最终是为了不学。比如选专业，选自己喜欢的专业，这是为己；选就业好的专业，这是为人。如果人人为己，坚持自己的价值追求，就是一个有创造力的社会；如果人人为人，缺乏个性，一味模仿、复制，就是一个平庸的社会。为己之学与为人之学，只有动机上的区别，很难进行分辨。到底是为人还是为己，只有当事人自己知道。当然,也可以根据他的行为进行判断。孔子以古今来划分学者为己还是为人,这是与史无据的。古之学者不一定都为己,今之学者不一定都为人。人不满现状时,总喜欢以古论今,这似乎成了惯例或套路。

14·25 蘧伯玉使人于孔子。孔子与之坐而问焉,曰:"夫子何为?"对曰:"夫子欲寡其过而未能也。"使者出,子曰:"使乎!使乎!"

蘧伯玉使人于孔子。蘧伯玉派人问候孔子。蘧伯玉,卫国的贤大夫。孔子在卫国时,曾住在他家。

孔子与之坐而问焉。孔子和使者坐在一起相互寒暄。

曰:"夫子何为?"孔子问,先生在做什么呢?何为,指日常做些什么,不是指偶然做什么。

对曰:"夫子欲寡其过而未能也。"使者回答说,先生想要减少自己的过错,但却未能达到。这个回答很有意思。通常回答"何为",是回答外在行为,这些行为应该是看得见的。比如说,先生每天在家里读书或者写作,或者锻炼身体。使者说蘧伯玉"欲寡其过",这是一种反思、一种心理活动。心理活动是看不见的。使者说蘧伯玉的日常工作就是反思自己,减少错误。这说明蘧伯玉人品之高,也说明使者对蘧伯玉了解之深。"而未能也"是对"欲寡其过"的反思活动进行再反思。这是蘧伯玉的再反思,他再反思后对自己很不满。注意,这不是使者对蘧伯玉的反思所作的判断。使者是没有资格判断蘧伯玉未能的。蘧伯玉对反思进行再反思就是不断地进行自我否定，达到完美的自我。《庄子·则阳篇》里讲，"蘧伯玉行年六十，而知五十九非"；《淮南子·原道训》讲："蘧伯玉年五十，而有四十九年非。"这都印证了蘧伯玉的反思品格。所以，这句话更准确地翻译是："先生想要减少他的过错，但是他认为还没有做到。"

使者出，子曰："使乎！使乎！" 使者走了，孔子说，好一个使者！好一个使者！在这里，蘧伯玉并不在场，他是在使者的言说中在场的。使者把他说成怎样，他就是怎样。使者是蘧伯玉的使者，所以，称赞使者就是称赞蘧伯玉。

14·26　子曰："不在其位，不谋其政。"曾子曰："君子思不出其位。"

子曰："不在其位，不谋其政。" 这两句话已见于《泰伯篇》第十四章，这里不再重复。

曾子曰："君子思不出其位。" 曾子说，君子的思虑不超出自己的位置。《中庸》对这句话有个很好的解释："君子素其位而行，不愿乎其外。素富贵，行乎富贵；素贫贱，行乎贫贱；素夷狄，行乎夷狄；素患难，行乎患难。君子无入而不自得焉！"这是说，君子立足于现在去谋划将来，不好高骛远。立足于现在不是不发展，这是渐进式发展，不是跨越式发展。君子基于现在的位置思考问题，看起来消极，其实更稳妥。

14·27 子曰："君子耻其言而过其行。"

子曰："君子耻其言而过其行。" 孔子说，君子以言过其行为耻。孔子不厌其烦地谈论言行的问题。他要求言行一致，批评言行不一。在这里，他把言行不一上升到耻的高度。既然是耻，就是绝对不能做的事情。在孟子那里，耻是是非之心的根源。言行是否一致，是大是大非的问题。要求言行一致，就是要求诚信。诚信是构成社会的条件，所以，孔子反复强调言行要一致。

14·28 子曰："君子道者三，我无能焉：仁者不忧，知者不惑，勇者不惧。"子贡曰："夫子自道也。"

子曰："君子道者三。" 孔子说，君子之道有三个方面。
我无能焉。 我都没有做到。
仁者不忧，知者不惑，勇者不惧。 这三句话也见于《子罕篇》第二十九章，这里不再重复。
子贡曰："夫子自道也。" 子贡说，老师说的就是自己呀。孔子说，君子的三个方面，他都没有做到。子贡说，老师这三个方面都做到了。谁说得对呢？都是对的。人有身体，有身体就有欲望，有欲望就有忧、有惑、有惧。从这个角度讲，人是不可能不忧、不惑、不惧的。从学生的角度看，孔子的忧、惑、惧，就是不忧、不惑、不惧。老师的忧、惑、惧与学生的忧、惑、惧不在一个层次。孔子所忧、所惑、所惧的是道不能实现；学生所忧、所惑、所惧的是如何摆脱贫穷。

14·29 子贡方人，子曰："赐也贤乎哉？夫我则不暇。"

子贡方人。方，比方、评论、批评。子贡常常批评别人。

子曰："赐也贤乎哉？" 孔子说，端木赐，你就那么贤吗？从字面上看，孔子对子贡的批评是没有道理的。批评别人的人未必都有贤德。如果只有贤德的人才能批评人，也就没有几个人能批评别人了。

夫我则不暇。我就没有这样的闲工夫。其实，孔子也是经常批评人的。那他为什么反对子贡批评人呢？子贡很有才，孔子对子贡有很高的期待，他认为子贡有更重要的事情要做，不要把时间浪费在对别人的品头论足上。

14·30 子曰："不患人之不己知，患其不能也。"

子曰："不患人之不己知。" 孔子说，不要担心别人不了解自己。别人是否了解自己，是自己无法掌控的。既然无法掌控，就应该听天命，听之任之。

患其不能也。要担心自己没有能力。人能培养自己的能力，尽最大的努力提高自己的能力，这是自己能做到的事情。人要"尽人事，听天命"。

宪问篇第十四　455

14·31 子曰:"不逆诈,不亿不信,抑亦先觉者,是贤乎!"

子曰:"不逆诈。" 逆,迎。提前预知。孔子说,不要预先怀疑他人会欺骗自己。

不亿不信。 亿,通"臆"。不要猜测他人不诚信。宗法制社会以血缘关系为亲,对血缘关系以外的人,往往很戒备、很警惕。"非我族类,其心必异""害人之心不可有,防人之心不可无",都是"逆诈""亿不信"的典型表述。"逆诈""亿不信"有两个问题。首先,伤害了他人,会把好人都当作怀疑的对象。其次,也伤害了自己,对他人不信任,也暴露了心里的阴暗面,这与仁心是背道而驰的。问题是,如果有人真不讲诚信,该怎么办呢?

抑亦先觉者。 但在受到欺骗时,又能及时发现。为什么及时发现呢?因为欺骗不是突然出现的,它是有征兆的,有蛛丝马迹的。只要有足够的智慧,就能发现他人的欺诈行为。

是贤乎! 这就是贤人了吧!他既有仁心,又有智慧,当然是贤人了。

14·32 微生亩谓孔子曰:"丘何为是栖栖者与?无乃为佞乎?"孔子曰:"非敢为佞也,疾固也。"

微生亩谓孔子曰:"丘何为是栖栖者与?" 栖栖,居无定所的样子。微生亩对孔子说,孔丘你为什么这样栖栖惶惶,行无定所呢?孔子周游列国,四处奔波,艰苦劳顿,一事无成。

微生亩对孔子的行为很不理解。从微生亩的观点看，孔子年事已高，应该安享晚年。

无乃为佞乎？你不会是要逞口舌之巧吧？佞，会说话。孔子最反对佞，没想到微生亩说他佞。

孔子曰："非敢为佞也，疾固也。"孔子说，不是我要逞口舌之巧，我只是讨厌那些顽固不化的人。孔子周游列国，要游说君王，实行仁义。游说难免要逞口舌之巧。孔子在这里以辩解的方式肯定了佞的价值。佞是不得已。孟子继承了这样的表述方式。当时人讥讽孟子好辩，孟子也说不得已。不得已的妙处在于，它能有效地终止辩论。既然不得已，别人还能说什么呢？

14·33 子曰："骥不称其力，称其德也。"

子曰："骥不称其力，称其德也。"骥，千里马。孔子说，千里马不是称道它的力气，而是称道它的品德。能成为千里马，肯定是看中了它的力气。但孔子眼光独到，他能够从别人都能看到的表面力气，进一步看到千里马的品德。所谓千里马的品德，指千里马对于人的配合程度。配合得越好，就越是有马德。如果千里马只有力气而没有马德，那千里马就会以它的力气来违背人的意志。比如说，它可以踢人，可以咬人，可以不听指挥，跑到邪路上去。这样，千里马的力气越大，人就越是难以驾驭。所以，孔子认为，千里马的力气固然很重要，但千里马的品德可能更为重要。孔子说马德重要，并不是要否定千里马的力气。他只是提醒我们，说到千里马的时候，不要只看到力气，还要看到马德。孔子强调马德，实际上是强调人德。连马都需要德，何况人呢？人的能力强固然很重要，但如果没有德去规范，那么人的能力越强，他所做的坏事就会越多。

14·34 或曰："以德报怨，何如？"子曰："何以报德？以直报怨，以德报德。"

或曰："以德报怨，何如？" 有人问，用恩德回报怨恨，怎么样呢？"以德报怨"也见于《老子》第六十三章，陈柱、严灵峰、陈鼓应都认为这句话应该移到《老子》第七十九章。这样，《老子》第七十九章的文字就变成了："和大怨，必有余怨；（报怨以德），安可以为善？"按照这段文字，老子也是反对"以德报怨"的。《老子》文本的这一校订，应该是符合老子思想的。老子是一个理性主义者。从理性的角度看，"以德报怨"不符合理性原则。这里还需要正确地理解怨。一般说来，人受到委屈，才会有怨。所以，怨是受到不公正对待的产物，怨是一种合理的情绪。比如说，"民怨沸腾""怨声载道"，孔子讲的"诗可以怨"。这些怨都是合理的。后面孔子说"以直报怨"，这个怨显然不是合理的。所以，这个怨不是一般的怨，也不能把它翻译成"怨恨""怨仇"。怨恨、怨仇还带有正义的性质，只有恶才完全是非正义的，才有如何对待它的问题。所以，这里的"怨"翻译成恶更为准确。

子曰："何以报德？"那用什么回报恩德呢？孔子反对"以德报怨"。他在质问，如果"以德报怨"是对的，那用什么去报答德呢？德和怨完全不同，不能都报之以德，否则的话，就会好坏不分，造成价值的颠倒和混乱。如果都报之以德，就是同等地对待德和怨，这对于有德的人来说是不公平的。正确的态度应该是什么呢？

以直报怨。用公正来回报怨，也就是用公正来对待恶。所谓公正，就是犯多大的错，就给予多大的惩罚。既不加重惩罚，也不减轻惩罚。

以德报德。用恩惠去回报恩惠。这两个德的性质一样，但是数量可以不等。若是计较数量的均等，就是以利偿利，就走到了"以德报德"的反面。"以直报怨"可以量化，"以德报德"不能量化。毫无疑问，孔子的观点是正确的。就社会层面来讲，"以直报怨，以德报德"体现了公正，必须让好人有好报，恶人有恶报。那么，以德报怨是不是完全就错了呢？这个观念其实也是对的。从公德的角度看，恶人必须受到惩罚；但从私德的角度看，他是可以被同情的，是可以被宽恕的。就像耶稣，面对把他钉到十字架上的恶人，他仍然祈求上帝对他们宽恕，认为他们不知道自己在做什么。佛教有舍身饲虎的传说，虎是恶，舍身饲虎是善。在这里，善不仅宽恕恶，甚至牺牲自己成全恶。对常人来讲，这是匪夷所思的。但是，这里具有宗教意义。宗教反对以暴制暴，强调用善去感化恶，强调道德感化。所以，就私德的提升而言，"以德报怨"还是有积极意义的。

14·35 子曰："莫我知也夫！"子贡曰："何为其莫知子也？"子曰："不怨天，不尤人。下学而上达，知我者其天乎！"

子曰："莫我知也夫！" 孔子讲，没有人能理解我。伟大的思想家通常都会有这样的感慨。因为他们伟大，他们的思想非常超前，不能被同时代人理解，甚至也不能被后代人理解，所以，往往都有一种强烈的孤独感。

子贡曰："何为其莫知子也？" 子贡说，为什么说没有人能够理解你呢？子贡对孔子的感慨非常意外，他觉得我们这些学生理解你呀！这里涉及对思想的理解问题。对思想的理解分为两种，一种是浅层次的理解，一种是深层次的理解。

子曰："不怨天，不尤人。" 尤，责怪。孔子说，不怨天，不怪人。在生活中，怨天尤人是司空见惯的。尤其是遇到挫折时，免不了要怨天尤人。人怨天尤人时，实际上就是为自己放弃努力找借口。当怨天尤人变成一种习惯时，人就会陷入负面情绪中不能自拔。"不怨天，不尤人"，是对天对人的正确态度。天和人都是外在的，不以人的意志为转移。怨天尤人，对天和人不产生任何影响。人必须承认天和人的客观性，然后才思考该怎么办。这里必须强调，"不怨天，不尤人"是积极的，而不是消极的。人只有通过改变自己，然后去改变别人。当人改变自己时，同时也就改变了别人对自己的态度，也就改变了别人。所以，与其抱怨别人，不如抱怨自己。但人一味地抱怨自己，又会给人造成软弱的感觉。所以，"不怨天，不尤人"很难被人理解。

下学而上达。 下学技艺，上达天道。孔子强调，在下学中上达，在技艺中通达天道。孔子对下学非常有体会。《子罕篇》第六章讲，"吾少也贱，故多能鄙事"，《子罕篇》第七章讲，"吾不试，故艺"，这都表明孔子多才多艺。一般的君子都轻视这些技艺，以为它们和天道无关。其实，任何技艺里都有规则，这些规则和天道是相通的，天道就在这些技艺里。这个思想也不被人理解。人们喜欢把天道和技艺分割开，维护天道的纯洁、高大。

知我者其天乎！ 理解我的人大概只有天了吧！孔子的这两个思想都不被人理解。但是，孔子的这两个思想最终影响了中国人的行为方式和思维方式，在做事上，勤勤恳恳、任劳任怨；在思维上，认为道在器中，离开了器，就无所谓道。

14·36 *公伯寮愬子路于季孙。子服景伯以告，曰："夫子固有惑志于公伯寮，吾力犹能肆诸市朝。"子曰："道之将行也与？命也；道之将废也与？命也。公伯寮其如命何！"*

公伯寮愬子路于季孙。 愬，通"诉"。公伯寮在季孙面前诽谤子路。

宪问篇第十四　　461

子服景伯以告。子服景伯将此事告诉了孔子。

曰:"夫子固有惑志于公伯寮。"夫子,指季孙。季孙先生已经被公伯寮迷惑了。

吾力犹能肆诸市朝。市,市场、集市。朝,朝廷。市朝,这里偏指市场。我的能力还足以把他陈尸街头。子服景伯对孔子忠心耿耿,要替孔子摆平不平之事。孔子应该怎么办呢?

子曰:"道之将行也与?命也;道之将废也与?命也。"孔子说,大道得以实行,是命;大道将要废止,是命。这两句话看似与上文不相干,但从文意看,又有内在联系。孔子一生都在传道。子路是孔子的左膀右臂,他帮助孔子传道。跟子路过不去,就是跟孔子过不去,就会影响传道。所以,这里才会出现"道之将行、道之将废"的话。需要注意的是,"道之将行、道之将废",不是说道本身能行、能废。道是客观存在的,无所谓行和废。道行、道废指传道的活动。传道和人相关,没有孔子、子路,道就得不到传播。但在孔子看来,道能否传播,也不取决于他们,而是取决于命。命是一种必然性,命可以决定道将行还是将废。当然,孔子相信,道一定会行于天下。

公伯寮其如命何!公伯寮能拿命怎样呢!任何人都不能左右命,公伯寮也不能左右命。孔子贬低公伯寮,实际上是在淡化他诽谤子路这件事的影响,也间接地否定了去杀公伯寮的提议。孔子不杀公伯寮,还因为这不符合"以直报怨"的思想。公伯寮诽谤子路是小人的行径,还不算上恶人。由此要他的命来惩罚他,量刑过重,不够公正。

14·37 子曰："贤者辟世，其次辟地，其次辟色，其次辟言。"子曰："作者七人矣。"

子曰："贤者辟世。" 辟，通"避"。孔子说，有德的人避开人世。所谓避世，就是彻底地脱离社会，做一个隐士。这种人对社会完全失望。但是，人能不能完全地脱离社会呢？这是很难的。人的生活用品、劳动工具都要依赖于他人，尤其是，人不能脱离语言，只要人说话，就是在使用语言工具，人就离不开他人和社会。所以，避世具有哲学意义。

其次辟地。 次一等的，避开不好的地方。避地，意味着人对这个世界还充满着希望，还在寻找适合自己的地方。避地具有政治意义。

其次辟色，其次辟言。 避色，避开不好的脸色。避言，避开不好的言语。避言、避色其实都是避人。避人具有技术性的意义，是临时性的生存策略。

子曰："作者七人矣。" 孔子说，这样做的人有七位。这七位是谁，有不同的说法，但都没有可靠的证据。

14·38 子路宿于石门。晨门曰："奚自？"子路曰："自孔氏。"曰："是知其不可而为之者与？"

子路宿于石门。 石门，鲁城的外门。子路住在石门。

晨门曰："奚自？" 第二天早晨，子路要进城。守门人问，你是从哪里来的?

子路曰:"自孔氏。"子路说,我是从孔家来的。

曰:"是知其不可而为之者与?"守门人问,是那个明知不行还要做的人吗?这个晨门了不得,他干着普通的守门工作,思想见识却十分高妙。他熟知孔子的思想,能够准确概括孔子的思想。"知其不可而为之"成了千古不移的孔子及儒家思想的标签。晨门是一位隐士,冷眼看世界。他不赞同孔子的思想,甚至不愿意提孔子的名字,而以"那个人"来称谓孔子。如何理解"知其不可而为之"呢?不可有两种:一种是绝对的不可,完全超出能力之外,就像孟子说的"挟泰山以超北海";一种是相对的不可,它本该可,但现实状况使它不可。这种不可经过努力能变成可。使不可变成可的人,可能是一个悲剧人物。但是,他的努力使不可变成了可,这种努力是有价值、有意义的。恩格斯说悲剧是"历史的必然要求与要求的实际上不可实现之间的悲剧性冲突"。悲剧人物代表历史的必然性,也就是说,他最终会实现理想,只是因为现实的条件暂时还不允许他实现。悲剧人物努力地把现实的不可能变成未来的可能。马克思也说过,历史上的伟大事件都会出现两次,第一次以悲剧的形式出现,第二次以喜剧的形式出现。以悲剧的形式出现,意味着努力失败了;以喜剧的形式出现,意味着努力成功了。从悲剧到喜剧,就是从不可到可,体现了人类努力的价值,这正是"知其不可而为之"的悲剧精神。

14·39　子击磬于卫，有荷蒉而过孔氏之门者，曰："有心哉，击磬乎！"既而曰："鄙哉，硁硁乎！莫己知也，斯己而已矣。深则厉，浅则揭。"子曰："果哉！末之难矣。"

子击磬于卫。磬，一种乐器。孔子在卫国的家中击磬。孔子一生痴迷于音乐，他不仅善于欣赏音乐，而且也善于演奏音乐，孔子有很深的音乐造诣。

有荷蒉而过孔氏之门者。蒉，草筐。有个背着草筐的人路过孔子的家门口。

曰："有心哉，击磬乎！"背草筐的人说，有心事呀，这个击磬的人！这个背草筐的人能够从音乐声中听出孔子的心事，可见，他是孔子的知音，也是一个不同凡响的人，而且他非常懂得艺术。艺术是不平的产物，是孤独、痛苦的产物。所以，从事艺术活动，就必定是在诉说自己的心事。荷蒉者和上一章的晨门一样，也是一位隐士，是一位思想者。所以在古代，对平常人都不可以小看，他们都有可能是思想者。他们散落在民间，构成了一种文化生态。和今天不太一样，今天的人才都集中在大城市，集中在某些行业，而广大的乡村文化显得很凋敝。

既而曰："鄙哉，硁硁乎！"硁硁，坚定、执着的样子。过了一会儿又说，可鄙呀，这种执着和孤独。音乐声里传达出来一种孤独的情绪和执着的性格。荷蒉者对孔子的心事不以为然，这不符合隐者的处事态度。

莫己知也，斯已而已矣。没有人了解自己，那守住自己便是了。既然没有人了解自己，就不要寻求别人的了解，干脆做一个独善其身的隐士吧。

深则厉，浅则揭。这是《诗经·邶风·匏有苦叶》里的诗句。厉，穿着衣服过河。揭，提起。如果水深，干脆就穿着衣服过河。如果水浅，可以提起衣服过河。这里的水深和水浅，是比喻社会黑暗的程度。也就是说：如果社会不是特别黑暗，还可以去拯救；如果社会非常黑暗，干脆就放弃算了。也就是说，你要学会随机应变，不要太固执于自己的理想。理想实现不了，做隐士也挺好。这实际上是劝孔子要向他学习，去做个隐士。孔子的态度是什么呢？

子曰："果哉！末之难矣。"孔子说，他说得干脆果断，果然如此，就没有什么可难的了。孔子委婉地拒绝了荷蒉者的建议。他认为，这个建议尽管很有道理，但他实在做不到。他放不下自己的理想，他也不忍心放下自己的理想，所以他很难选择做隐士。

14·40　子张曰："《书》云，'高宗谅阴，三年不言'。何谓也？"子曰："何必高宗，古之人皆然。君薨，百官总己以听于冢宰三年。"

子张曰："《书》云，'高宗谅阴，三年不言'。"高宗，商王武丁。谅阴，又作"梁暗"，居丧之地。不言，不讲话，这里指不发布政令。子张说，《尚书》上讲，高宗居丧，三年不发布政令。

何谓也？这是什么意思呢？天子去世，新的天子要守孝三年。在这三年里，新天子不能发布任何政令。这是古代的一项政治制度。

子曰："何必高宗，古之人皆然。"孔子说，为什么一定是高宗呢？古人都是这样。这不是高宗朝特殊的政治制度，而是古代普遍实行的一项政治制度。

君薨，百官总己以听于冢宰三年。薨，死。冢宰，宰相。君王去世了，三年之内，百官都听命于宰相，去做各自分内的事情。在这里，孔子回答了天子守孝三年期间政治的运作状况，并没有回答为何要守孝三年。这是子张最想知道的事情。孔子也有一个解释，他从亲情的角度说明为何要守孝三年。人出生以后，三年之内不能脱离父母的怀抱，所以父母死后，子女守孝三年来报答父母的养育之恩。但理性地看，守孝三年的政治意义远大于亲情。为什么这样说呢？守孝三年实际上是打着亲情的旗号对新君进行权力限制，以保证权力能够平稳、正常地交接。"一朝天子一朝臣"，天子的更替必然会导致臣子的更替。臣子的更替往往血雨腥风。守孝三年有效地制止了新君对臣子的大规模更换。同时，在三年守孝期间，也培养了新君和老臣之间的感情。更重要的是，通过宰相的有为培养了新君无为的思想意识。所以，守孝只是手段，维护政治稳定才是目的。

14·41　子曰："上好礼，则民易使也。"

子曰："上好礼，则民易使也。" 孔子说，统治者好礼，使唤百姓便会容易。这里的礼可以从两个方面来理解。一个方面，可以理解为礼貌、礼仪。统治者对百姓有礼貌，尊重百姓，百姓就会因为受到尊重，愿意被使唤。另一方面，也可以把礼理解为行为规范。统治者严格按照规范做事，就不会侵害百姓的利益，就会在该使唤百姓时使唤百姓，百姓也就容易接受这种使唤。

14·42　子路问君子，子曰："修己以敬。"曰："如斯而已乎？"曰："修己以安人。"曰："如斯而已乎？"曰："修己以安百姓。修己以安百姓，尧、舜其犹病诸？"

子路问君子。 子路问怎么样做才是君子。

子曰："修己以敬。" 孔子说，修养自己以达到敬心。这里的敬心没有确定的对象，可以理解为对一切存在物的敬心。具体地讲，就是对人间秩序有敬心，对自然秩序有敬心，也就是对天地有敬心。有了这样的敬心，然后才有对具体事物的敬心。所以，这里的敬心带有某种宗教的性质。敬心是儒家重要的修身方式。宋明理学强调以敬修身，来区别佛、道以静修身。孔子以及儒家为什么强调敬心呢？它有两个作用：一是通过敬畏之心来防止自我膨胀，二是通过这种敬畏来防止虚无。所以，敬心是在我和对象之间建立一种联系，以给人生提供意义。

曰："如斯而已乎？"子路又说，这样就可以了吗？

曰："修己以安人。"孔子说，修养自己使人心安。人，指身边的人，准确地讲，是自己的同事、同僚。人有了敬心，就会自觉地收缩自己，减少对他人的压力，形成一种良好的人际关系。这样，身边的人就不会担心你的强大会构成对他的威胁。

曰："如斯而已乎？"又问，这样就可以了吗？

曰："修己以安百姓。"孔子说，修养自己来安顿百姓。

修己以安百姓，尧、舜其犹病诸？ 修养自己来安顿百姓，尧、舜恐怕都难以做到。在《雍也篇》第三十章里，子贡说的"博施于民而能济众"，就相当于这里的"修己以安百姓"。孔子也说"尧、舜其犹病诸？"，两处表达的思想完全一致，所以这句话就不解读了。需要注意的是，儒家的重要思想"内圣外王"就出自这里。"修己以敬"是内圣；"修己以安人"是内圣向外王的转化；"修己以安百姓"是外王。《大学》对这一思想又进行了深化和细化，把"内圣外王"细化为"格、致、诚、正、修、齐、治、平"八个方面。由于朱熹对《大学》的推崇，"内圣外王"成了儒家重要的思想。

14·43 原壤夷俟，子曰："幼而不孙弟，长而无述焉，老而不死，是为贼。"以杖叩其胫。

原壤夷俟。 原壤，孔子的老朋友，孔子的发小。夷，箕踞，这是一种不礼貌的坐姿。俟，等待。原壤张开双腿坐在地上等待孔子。孔子严谨，一丝不苟，原壤散漫、放浪，不拘礼节。

子曰："幼而不孙弟。" 孙，通"逊"。弟，悌。孔子说，你小时候不友爱兄弟。

长而无述焉。 长大以后，一事无成。

老而不死，是为贼。 现在老了还不死，真是个害人精。孔子对原壤也不客气，一见面就骂，从小骂到老。有意思的是，原壤也不反驳。因为他知道，孔子没有一句是真骂。孔子骂得越狠，表达的爱就越深。只有关系极为亲密的人，才会这样骂；不骂，反而疏远了。

以杖叩其胫。 胫，小腿。孔子用手杖敲他的小腿。这里的打，也不是真打，是打着玩，是亲昵的表现。两个老朋友见面时打打闹闹。这是《论语》里最动人的场景。在这里，我们似乎看到了另外一个孔子，一个更真实的孔子，一个可爱有趣的孔子，一个完全不同于《乡党篇》里记叙的恪守礼仪的孔子。

14·44 阙党童子将命。或问之曰："益者与？"子曰："吾见其居于位也，见其与先生并行也。非求益者也，欲速成者也。"

阙党童子将命。 阙党，地名。将命，传话。阙党的一个小孩子来向孔子传话。

或问之曰："益者与？" 有人问孔子，这个小孩是追求进步的人吗？能派来传话，表明童子是聪明人，是被人看重的人。

所以，就问童子是不是有出息的人。

子曰："吾见其居于位也。" 孔子说，我看见他坐在成人的位置上。在家庭聚会中，可以不讲究位置。但在正式的场合，位置的安排特别重要。位代表身份、地位，坐错位置就意味着不懂礼仪规范。

见其与先生并行也。 又看见他和长者并肩而行。这是要和长者平起平坐，也是不懂礼貌的行为。正常情况下，按照礼制的规定，应该稍后于长者。这样就给了长者自由，长者可以快，可以慢，还可以站。如果他有什么吩咐，童子可以及时上前听命，为长者提供服务。

非求益者也，欲速成者也。 这不是追求上进的人，而是个急于求成的人。追求上进，就应该遵守礼制，在礼制的规定下循序渐进。追求速成，就会无视礼制，破坏规矩，投机取巧。在古代，二十岁举办成人礼。这里的童子应该接近于成人，所以，孔子才会以礼仪的标准衡量他。值得注意的是，孔子是从童子的两个行为细节来判断他是什么人的。可见，孔子善于观察细节。生活是由细节构成的，细节具有日常性、重复性、无意识性，最真实，却又不引人注目。人无法在细节上做假。孔子的评价既是针对童子的，也是针对所有人的。每个人都希望速成，社会也追求速成。孩子学习有速成班，单位一年一考核，都是追求速成。生活在速成的社会里，人心很浮躁。

卫灵公篇第十五

15·1 卫灵公问陈于孔子，孔子对曰："俎豆之事，则尝闻之矣；军旅之事，未之学也。"明日遂行。

卫灵公问陈于孔子。陈，通"阵"。卫灵公向孔子请教如何排兵布阵。

孔子对曰："俎豆之事，则尝闻之矣。"俎、豆，两种礼器。孔子回答说，礼制方面的事情，我有所耳闻。这是谦虚的说法。孔子小时候就喜欢摆弄礼器，长大后又向老子问礼。"入太庙，每事问"，问的都是礼。孔子精通礼制，维护礼制，是一位礼学大师。

军旅之事，未之学也。至于行军打仗，没有学过。这句话不能当真。孔子非常博学，军事方面的书籍，也不会少读。《述而篇》第十三章讲，"子之所慎：斋，战，疾"，这里就有战。《颜渊篇》第七章里，孔子把足兵看作治国的三大要素之一。在《子路篇》第二十九、三十章里，他主张教民作战。可见孔子关心军事，很懂军事。那他为什么拒绝谈论军事呢？其实，孔子不是不愿意谈论军事，而是认为军事是细枝末节的事，以德治国、以礼治国才是最重要的事。如果卫灵公问了德政和礼制之后，再问军事，孔子一定会乐于谈论军事的。但是现在，卫灵公舍本逐末，话不投机，也就不愿意谈论军事。

明日遂行。第二天便启程告辞。从这个行为看，孔子非常有个性。他张扬个性，近于率真。因为离开卫国，就是放弃了丰厚的待遇和安逸的生活。但孔子义无反顾。孔子离开卫国会找到自己心仪的君主吗？不会的。关心军事是春秋各国的首要任务，诸侯国要生存、要发展，就必须关注军事问题。从某种意义上讲，卫灵公关心军事并没有错。所以，这不是孔子和卫灵公之间的冲突，这是孔子和那个社会之间的冲突。那个社会所关注的是霸道，而他所关注的是仁道。他们的冲突是价值观的冲突，是无法调和的。要坚持自己的理想，就注定了他要过流浪的生活。

15·2 在陈绝粮，从者病莫能兴。子路愠见曰："君子亦有穷乎？"子曰："君子固穷，小人穷斯滥矣。"

在陈绝粮。在陈国时断了粮食。这是孔子周游列国期间发生的事情，也是他周游列国中最困难的时期。

从者病莫能兴。兴，起。跟从孔子的人都饿得病倒了，爬不起来。这是讲绝粮导致的严重后果，他们的生存出了问题。

子路愠见曰。愠，生气。子路带着怒气来见孔子。在这个关键时刻，又是子路带头向老师发难。

君子亦有穷乎？君子也有穷困潦倒的时候吗？子路这句话表明，他对君子的认识还很肤浅，他认为做君子就不应该穷困潦倒。做君子，也就是做好人。子路的话意味着，做好人应该有好报，怎么能穷困潦倒呢？在孔子看来，做君子是目的，不是手段。不是因为做君子能够避免穷困潦倒，才去做君子。做君子和报答毫无关系。也只有这样，才能体现做君子的价值。

子曰："君子固穷。" 固穷有两种解释。一种解释为，君子固然也有穷的时候；另一种解释为，君子能够固守穷困。这两种解释是相通的。君子固然也有穷困的时候，但是君子能够固守贫穷，保持节操。君子的价值就体现在如何对待贫困上。

小人穷斯滥矣。滥，泛滥，这里指不受约束。小人穷困时胡作非为，失去道德底线。当然，就社会而言，一个社会，如果让君子都陷入贫穷，那就是社会的问题，就必须改造这个社会。

15·3 子曰："赐也，女以予为多学而识之者与？"对曰："然，非与？"曰："非也，予一以贯之。"

子曰："赐也，女以予为多学而识之者与？" 孔子说，赐啊，你以为我是博学广记而获得知识的吗？《论语》里，大多是学生问，孔子答。在这里，孔子主动提问。显然，他认为这个问题非常重要，而这个问题又容易被学生误解，所以有必要把它提出来。孔子知识渊博，这些知识是怎么来的呢？学生们都认为，是孔子博学广记得来的，也就是通过记诵得来的。学生们因此以为，学习就是记忆，就是背诵。直到今天，人们对这个问题还有误解，尤其是学文科的人，他们以为学习文科就是记忆和背诵。

对曰："然，非与？" 子贡回答说，是啊，难道不是吗？子贡的回答证明了孔子的担忧是对的。子贡和他的同学们真的都认为，孔子的知识来自他的记忆力。

曰："非也，予一以贯之。" 孔子说，不是的，我用"一"把它贯穿起来了。在《里仁篇》第十五章里，孔子讲过类似的话，即"吾道一以贯之"。那里多了一个道字，"道"指他的思想。孔子的思想由"一"贯穿在一起，构成一个思想体系，讲他的思想和"一"的关系；这里讲他的知识和"一"的关系，也就是说，他的这些知识围绕着"一"而聚拢在一起，构成一个体系，无须记忆和背诵。在《里仁篇》第十五章里，我们已经指出"一"就是中庸。那么"一"来自何处呢？"一"来自生活，换句话讲，中庸来自生活。比如学和思的关系。生活中，有人学而不思，有人思而不学，所以，孔子提出学思结合。再比如言和行。生活中，言多行少，所以，孔子特别强调行的重要性。孔子的中庸思想不是大脑凭空想出来的，而是在生活中产生的。

15·4 *子曰："由，知德者鲜矣。"*

子曰："由，知德者鲜矣。" 孔子说，仲由，知道什么是德的人少啊。这样翻译不太符合常识。生活中，人人都知道什么是德，就连坏人也知道什么是德，坏人做坏事偷偷摸摸，他知

卫灵公篇第十五　　475

道这是不道德的事。德是良知，"不虑而知，不学而能"。所以，这句话应该译为："知道道德重要的人少啊。"人人都知道德，但人人都轻视德，不把德当回事。说到德的时候，就认为是道德说教。比如说仁，仁是仁爱。在生活中，人们很轻视仁爱。现代文学讲冰心"爱的哲学"时，就会评价说，爱是苍白无力的，是不能解决问题的。但是人没有意识到，如果没有爱作为基础，任何社会问题都不能解决。还有义，即正义、道义、公理。在生活中，人们更相信强权，以为公理是脆弱的。人们喜欢说"成王败寇"，还喜欢说"落后就要挨打"。这是公然蔑视公理和道义，由此，我们才能理解孔子的感慨。如果一个社会不相信德，这肯定不是一个好社会。

15·5 子曰："无为而治者其舜也与！夫何为哉？恭己正南面而已矣。"

子曰："无为而治者其舜也与！" 孔子说，不做什么却能使天下大治的人，就是舜了吧！无为而治是老子的治国思想。孔子说舜无为而治，这和老子的思想非常接近。这说明，孔子和老子的思想并非水火不容，相反，他们还有许多一致之处。竹简本《老子》的出土也证明了这一点。

夫何为哉？ 他到底做了些什么呢？

恭己正南面而已矣。 他只是端正自己面南而坐罢了。看起来，舜什么也没做，他只是端坐在那里。但是我们要知道，帝王本来就好动，他是不愿意端坐在那里的。换句话讲，他能端坐在那里，正是帝王自我约束的结果，这正是"为"。"为"还体现为选贤相，他选择了禹，选择了皋陶，做了他应该做的事。所以舜的无为而治，并非不作为，而是循理而为，接近于君无为，而臣有为。这很像后来的黄老思想。这和老子的无为而治还是有很大差别，老子的无为而治更彻底，不但君无为，臣也无为，要让百姓自为。《老子》第五十七章讲："圣人云：'我无为，而民自化；我好静，而民自正；我无事，而民自富；我无欲，而民自朴。'"从字面上看，都讲无为而治，但内容上有很大不同。

15·6　子张问行，子曰："言忠信，行笃敬，虽蛮貊之邦行矣；言不忠信，行不笃敬，虽州里行乎哉？立则见其参于前也；在舆则见其倚于衡也，夫然后行。"子张书诸绅。

子张问行。 子张问孔子怎么做才能通行天下。

子曰："言忠信，行笃敬，虽蛮貊之邦行矣。" 蛮，南蛮。貊，北狄。蛮貊，泛指落后的国家。孔子说，说话忠诚守信，做事认真敬业，这样，即便到了落后的国家，也能畅通无阻。这是为什么呢？因为忠信、笃敬是社会存在的条件，这个条件存在，社会才能存在，否则社会就会解体。反过来讲，只要社会存在，这个条件就一定存在。可见，忠信、笃敬是被人们普遍认同的价值观，有了它，到哪里都行得通。

言不忠信，行不笃敬，虽州里行乎哉？ 州、里，古代的行政单位，这里指的是文明的国家。说话不忠诚守信，做事不认真敬业，即便在文明国家，能行得通吗？言下之意，违背了普遍价值观，哪里都行不通。孔子强调、尊重、追求、捍卫普遍价值观。在这个前提下，人才能沟通、对话。

立则见其参于前也。参，立。站立的时候，仿佛看见这几个字立在眼前。

在舆则见其倚于衡也。衡，辕前横木。在车上时，仿佛看到这几个字刻在横木上。孔子以两个例证说明这样的道理：尽管人类存在着普遍价值观，但它不是现成就有的，它是被人类建构起来的，所以要时刻记住并维护这个普遍价值观。

夫然后行。只有这样才能通行天下。

子张书诸绅。绅，束腰的带子。子张把这两句话写在了束腰的大带子上，让这几句话警示自己。子张的做法有些夸张。表面看来，他要记住这六字箴言，但同时又表明他对这六字箴言缺乏理解，仿佛忠信、笃敬是外加的，不是本有的，需要刻意写在随身的带子上才能记得住。

15·7 子曰："直哉史鱼！邦有道如矢，邦无道如矢。君子哉蘧伯玉！邦有道则仕，邦无道则可卷而怀之。"

子曰："直哉史鱼！"孔子说，正直啊，史鱼！史鱼是卫国的大夫。关于他的正直，《孔子家语·困誓篇》有记载，最著名的就是尸谏。

邦有道如矢。 矢，箭。国家政治清明的时候，他像箭一样正直。箭必须绝对直，才能射中靶子。用箭的直来比喻史鱼的正直，说明史鱼正直没有任何妥协。这里的正直主要体现为对不合理现实的批评，而且批评不留任何情面，直来直去。这在有道的社会里不成问题。有道的社会言论自由，允许批评。

邦无道如矢。 国家混乱的时候，也像箭一样正直。这就不容易了。无道的社会没有言论自由，不允许批评。这时还要坚持批评，就会有生命的危险。

君子哉蘧伯玉！ 君子啊蘧伯玉！

邦有道则仕。 国家政治清明，就去为官。政治清明时为官，为官所做的任何事都是政治清明的一部分。

邦无道则可卷而怀之。 国家政治混乱，便藏起自己的才华隐居起来。这时做官，就是与黑暗的政治同流合污。能力越强，做的坏事就越多，只有辞官隐居，才能保持清白。这里讲的史鱼，就是孔子欣赏的狂者，狂者立志于改造社会；这里讲的蘧伯玉，就是孔子欣赏的狷者，狷者能够远离社会，以不合作的方式对抗社会。

15·8 子曰："可与言而不与之言，失人；不可与言而与之言，失言。知者不失人亦不失言。"

子曰："可与言而不与之言，失人。" 孔子说，可以跟他说，却不跟他说，会错失人。这里，"可与言"的对象不应该是陌生人。对于陌生人，无所谓可言还是不可言。即便有所言，也不过是偶然搭讪。所以，"可与言"的一定是熟人。熟人未必是我们了解的人，熟人可能还像陌生人，尽管彼此有很多语言交流，但这些交流还停留在浅层次上，这需要进一步了解。所以，"可与言"的言字不是普通的交流，而是一种深度交流，是思想和情感的交流，是价值观和人生观的交流，是灵魂和灵魂的交流。这样的交流可能会出现两种情况，这里说的是其中的一种情况，即可以和他深度交流，却没有深度交流，这样就错失了一个知心朋友。

不可与言而与之言，失言。这是另外一种情况。从字面上看，这句话可以翻译成："不可以跟他说，却跟他说，这是浪费语言。"根据上面对言的理解，这句话更准确的翻译是："不可以与他深度交流，却和他进行了深度交流，这是浪费了语言。"尽管日常交流很多，但是这些交流都是生活中的应酬。深度交流后，发现三观不同，不欢而散，不再往来。可见，识人很难，能否进行深度交流需要智慧。

知者不失人亦不失言。智者既不会失去知心的朋友，也不会浪费自己的语言。孟子应该算一个智者，孟子《公孙丑章下》提供了一个很好的例证。"沈同以其私问曰：'燕可伐与？'孟子曰：'可……齐人伐燕。'或问曰：'劝齐伐燕，有诸？'曰：'未也；沈同问"燕可伐与"，吾应之曰："可。"彼然而伐之也。彼如曰："孰可以伐之？"则将应之曰："为天吏，则可以伐之。"'"沈同以私人身份拜访孟子，询问孟子可否伐燕。按照常理，孟子应该跟他说些真心话，但是他不信任沈同，知道他有所图，所以他对沈同说了一半，留下一半没说。这说明孟子非常知人，他不愿意和沈同多说，浪费语言。

15·9 子曰："志士仁人，无求生以害仁，有杀身以成仁。"

子曰："志士仁人。" 高洁之士，仁义之人。如果把这一章看作一句话，那么志士仁人就是这句话的主语。这个主语非常重要。主语是志士仁人，所以，对他们的要求就会很高。但是人们习惯性地把后面的话单独引用。由于缺少了主语的限定，让人感觉是对所有人的要求。这就犯了断章取义的毛病，歪曲了这一章的主导思想。《孟子·梁惠王下》记载了一件事，可以作为例证来说明。周太王受到夷狄不断侵扰，在不得已的时候，太王对跟随他的百姓说："狄人之所欲者，吾土地也。吾闻之也：君子不以其所以养人者害人。二三子何患乎无君？我将去之。"周太王身处困境时，没有捆绑百姓，而是主动和百姓进行切割。他自己离开这里，继续抗争，但留下百姓，不让百姓跟他一起杀身成仁。正因为如此，我们才说周太王是个仁人。

无求生以害仁。 不求生而损害仁德。孔子把生和仁并列在一起，让人做选择。这是人生的重大选择，你可以"不求生而害仁"，也可以作出相反的选择。从逻辑上讲，追求仁德就不该伤害仁德，否则就会自相矛盾。这是从否定的方面告诫志士仁人不该做什么。

有杀身以成仁。应该牺牲生命来成就仁德。这是从肯定的方面来说志士仁人应该怎么做。在生命和仁德之间作选择时，应该牺牲生命而成就仁德。这是说，在人的生命之外，还有高于生命的价值。孟子发挥了孔子的思想，他用"舍身取义"取代了"杀身成仁"，还进一步阐明了为什么要"舍身取义"。《孟子·告子上》讲："如使人之所欲莫甚于生，则凡可以得生者何不用也？使人之所恶莫甚于死者，则凡可以辟患者何不为也？"在这里，还要思考一个问题：在无道的社会里，仁人志士的选择非常崇高，但也非常具有悲剧性。生命可贵，还是不"杀身成仁"为好。在有道的社会里，不需要"杀身成仁"。

15·10 子贡问为仁。子曰："工欲善其事，必先利其器。居是邦也，事其大夫之贤者，友其士之仁者。"

子贡问为仁。子贡问怎样培养仁德。

子曰："工欲善其事，必先利其器。" 孔子说，工匠想要做好事情，一定要先磨砺他的工具。"利其器"，就是让工具得心应手。这有两层意思：一层意思，要找到好工具。就像书法，想要把字写好就必须先要寻找规范的笔、墨、纸、砚。第二层意思，要熟练使用笔、墨、纸、砚，使笔、墨、纸、砚用起来很顺手。这两句话是类比，通过类比寻找培养仁德的方法，使用器具的方法和培养仁德的方法是相似的。

居是邦也，事其大夫之贤者。 住在这个国家，就要事奉这个国家的贤大夫。这句话也有两层意思。第一，寻找贤大夫。第二，事奉贤大夫。以贤大夫为榜样，向贤大夫学习，使自己也变成一个贤人。

友其士之仁者。 结交士人中的仁人。这句话也有两层意思。第一，找到仁者。第二，和仁者交友，受仁者的熏陶。这里的"事贤""友仁"类似于"利其器"。做事要"利其器"，为仁要"事贤""友仁"。跟有德的人交往，才会成为有德的人。

15·11　颜渊问为邦。子曰："行夏之时，乘殷之辂，服周之冕，乐则《韶》《舞》。放郑声，远佞人。郑声淫，佞人殆。"

颜渊问为邦。 颜渊问如何治国。

子曰："行夏之时。" 孔子说，用夏代的历法。夏历是现在的阴历。夏历符合农事，便于指导农业耕种。孔子主张用夏历，是重视农业的表现。

乘殷之辂。 辂，车。坐殷代的车。殷代的车是木制的，比较简朴。在古代，车是最贵重的消费品。贵重的消费品能产生享受心理，让人自我膨胀。对于消费品，孔子主张越简朴越好。

服周之冕。 戴周朝的礼帽。周朝的礼帽比较华美。重视礼帽，就是重视礼仪、礼制，强化人们对于礼的认同。礼帽具有政治功能，提醒人自觉地遵守礼、维护礼。

乐则《韶》《舞》。音乐就用《韶》乐和《武》乐。古代是礼乐社会，既强调礼，又强调乐。舞，通"武"。《韶》是舜时的舞乐，孔子认为是尽善尽美的，《武》是歌颂周武王的舞乐。

放郑声，远佞人。要舍弃郑国的音乐，要远离奸佞小人。孔子在主张《韶》乐和《武》乐的同时，专门谈到了郑国的音乐，他否定了郑国的音乐。

郑声淫，佞人殆。郑国的音乐过度，奸佞的小人危险。说小人危险，很好理解，但说郑国的音乐过度，不太好理解。"淫"相当于靡靡之音，容易感染人，让人沉溺其中，不能自拔。孔子认为"郑声淫"，表明孔子对音乐的态度倾向于保守。这一章是孔子对理想国的一个政治设计。在这个设计里，他吸收了夏、商、周三代的优秀制度。从孔子的选择看，他对周代也是不满的，他说"周监于二代，郁郁乎文哉！吾从周"是打了折扣的。除了礼制以外，周代还有很多不足。所以，我们会发现，在《论语》里，孔子对于周代的评价是矛盾的。

15·12 子曰："人无远虑，必有近忧。"

子曰："人无远虑，必有近忧。"孔子说，人没有长远的考虑，一定会有眼前的忧患。这是至理名言。为什么这样说呢？有两个理由。第一个理由，没有远虑，人就没有办法规划现在，就不知道现在做什么才是最好的，就会受到现实中的各种诱惑，找不到自己的前进方向。第二个理由，任何事物的发展都有多种可能性,既要考虑到好的可能性,还要考虑到坏的可能性。要促进事物向好的方向发展,避免向坏的方向发展。这样就能避免近忧。要注意的是,所谓远虑,必须是出自理性思考。远虑要着眼于现实,否则就会走向它的反面,就会由理想变成空想、幻想。孩子刚刚开始读书,就开始远虑,一定要考上清华、北大。刚刚开始做生意,就发誓要变成亿万富翁。刚刚参军,就想当将军。这些都是非理性的远虑。不但没有减少近忧,反而增加了近忧。所以要特别强调远虑的理性特征。一个人需要远虑,一个民族、一个国家也需要远虑,也要对未来有理性的思考,切不可丧失理性,陷入乌托邦的狂热中。

15·13 子曰:"已矣乎!吾未见好德如好色者也。"

子曰:"已矣乎!吾未见好德如好色者也。"这一章已见《子罕篇》第十八章,只多了"已矣乎",这里不再重复。

15·14 子曰:"臧文仲其窃位者与!知柳下惠之贤而不与立也。"

子曰:"臧文仲其窃位者与!"孔子讲,臧文仲一个是盗取官位的人吧。身居官位,就要做些有意义的事情。但是,臧文仲似乎什么都没做。

知柳下惠之贤而不与立也。柳下惠是鲁国的贤人。与立,并立于朝。他知道柳下惠有贤能，但却不向朝廷举荐。这与公叔文子正好相反。《宪问篇》第十八章里，公叔文子推荐自己的家臣和自己并立于朝。也有人认为立通"位"。如果这样理解，这句话就翻译为：他知道柳下惠贤能，而不给他官位。两者的区别在于：前者，臧文仲只能举荐，最终需要国君的认可；后者，可以直接任命为家臣。两者说的事情不同，但表达的意思基本一致，那就是臧文仲不作为、不举贤。《公冶长篇》第十八章说，臧文仲给大乌龟造了一个富丽堂皇的房子，说明臧文仲是一个敬鬼神、远贤人的人。他认为治国要敬鬼神、听天命。根据这个思想，他可能就不认为柳下惠是贤人，即便他认为柳下惠是个贤人，他们的治国理念完全不同，他也不会举荐一个与自己治国理念不同的人。政治是很复杂的，贤人也不一定就推荐贤人。王安石是不是贤人？肯定是。苏东坡、司马光是不是贤人？肯定是。但是王安石变法时，就和苏东坡、司马光发生激烈的冲突。这是治国理念的冲突。孔子对臧文仲的批评固然有道理，但是还可以更深层次去思考。

15·15 子曰："躬自厚而薄责于人，则远怨矣。"

子曰："**躬自厚而薄责于人，则远怨矣。**"躬，自。躬自，自己对自己。厚，厚责，因为后面的"薄责"而省略了责。孔子说，多责备自己，少责备别人，便会远离怨恨。这句话的意思很好理解。多责备自己，自己就不可能怨恨别人；少责怪别人，别人就不会怨恨自己。需要注意的是，"躬自厚"并不意味自己犯的错误大。如果自己犯的错大，那就应该"躬自厚"了。这里的"躬自厚"显然是说：自己没有犯这么大的错，但要放大自己的错；他人可能犯了更大的错，但要淡化他的错。这样会不会导致人们对错认识不清呢？不会的。"躬自厚而薄责于人"不是针对特定人的，而是针对所有人的，人人都要"躬自厚而薄责于人"。这里不是责任认定的问题，只是着眼于各方的和谐关系。所以，这个原则只能运用于私德方面。就公德而言，还是要分清各自的责任。这样才能保证公平，也符合孔子所讲的"以德报德""以直报怨"。

15·16 子曰："不曰'如之何，如之何'者，吾末如之何也已矣。"

子曰："不曰'如之何，如之何'者，吾末如之何也已矣。"孔子说，不说怎么办、怎么办的人，我真不知道该怎么办了。说"怎么办、怎么办"是要解决问题。解决问题之前先要发现问题。这个世界有很多问题，但并不是人人都能发现问题。我们为什么会感觉写一篇论文很难呢？问题就出在我们没有发现问题，没有问题意识，人云亦云，视各种现象为当然。苹果落地是一种现象，只有你追问，它才会成为问题。当你问为什么时，问题就来了，接下来就要解决问题，问"怎么办，怎么办"。任何问题的解决都是有难度的，人们往往会知难而退，回避问题甚至取消问题，不再问"怎么办，怎么办"。如果说发现问题是能力问题，解决问题既是能力问题，又是道德问题。对于既不能提出问题又不能解决问题的人，孔子也没有办法。无论提出问题，还是解决问题，都需要个人的主动性。如果主观意识里缺少这种主动性，任何人都帮不上忙。

15·17 子曰："群居终日，言不及义，好行小慧，难矣哉！"

子曰："群居终日。" 孔子说，整天待在一起。这句话缺了一个主语。哪些人整天待在一起呢？这个主语肯定不是普通人，应该指的是"士"，即读书人。这些读书人整天待在一起。

言不及义。 说话不涉及任何义理。应该说的，一句都不说。什么是读书人应该说的呢？在孔子这里，就是对现实的关注，对现实中不合理的行为提出批评。还有，如探讨仁、义、礼、智、信的问题，培养君子人格的问题，如何为政的问题。但是，这些读书人坐在一起，对这些避而不谈。

好行小慧。 喜欢卖弄小聪明。读书人不谈严肃的社会问题、道德问题，只喜欢卖弄小聪明，以获取更多的个人利益。用现在的话讲，就是把自己变成一个精致的利己主义者。他们只说些风花雪月，灌输些心灵鸡汤，鼓吹与黑暗和解，把自己变成黑暗的一部分。

难矣哉！这种人难啊。也可以讲，有了这些人，社会变好难啊。这些读书人都是社会的精英，他们都如此堕落，自私自利，明哲保身，甚至为虎作伥，社会还有希望吗？

15·18 子曰："君子义以为质，礼以行之，孙以出之，信以成之。君子哉！"

子曰："君子义以为质。"质，本质、根本。义，宜、应该。也可以把义理解成一种正确的价值取向，在孔子的思想里，主要指儒家的伦理、道德观念。孔子谈到君子时，首先强调价值观。价值观对了，所做的事情才能是正确的。如果价值观错了，做的事情越多，错误也就越大。

礼以行之。依照礼实行它。正确的价值观，只能说内容是好的。不是说内容好了，剩下怎么做都行，还需要用规范的方式去实现好的内容。好的内容还需要好的形式。

孙以出之。孙，通"逊"。用谦逊的语言表述它。这也是强调形式的重要性。

信以成之。用诚信完成它。好的内容还需要诚的态度，否则会半途而废。这一章实际上是"文质彬彬"的另一种表述。在这里，义是质，礼、逊、信是文。"文质彬彬"说得抽象，这里说得更加具体，对文、质作了具体规定。

君子哉！这才是君子啊！

15·19 子曰："君子病无能焉，不病人之不己知也。"

子曰："君子病无能焉，不病人之不己知也。"这一章和《宪问篇》第三十章意思完全一样，只是句子的顺序有所变化，这里不再赘述。

15·20 子曰："君子疾没世而名不称焉。"

子曰："君子疾没世而名不称焉。"没世，死亡。具体到这句话，有两种理解。一种把没世理解为死后，这句话就可以翻译为：君子担心死后名声不被人称说。另一种把没世理解为到死，这句话就可以翻译为：君子担心到死的时候名声还不被人称说。因对没世的不同理解，句意有明显不同。君子到底关心生前的名声还是死后的名声呢？哪一种理解更好呢？我觉得理解成对生前名声的关心更好。有这样几点理由。首先，儒家重名，为此还提出了三不朽的原则，即"立德、立功、立言"。这个原则体现了对身后名声的关心。但是，"立德、立功、立言"不是针对一般人的，也不是针对君子的，它是针对圣人和仁人的。对君子来讲，能有身前的名声，就很不错了，历史上能够身后留名的人是不多的。其次，孔子明确说"未知生，焉知死"。孔子很少谈身后的事情，包括死后的名声。死后的名声由后人评价，后人如何评价是后人的事，担心也没有用。立足于生前才是最重要的，也是能做到的。最后，《子罕篇》第二十三章说："后生可畏，焉知来者之不如今也？四十、五十而无闻焉，斯亦不足畏也已。"四十、五十时，还没有名气，这一生就很难再有名气了。孔子显然是着眼于身前的名声的。身前名声的标准比较低。身边人的赞誉，就表明你已经获得了名声。身后名声的标准非常高，它需要陌生人的认可。所以，君子能够身前获得名声就已经很了不起了。

15·21　子曰："君子求诸己，小人求诸人。"

子曰："君子求诸己。" 求，求助。诸，之于。孔子说，君子求助于自己。求助于自己，就是立足于自己，发展自己，完善自己，做最好的自己。君子为什么求助自己呢？因为人有自由意志，能控制自己的行为，把握自己的发展方向。求助于自己是自己都能做到的。

小人求诸人。 小人求助于别人。小人依赖于别人，专心与他人的关系。但他人是不可靠的。他人也有自由意志，他可以随时停止已有的关系。依赖他人，就把命运交给了偶然性。求助于自己是一种必然性，所以求人不如求己。这里有两点需要注意。第一点，"求诸己"并不意味着不"求诸人"。人生活在群体中，不"求诸人"是不可能的。这两句话只是要说明，"求诸己"具有优先性，先"求诸己"，然后才可以"求诸人"。"求诸己"的层次决定了"求诸人"的层次。第二点，"求诸己"并不意味着一定会成功，但它是成功之理。"求诸人"也有可能会成功，但它不是成功之理。现实中的成功与否带有偶然性，但它并不能否认成功之理。

15·22　子曰："君子矜而不争，群而不党。"

子曰："君子矜而不争。" 孔子说，君子矜持而不相争。所谓矜持，就是拒绝流俗，追求自我。君子有独立的人格，有独特的价值追求。他以实现自我为目标，所以不会和别人争，也没有必要和别人争。

群而不党。 合群而不结党。党是利益集团，党是为了争，有党必有争。党争以追求团体利益来达到个人利益。"群而不党"，是在群体中保持自由。"群而不党"和"矜而不争"意思是一样的，都体现了个人私德的高尚。但作为公德，却会产生不好的后果。如果君子不争也不党，只以个人的方式抗衡世界，那不可能有任何结果。所以，就社会公德而言，承认党争是必要的、理性的。在党争中，进行利益的博弈，最终达到利益平衡。非常可惜的是，人们对党争误解太深，这由"党"构成的词语就能看出来，"结党营私""党同伐异"都是贬义词。孔子这里讲的是私德，但是后人把它运用到公德上。所以，读《论语》时，要特别注意区分孔子的思想指向私德还是公德。

15·23　子曰："君子不以言举人，不以人废言。"

子曰："君子不以言举人。" 孔子说，君子不因为言语提拔人。也就是说，不以你说得好就提拔你。这个道理很好理解。

语言具有公共性和工具性。人的言和人的德行、能力是不能画等号的。所以，言是不可靠的，要"听其言，观其行"。言的不可靠还来自举荐人与被举荐人的特定关系。被举荐人为了获得举荐，必然会投其所好地向举荐人说一些阿谀奉承的话，所以，被举荐人的言不能特别当真。那么不以言举人，以什么举人呢？那就要观其行。在传统的熟人社会里，观其行是可行的。但是，在现代陌生人的社会里，很难观其行，只能听其言。在选举的社会里，大家都是听其言，然后推举他。而且，这还是一个行之有效的方法。为什么行之有效呢？因为竞选的人，无法讨好具体的人，也就不去讨好具体的人。面对大众，他只要说出自己的施政纲领，然后让大众选择。大众选了他，就是认可了他的言，他只要把言落实到行就可以了。以这种方式也能达到言行一致。"不以言举人"在传统社会里是至理名言，但在今天的社会里，以言举人可能是举人的重要方式。

不以人废言。不因人变坏就否定他所说过的话。理由和前面一样。语言是公共的、工具性的，语言和人的坏也没有直接的对应关系。坏人讲的不一定都是坏话。但在现实中，"以人废言"的事情屡屡发生。人们很自然地"以人废言"。因为"以人废言"最安全、最保险，"不以人废言"会带来风险、危险。如果这个人犯了政治错误，你还在引用他的话，就会有政治风险。如果这个人有道德上的错误，你还在引用他的话，就会有道德风险。所以，"不以言举人"容易做到，"不以人废言"难以做到。因为难以做到，才显得特别重要，"不以人废言"是文明的标志。

15·24　子贡问曰："有一言而可以终身行之者乎？"子曰："其恕乎！己所不欲，勿施于人。"

子贡问曰："有一言而可以终身行之者乎？" 子贡问孔子，有一句话可以终身奉行吗？

子曰："其恕乎！" 孔子说，那就是恕吧。恕，如心，就像对待自己一样对待别人。这是正确处理人际关系的准则。

己所不欲，勿施于人。 自己不想的，不要施加给别人。这是对恕的解释。恕有两种解释。一种是否定性的解释，那就是，"己所不欲，勿施于人"；还有一种是肯定性的解释，即"己欲立而立人，己欲达而达人"。在这两者之间，孔子选择了否定性的解释。这两句话在《颜渊篇》第二章里也出现过，已有详细的解读。这里补充两点。第一点，这两句话里己和人相比，己是强势的，人是弱势的。强势的己为什么对弱势的人能行恕道呢？这不是道德的高尚。如果依赖高尚的品质，那么，"己所不欲，勿施于人"就得不到落实，就会成为一句空话。我们认为，"己所不欲，勿施于人"是心甘情愿的。每个己既强又弱。当他处于强势时，他当然不愿"己所不欲，勿施于人"。当他处于弱势时，他又信奉"己所不欲，勿施于人"。为了强者对他"己所不欲，勿施于人"，他对弱者也必须"己所不欲，勿施于人"。

因此，这句话就成了公认的普遍原则。第二点，恕的否定表达方式相当于消极自由，恕的肯定表达方式相当于积极自由。积极自由是想做什么的自由，消极自由是不想做什么的自由。在这两种自由中，消极自由更重要。消极自由是积极自由的起点。也是积极自由的终点。所以，消极自由可以成为普遍原理，但积极自由就不能成为普遍原理。作为消极自由，"己所不欲，勿施于人"能成为普遍的道德原则，因为它给别人自由；作为积极自由，"己欲利而利人，己欲达而达人"不能成为普遍的道德原则，因为这会干扰别人的自由。

15·25　子曰："吾之于人也，谁毁谁誉？如有所誉者，其有所试矣。斯民也，三代之所以直道而行也。"

子曰："吾之于人也，谁毁谁誉？" 孔子说，我对于别人，批评了谁？又称赞过谁呢？生活中，每个人都会批评人、称赞人，关键是以什么样的标准去批评人、称赞人。

如有所誉者，其有所试矣。 试，验证。如果有所称赞，那一定是得到检验的。当然，批评也是得到检验的。也就是说批评人、称赞人都要有证据，不能凭感情用事。这体现了孔子的实证精神。

斯民也。 民，应该是人。指孔子所称赞的那些人。这些人究竟是谁呢？就是古代的圣人，就是尧舜禹汤文武周公。孔子为什么要称赞他们，把他们称为圣人呢？

三代之所以直道而行也。 因为这些人使得三代能够直道而行。直道即正道。因为他们的存在,三代才走上正道。能够引导三代走正道的人,还不该得到表扬吗?孔子所称赞的人,是走正道的人。不仅自己走正道,还引领大家一起走正道。

15·26　子曰:"吾犹及史之阙文也,有马者借人乘之,今亡矣夫!"

子曰:"吾犹及史之阙文也。" 阙,缺。孔子说,我还能看到史籍中有缺文的地方。出土文献里,缺文很多。这与古代书写的方式有关。竹简、帛书上的文字,时间久了,有些字就会模糊不清。如何对待缺文呢?一种方式就是保持缺文的存在。这是一种科学的态度,理性的态度,保持了历史的真实性。另一种是以己意补上缺文。这样时间久了,后人就可能把补的缺文当作原文,这会影响到后人对文本的解读。朱熹调整《大学》的文字顺序,并在格物下面补了一段文字。这段文字尽管写得特别好,但它毕竟不是《大学》的原文,所以王阳明批评朱熹改动《大学》的文本。

有马者借人乘之。 有马的人把马借给别人骑。很多人把这句话解释成:自己不会驯服马,所以把马借给别人驯服。杨伯峻先生也是这样解释的。这种解释显然是不对的。自己不会驯服马,必然要请别人驯服,在任何情况下都如此,没有古今之分,不存在"今亡矣夫"的说法。所以这句话就应该译成:有马的人把马借给别人骑。这句话在今天看来，有点奇怪，但在古代，不是任何人都有马的。马是非常贵重的物品，不会轻易借给他人。孔子问子路的志向，子路回答说，"愿车马衣裘与朋友共敝之而无憾"，子路把马借给别人骑是品质高尚的表现。

今亡矣夫！ 亡，无。现在没有这种情况了。这是孔子对世道变迁的感慨。说到底是古代好，古代人诚实客观，心胸宽广。

15·27　子曰："巧言乱德。小不忍则乱大谋。"

子曰："巧言乱德。" 巧言，不能理解成花言巧语。花言巧语是贬义的，乱德是必然的事情，不需要孔子专门提醒。巧言在普通人的眼里，应该是个褒义词，是人们认可的一种言说方式，可以把巧言理解为巧妙的语言。巧妙的语言是美言，美言祸乱德行。为什么这么说呢？巧言让人关注语言本身，而不关注语言所表述的事实；德关注事实本身，所以，巧言在本质上和德是相矛盾的。另外，德收敛自己，准确定位自己。巧言是一种修辞、修饰，它必须给所说的对象增加点什么。这与德的本性也是相矛盾的。值得注意的是，如果不把巧言用来表述德，把巧言独立出来，变成一种特定的职业，这时，会说巧言的人就成了文学家，他说的巧言就成了艺术品。

小不忍则乱大谋。 小事不忍，会坏了大事。所有的大事都是由小事构成的，小事不忍必然做不成大事。进一步问，为什么小事就不能忍呢？因为他们都是感性人。他们的行为受到情绪困扰，而情绪又受制于外部环境的变化，而外部环境的变化又是不可预测的，所以感性人往往喜怒无常。用心理学观点来表述，就是刺激和反应。只要给他刺激，他就会反应。这种人心胸狭隘，不能容人。而做成大事，需要众人合力，需要容纳他人。所以，做大事的多是理性人，能够为了全局而放弃个人恩怨。

15·28　子曰："众恶之，必察焉；众好之，必察焉。"

子曰："众恶之，必察焉；众好之，必察焉。"孔子说，人人都厌恶的人，一定要考察；人人都喜欢的人，一定要考察。这一章所表达的思想和《子路篇》第二十四章表达的思想是完全一致的。那里说，"乡人皆恶之，乡人皆好之"，这里去掉了"乡人"和"众"，范围更加扩大了。在那一章里，我们对孔子的思想已作了详细的解读，这里再补充两点。第一，从经验的层面看，"众恶之，众好之"，是反常的现象。只要是反常的，就需要考察，就要质疑。在经验中，很少能见到都讨厌的人。即便外人讨厌，家人也会讨厌吗？一个十恶不赦的人，他的父母也可能依然爱他。有人人都喜欢的人吗？恐怕也很少。仍以家人为例，子女和父母是血亲，他们相处也会有不满，甚至怨恨。所以，从经验的层面看，"众恶之，众好之"都是罕见的现象，必须考察。孔子独立思考，不人云亦云。不是大家都说好，他就说好；不是大家都说坏，他就说坏。第二，从哲学的角度看，我们从中学时就开始学矛盾论，矛盾无处不在，无时不有，很难出现"众好之""众恶之"的现象。当然，"必察焉"也意味着，尽管"众恶之、众好之"很罕见，但是不能排除这种现象的存在。所以，才需要考察，看看究竟是怎么回事。

15·29　子曰："人能弘道，非道弘人。"

子曰："人能弘道。" 孔子说，人可以弘扬道。道无处不在，无时不在，万物都有道。为了说明道的普遍性，庄子特别指出，瓦砾、蝼蚁、屎溺都有道。尽管万物都有道，但只有人才能弘扬道。而且，不同的人弘扬的道不一样。弘扬道与人的主观能力相关，与人的悟性相关。孔子弘扬道，他的弟子也弘扬道，但是他们弘扬道的水平和层次是有差别的。孔子弘扬了大道，弟子们可能弘扬了小道。所以，人所弘扬的道和弘扬道的人是相关的。水平越高，弘扬的道也就越大。

非道弘人。 不是道弘扬人。也就是说，道不能弘扬人。这句话需要推敲。道不弘扬人，给人的感觉是，世界有没有道，是无所谓的，道对人不发挥任何作用。这个观点显然是片面的。为什么这样说呢？因为弘扬道必须预设一个前提，即这个世界上有道存在，或者说相信有道存在。相信非常重要。如果你不相信道，你如何弘扬道呢？弘扬道本身就意味着，你相信有道。人相信有道意味着，道对人发挥了作用，也就是道在弘扬人。只不过，人弘扬道，是显性的；道弘扬人，是隐性的。因为是隐性的，就感觉不到它是如何弘扬人的。道弘扬人是有例证的。比如说，读经典，用经典来提升我们的思维，塑造我们的人格，激发我们的意志，这不就是道在弘扬人吗？所以，经典就是道的处所。某种意义上讲，经典也就代表了道。读经典的过程就是道弘扬人的过程。以人和语言的关系为例，通常都以为人在说语言，但是很少有人意识到语言在说人。当你说"因为"时，就不能不说"所以"，这就是语言结构对语言的制约作用。你不按照这种语法规则说话，别人就听不懂你在说什么。那么，孔子为什么说"非道弘人"呢？可能是因为很多人误解了"道弘人"，人们不做任何努力，就等着道弘扬他。他不知道，道弘扬人又是以人弘扬道为前提的。换句话讲，人弘扬道与道弘扬人互为前提。但是，道弘扬人的道理比较深奥，容易产生误解，为了方便起见，孔子直接说道不能弘扬人。

15·30 子曰："过而不改，是谓过矣。"

子曰："过而不改，是谓过矣。" 孔子说，有错不改，这才叫错。这句话的道理既浅显又深奥。谁都不想犯错误，犯了错误以后，谁都想改正错误。这似乎是常识。"过而不改"，让人很费解。这只能说明他在错误中获得了利益。有的小偷叫惯偷，惯偷就是"过而不改"。为什么不改？就是为了利益。中国有五千年的历史，黑格尔却说中国没有历史。因为中国的历史都是前朝的重复，每个朝代的灭亡，教科书上总结的教训都一样，王朝都终结于农民起义。杜牧在《阿房宫赋》里总结秦朝的灭亡，有这样的感慨："秦人不暇自哀，而后人哀之，后人哀之而不鉴之，亦使后人而复哀后人也。"这说明王朝代代都犯同样的错误，每个朝代都没有改正错误。这显然与王朝的利益密切相关。他们知道这是错误，但都很侥幸地认为自己是例外。历史最终证明没有例外。

15·31　子曰："吾尝终日不食，终夜不寝，以思，无益，不如学也。"

子曰："吾尝终日不食，终夜不寝，以思。" 孔子说，我曾经整天不吃饭，整夜不睡觉，都用来思考。孔子好学，人所共知；但孔子好思，却很少有人知道。好学是看得见的，好思是看不见的。如果不是孔子亲口说他好思，我们很容易把孔子的思想都归结为他的好学。这一章很重要，它是孔子好思的铁证。孔子好思，思到废寝忘食。孔子的思想从思开始，这也说明，孔子首先是一个思想家，然后才是一个学问家。

无益，不如学也。 没有得到任何益处，不如去学。孔子没有思出什么结果。于是，他反思他的思，发现仅仅思是不够的，思必得思个什么，必得就什么去思，如此方能落到实处。这就是说，思首先需要有材料，思要围绕着材料去思。材料从哪里来呢？就需要学。这样，孔子就从思转入学，达到学思结合。孔子说，"学而不思则罔，思而不学则殆"，大概就是这一次思的结果。这一章讲思想的过程，说明孔子的思想不是一下子就成熟的，他是在思的过程中达到思想成熟的。这里还要注意，尽管孔子的思想成果是学思并重，但是，在学和思两者中，思显得更加重要。每个人天生就会占有一定的材料，所缺的是对材料的思。在某种意义上讲，这是浪费了材料。而且，材料可以通过学，通过生活，不断得到补充。但是，思是思维活动，是一种判断力。思是无法传授的，所以对人来讲是非常难得的。

15·32 子曰："君子谋道不谋食。耕也，馁在其中矣；学也，禄在其中矣。君子忧道不忧贫。"

子曰："君子谋道不谋食。" 孔子说，君子求道不求食。这里的君子指士、读书人，也可以特指孔子的学生。孔子要求学生谋道不谋食，并不是说食不重要。正是因为食太重要了，学生们就可能把精力都用在求食上，而忘记了求道。所以，孔子提醒学生，你们是一群特殊的人，你们有特殊使命，你们的使命是求道，然后传道。孔子对学生提出了更高的要求。

耕也，馁在其中矣。 馁，饥饿。耕田也可能会挨饿。传道会挨饿，"在陈绝粮"就是明证。但种田也会挨饿。传统的农业社会靠天吃饭，种田挨饿的事是常有的。这个例证很有说服力。

学也，禄在其中矣。 这里的学，指学道。学道也能得到俸禄。古人做官才能得到俸禄，所以好多人直接把这句话理解为：

你们学好了，做了官，也能得到俸禄。这样理解是有问题的。"禄在其中"有两层意思。第一层意思是，学道的人应该有俸禄。如果没有俸禄，这不是学道者的错，而是社会的错。第二层意思是，通过学道传道，使社会从无道变成有道。当社会有道时，你们去做官，不也能得到俸禄吗？

君子忧道不忧贫。 君子要为道忧心，不要为贫穷而忧心。孔子再次强调"忧道不忧贫"，说明孔子学生中有很多人来学习，不是为了求道，而是为了生计。甚至也还可以猜想，孔子这时可能遇到了很严重的教育危机。他希望学生安心学道，不要急功近利。

15·33 子曰："知及之，仁不能守之；虽得之，必失之；知及之，仁能守之，不庄以莅之，则民不敬。知及之，仁能守之，庄以莅之，动之不以礼，未善也。"

子曰："知及之，仁不能守之。" 之，民心。人以才智得到民心，但是不能以仁守住民心。

虽得之，必失之。 即便得到了民心，最终也会失去民心。智是应急的，是非常态的。用过了，不能再用。一直用智，会让民心不安。仁是恒常的，所以要用仁守民心。

知及之，仁能守之，不庄以莅之，则民不敬。 以才智得到民心，也能够用仁爱守住民心，但是，不以庄重的态度去面对百姓，也得不到百姓的敬重。上面讲"知"和"仁"，是从内容上讲如何待民，这里从形式上讲如何待民。庄是外在神态，是形式。

知及之，仁能守之，庄以莅之，动之不以礼，未善也。用智获取民心，用仁爱守住民心，以庄重的态度对待民心，却不以礼使唤百姓，这也算不上好。有了智，有了仁，就是有了内容。但仅有内容是不够的，还需要有形式，需要庄，需要礼。这一章讲内容与形式的关系。做事不仅要关注内容，还要关注形式。只关注内容，不管形式，未善也。

15·34 子曰："君子不可小知而可大受也，小人不可大受而可小知也。"

子曰："君子不可小知而可大受也。" 小智、小技、小道。大受，接受大道。孔子讲，对君子不可以讲小智、小技，而可以让他接受大道。这句话与"君子上达"意思一样。

小人不可大受而可小知也。 小人难以接受大道，但可以跟他说小技。这句话和"小人下达"表达的思想一样。这里的君子和小人指职业分工的不同。君子上达大道，小人下通技艺。这个思想在《宪问篇》第二十三章中已经讲过了。需要说明的是，孔子在"君子上达，小人下达"之外又提出"下学而上达"。如何理解它们之间的关系呢？"君子上达，小人下达"侧重于职业分工，而"下学而上达"是基于个人特殊的人生体验。孔子"少也贱"，所以多才多艺，能做到"下学而上达"。但就君子阶层看,"多乎哉不多也",他们没有必要为了"下学而上达"而特意"下学"。

15·35　子曰:"民之于仁也,甚于水火。水火,吾见蹈而死者矣,未见蹈仁而死者也。"

子曰:"民之于仁也,甚于水火。" 这里的民应该指人。不只民需要仁,所有人都需要仁。孔子说,人对仁德的需要,更急于对水火的需要。人的生活离不开水火,这是人所共知的事实。说仁德比水火还重要,并不是否认水火的重要,而是说水火的重要,大家都看得见,而仁德的重要却不为人知,需要特别加以提醒。仁德为什么比水火更重要呢?人没有仁德,就会争夺水火。人生活在丛林世界里,弱肉强食。弱者可能连水火都得不到,即便能得到水火,也只是活着而已,活得卑微、苟且、没有尊严。

水火,吾见蹈而死者矣。 水火,我见过赴身其中而死的人。水火固然很重要,但水火对人也有危害,稍有不慎,会危及人的生命。言下之意是,尽管水火能危害人的生命,但是人们并不因此远离水火、拒绝水火。

未见蹈仁而死者也。 没有见过赴身仁德而死的人。亲近仁德只能带来好处,没有任何害处,更不会危及人的生命。当然,有人会问,孔子不是说过杀身成仁吗?怎么理解?孔子说的杀身成仁是针对仁人志士而言的,是针对少数特殊的人而言的。

而且，这些人杀身成仁为的是建立一个仁德的社会。在这个社会里，不再有杀身成仁的事。孔子这句话好像没有说完，后面应该还有一句问话，即人们为什么亲近有危险的水火，而不去亲近美好的仁德呢？

15·36　子曰："当仁不让于师。"

子曰："当仁不让于师。" 很多人把让解释为谦让，这样解释不太好。面对仁有什么好谦让的呢，应该解释为退让。面对仁，即便是老师，也不退让。我们的文化传统向来尊师重教，把老师的地位抬得很高，比如"天地君亲师"。尊师固然是对的，但由此把老师当成了真理的化身，这就有问题了。而老师呢，也以真理自居，自成门派。如果学生背叛师门，老师就会清理门户。但是，老师毕竟不是真理，老师也不一定高于学生，正如韩愈所说，"弟子不必不如师，师不必贤于弟子"。"当仁不让于师"意味着，在师之上还有仁。老师不代表仁，更不是仁的化身。在这种情况下，学生只要认为所做的事情符合仁，即便遇到老师的反对，也不退让。孔子这句话建立了一种崭新的师生关系，并体现在他的教和学中。他求教于老子，但是对于老子，他也是当仁不让的。所以，他才能成为儒家学派的创始人。他的学生在他面前也是当仁不让的，子路、宰我敢于当面批评孔子。"当仁不让于师"是中国版的"吾爱吾师，吾更爱真理"。

15·37 子曰:"君子贞而不谅。"

子曰:"君子贞而不谅。" 贞,正。谅,小信。孔子说,君子守正道,而不固守小信。这里要注意的是,小信毕竟也是信,它也很重要。"不谅"不是否定小信,而是在面对大信时,需要超越小信。而且,不是任何人都能超越小信的,只有君子才有超越小信的能力。所以,"不谅"是有条件的。君子是一个条件,贞是一个条件。只有同时具备这两个条件,才可以"不谅",才可以不去固守小信。

15·38 子曰:"事君,敬其事而后其食。"

子曰:"事君,敬其事而后其食。" 孔子说,事奉国君,先要敬心做事,然后获取俸禄。这句话很好理解,也就是先劳后获。这里需要注意时代背景。在春秋时期,有许多诸侯国,有许多国君,所事之君是可以选择的,臣子对国君不是绝对依赖的关系。秦以后,只有一个国,只有一个君,臣子依附于特定的君。所以,秦以前和秦以后,都可以说事君,但事君的性质完全不一样。秦以前,臣可以自由选择君;秦以后,臣不得不事特定的君。这里讲的事君,臣和君是自由关系,是契约关系。既然是契约关系,"敬其事"就是合乎义的。只有在上述的前提下,才可以"后其食",不是哪样的君都可以去侍奉,也不是哪样的事都要去敬心。

15·39 子曰："有教无类。"

子曰："有教无类。" 孔子说，人人都应该受教育，没有种类之分。这是孔子重要的教育思想。这个思想在今天看来，似乎平淡无奇。如何理解孔子这个教育思想的价值呢？可以从三个方面来看。第一方面，在孔子的时代，只有贵族有享受教育的权利，孔子则认为人人都有受教育的权利。这个思想和主流教育思想是相互冲突的。一般人没有这样的想法，也不敢这样想。但是孔子敢想、敢做，而且做成功了。尽管从严格意义上讲，孔子也未必做到"无类"，他的学生里就没有女生。当然，这也未必是孔子的过错。没有证据表明孔子不收女生，更有可能的是没有女生前来学习。孔子学生的构成的确很复杂，富裕的有冉有、子贡，贫穷的如颜回、原思；从身份上看，孟懿子是鲁国贵族，子路是卞之野人；从性格上看，曾参之鲁，高柴之愚。他不只是提出"有教无类"的理论，更重要的是他践行了这个理论。第二方面，直到今天，也很难说已经做到了"有教无类"。的确，现在所有人都接受了教育，但并没有做到让所有人接受平等的教育。重点班、重点学校、重点资金投入等，都在人为制造不平等。应该说，现在的教育还远远没有达到平等，只是把孔子的"有教无类"变成了"有教有类"，平等还只是个理想。第三方面，更重要的是，孔子提出"有教无类"基于人人平等的思想。只有人人平等，才会人人都有受教育的权利。就是今天，每个人扪心自问，真的认同人人平等吗？回答应该是否定的。即便今天,人人平等还只是停留在口号上,并没有真正深入人心。与两千多年前的孔子相比,我们会感到汗颜。

15·40 子曰:"道不同,不相为谋。"

子曰:"道不同,不相为谋。" 孔子说,所行之道不同,不在一起谋划事情。道的本义是路。走不同的路,无法在一起谋划事情,这是不言而喻的道理。走不同的路,没有交集,想在一起谋划也不可能,所以,"不相为谋"是自然的。"道不同,不相为谋"更多是指,本来走在一条路上,因为目标不同,只好分道扬镳。从引申义上看,"道不同"主要指观念不同,思想不同。这里又分为两种情况。一种情况是目标相同,但采用的手段不同。"条条大路通罗马","条条大路"指走的路不同,"通罗马"表明目标是一致的。又比如说"百家争鸣",百家的目标一致,都是构建一个美好的社会,但是,他们采取的方法完全不同。因为方法的不同,他们"不相为谋"。由于目标一致,不同的方法之间形成一种互补的关系,彼此相安无事。还有一种情况,方法不同,目标也不同,价值观之间严重对立、冲突,水火不容。比如说,自由和专制的冲突,文明和野蛮的冲突,这种冲突是不可调和的。

15·41 子曰："辞达而已矣。"

子曰："辞达而已矣。" 孔子说，言辞达其意即可。这里的辞，既可以指口语，也可以指书面语，甚至还可以指文学语言。它们共同的要求就是达意。为什么辞一定要达意呢？创造辞的目的是沟通思想，传递情感。如果词不达意，就不能达到沟通的目的，彼此之间就会产生误解，所以辞一定要达意。对于辞达，常常有两种误解。第一种误解，把某些固定的语言模式当作辞达。比如说，人们喜欢把华丽的语言当作辞达。在刚刚学习语言的时候，人们特别关注那些优美的词语。那些优美的词语固然也是辞达，但是，作为特定个人的辞达，不具有普遍性，随意引用会适得其反，造成词不达意。词语的优美并不一定契合此时的心境。还有人喜欢把格言、警句当作辞达。这些格言和警句最初都是有背景的。在那个背景之下，它是辞达，但是，把它从那个背景里剥离出来，成为格言、警句时，就失去了它的生命。"先天下之忧而忧，后天下之乐而乐"在《岳阳楼记》里，它是有生命的；放在普通人的文章里，它是僵硬的。在《红楼梦》里，找不到优美的词语，也找不到格言、警句。第二个误解，把辞达看得很容易。辞达很难，它涉及人的语言表达能力。人的一生都要和语言打交道，都想很好地驾驭语言，但在驾驭语言的过程中，时常会有一种挫败感。普通人如此，即便那些大作家也是如此，他们也会经常受到语言的困扰。辞达的困难还有语言本身的原因。由于语言的局限性，语言无法表达终极存在。老子说"道可道，非常道"，就是说语言不能表述道。庄子在《天道篇》里讲，"语之所贵者意也，意有所随。意之所随者，不可言传也"。他还以轮扁现身说法，说明语言的局限性。轮扁说，"斲轮，徐则甘而不固，疾则苦而不入。不徐不疾，得之于手而应于心，口不能言，有数存焉于其间。臣不能以喻臣之子，臣之子亦不能受之于臣，是以行年七十而老斲轮"。这是说辞无法达意，言不尽意。

15·42　师冕见，及阶，子曰："阶也。"及席，子曰："席也。"皆坐，子告之曰："某在斯，某在斯。"师冕出。子张问曰："与师言之道与？"子曰："然，固相师之道也。"

师冕见，及阶，子曰："阶也。" 师，乐师。冕，乐师的名字。古代的乐师往往都是盲人。师冕来见孔子，临近台阶，孔子说，这是台阶。师冕肯定不是一个人来见的，到了孔子的家门口，孔子主动地搀扶师冕。这是一种自然而然的礼仪。台阶是盲人的障碍，特别需要提醒。孔子在该提醒的时候提醒。

及席，子曰："席也。" 临近座位，孔子说，这是座位。孔子把师冕扶到座位上，特别交代，这是他的座位，让师冕安心坐下来。

皆坐，子告之曰："某在斯，某在斯。" 众人落座后，孔子告诉他，某人在这里，某人在那里。孔子介绍在座有哪些人，还介绍他们各自坐在哪里，这就给盲人营造出视觉的现场感。

盲人最大的问题是看不见，孔子所言都是在充当盲人的眼睛，引导盲人去看。在孔子的引导下，盲人就感觉像长了双眼睛。遇到台阶时，就会自然抬起脚；到了自己的座位时，就自然地坐下；坐下以后能知道现场有哪些人，坐在哪里。凡是盲人想要看到的东西，孔子都让他看到。

师冕出。师冕走后。

子张问曰："与师言之道与？" 子张问孔子，这是与盲人说话的方式吗？

子曰："然，固相师之道也。" 孔子说，是啊，这就是帮助盲人的方式。是不是真的有一种帮助盲人的方式呢？肯定是没有的。孔子的这些做法，都是在特定处境下自然产生的，是仁心的自然流露，任何礼仪规定都不会如此细致。只有仁心的激发，才能做得如此完美。在孔子那里，一切本该如此，没有什么稀奇的。而子张所问是把这些当作僵硬的规定，而孔子的回答表明这一切都是随机的，在此情此景中，就应该如此去做。

季氏篇第十六

16·1 季氏将伐颛臾。冉有、季路见于孔子曰:"季氏将有事于颛臾。"孔子曰:"求!无乃尔是过与?夫颛臾,昔者先王以为东蒙主,且在邦域之中矣,是社稷之臣也。何以伐为?"冉有曰:"夫子欲之,吾二臣者皆不欲也。"孔子曰:"求!周任有言曰:'陈力就列,不能者止。'危而不持,颠而不扶,则将焉用彼相矣?且尔言过矣,虎兕出于柙,龟玉毁于椟中,是谁之过与?"冉有曰:"今夫颛臾固而近于费。今不取,后世必为子孙忧。"孔子曰:"求!君子疾夫舍曰欲之而必为之辞。丘也闻,有国有家者,不患寡而患不均,不患贫而患不安。盖均无贫,和无寡,安无倾。夫如是,故远人不服则修文德以来之。既来之,则安之。今由与求也,相夫子,远人不服而不能来也;邦分崩离析,而不能守也;而谋动干戈于邦内。吾恐季孙之忧,不在颛臾,而在萧墙之内也。"

季氏将伐颛臾。颛臾,鲁国的附庸。季氏将要攻打颛臾。季氏是大夫,没有资格讨伐颛臾,季氏要讨伐颛臾,说明当时的社会处在礼崩乐坏中。

冉有、季路见于孔子曰。冉有、子路去见孔子。冉有和子路此时都是季氏的家臣,因为讨伐事关重大,他们必须要告知孔子。

季氏将有事于颛臾。有事，战事，也就是攻打的意思。季氏将要攻打颛臾。

孔子曰："求！无乃尔是过与？"是，助词，起宾语前置的作用。"无乃尔是过"即"无乃过尔"。孔子说，冉求，这难道不该责怪你吗？冉有和子路一起来，但是，孔子只责怪冉求，没有责怪子路。显然，孔子认为这件事情，冉求是主谋，子路只是随从。

夫颛臾，昔者先王以为东蒙主。颛臾，过去先王让他主祭东面的蒙山。

且在邦域之中矣。而且，颛臾就在鲁国的疆域之内。

是社稷之臣也。他已经是鲁国的臣子。他是一个合法的存在，也没有什么叛逆的行为。

何以伐为？为什么要讨伐他呢？讨伐需要理由。如果可以随意讨伐，那这个世界永无宁日。世界需要正义，正义高过武力。

冉有曰："夫子欲之，吾二臣者皆不欲也。"夫子，季氏。冉有说，先生想要讨伐，我们两个人都不想这样做。冉求把讨伐的责任都归咎于季氏，想要避免孔子的责骂。

孔子曰："求！周任有言曰：'陈力就列，不能者止。'"周任，古代的良史。孔子说，冉求，周任说过这样的话：根据自己的能力担任职务，如果不能胜任，就应该辞职。言下之意是，既然你们不能阻止季氏伐颛顼，为什么不辞职抗议呢？

危而不持，颠而不扶，则将焉用彼相矣？季氏遇到了危险不去帮助,将要摔倒不去搀扶,还要你们干什么呢?也就是说,你们看见了季氏为非作歹危害国家时,竟然无所作为,并不像你们声称的那样不想做。

且尔言过矣。而且你说的话也太过了。

虎兕出于柙。兕,野牛。柙,笼子。老虎、野牛从笼子中跑出来。

龟玉毁于椟中。龟,龟壳,非常珍贵。椟,匣子。龟壳和玉石在匣子中被毁坏。

是谁之过与? 这是谁的过错呢?是老虎和野牛的过错?是龟玉的过错?还是人的过错?也就是说,季氏要讨伐颛臾与你们没有关系?如果你们是贤臣,每天向他灌输仁义的思想,他会做出违背礼仪的事吗?冉求把责任都推给季氏,孔子则把责任归咎于冉求和子路,主要是冉求。冉求再也没有退路。

冉有曰:"今夫颛臾固而近于费。" 费,季氏的封地。冉求说,现在颛臾城墙坚固,而且靠近费。

今不取,后世必为子孙忧。如果现在不把它拿下,将来一定成为子孙的心腹大患。冉求终于说出了他的真心话。孔子前面责骂他,并不是冤枉他。冉求和季氏同流合污,他甚至是季氏讨伐颛臾的主要策划者。他也承认,从历史和现实的角度,讨伐颛臾是没有理由的。他从将来的角度,认为颛臾可能成为季氏的大患。他以想象的可能性讨伐颛臾,正应了这句话,"欲加之罪何患无辞"。如果可能性都能成为攻打的理由,那就等于说，攻打是不需要理由的，强权就是公理。

孔子曰：" 求！君子疾夫舍曰欲之而必为之辞。" 孔子说，冉求！君子讨厌那种不说自己想要，而一定要寻找借口的行为。这个借口就是颛臾可能会危害到季氏的利益。可见，强权者还是心虚，还是要编造借口。

丘也闻，有国有家者。 我听说，拥有家国的人。

不患寡而患不均，不患贫而患不安。 这两句话非常有名，常被人引用。孤立地看，这两句话没有任何问题。但是，如果与下文的"均无贫，和无寡，安无倾"对照来看，就会发现文意不太一致。俞樾在《群经平议》里认为这两句话应作"不患贫而患不均，不患寡而患不安"。这样，前后的文意就贯通一致了。

"不患贫而患不均"，不担心贫穷，应该担心分配不均。这句话容易产生两个误解。第一个误解，把"均"理解成平均。很多人都是这样理解的，历代农民起义都打着"均贫富"的旗号，可见，这种理解影响深远。但这样理解是不对的。孔子并不赞同"均贫富"，他从来没有说过要"均贫富"。孔子认为，君子爱财，取之有道，他是认可富裕的。而且，在现实的分配活动中，没有人会认为，一个孩子一天的劳动所得应该和一个大人一天的劳动所得相等，也没有人会认为多劳者不可以多得。人们反对的是劳动付出和所得不相匹配。所以，"均"应该指均衡。什么叫均衡呢？就是多劳者多得。用今天的话讲，就是按劳分配，这是强调分配的公平和正义。另一个误解是认为，孔子主张安贫乐道，主张人应该生活在贫穷中。其实孔子这里是将贫穷和公正相比，认为这两者之中，分配的公平正义比贫穷更加重要。有了分配的公平正义，人们就会积极劳动，由此改变贫穷的状态。

"不患寡而患不安"，不用担心人少，应该担心不安定。在古代社会中，人多体现了国家实力，所以，统治者总是喜欢通过战争的方式掠夺人口。这完全背离了孔子的治国理念。孔子认为人的多少并不重要，重要的是人与人之间应该和谐相处。只有这样，国家才能长治久安。

盖均无贫。财富分配均衡，就不用担心贫穷。财富分配均衡就是创造财富的动力，就不会出现贫穷了。

和无寡。和睦相处就不用担心人少。这和孟子"天时不如地利，地利不如人和"表达的思想完全一致。

安无倾。国家安定就不用担心国家的灭亡。国家安定，人人向往，都会自觉保护这样的国家存在。

夫如是，故远人不服则修文德以来之。故，连词，如果。这样做了以后，如果远方的人还不归顺，就内修文德以招来他们。增加人口，绝不能依靠武力，只能内修文德来吸引他们，让他们自己想来。内修文德的含义很丰富，既有分配的公平正义，又能彼此和睦相处，还能享受精神的自由，这是靠文化、德行征服人心。

既来之，则安之。来了以后，一定让他们安心。内修文德，不是手段，而是目的。不是把人吸引过来以后，就改变态度，而是一如既往用文德安定人心。

今由与求也，相夫子，远人不服而不能来也。可是如今，冉求和仲由辅助你们的先生，远方的人没有归顺，没有人主动前来。

邦分崩离析，而不能守也。国家到了分崩离析的状态，不去想办法恢复国家的稳定。孔子在责骂冉有和子路。

而谋动干戈于邦内。却谋划在境内动用武力，做不该做的事。

吾恐季孙之忧，不在颛臾，而在萧墙之内也。萧墙，屏风。人臣到了屏风旁就会肃然起敬。萧墙之内，代指鲁君。恐怕季氏的担忧，不在于颛臾，而在于鲁君吧，他是想削弱鲁君来扩大自己的势力吧！孔子由对冉有、子路的批评转向对季氏的批评。

16·2 孔子曰："天下有道，则礼乐征伐自天子出；天下无道，则礼乐征伐自诸侯出。自诸侯出，盖十世希不失矣；自大夫出，五世希不失矣；陪臣执国命，三世希不失矣。天下有道，则政不在大夫；天下有道，则庶人不议。"

孔子曰："天下有道，则礼乐征伐自天子出。"孔子说，天下清明有道，制礼作乐及征伐大权都出自天子。天子是天下最高的统治者，只有他能制礼作乐，这是天下稳定的象征。与此同时，对那些违背礼乐的人进行征伐，也体现了天子的权威。

礼乐征伐出于天子，具有合法性。

天下无道，则礼乐征伐自诸侯出。天下混乱无道，制礼作乐、征伐大权落到诸侯手里。诸侯众多，彼此不服，相互讨伐，导致天下大乱。

自诸侯出，盖十世希不失矣。权力出自诸侯，十代左右很少有不失去政权的。

自大夫出，五世希不失矣。权力出自大夫，五代左右很少有不失去政权的。

陪臣执国命，三世希不失矣。陪臣，家臣。家臣掌握国家政治，三代左右很少有不失去政权的。孔子这样讲，是对历史经验的总结。孔子想以此警示诸侯、大夫、陪臣，由他们执掌政权，时间都不会很久。但是，孔子的这个历史总结产生的效果可能适得其反。不但没有震慑诸侯、大夫和陪臣，反而助长他们执掌政权的野心。为什么呢？一世三十年，十世就是三百年，五世就是一百五十年，三世就是九十年。中国后来的朝代都没有超过三百年的。所以执掌政权九十年、一百五十年，甚至达到三百年，反而对他们来说是一个诱惑。

天下有道，则政不在大夫。天下清明有道，政权不在大夫手里。这是就诸侯国而言。

天下有道，则庶人不议。天下有道，百姓不议论政治。这里要注意，百姓不议，不是不让百姓议，而是百姓没有什么可议的。

16·3　孔子曰："禄之去公室五世矣，政逮于大夫四世矣，故夫三桓之子孙微矣。"

孔子曰："禄之去公室五世矣。" 禄，爵禄，这里指政权。孔子说，鲁国的政权离开鲁君已经有五代了。从宣公、成公、襄公、昭公到定公五代，都是大权旁落。

政逮于大夫四世矣。 政权旁落到大夫之手，已经四代了。从季文子开始到武子、悼子、平子，四代都掌握鲁国的政权。

故夫三桓之子孙微矣。 三桓，仲孙、叔孙、季孙，他们都是桓公的后代。三桓的子孙衰微了。这一章是用鲁国的历史来印证上一章孔子的历史观。

16·4　孔子曰："益者三友，损者三友。友直，友谅，友多闻，益矣。友便辟，友善柔，友便佞，损矣。"

孔子曰："益者三友，损者三友。" 孔子说，有益的朋友有三种，有害的朋友有三种。

友直。 朋友正直，敢于帮助你，也敢于批评你，是你的一面镜子。

友谅。 谅，诚信。朋友诚信，说到做到。

友多闻。 朋友见多识广，正好弥补自己见闻的不足，为自己揭示一个未知世界。

益矣。 这是有益的三种朋友。

友便辟。朋友谄媚，你得志时，跟着你，你失意时，离开你。

友善柔。朋友圆滑，见风使舵，以利为合，利尽而散。

友便佞。朋友夸夸其谈，华而不实。吃喝时总有他，有事时，不见踪影。

损矣。这是有害的三种朋友。

16·5　孔子曰："益者三乐，损者三乐。乐节礼乐，乐道人之善，乐多贤友，益矣。乐骄乐，乐佚游，乐宴乐，损矣。"

孔子曰："益者三乐，损者三乐。" 孔子说，对人有益的快乐有三种，对人有害的快乐有三种。

乐节礼乐。以礼乐节制自己为乐。人求乐的心理是无节制的。因为无节制转而乐极生悲。以礼乐节制人的快乐，反而能够延长人的快乐。所谓有益的快乐，就是使人能够不断地快乐，而无节制的快乐会损害身体，会妨碍人继续快乐。所以，对快乐的节制是快乐的源泉。

乐道人之善。以道人之善为乐。"道人之善"就是传播善。传播善是一种美德。美德会产生快乐，这种快乐是无私的、纯粹的。而且，人可以随时随地"道人之善"，也就随时随地产生快乐。这种快乐也是持久的。

乐多贤友。以多贤友为乐。贤友就是上一章讲的"友直，友谅，友多闻"，这保证了人的快乐源源不断。这三种快乐都对人有益。

乐骄乐。以骄乐为乐。以骄横放纵为乐，这必然会损害他人之乐。此乐和彼乐相冲突，最终会导致不乐。

乐佚游。以佚游为乐。以游手好闲为乐，无所事事，一无所成。现在乐，将来不乐。

乐宴乐。以宴乐为乐。以宴请吃喝为乐，饮食无度，伤害身体。今天乐，明天不乐。

损矣。这三种快乐对人有害。有益的快乐和有害的快乐主要区别在于，有益的快乐让快乐持续不断，有害的快乐会中断快乐。

16·6 孔子曰："侍于君子有三愆：言未及之而言谓之躁，言及之而不言谓之隐，未见颜色而言谓之瞽。"

孔子曰："侍于君子有三愆。"愆，过失。侍，这里指进谏。君子，有地位的人。孔子讲，给君子进言容易犯三种错误。进言出于好心，如果不擅进言，会达不到预期的效果。

言未及之而言谓之躁。不到该说时就说，这就叫急躁。这是说进言要把握时机。所进之言，尽管正确，但时机不到就急着去说，会适得其反。问题是，如何把握时机呢？这需要判断力，而判断力是不可言说的。所以，人急躁，过错就不可避免。

言及之而不言谓之隐。该说的时候不说，这就叫作隐瞒。这种人城府很深，缺乏道德勇气，明哲保身。

未见颜色而言谓之瞽。不注意别人的脸色而贸然开口，这就叫作眼瞎。进言的时候，还要注意场合，注意别人的心情。这些都是孔子的经验之谈。

16·7 孔子曰："君子有三戒：少之时，血气未定，戒之在色；及其壮也，血气方刚，戒之在斗；及其老也，血气既衰，戒之在得。"

孔子曰："君子有三戒。" 孔子说，君子有三件事要警惕戒备。

少之时，血气未定，戒之在色。血气，指身体。少年时，身体不成熟，要警惕迷恋女色。少年时，人开始有性意识。对于性，充满好奇，容易沉溺其中，伤害身体。

及其壮也，血气方刚，戒之在斗。壮年时，血气正盛，要警惕争强好胜。斗，有人把它翻译成斗殴，这显然是错误的。古人认为三十是壮年，三十岁还去斗殴，不可思议。所以，这里的斗要理解为争强好胜。人到中年，身体状态最好，容易把身体当作追名逐利的工具，一味地想超过他人，最终因焦虑伤及身体。

及其老也，血气既衰，戒之在得。老年时，血气衰弱，要警惕贪得无厌。身体衰老，丧失工作能力，没有收入，只有支出，就应特别关注如何减少支出以应对不确定的未来。所以，人老了，显得特别吝啬。

一般说来，道家比较重视身体，道家的很多思想都来自对身体的思考。儒家很少提到身体，尽管儒家的修身也是围绕身体进行的。在这里，孔子关注到人的身体对人的行为和思想的影响。不同的年龄阶段有不同的生理特征，不同的生理特征会产生不同的行为和思想。只不过，孔子更关注不同年龄阶段身体特征的负面影响，要求对它们有所警惕。

16·8 孔子曰："君子有三畏：畏天命，畏大人，畏圣人之言。小人不知天命而不畏也，狎大人，侮圣人之言。"

孔子曰："君子有三畏。" 君子，代表一种职业类型，主要指读书人群体。孔子说，君子有三种敬畏。

畏天命。 敬畏天命。古人讲"天地君亲师"，天具有至高无上的地位，所以天命也就是最高的命令。在自然界，通过自然的变化来体现天命的不同。比如，天冷要加衣，这就是天命。在人类社会中，天命又是如何体现的呢？周人讲，"天命靡常，惟德是辅"，谁有德，它就帮助谁。所以，敬畏天命，就是人以德来约束自己的行为，以获得天命的支持。

畏大人。 敬畏大人。什么是大人呢？孟子有两个完全不同的表述。《孟子·离娄下》说，"大人者，言不必信，行不必果，惟义所在"，这里的大人是一个正面形象；《孟子·尽心下》说，"说大人，则藐之，勿视其巍巍然"，这里的大人是一个负面形象。这两个大人都指有地位的人。直到后来，人们还把那些官员称为大人。孔子这里的大人是正面的还是负面的呢？应该是正面的。畏，敬畏，由敬而畏，敬在先畏在后。这里的大人既有位又有德，是有理想有抱负的政治家。孔子多次褒扬的管仲，就是值得敬畏的大人。

畏圣人之言。敬畏圣人的言论。为什么要敬畏圣人的言论呢？圣人不是自封的。后人封他为圣人，一定是有理由的。圣人的言论不只是个人的言论，它是人类智慧的结晶。他的言论不离人伦日用，道中庸却极高明。

小人不知天命而不畏也。小人，即普通人。普通人不知道有天命，所以不敬畏天命。天命听不见，是无声的，需要人们去体验。人怎样体验到天命呢？人在做事中，在追求理想中，在遇到挫折的时候，才能够体会到天命的存在。即便是孔子，也是到了五十才知天命。所以，普通人在日常生活中是很难体验到天命的。当然也就不知道要敬畏天命。

狎大人。狎，亲近。由于亲近而习惯，由习惯而忽视大人的存在。普通人地位低，和大人相隔太远，他无法体验大人的行为方式对他的个人生活会产生什么样的影响。孔子是君子，他能体会到管仲的历史作用。他能够感慨"微管仲，吾将披发左衽"，但是普通百姓对大人的历史作用一无所知，所以也就不把大人当回事，而是过着自己的平常生活。

侮圣人之言。侮，轻视。轻视圣人之言。圣人之言极高明道中庸。普通人只看到圣人言论平凡的一面，体会不到圣人言论高明的一面。人的层次不同，人对世界的体验也不同。

在君子那里需要敬畏的，在小人这里却是微不足道、无足轻重的。

16·9 孔子曰："生而知之者，上也；学而知之者，次也；困而学之，又其次也；困而不学，民斯为下矣。"

孔子曰："生而知之者，上也。" 孔子说，天生便知道的，这是上等。之，泛指各种道理，这里特指儒家的思想观念。之指道理而非知识。因为知识需要经验去获得，道理也需要经验，但只需要很少的经验。"生而知之"的人非常少。这样的人有悟性，有慧根，对事物的道理特别敏感。

学而知之者，次也。 学习而后才知道，是次一等的。通常人都是"学而知之"。人的经验是有限的，人关于人生、社会、自然的各种道理，都是通过学习才知道的。这一点每个人都深有体会。

困而学之，又其次也。 遇到困惑而后去学，是更次一等的。生活中遇到各种困惑，百思不得其解时，就会去学习，这时，学习变成了内在需要。

困而不学，民斯为下矣。 民，应该指人，不能说民都"困而不学"。遇到困惑却不去学，这样的人是最下等的。孔子讲"有教无类"，认为每个人都有受教育的权利。但孔子也承认，人的学习能力是有差异的。这里的问题是，儒家对待"困而不学"的人应该怎么办呢？按照儒家通常的理论，应该对他们进行教化。但是根据孔子学习能力的差异理论,这种教化注定是不会成功的。应该说,这是儒家思想内部的矛盾。在这个问题上,道家思想可能更具有启发性,那就是尽量将人的能力分类多样化。这样,"困而不学"的人在别的分类方式中,就有可能成为有能力的人。

16·10 孔子曰:"君子有九思:视思明,听思聪,色思温,貌思恭,言思忠,事思敬,疑思问,忿思难,见得思义。"

孔子曰:"君子有九思。" 孔子说,君子要思考九种情况。

视思明,听思聪。 看,要考虑看明白;听,要考虑听清楚。如果没有看明白,没有听清楚,就没有真正地了解对象,就可能出现错误的判断。

色思温,貌思恭。 色,主要指面部。貌,指全身的体态。面色要考虑温和,容貌要考虑恭敬。人以身体和他人接触。我首先看到的是他人的身体,他人首先看到的是我的身体。身体的状态会给他人带来第一印象,所以,人需要重视身体的状态。

言思忠。 说话要考虑忠诚。不能说假话,要说真话。现实中,说真话很难。正因为难,才要求说真话。

事思敬。 做事要考虑有敬心。只有敬心才能够把事情做好。

疑思问。 有疑难要考虑请教。所谓疑问,有疑就要问,有疑不问,疑难越积越多,积重难返,就会知难而退。

忿思难。 愤怒要考虑后果。《颜渊篇》第二十一章讲:"一朝之忿，忘其身，以及其亲，非惑与？"当人考虑愤怒的后果时，就会减少自己的愤怒，克制自己的愤怒。

见得思义。见到可得，要考虑是否合乎礼义。"见得思义"就是得所应得，君子爱财，取之有道。孔子提出的九思，比曾子的"三省吾身"更加全面，更加详尽。九思可以看作人生宝典。在这九种情况下，都要反思自己。九思中的视、听、色、貌、言、事、疑、忿、得都是人的感性行为方式。人的感性需要理性的规范，这种规范通过思来完成。孟子说"心之官则思，思则得之，不思则不得也"，可见思的重要性。做事务必要九思，使得视、听、言、动都符合规范。

16·11 子曰："见善如不及，见不善如探汤。吾见其人矣，吾闻其语矣。隐居以求其志，行义以达其道。吾闻其语矣，未见其人也。"

子曰："见善如不及。" 孔子说，看到善，唯恐赶不上。这是对善本能的喜欢。

见不善如探汤。汤，烫水。看见不善，如同手伸进烫水，赶紧缩回来。这是对恶本能的厌恶。这种人洁身自好，独善其身。

吾见其人矣，吾闻其语矣。我见过这样的人，我听过这样的话。这两句话的顺序颠倒一下可能更好，因为"闻其语"容易，"见其人"难，先易后难，才符合逻辑。平常人对善也很喜欢，但达不到"如不及"；对恶也很厌恶，但做不到"如探汤"。平常人在善恶之间徘徊，有点像庄子说的"为善无近名，为恶无近刑"。尽管这样的人、这样的话很难得，在现实中还是能见到、能听见。孔门德行科的颜渊、闵子骞、冉伯牛等，都是这样的人。

隐居以求其志。以隐居的方式来保全自己的志向。通常来看，道家的隐居才是真的隐居，他们彻底放弃了自己曾经的追求，一心一意地过田园生活。但这里的隐居不是真隐，这是应对残酷环境的一种策略，并没有放弃自己的志向。

行义以达其道。以行义来实现大道。行义很难，不是一个人可以独立完成的，它需要一群人的努力才能完成。同时，行义又很危险，会遭遇不义的抵抗、阻拦。"仗义执言""义不容辞"可能带来严重结果。孔子周游列国就是"行义以达其道"，这个过程充满着艰辛和危险。

吾闻其语矣，未见其人也。我听过这样的话，没见过这样的人。其实孔子就是这样的人。

16·12 齐景公有马千驷，死之日，民无德而称焉。伯夷叔齐饿于首阳之下，民到于今称之。其斯之谓与？

齐景公有马千驷。千驷，四千匹马。齐景公有四千匹马。马是富裕的象征，是实力的象征，齐景公既富裕又有实力，应该被人称道才是。

死之日，民无德而称焉。死的时候，百姓没有称赞他的。

老百姓鄙视他的财富，鄙视他的实力。这里要注意，不是百姓仇富，而是齐景公为富不仁，他只是贪图自己的富，没有顾及百姓的富。富不是罪过，只求自己富才是罪过。

伯夷叔齐饿于首阳之下，民到于今称之。伯夷、叔齐饿死于首阳山，百姓直到今天还称赞他们的义。伯夷、叔齐反对武王以暴力推翻纣王，武王拥有天下后，伯夷、叔齐不食周粟，最终饿死，体现了他们的节操。百姓赞美他们不畏强权的高尚品质。孔子拿齐景公与伯夷、叔齐相对照，表明了他的价值取向。当然，从个人角度来讲，应该赞美这种节操，但是就社会角度来讲，最好不要让人有机会表现这种节操。这样才是美好的社会。

其斯之谓与？说的就是这个意思吧？这句话很突兀，跟前面的意思也不连贯，所以有学者认为，《颜渊篇》第十章的"诚不以富，亦只以异"，应当放在这句话的前面。这样意思就贯通了。

16·13 陈亢问于伯鱼曰："子亦有异闻乎？"对曰："未也。尝独立，鲤趋而过庭。曰：'学《诗》乎？'对曰：'未也。''不学《诗》，无以言。'鲤退而学《诗》。他日又独立，鲤趋而过庭。曰：'学《礼》乎？'对曰：'未也。''不学《礼》，无以立。'鲤退而学《礼》。闻斯二者。"陈亢退而喜曰："问一得三：闻《诗》，闻《礼》，又闻君子之远其子也。"

陈亢问于伯鱼曰："子亦有异闻乎？"伯鱼，孔子的儿子。陈亢问伯鱼，你听过老师特别的教导吗？孔子是一位大教育家,他如何教学生大家都知道,但是大家都好奇孔子是如何教育儿子的。他对儿子是否另眼看待呢?会不会有特殊的教育方式呢?

对曰:"未也。" 伯鱼回答说,没有。

尝独立,鲤趋而过庭。 父亲曾经独自站在庭院中,我恭敬地走过他身边。从这句话可以体会到,他们父子关系似乎有些严肃。

曰:"学《诗》乎?" 他问我,学《诗》了吗?

对曰:"未也。" 我回答说,还没有。

不学《诗》,无以言。 不学《诗》就不会说话。现代人认为《诗》是文学,但孔子那个时代,《诗》不是文学,是贵族社会相互交往的工具书。贵族交往时,或是赋《诗》言志,或是引《诗》言志,都借助《诗》表达自己的思想和情感。所以,不熟悉《诗》,就没办法进行交往。

鲤退而学《诗》。 我退下去就开始学《诗》了。

他日又独立,鲤趋而过庭。 又一天父亲独自站在庭院里,我恭敬地走过。

曰:"学《礼》乎?" 他问,学《礼》了吗?

对曰:"未也。" 我回答说,还没有。

不学《礼》,无以立。 不学《礼》,就无法立身。在古代,礼的含义非常广泛,既是日常的礼仪,又是社会行为的规范,又是国家的政治制度。人的行为离不开礼,不学《礼》就会失礼,就会被人笑话。

鲤退而学《礼》。我退下去学《礼》。

闻斯二者。我就听过这两回。言下之意是，我没有听到过特殊的教导。而且这两次教导似乎都是偶然发生的。孔子站在庭院里，儿子正好路过庭院，被他看见了，才突然想起来问儿子学《诗》、学《礼》了没有。可见，在此以前，他没有关心过儿子的学习。否则，对于和自己生活在一起的儿子，怎么连他学《诗》、学《礼》了没有都不知道呢？从这里可以看出，孔子是个好老师，但可能不是个好父亲。他对儿子的学习不太关心，甚至可以说不太负责任，他们的父子感情似乎有些淡。孔鲤对孔子恭敬大于亲昵，在孔鲤的记忆里，父亲只教过他这么两次。那么更小的时候，孔鲤对孔子的教育没有任何记忆。所以我们猜想，他们的父子关系并不是特别融洽。

陈亢退而喜曰："问一得三：闻《诗》，闻《礼》，又闻君子之远其子也。"远，远离。陈亢走出来非常惊喜地说，问一件事，明白了三件事。听到要学《诗》，听到要学《礼》，还听到君子对自己的儿子一视同仁。在这里，孔子"远其子"是一件很奇怪的事情。孔子的这种行为不符合他的思想。孔子讲孝悌、讲亲亲。亲人之间除了正常的礼仪之外，应该还有一种特别的感情，但在孔子身上看不到这种特殊的感情。孔子老年丧子，是人生的一大悲痛，但儿子"有棺而无椁"，是否表现得过于克制。孔鲤死时，孔子已经七十岁了，他应该有钱给儿子置办椁。

16·14 邦君之妻，君称之曰"夫人"，夫人自称曰"小童"；邦人称之曰"君夫人"，称诸异邦曰"寡小君"；异邦人称之亦曰"君夫人"。

邦君之妻，君称之曰"夫人"。国君的妻子，国君称她为"夫人"。

夫人自称曰"小童"。她自称为"小童"。

邦人称之曰"君夫人"。国内的人称她为"君夫人"。

称诸异邦曰"寡小君"。向别国人说起她时，称"寡小君"。

异邦人称之亦曰"君夫人"。别国人也称她为"君夫人"。这一章前面没有"孔子曰"，但许多人认为这应该是孔子的话，认为孔子是在正名。国君夫人的称呼很多，称呼越多，关系越复杂，等级越森严。对于这样复杂的称呼，正名是必要的，但同时，是不是也要简化这种称呼呢？

阳货篇第十七

17·1 阳货欲见孔子，孔子不见，归孔子豚。孔子时其亡也而往拜之，遇诸涂。谓孔子曰："来，予与尔言。"曰："怀其宝而迷其邦，可谓仁乎？"曰："不可。""好从事而亟失时，可谓知乎？"曰："不可！""日月逝矣，岁不我与！"孔子曰："诺，吾将仕矣。"

阳货欲见孔子，孔子不见。阳货，又叫阳虎，是季氏的家臣，权力很大。阳货想见孔子，孔子拒绝见他。孔子看不上阳货，道不同，不相与谋。

归孔子豚。归，馈。豚，小猪。孟子认为是一只蒸熟的小猪。阳货赠送孔子一只小猪。为什么要送一只小猪呢？这与古代的礼仪有关。古代的礼仪规定，大夫如果给士赠送礼物，士就必须要回拜感谢，这样他就能见到孔子。阳货在规则认可的范围内，利用规则来达到自己的目的。可见，阳货很机灵，很聪明。

孔子时其亡也而往拜之。时，伺。亡，无，这里指不在家。孔子和阳货斗智，他趁着阳货不在家时拜谢，这样既不失礼节，又避免了见阳货。由此也可见，孔子是真不想见阳货。

遇诸涂。涂，通"途"，路途。两个人在路途中相遇了，真是冤家路窄。一个想方设法不见的人，居然在路上偶然地相遇了。

谓孔子曰:"来,予与尔言。" 阳货对孔子说,来,我有话跟你说。阳货想见孔子,显然有话要说,于是,就在大路上教导起孔子来。从这句话的语气来看,阳货高高在上,对孔子也不是那么客气,尽管他想见孔子。

曰:"怀其宝而迷其邦,可谓仁乎?" 阳货说,怀里藏着宝贝,却让自己的国家迷乱,这能说是仁吗?阳货首先肯定了孔子的才华和能力,认为这些才华应该用来谋划国家大事,可现在眼看着鲁国的混乱局面,却无所作为,这难道是仁吗?也就是说,你的所作所为和你宣扬的思想相矛盾。

曰:"不可。" 不能说是仁。"曰"的主语有两种说法。一种说法认为,"曰"是孔子的回答。如果是孔子的回答,就说明孔子在阳货面前很恭顺,在认真地听阳货训话。另一种说法认为,"曰"是阳货自答。不等孔子回答,他就替孔子作了否定的回答。凸显了阳货盛气凌人的态度,他都没有给孔子一个回答问题的机会。

好从事而亟失时,可谓知乎? 亟,屡次。喜欢从政,却多次错失时机,这能叫有智慧吗?有智慧的人会抓住时机。机不可失,时不再来。

曰:"不可!" 不能叫智慧。这还是阳货自答。

日月逝矣,岁不我与! 日月流逝,时间不等人啊!这句话更是直击要害了。这时的孔子已经四十多岁了,在古代,这已经是很大的年龄了,如果再不从政,就没有多少机会了。这话很能打动人。这说明，阳货很有水平，很能抓住孔子的心理，不仅以理服人，还以情动人。

孔子曰："诺，吾将仕矣。" 孔子说，好吧，那我去做官吧。很多人把这句话理解为孔子敷衍阳货。阳货一直喋喋不休，他只有听的分，没有插嘴的分，为了避免阳货进一步纠缠，他干脆就说，那我去做官吧。这种说法也有一些道理。但是，我觉得孔子说这话是真心的。孔子看不上阳货这个人，但是阳货所说的这些道理，孔子是接受的。尽管出自不喜欢的人之口，但是毕竟切中了孔子的思想要害。

17·2　子曰："性相近也，习相远也。"

子曰："性相近也，习相远也。" 孔子说，本性相近，习性相远。这是孔子在《论语》中唯一一次谈到性。子贡曾抱怨孔子不说性，可能是孔子听到子贡的话后，打破了这个惯例，也开始谈性了。孔子"性相近"的思想解决了人的共同性问题，也就是说，人作为类是相似的。因为是相似的，所以才能够沟通，能够和谐相处，这为人类构成社会提供了人性的根据。如果人性不同，人类就没办法组成社会。"习相远"解释了人的差异性问题。现实中的人，性格各异，性情各异，这些差异来自习性，用佛教的话来讲就是"习染"。也就是说，生活环境、生活经验造成人的不同。既然性是相近的，人就可以通过修养来改变人的习性，回到原初的性上。这样，人的修行也就有了理论根据。"性相近"还意味着人是平等的，这是人和人之间平等观念的根源。孔子从人和人之间的关系出发来说明"性相近"，至于这个相近的性到底是什么，他没有说。这就给后人谈性预留了广阔的空间。后儒所说的"性善论""性恶论""性无善无恶论""性具善恶论"，都不出"性相近"的大框架。后儒的思想越来越精致，但他们思想的源头活水仍然是朴实无华的"性相近"。

17·3 子曰："唯上知与下愚不移。"

子曰："唯上知与下愚不移。" 孔子说，最有智慧的人和最愚蠢的人是不可改变的。孔子这句话受到了很多的批评。有人认为，孔子这个观念和上一章"性相近"的观念相矛盾。是不是矛盾呢？应该是不矛盾的。为什么呢？因为它们讲的是不同层面的问题。尽管孔子没有讲"性相近"的性指什么，但说主要指德性应该没问题。"上知与下愚"讲人智力的差别。即便是性善的人，智力是不是都一样呢？所以孔子讲的这个观念和人性论是不矛盾的。还有人认为孔子这句话宣扬了天才，贬低了百姓。有没有这个意思呢？显然，也是没有的。"上知与下愚"是经验事实，要尊重智力差异的事实。如果坚持人的智力平等，这对上知和下愚都不利。上知做下愚的事，是在浪费上知，下愚做上知的事，是压迫下愚。这种观念会不会造成对人的歧视呢？不会的，它和权利的平等没有关系。可以这样去思考。人的能力是多样的，人在某一领域里能力超强，在另一领域里能力可能就超弱。所以，当我们说能力时，一定要注意能力的多样性，坚持能力的多样性。如果只讲单一的能力，就可能造成歧视；如果讲多样的能力，就不会产生歧视。李白、曹雪芹是文学天才，他们是军事天才吗？是科学天才吗？是体育天才吗？

17·4　子之武城，闻弦歌之声。夫子莞尔而笑，曰："割鸡焉用牛刀？"子游对曰："昔者偃也闻诸夫子曰：'君子学道则爱人，小人学道则易使也。'"子曰："二三子，偃之言是也！前言戏之耳。"

子之武城，闻弦歌之声。弦，器乐。歌，声乐。弦歌，即音乐。孔子到武城，听到武城人在演奏音乐。

夫子莞尔而笑。莞尔，微微一笑。孔子满脸微笑。礼乐文化是孔子为政的理想，看到学生用礼乐治理社会，他感到特别欣慰，脸上露出了微笑。孔子心情大好的时候，竟然和学生开起了玩笑。

曰："割鸡焉用牛刀？" 孔子说，杀鸡哪里用得上宰牛的刀呢？治理这个小城，用得着礼乐吗？

子游对曰："昔者偃也闻诸夫子曰。" 子游回答说，过去我听老师讲过这样的话。

君子学道则爱人，小人学道则易使也。君子学习礼乐，就会爱惜百姓；小人学习礼乐，就容易被使唤。听到老师的批评，子游有些不知所措，只好搬出老师曾经的教导来自我辩护。老师倡导礼乐文化，我就在武城实践礼乐文化，您却说我小题大做。武城虽小，但也有君子，也有小人，也需要学习礼乐文化。怎么能说我杀鸡用牛刀呢？

子曰："二三子，偃之言是也！前言戏之耳。" 偃，子游。孔子说，弟子们，子游的话是对的！前面的话是跟他开玩笑的。孔子一贯严肃，很少开玩笑，突然开起玩笑，子游一下转不过弯来，把玩笑当成真话。人心情好时才开玩笑，可见，孔子对子游非常满意。我们想象一下，弟子们对孔子的话发出轻快的笑声，在子游的陪同下一起漫步武城。

17·5 *公山弗扰以费畔，召，子欲往。子路不说，曰："末之也，已，何必公山氏之之也？"子曰："夫召我者而岂徒哉？如有用我者，吾其为东周乎！"*

公山弗扰以费畔。 公山弗扰是季氏的家臣，季氏任命他为费邑的邑宰，也就是费邑的最高长官，但公山弗扰却借助费邑来反叛季氏。家臣反叛大夫是大逆不道的。

召，子欲往。 召孔子，孔子有意前往。

子路不说。 子路很不高兴。在孔子的学生里，子路的地位很不一般，他和孔子的关系也很不一般。遇到这样的事情，别人都不敢表达不悦。子路不仅不悦，还公开表达自己的不悦。

曰："末之也，已。" "末之也已"是一句，但杨伯峻先生

阳货篇第十七　　539

在"也"的后面加了一个句读，变成了两句，其实作一句更好。《为政篇》第十六章里讲"斯害也已"，《子罕篇》第十一章里讲"末由也已"，句式结构和这里的"末之也已"完全相同。这句话是说，没有地方去做官也就算了。

何必公山氏之之也？ 前一个"之"，助词，起宾语前置的作用。后一个"之"，往、去。何必要到公山氏那里去呢？公山氏是个叛臣，你去公山氏那里，就是和叛臣合作，这无论如何是说不过去的。所以，子路公开表示反对。

子曰："夫召我者而岂徒哉？" 徒，虚，白白地。孔子说，既然他召我去，哪里是白白地召我呢？也就是说，既然他召我去，我就可以和他谈条件，就可以利用这个条件来做想做的事。

如有用我者，吾其为东周乎！ 如果真的有人要用我，那我会借此在东周复兴文武之道。孔子想以此来实现他的政治抱负。孔子的理由有没有说服力呢？应该是没有说服力的。目标好，手段也要好。为了实现好的目标而不择手段，最终会改变目标的性质。所以，实现好的目标一定要有好的手段。明眼人都能看出来，孔子是在狡辩。很多学者为了维护孔子的形象，就用《左传》的记载否定《论语》的记载，怀疑《论语》记载的真实性，认为孔子不可能做出这样的事。如何理解孔子的行为呢？孔子是圣人，但他也是人，人的现实处境很复杂，人可能为了实现某种美好的目标而暂时委曲求全，做出平常很难做出的抉择。像伊尹以烹饪接近商汤，像百里奚把自己卖掉。尽管这些民间传说都被孟子一一否定，但这些民间传说也不能说是空穴来风。孔子偶然有偏离常识的想法也不能说是不可能的。

17·6 子张问仁于孔子，孔子曰："能行五者于天下为仁矣。"请问之，曰："恭、宽、信、敏、惠。恭则不侮，宽则得众，信则人任焉，敏则有功，惠则足以使人。"

子张问仁于孔子。子张问孔子什么是仁。

孔子曰："能行五者于天下为仁矣。"孔子说，能够在天下实现五种品德就叫作仁。

请问之。请问是哪五种品德。

曰："恭、宽、信、敏、惠。"孔子说，恭敬、宽厚、忠诚、敏捷、恩惠。

恭则不侮。恭敬便不会受侮辱。

宽则得众。宽厚可以得到众人的拥护。

信则人任焉。真诚会见用于人。

敏则有功。敏捷会有更多的成就。

惠则足以使人。施惠于人便足以使唤人。

五种品质带来五种效果，这是比较容易理解的。这里要注意的是，孔子把五种品德和五种效果联系起来，给人的感觉是，我们为了这五种功利去实行这五种品德，这样，五种品德就不够纯粹。所以，这只是"利仁"的境界，还没有达到"安仁"的境界。

17·7 佛肸召，子欲往。子路曰："昔者由也闻诸夫子曰：'亲于其身为不善者，君子不入也。'佛肸以中牟畔，子之往也，如之何？"子曰："然，有是言也。不曰坚乎，磨而不磷；不曰白乎，涅而不缁。吾岂匏瓜也哉？焉能系而不食？"

佛肸召，子欲往。佛肸，赵国大夫赵氏的家臣。佛肸召孔子，孔子有意前往。

子路曰："昔者由也闻诸夫子曰。"子路说，我过去曾听您这样说。又是子路带头站出来反对孔子。

亲于其身为不善者，君子不入也。亲身作恶的人，君子不去他那里。佛肸是"为不善者"，孔子却坚持前往。子路这是"以其人之道，还治其人之身"。

佛肸以中牟畔，子之往也，如之何？佛肸以中牟反叛赵氏，是一个叛臣，你却要前往，这是怎么回事呢？

子曰："然，有是言也。"孔子说，对，是有这样的话。孔子承认他说过这样的话，但他要为自己辩护。

不曰坚乎，磨而不磷。磷，薄。不是说有一种坚硬吗，磨也磨不薄。

不曰白乎，涅而不缁。涅，染。缁，黑色。不是说有一种白吗，染也不会变黑。孔子辩解，他是特殊材料制成的，"出污泥而不染"，他和叛臣待在一起，绝对不会变坏，没准还能把叛臣变好。这就有些不讲理了。我们相信孔子的为人，但这只是个特例。问题是，如果有了这个特例，后人仿照这个特例，那该怎么办呢？所以我们发现，当人所做的事情不符合道理时，即便如孔子，也难以自圆其说。

吾岂匏瓜也哉？焉能系而不食？ 我难道像匏瓜那样，只是系在那里而不食用吗？也就是说，我只是一个摆设，什么都不能做吗？从孔子的话里，我们能体会到他想做官的心情非常急切，居然两次要和叛臣合作。他的动机固然是好的，但是，他的做法的确是有问题的。但这并不影响孔子的形象，在某种意义上讲，我觉得还丰富了孔子的形象。孔子作为人，和平常人一样，也会有失误，这倒印证了孔子那句话"性相近也"。在这里，还应该感谢子路。子路两次阻止孔子想与叛臣合作，孔子当时一定很恼火，但事后细想，也一定很欣慰。多亏子路直言相劝，才维护了孔子的形象。子路功莫大焉。

17·8 子曰："由也，女闻六言六蔽矣乎？"对曰："未也。""居！吾语女。好仁不好学，其蔽也愚；好知不好学，其蔽也荡；好信不好学，其蔽也贼；好直不好学，其蔽也绞；好勇不好学，其蔽也乱；好刚不好学，其蔽也狂。"

子曰："由也，女闻六言六蔽矣乎？" 言，指一个字或一句话。这里的言指品德。蔽，通"弊"，弊端。孔子说，仲由啊，你听说过六种德会有六种弊端吗？好的品德怎么会有弊端呢？这是对德的理论深化。我们很难理解这种观念。正因为如此，子路也好，其他学生也好，根本就不可能提出这样的问题。

鉴于这个问题的重要性，孔子主动提出了这个问题。

对曰："未也。" 子路回答说，没有听说过。

居！吾语女。 居，坐下。你坐下来，我告诉你。

好仁不好学，其蔽也愚。 喜欢仁而不喜欢学，弊端是让人愚昧。这里的好仁，指一味地强调仁。这里的学，主要指学礼。任何礼的背后都有道理，所以，学实际上是学道理，就是认识到，仁尽管非常重要，但仁并不能解决一切问题。仁是仁爱，在社会领域里，有很多的问题是仁爱解决不了的。比如说法，法不容情，法和仁爱相互抵触，所以，孔子讲"以直报怨"。再比如经济问题，经济没有搞好，仁爱能解决吗？还有军事，仁爱能保证战争的胜利吗？在人类生活的公共领域中，很多问题都不是靠仁爱能够解决的，它们有特定的解决办法。即便在私人领域中，在亲情中，仁爱也不是万能的，仁爱还会造成溺爱。孩子不会吃饭时，需要喂饭。会吃饭时，还去喂他，这就是溺爱。这种溺爱会使他丧失吃饭的能力。所以，不能一味强调仁，还要对仁进行反思，以学来限制仁。

好知不好学，其蔽也荡。 荡，动荡，制造事端。喜欢智而不喜欢学，弊端是造成关系动荡。智是一种美好的品质，但也有它的适用范围。人只能在非常态的、紧急的情况下用智。三十六计都是对非常态的应对方式。在日常生活中，在朋友关系中，在亲人关系中，是不能用智的。用智会破坏美好的关系。

好信不好学，其蔽也贼。 喜欢诚信而不喜欢学，它的弊端是害人。信是美德，但一味地信会适得其反。信是有条件的，只有信的内容是正确的，守信才是美德。而且，信是无时间限制的，是对永恒的承诺，但现实的事物在时间中，是不断变化的。如果变化超出当初的预期，就应该果断放弃当初的承诺。所以，孔子把"言必信"看作小人的行为，孟子也认为"言不必信"。这都是在校正一味地好信。

好直不好学，其蔽也绞；好勇不好学，其蔽也乱。喜欢正直，不喜欢学习，弊端是容易伤人；喜欢勇敢，不喜欢学习，弊端是容易作乱。这两句话和《泰伯篇》第二章中"勇而无礼则乱，直而无礼则绞"的意思完全一样，前面已有讲解，这里不再赘述。

好刚不好学，其蔽也狂。刚，刚强，决断力强。喜欢决断而不喜欢学习，弊端是容易狂妄自大。一味地好刚会由决断变得武断，总以为自己的判断是对的。在一些特殊场合，需要有人做出决断。但在更多的场合，需要通过民主的方式解决问题。这一章里，孔子反思了六种德，认为它们都有局限性，只能在有限的范围内发挥作用。生活是复杂多样的，任何德都无法应对复杂多样的生活。从中庸的角度理解德，不是强调某一种德，而是强调德的系统，强调每一种德在系统中的作用。

17·9 子曰："小子何莫学夫《诗》？《诗》可以兴，可以观，可以群，可以怨。迩之事父，远之事君，多识于鸟兽草木之名。"

子曰："小子何莫学夫《诗》？"孔子说，弟子们怎么不学

阳货篇第十七

《诗》呢？为什么要学《诗》呢？

《诗》可以兴。《诗》能激发人的情感。这里的《诗》特指《诗经》，可以广义地理解为文学。《诗》可以激发人的情感，能够感动别人，甚至让人流泪。这种感动就是文学的审美作用。审美的意义，就是要唤醒我们内心感觉的能力，唤醒一种良知，唤醒心灵中柔软的部分，让人感觉到他人的痛苦，同情他人的不幸，这是通过感觉丰富我们的人性。

可以观。可以观察社会，观察人生。《诗》来自官方的采诗活动，《诗》里有百姓的真实生活。读《诗》就能了解百姓的生活。巴尔扎克的《人间喜剧》是法国社会的风俗史，托尔斯泰的小说是俄国革命的镜子，《红楼梦》是四大家族的衰亡史，所以通过艺术可以认识生活，了解社会风俗的兴衰，了解人情冷暖。艺术的认识作用扩大了人的生活经验，让人思考生活的各种可能性。

可以群。可以让人合群。这是讲《诗》的社会功能。古代的贵族通过赋诗、引诗沟通、交往，构成了人的群体生活。艺术不只是表达个人的情感，它表达的是人类的普遍情感。中西文化沟通以前，中国人对西方人不了解，甚至以为西方人不下跪是身体上的不同。中西文化交流引入大量西方艺术，我们才感觉到，西方人的情感和我们是一样的，才把他们看成同类，而不是异类。

可以怨。可以表达哀怨、怨恨。这是讲《诗》的心理作用。人的群体生活并不是完美无缺的，里面有很多不公平，会产生很多的委屈、抱怨。《诗》提供了发泄的渠道。它既满足了人的情感需要，又不会对社会构成危害。"愤怒出诗人"，艺术是苦闷的象征，都说明艺术具有心理疏导的作用。

迩之事父，远之事君。近的地方可以侍奉父亲，远的地方可以侍奉国君。这是讲《诗》的伦理、道德功能，这在《诗经·雅颂》里表现得特别突出。

多识于鸟兽草木之名。又能知道很多鸟兽草木的名称。这是讲《诗经》的知识功能。每个人的经验都是有限的，所以，每个人的知识也是有限的。我们的知识很多都来自《诗》，来自文学。

17·10　子谓伯鱼曰："女为《周南》《召南》矣乎？人而不为《周南》《召南》，其犹正墙面而立也与！"

子谓伯鱼曰："女为《周南》《召南》矣乎？"孔子对他儿子说，你学过《周南》《召南》了吗？《周南》《召南》在《诗经》的《国风》之首。《季氏篇·十三章》里，孔子问儿子学诗了没有。这两次问话，无论谁先谁后，都有问题。如果问学《诗》在先，就不该再问是否学了《周南》《召南》，学《诗》必然会学《周南》《召南》；如果这里的问话在先，似乎也不必再问是否学《诗》。孔子对同一问题问了两次，再次表明孔子对儿子的学习状况不够了解。

人而不为《周南》《召南》，其犹正墙面而立也与！人不学《周南》《召南》，就像面墙而立。面墙而立，什么也看不见，也不能再往前走。孔子的话表明，学习《周南》《召南》特别重要。为什么重要呢？《周南》十一篇，有九篇说男女夫妇之事；《召南》十五篇，有十一篇讲男女夫妇之事。孔子这么讲，说明他非常重视男女夫妇。因为有男女，才有夫妇，有夫妇，才有家庭，有家庭，才有家庭伦理。在古人眼里，男女夫妇是伦理之首。《中庸》也讲，"君子之道，造端乎夫妇"。

17·11 子曰："礼云礼云，玉帛云乎哉？乐云乐云，钟鼓云乎哉？"

子曰："礼云礼云，玉帛云乎哉？" 孔子说，礼啊礼啊，难道说的就是玉帛吗？玉帛是尊贵的礼物，但是尊贵的礼物并不代表礼。

乐云乐云，钟鼓云乎哉？ 乐啊乐啊，难道说的就是钟鼓吗？钟鼓是两种重要的乐器。但是这些乐器并不能代表乐。为什么呢？钱穆在《论语新解》中说得好："玉帛，礼之所用；钟鼓，乐之所用。人必先有敬心而将之以玉帛，始为礼；必先有和气而发之以钟鼓，始为乐。遗其本，无其内，专事其末，徒求其外，则玉帛钟鼓不得为礼乐。"也就是说，没有仁心作为内容，礼乐就只是僵化的形式。

17·12 子曰:"色厉而内荏,譬诸小人,其犹穿窬之盗也与?"

子曰:"色厉而内荏,譬诸小人。" 荏,怯弱。孔子说,外表严厉,内心怯弱,说的就是小人。

其犹穿窬之盗也与? 窬,通"逾",越过。他就像一个穿壁翻墙的盗贼吧?这是用盗贼类比色厉内荏的小人。盗贼看起来胆大妄为,实则是做贼心虚。他深知自己行为的不光彩,很心虚,很紧张,就用色厉来掩饰内荏。他越是色厉,就越是内荏。

17·13 子曰:"乡愿,德之贼也。"

子曰:"乡愿,德之贼也。" 孔子说,乡愿是损害道德的人。愿,善。乡愿,乡里的善人,即通常意义上的老好人,谁都不得罪。这种人特别讨大家喜欢。但是,孔子却说他是"德之贼",说明孔子对乡愿的痛恨。他为什么痛恨乡愿呢?因为乡愿像德但又不是德,让人混淆德,以为乡愿就是德,而忘记真正的德。真正的有德者身上充满凛然不可侵犯的正气,他们不是狂者就是狷者,具有鲜明的个性。而乡愿的所作所为,只是一味讨人欢喜,让人产生心理的舒适感,这样的舒适感让人满足于现状。《孟子·尽心下》也批评乡愿:"阉然媚于世也者,非之无举也,刺之无刺也。同乎流俗,合乎污世。居之似忠信,行之似廉洁。众皆悦之,自以为是,而不可与入尧舜之道,故曰德之贼也。"

17·14 子曰:"道听而涂说,德之弃也。"

子曰:"道听而涂说,德之弃也。" 涂,通"途"。孔子说,道路上听说,道路上就传播,这是弃德的行为。道路上听说的事情,需要去证实,不经过验证就加以传播,极有可能传播虚假的消息。即便事情是真实的,还要考虑是否可以公开说,即便可以说,还要考虑如何说。道听途说是不慎重、不负责任的传播方式。

17·15 子曰:"鄙夫可与事君也与哉?其未得之也,患得之;既得之,患失之。苟患失之,无所不至矣。"

子曰:"鄙夫可与事君也与哉?" 鄙夫,鄙陋之人,这里特指贪图个人利益,而没有政治抱负的为政者。这句话是说,可以和没有政治理想、只贪图利益的人一起事君吗?

其未得之也,患得之。 "患得之"应该写作"患不得之"。这两个"之"指官职。没有得到官职的时候,担心得不到。因为得不到官职,就得不到利益。

既得之,患失之。 已经得到官职,又担心失去官职。在鄙夫眼里,官职意味着利益,失去官职就失去利益。所以,在得到官职以后,最担心失去官职,从而失去利益。

苟患失之,无所不至矣。 如果担心失去官职,他便会无所不为。为了保住官职,就会无所不用其极,就会逢迎拍马,就会打击陷害,还有可能弑君。实际上在他未获得官职时,也是无所不为的。只不过，没有官职以前，他的能量很有限，所以祸害也很有限。有了官职以后，可以利用官职，做更多让人不齿的事情。现在更能看清，为什么不能跟鄙夫一起事君了。而一个有政治理想的人，他可能也很看重官位，但当他发现这个官位不能帮他实现理想时，他会主动放弃官位，就如孔子、孟子所做的那样。

17·16 子曰："古者民有三疾，今也或是之亡也。古之狂也肆，今之狂也荡；古之矜也廉，今之矜也忿戾；古之愚也直，今之愚也诈而已矣。"

子曰："古者民有三疾，今也或是之亡也。"民，指人。亡，无。孔子说，古代的人有三种毛病，今天的人大概都没有了吧。从字面看，孔子似乎是在表扬今天的人。但从下文看，古人的三种毛病都有可取之处，今人的三种毛病则一无是处。可见，这句话实际上是说，古人的毛病要好于今人的毛病。也是说世风日下，今人连毛病都不如古人了。

古之狂也肆，今之狂也荡。古代的狂是肆志，不拘小节；今人的狂是放荡，无所执着，肆无忌惮。

古之矜也廉，今之矜也忿戾。古人的矜持是正直，是要保持自我；今人的矜持有种戾气，好攻击他人。

古之愚也直，今之愚也诈而已矣。古人的愚是直来直去，自然率真；今人的愚是阴谋诡诈，防不胜防。从孔子的表述里不难发现，古人的每个坏毛病都搭配一个好品质，它们相互牵引，互相配合，彼此中和，坏也坏得可爱；今人的坏毛病都跟着一个坏品质，这便坏上加坏，让人可恶。需要注意的是，孔子的判断未必符合事实。他实际上是通过美化古人来批评今人，目的是改变今人，提升今人的品质。

17·17　子曰："巧言令色，鲜矣仁。"

子曰："巧言令色，鲜矣仁。" 此章重出，见于《学而篇》第三章。

17·18　子曰："恶紫之夺朱也，恶郑声之乱雅乐也，恶利口之覆邦家者。"

子曰："恶紫之夺朱也。" 孔子说，厌恶紫色压倒红色。紫，间色。朱，正色。《乡党篇》第五章讲，"红紫不以为亵服"，说明红、紫都是尊贵的颜色。但红、紫相较，又以红色为正。在今天人看来，紫色、红色没有高低贵贱之分，但是在古代，颜色被赋予了一种文化价值，它关系到礼，关系到社会秩序。春秋时期，紫色已经成了正色，但是孔子依然表达了对把紫色作为正色的厌恶。

恶郑声之乱雅乐也。 厌恶郑国的流行音乐扰乱官方的严肃雅乐。郑声是靡靡之音，雅乐是严肃的音乐。孔子厌恶郑声乱雅乐，说明郑声受到了人们的普遍欢迎，已经影响到雅乐。在这里，孔子不是要废除郑声，而是要给郑声确定边界，不让它影响到雅乐。正如孔子要雅、颂各得其所一样，他也要郑声和雅乐各得其所。无论郑声还是雅乐，都有适合的场所。承认郑声和雅乐共存，也符合审美趣味的多样性。孔子曾经说过"郑声淫"，但那是就为邦治国而言，就严肃场合而言的。至于在民间，郑声的存在是合理的。孔子从政治的角度，为郑声和雅乐划界。不能由此得出孔子否定郑声的结论。

恶利口之覆邦家者。讨厌能说会道颠覆国家秩序的人。为政以德，与利口无关。利口翻手为云，覆手为雨，以是为非，以非为是，颠倒价值，颠覆社会秩序。但是，利口毕竟也是客观存在，厌恶并不能解决问题。利口需要利口来对付。子贡凭借利口，保全了鲁国；孟子凭借利口，捍卫了孔子的学说。可见，利口并不总是负面的，它也有正面的价值。

17·19 子曰："予欲无言。"子贡曰："子如不言，则小子何述焉？"子曰："天何言哉？四时行焉，百物生焉，天何言哉？"

子曰："予欲无言。"孔子说，我不想讲话了。孔子这个表态很突兀，也很让人费解。在生活中，完全不说话是不可能的。所以，这里的无言应该有特殊的含义，应该指不再用语言教导人了。孔子作为老师，他必须要用语言教导学生。他宣称无言，就等于宣称不再教导学生。孔子欲无言，是深思熟虑的，是认真的。他一定是对语言有了新的领悟，意识到语言的局限性。

阳货篇第十七 553

他担心他的语言误导学生。孔子说他"述而不作",可是他发现,弟子们已经把他的述当作。也就是说,把他的话当作了真理。无言是反思言的结果。他要把自己的言恢复到述。

子贡曰:"子如不言,则小子何述焉?" 子贡说,您要不说话,我们传述什么呢?子贡的回答,正好印证了孔子的担心。弟子们已经无意识地把孔子的言当作真理的化身。所以听到孔子不言,子贡六神无主,不知如何是好。

子曰:"天何言哉?四时行焉,百物生焉,天何言哉?" 孔子说,天说了什么呢?四时照样运行,百物照样生长,天说了什么呢?两个"天何言哉"表明孔子无言的思想来自天。孔子从天那里获得了启示:正是由于天不言,四时才能正常运行,百物才能正常生长。如果天有言,就会有所偏重,顾此失彼。说了的受到重视,不说的就会被轻视,甚至是被忽视。天以无言的方式成就了四时,成就了百物。他由此想到,他的言会干扰学生的言,只有他不言,学生才能有自己的言。孔子的这一思想明显具有道家倾向,这使他的思想从有的世界进入无的世界。

17·20 *孺悲欲见孔子,孔子辞以疾。将命者出户,取瑟而歌,使之闻之。*

孺悲欲见孔子,孔子辞以疾。 孺悲想要拜见孔子,孔子以生病为理由,推辞不见。不想见人需要理由,而生病是不见的最好理由。

将命者出户，取瑟而歌，使之闻之。 前去复命的人刚刚走出门，孔子便拿出瑟放声歌唱，有意让他听到。孔子这个举动有些孩子气。既然称病不见，就该一直装病，而他故意弹瑟唱歌，让孺悲知道他并没有病，他就是不想见他。孔子为什么不直说不想见呢？有人微言大义，说这正是"不教之教"。当然，对孺悲来讲，可能会产生这样的效果，让他反思。但这很难说是孔子的主观意图。从世俗的观念来看，孔子的行为明显是故意捉弄孺悲，是恶作剧，体现了孔子性格率真的一面。

17·21 宰我问："三年之丧，期已久矣！君子三年不为礼，礼必坏；三年不为乐，乐必崩。旧谷既没，新谷既升，钻燧改火，期可已矣。"子曰："食夫稻，衣夫锦，于女安乎？"曰："安！""女安则为之！夫君子之居丧，食旨不甘，闻乐不乐，居处不安，故不为也。今女安，则为之！"宰我出，子曰："予之不仁也！子生三年，然后免于父母之怀。夫三年之丧，天下之通丧也，予也有三年之爱于其父母乎！"

宰我问："三年之丧，期已久矣！" 宰我说，三年的丧期，为时太久了。丧礼规定，父母去世，要守孝三年。宰我对此提出了质疑，要求缩短丧期。

君子三年不为礼，礼必坏；三年不为乐，乐必崩。 君子三年不习礼，礼便会荒废；三年不学习乐，乐便会生疏。孔子最看重的就是礼乐，宰我抓住孔子的思想要害来说服孔子。也就是说，三年之丧和老师您所提倡的礼乐是相违背的，三年之丧会导致礼坏乐崩。宰我了不得，他要让孔子陷入自相矛盾中。

旧谷既没，新谷既升。旧谷子已经吃完了，新谷子已经成熟了。自然界周而复始，一年过去了，一切要重新开始。这里，宰我引入了自然的原则。

钻燧改火，期可已矣。钻燧改火，即钻木改火。古人钻木取火，四季使用的取火木料各有不同，所以称之为改火。改火一年一轮回。这还是自然的原则。期，一年，也就是说，守孝一年就可以了吧。这是宰我的结论。

子曰：“食夫稻，衣夫锦，于女安乎？”孔子说，吃着美食，穿着锦衣，你安心吗？宰我的理由，孔子无法反驳。他只能换一个角度回答宰我的问题。他问宰我，守丧期间，吃美食，穿好衣，你心安吗？孔子引入仁的原则。心安就是没有仁心，不安才是仁心。

曰："安！"宰我说，心安。这个回答肯定让孔子很意外，也让孔子不知如何作答。孔子用仁的原则对抗自然的原则，恰好又否定了礼的原则。有仁心，一年之丧就可以；无仁心，三年之丧也毫无意义。极端些说，有仁心，无丧也无妨，无仁心，终身守丧也虚伪。以仁心为标准，守丧的时间就变得不确定，就会因人而异。宰我心安，就守丧一年；孔子心不安，就守丧三年。人人都随心，也就取消了三年之丧。所以，宰我回答心安时，孔子就无话可说了。

女安则为之！心安的话，你就这样做吧。

夫君子之居丧，食旨不甘，闻乐不乐，居处不安，故不为也。君子居丧期间，吃美味，不觉得香甜，听美好的音乐，也不感到快乐，住在平常的住处，也不会心安，所以他们坚持三年之丧。孔子说君子如何如何，言下之意，你不这样做，你就不是君子。这已不是辩论，而是骂人。应该说，三年之丧期间，君子始终保持一种悲戚心理，缺乏经验的依据，大概率只是虚拟的说法，以此反驳宰我，是无力的。

今女安，则为之！你心安的话，就这样做吧。

宰我出，子曰："予之不仁也！"宰我出去后，孔子说，宰予不仁啊！

子生三年，然后免于父母之怀。孩子出生三年，才能离开父母的怀抱。这是守丧三年的依据。但是这个理由也很不充分，甚至有些随意。为什么要以脱离父母怀抱为准呢？为什么不以自食其力为准呢？以自食其力为准更有说服力。以此为标准至少要守孝十几年。自食其力以后就能摆脱父母之爱了吗？由此往后推，守丧十几年还是少。难道要终身守丧吗？

夫三年之丧，天下之通丧也。三年之丧是天下的通例。这可能只是丧礼的规定，并未得到认真执行。《孟子·滕文公上》提供了一个证据："然友反命，定为三年之丧。父兄百官皆不欲，曰：'吾宗国鲁先君莫之行，吾先君亦莫之行也，至于子之身而反之，不可，且《志》曰："丧祭从先祖。"'曰：'吾有所受之也。'"滕定公去世，王储请教孟子，孟子主张守三年之丧，可是腾国父兄百官都表示反对，还提出切实可靠的理由，这表明三年之丧只是丧礼的要求，并没有得到执行。

予也有三年之爱于其父母乎！宰我在父母的怀中享受过三年之爱吗？孔子以质问的方式再次表示对宰我的不满。就这个辩论来看，孔子很感性，宰我很理性，宰我是赢家。后来的历史也表明，宰我对丧礼的变革是有道理的。今天的丧礼就更加简化了。

17·22 子曰："饱食终日，无所用心，难矣哉！不有博弈者乎？为之犹贤乎已。"

子曰："饱食终日，无所用心，难矣哉！"孔子说，整天吃饱了饭，什么也不做，难呀！饱食终日，无所用心，今天看来都是贬义词。但是仔细体会这两个词，就会发现它们非常接近于人生理想。努力工作，吃饱喝足，什么也不想，在海边的沙滩上晒太阳，这不正是我们追求的理想生活吗？这样的理想生活为什么"难矣哉"呢？"难矣哉"，就是难熬，这样好的日子为什么会难熬呢？难就难在它的常态化。在繁忙的工作中偷闲，那是理想的生活。如果一直闲着，闲就不再是理想，就可能成为负担。古人说"闲愁最苦"，闲愁没有对象，不是具体的愁，也就不知道如何消愁。生活中，我们总希望追求轻松，但是"生命不可承受之轻"。生命一旦轻飘，便失去了根本，便会飘浮不定。孔子这句话表面看是在教训那些无所事事的人，但往深里看，是在说一种生命的体验。生命的本质是时间，如果时间是空的，时间就会静止，就会变得漫长，就会难熬。这个时候，什么都不是问题，时间本身成了问题。

不有博弈者乎？为之犹贤乎已。不是有博弈这种游戏吗？就玩这个吧，总比什么都不做好。在时间里做些什么，就是消磨时间，打发时间，让时间过去。换句话讲，就是让时间变短。人劳作时，时间就会变短；无所事事，时间就会变长。劳作很快乐，快乐能使时间变短；无所事事很痛苦，痛苦使时间变长。这是时间的辩证法。很多孝顺的儿女不懂如何孝顺父母，他们总是说，给你钱，你什么都不用做，享福就行。他们不知道，什么都不做，是最痛苦的。所以，年龄再大，也要劳作，这正是幸福所在。

17·23 子路曰："君子尚勇乎？"子曰："君子义以为上。君子有勇而无义为乱，小人有勇而无义为盗。"

子路曰："君子尚勇乎？"子路问孔子，君子崇尚勇敢吗？子路勇敢，他这样问是为了得到孔子的肯定。

子曰："君子义以为上。"孔子说，君子崇尚义。孔子当然知道子路的用意，所以他在勇的前面附加了一个条件——义。义就成了勇的价值取向。勇是一种好品质，若只是勇，不问为何而勇，就会铸成大错，就会"为乱""为盗"。勇是发动机，义是方向盘。方向对了，越勇越好；方向错了，越勇越糟。孔子在义和勇的关系中肯定勇，体现了孔子观念制衡的思想。任何观念都不能单独发挥作用，它要在与其他观念的关系中发挥作用。

君子有勇而无义为乱。君子只有勇而没有义就会作乱。这里的君子指地位高的人。地位高的人掌握一定的权力，如果没有义的制约和规范，就会利用权力来作恶。权力越大，作恶就越多。

小人有勇而无义为盗。小人只有勇而没有义的制约会成为盗贼。这里的小人指地位低的人。地位低的人能量小，资源少，没有义的制约和规范，就会去偷盗。这里的君子和小人加在一起，实际上指所有人。任何人缺乏义的制约和规范，都难免做坏事。可见，义是多么重要。

17·24 子贡曰："君子亦有恶乎？"子曰："有恶。恶称人之恶者，恶居下流而讪上者，恶勇而无礼者，恶果敢而窒者。"曰："赐也亦有恶乎？""恶徼以为知者，恶不孙以为勇者，恶讦以为直者。"

子贡曰："君子亦有恶乎？" 子贡问，君子有厌恶的人和事吗？君子文质彬彬，对人应该一团和气。这样的君子其实就是乡愿。乡愿和君子很难区别。怎么去区别呢？就看他们会不会厌恶。乡愿是没有厌恶的；君子是有厌恶的，是爱憎分明的。这里的君子应该指孔子。

子曰："有恶。" 孔子说，有厌恶。正是这一点区分了君子和乡愿。

恶称人之恶者。这里的"称人之恶"不是指说人的恶行,而是指说人的坏话。如果人有恶行,是应该去说的。"称人之恶"是说别人的坏话。说别人的坏话是以恶意去对待他人,是无中生有,是造谣诽谤。这样的人没有仁心、不善良。换句话讲,君子厌恶不善良的人。

恶居下流而讪上者。"流"是衍文。这句话应该写作:"恶居下而讪上者"。君子厌恶下级诽谤上级。这里要特别注意,春秋时期"士无定主",上下级是一种契约关系。既然是契约关系,下级就应该遵守契约,忠实于上级。如果诽谤上级,就违背了契约。这句话是说君子厌恶不忠诚的人。

恶勇而无礼者。"勇而无礼则乱",所以,君子"恶勇而无礼者"。这是说君子厌恶不遵守秩序的人。

恶果敢而窒者。窒,堵塞不通。厌恶决策果敢而不知变通的人。决策果断容易武断,如果不知反思就会一错到底。这是说君子厌恶顽固不化的人。

曰:"赐也亦有恶乎?"孔子反问,你也有厌恶吗?师生关系显得平等、融洽。

恶徼以为知者。徼,伺机观察,察言观色。厌恶把察言观色当作智慧的人。察言观色是小聪明,不是大智慧。

恶不孙以为勇者。孙,通"逊",即让。厌恶把不让别人当作勇敢。

恶讦以为直者。讦,攻击别人的隐私。厌恶把揭人隐私当作率直的人。子贡这几句话很得孔子思想的精髓。他是要辨别似是而非的德。不是德不可怕，人们一眼就能认出，就会反对；而似是而非的德会乱德，混淆人对德的认知。徼很像智，就被人误以为智；不孙很像勇敢，就被人当作勇敢；讦很像直率，就被人当作直率。它们在形式上类似，但在内容上完全相反。

17·25　子曰："唯女子与小人为难养也，近之则不孙，远之则怨。"

子曰："唯女子与小人为难养也。" 孔子说，唯有女子和小人难以相处。这一章最为现代人诟病，尤其是受到女性的批评。从字面上看，他是把女人和小人并列在一起骂。如果这真是骂女人和小人的，那的确有问题。但这肯定是误解。这里把女人和小人并提，说明女人和小人有共同点。他们有什么共同点呢？在这里，如何理解小人至关重要。小人在《论语》里有多种含义，每种含义都与君子相对。知道什么是君子，也就知道什么是小人。《论语》里的小人和君子有的指地位不同，有的指品德不同，还有的指社会阶层不同。但是人们普遍忽略了君子和小人还有一种不同：君子指理性的人，小人指感性的人。《学而篇》第一章讲，"人不知而不愠，不亦君子乎？"别人不理解也不生气，这是君子；别人不理解就生气，这是小人。显然，这里的小人指的就是感性的人。还有，"君子坦荡荡，小人常戚戚""君子和而不同，小人同而不和""君子喻于义，小人喻于利"等，这里的君子都可以指理性的人，小人都可以指感性的人。小人和女子的共同点是都很感性。感性的人为什么比较难处呢？因为感性受情绪的困扰，具有不确定性。这里要注意两点。第一，从性别角度看，男性更理性，女性更感性。这并不意味着每个男性都是理性的，每个女性都是感性的。男性也可以是感性的，女性也可以是理性的。说得更明白一点，每个人其实都既感性又理性。第二，理性与感性之分不是价值判断，而是事实陈述。理性和感性各有分工，各有长短。感性创造出灿烂的艺术，理性创造深邃的哲学。所以，这句话里并没有贬低女性的意思。

近之则不孙。孙，通"逊"，逊就是让，让就是礼。这句话讲的是，靠近他就会无礼。"礼别异"，礼强调差别，强调边界。礼规定人不能越过边界。但是感性的人认为，人应该相互走近，越近越好，亲密无间最好，人不应该有彼此、有你我。但是他不明白，人是个体，个体和个体之间本来就有天然的界限，再亲密的关系也应该有界限。即便是亲兄弟，也要明算账。感性人要打破界限，融为一体，亲密无间，这对自我造成巨大的冲击，要否定人的自我，最终也就被自我所否定。

远之则怨。远离就会抱怨。他把远离看作疏远，不知道远离是为了下一次的靠近。为了靠近，人必须远离。远是一种距离，距离产生美。所以，不该抱怨远，反而应该感谢远。但从感性的角度看，远就是疏远，就是离开，就是不在一起。这样一来，感性和理性就产生了矛盾。

17·26 子曰:"年四十而见恶焉,其终也已。"

子曰:"年四十而见恶焉,其终也已。" 年届四十还被人厌恶,他也算是完了。孔子经常以四十为标准判断人。四十岁的最好状态是"四十而不惑";四十岁其次的状态是"四十、五十而无闻焉,斯亦不足畏也已";四十岁最差的状态是"年四十而见恶"。所谓"见恶",就是一无是处,无德无能。古人寿短,四十岁至少相当于现在的五十岁。现代人到了五十岁,还一无是处,剩下的时间也就不多了,当然也没有希望了。

微子篇第十八

18·1 微子去之，箕子为之奴，比干谏而死。孔子曰："殷有三仁焉。"

微子去之。 之，指商纣王。微子，纣王的庶出兄弟。微子离开纣王去隐居。

箕子为之奴。 箕子，纣王的叔父。箕子成为纣王的奴隶。

比干谏而死。 比干，纣王的叔父。比干因劝谏被纣王所杀。纣王是暴君。暴君之暴不只是针对百姓，也针对臣子、亲人。古代宫廷内斗大多是亲人之间的争斗，残酷，残忍。

孔子曰："殷有三仁焉。" 孔子说，殷代末年有三位仁人。面对残暴的商纣王，三位仁人的态度迥然不同：微子选择离开，箕子选择周旋，比干选择对抗。结果也不一样：微子全身而退，箕子为奴，比干谏死。那么三位的做法和结果如此不同，为什么都称为仁人呢？因为三个人都反抗暴政。在孔子看来，仁人是有个性的人，是敢反抗的人。

18·2 柳下惠为士师，三黜。人曰："子未可以去乎？"曰："直道而事人，焉往而不三黜？枉道而事人，何必去父母之邦？"

柳下惠为士师，三黜。 士师，狱官、法官。柳下惠做法官，三次被罢免。柳下惠正直而且有才。因为有才，他屡次被起用；因为正直，又屡次被罢官。

人曰："子未可以去乎？" 有人就说，你就不能离开这里吗？这是一般人的正常思维，不得志时，就另谋高就。但柳下惠是一位哲人，他不但不走，还为不走寻找理由。他的理由很哲学。

曰："直道而事人，焉往而不三黜？" 以正直之道事奉人，到哪里不被屡次罢免呢？也就是说，他被罢免不是因为这个国君。他被罢免是由于正直，他只要不改变正直，到哪里都会被罢免。而他又不想改变正直，所以他注定是要被罢免的，这是他的天命。也可以说，这是正直的天命。他认为他被罢免的另一个原因是，天下的国君都一样，都不喜欢正直的人。柳下惠对人性有深刻的洞察。国君的本性就是滥用职权，这是谁也改变不了的。他的正直本性改不了，国君讨厌正直的本性也改不了，他走到哪儿都是一样的命运。

枉道而事人，何必去父母之邦？ 如果改变自己，阿谀奉承国君，有什么必要离开父母之邦呢？说到底，就是不走。不改变自己，走到哪里都一样，为什么要走呢？改变了自己，不会被罢官，还有什么必要走呢？在这个问题上，柳下惠比孔子更智慧。孔子也不改变自己，但是他希望找到一个不一样的国君，所以，他对这个世界还充满着希望。柳下惠冷眼看世界，把世界看透。在柳下惠看来，孔子就没有必要周游列国，即便周游列国，也一定会无功而返。但是，孔子的意义在于过程，这个过程影响了许多人，又通过这些人影响更多人，最终影响了全天下。这是孔子热心肠带来的结果。这里的问题是，如何看待柳下惠的智慧？柳下惠的智慧是特定文化背景下的智慧，具体来说，就是特定权力背景下的智慧。君权是绝对的，它给予别人权力，也可以收回权力。在这个权力背景下，柳下惠的做法是绝对聪慧的。如果权力是百姓给的，那就不需要柳下惠的智慧，他的智慧也就不称之为智慧了。所以中国智慧的背后，经常是一种心酸的社会现状。最好还是不要有这样的智慧。

18·3 齐景公待孔子曰："若季氏，则吾不能；以季、孟之间待之。"曰："吾老矣，不能用也。"孔子行。

齐景公待孔子曰。齐景公在谈到如何对待孔子时说。

若季氏，则吾不能。若是像鲁国对待季氏一样，那我做不到。季氏是鲁国的上卿，地位最高。

以季、孟之间待之。给予他季氏和孟氏之间的待遇。孟氏是鲁国的下卿。齐景公打算给孔子季、孟之间的待遇，这个待遇是非常高的。

曰："吾老矣，不能用也。"可是不久又说，我老了，不能用你了。

孔子行。孔子就离开齐国，返回到鲁国。孔子在齐国找工作，差不多有着落了，都开始谈待遇了，不知道怎么回事，齐景公又反悔了，说自己老了，不能用孔子了。孔子是个聪明人，他一下子就明白，这是要赶他走，孔子只好离开。其间发生了什么，不得而知。后人猜是晏婴的挑拨。显然这是浅见。孔子应了柳下惠的那句话，"直道而事人，焉往而不黜？"只是孔子更惨，尚未上任就已经被罢黜了。

18·4 齐人归女乐，季桓子受之，三日不朝。孔子行。

齐人归女乐，季桓子受之，三日不朝。孔子行。 归，通"馈"，馈赠。齐国赠送鲁国歌妓舞女，季桓子接受了馈赠，三天不上朝听政。孔子就辞职离开了。孔子在鲁国当政，鲁国的形势一片大好。齐国人很恐惧，使了个美人计。季桓子中计了，果然"三日不朝"；孔子也中计了，果然离职而去。季桓子是枉道而中计，孔子是直道而中计。与在齐国的遭遇稍有不同，在齐国是被黜，在鲁国是自黜。还是应了柳下惠那句话，"直道而事人，焉往而不黜"。

18·5 楚狂接舆歌而过孔子曰："凤兮凤兮，何德之衰？往者不可谏，来者犹可追。已而已而，今之从政者殆而！"孔子下，欲与之言，趋而辟之，不得与之言。

楚狂接舆歌而过孔子曰。 楚国的狂人接舆唱着歌从孔子的车边经过。接舆以唱歌的方式告诫孔子，体现了狂的特色。

凤兮凤兮，何德之衰？ 凤呀，凤呀，你的德行何以衰败至此?在这句话里,接舆把孔子称为凤,表明他对孔子是非常尊重的。而"德之衰"又表达了他对孔子不合时宜的救世行为的讥讽。凤鸟只出现在有道之世,现在居然出现在无道之世,说明凤鸟违背了自然的原则,它的德已经衰败了。

往者不可谏,来者犹可追。过去的事情不可以再劝谏了,未来的日子还可以重新筹划。接舆否定了孔子的过去,又给他指明了未来的道路。这两句话的口气很像老师教育学生:对你的过去可以既往不咎,但未来的路你可要走好了。

已而已而,今之从政者殆而!殆,危险,这里指不可救药。算了吧,算了吧,今天从政的那些人都不可救药。接舆的劝告不是门户之见,是出于对现实的冷静思考。现在的统治者不可救药,想改变是不可能的。基于对现实的这种认知,他才否定孔子的救世行为,认为他是徒劳无功的。而孔子对现实还抱有幻想。他希望能够找到一个理想的统治者,和他一起改变这个世道。

孔子下,欲与之言。孔子走下车,想要和他说点什么。孔子想要解释他的救世行为,但接舆没有给他这个机会。

趋而辟之,不得与之言。他快步避开,孔子没有和他说上话。在接舆和孔子的关系中,接舆具有心理优势。他们的关系也可以理解为道家和儒家的关系。道家像老师,语重心长;儒家像学生,毕恭毕敬。这样的场景出现在《庄子》中不奇怪,但是出现在《论语》中,让人颇感意外。可能当时还没有儒道之争,孔子的弟子对这些场景做了忠实的记录,并不回避老师的尴尬处境。可见《论语》这本书真实可信。

18·6 长沮、桀溺耦而耕，孔子过之，使子路问津焉。长沮曰："夫执舆者为谁？"子路曰："为孔丘。"曰："是鲁孔丘与？"曰："是也。"曰："是知津矣。"问于桀溺，桀溺曰："子为谁？"曰："为仲由。"曰："是鲁孔丘之徒与？"对曰："然。"曰："滔滔者天下皆是也，而谁以易之？且而与其从辟人之士也，岂若从辟世之士哉？"耰而不辍。子路行以告，夫子怃然曰："鸟兽不可与同群，吾非斯人之徒与而谁与？天下有道，丘不与易也。"

长沮、桀溺耦而耕。耦，并列。耦而耕，并列耕种。长沮、桀溺一起耕作。

孔子过之，使子路问津焉。津，渡口。孔子一行人路过，让子路去问渡口。

长沮曰："夫执舆者为谁？"长沮问，那个驾车的人是谁？子路下车，孔子代子路驾车。

子路曰："为孔丘。"子路回答，是孔丘。

曰："是鲁孔丘与？"又问，是鲁国的孔丘吗？

曰："是也。"子路回答，是的。

曰："是知津矣。"长沮说，这个人应该知道渡口在哪里。这里的"津"一语双关。孔子用仁义指点迷津，他应该知道渡口在哪里。长沮以一语双关的方式巧妙地拒绝了子路的问话。

问于桀溺，桀溺曰："子为谁？"子路只好问桀溺。桀溺说，你是哪位？

曰："为仲由。"子路回答说，是仲由。

曰:"是鲁孔丘之徒与?"桀溺问,是鲁国孔丘的门徒吗?这些问话表明,这些隐士对孔子的情况非常熟悉。他们不但熟悉孔子,而且还熟悉孔子的弟子。也说明孔子周游列国在当时是人所共知的轰动事件。

对曰:"然。"子路回答说,是的。

曰:"滔滔者天下皆是也,而谁以易之?"滔滔,指洪水。长沮、桀溺在河边,就以身边的河水作比喻。天下都是滔滔的洪水,你和谁去改变它呢?也就是说,你们根本改变不了这个污浊的社会。这句话和上一章"今之从政者殆而"的思想是一致的。这是桀溺对当今社会的理性判断。可见,隐士原本也是想改变这个无道社会的,也曾有过救世热情。只是受到一系列的挫折以后,灰心丧气,才决定做隐士。

且而与其从辟人之士也,岂若从辟世之士哉?辟人之士,指孔子。孔子想避开恶人去寻找善人。辟世之士,指长沮、桀溺。他们认为天下乌鸦一般黑,避人是解决不了问题的,只能避世。桀溺没有回答子路的询问,反而还教训起子路,让子路改邪归正,不要再跟着孔子救世,而要跟着他们隐居。

耰而不辍。耰,耕种。他一边耕种,一边说话。显然不把子路当回事。

子路行以告。子路返回,将见闻告诉了孔子。

夫子怃然曰:"鸟兽不可与同群,吾非斯人之徒与而谁与?"怃然,怅然。孔子怅然若失地说,人不可以与鸟兽同群,我不和人在一起,还能和谁在一起呢?这是孔子对道家隐士的回应。人再不好，也只能和人相处，而不能和动物相处。人和人在一起，是人的宿命，人只能生活在社会中，如果社会不好，就要改变社会。孔子这个说法当然是对的。但是，孔子的这个说法并不很准确。这里有对道家隐士的误解。道家隐士并没有真的离开社会，他们只是要摆脱污浊的大社会，另外组建一个纯洁的小社会。他们并没有和野兽住在一起，人兽不分。长沮的旁边不是还有桀溺吗？他们不是还劝子路一起隐居吗？可见，道家追求避世，但始终未离世。

天下有道，丘不与易也。如果天下有道，我就不用改变什么了。孔子表达了他的无奈，谁愿意这样颠沛流离去救世呢？我也是不得已啊！言下之意是，如果真的天下太平了，我倒想做个隐士。但是，天下无道的时候，我实在不忍心做隐士。

18·7 子路从而后，遇丈人，以杖荷蓧。子路问曰："子见夫子乎？"丈人曰："四体不勤，五谷不分，孰为夫子？"植其杖而芸，子路拱而立。止子路宿，杀鸡为黍而食之，见其二子焉。明日，子路行以告，子曰："隐者也。"使子路反见之，至则行矣。子路曰："不仕无义。长幼之节不可废也，君臣之义如之何其废之？欲洁其身而乱大伦。君子之仕也，行其义也，道之不行已知之矣。"

子路从而后。子路跟随孔子而行，远远落在了后面。

遇丈人，以杖荷蓧。丈人，老人。蓧，草筐子。遇到了一位老人，用手杖挑着竹筐。

子路问曰："子见夫子乎？" 子路问他，您看见我老师了吗？

丈人曰："四体不勤，五谷不分。" 老人说，四肢不劳动，五谷分不清。他这是在奚落孔子这一行人。道家隐士的奚落是真诚的，是认真的。隐士们自食其力，像后来的陶渊明，自己种庄稼维持生计，不靠做官获取俸禄。摆脱了对做官的依赖，才能获得自由和独立人格，才能不受制于人。

孰为夫子？ 谁是你的老师？我不认识你的老师，也没有什么老师。只有儒家才有所谓的老师；道家崇尚自然，以自然为师。他们不屑于老师这样的称呼。

植其杖而芸。 把他的拐杖插入土中，开始除草。把子路冷落在一旁。

子路拱而立。 子路拱手站立，依然很恭敬。这是对隐士的恭敬。

止子路宿，杀鸡为黍而食之。 天色已晚，老人留子路住了一宿，杀鸡做饭招待他。老人骂子路很狠，但是骂归骂，生活上仍然是关心和体贴。思想的锋芒并不影响生活中的情谊。道家的理性针对社会，道家重情，并不亚于儒家。在古代，杀鸡是非常高的待遇。黍是黄米，比小米珍贵。孟浩然《过故人庄》诗说，"故人具鸡黍，邀我至田家"。可见鸡黍的贵重，这表明老人把子路当贵客来招待。

见其二子焉。 并让他的两个儿子来见子路。显然，两个儿子和老人不住在一起，是专门叫来见子路的。这也是对子路的认可和尊敬。

明日，子路行以告。第二天，子路回到了孔子的身边，将见闻告诉了孔子。

子曰："隐者也。"孔子说，那是个隐士啊。

使子路反见之。让子路回去再见他。见他干什么呢？显然是带着任务去的。因为子路和老人这种特殊交情，孔子希望通过子路劝老人，不要再做隐士了，跟着他们一起救世。

至则行矣。子路到的时候，老人提前离开了家。老人是个隐士，隐士都绝顶聪明。他知道子路返回见他是什么意思，为了避免见面的不愉快，他故意回避子路，怕他们刚刚建立起来的友情受到伤害。

子路曰："不仕无义。"子路说，不出仕做官是不对的。从这话能看出子路有口无心的率真性格。既然老人都走了，这句话原本可以不说了。但是，他还要把孔子交代给他的话说出来。

长幼之节不可废也，君臣之义如之何其废之？长幼之间的伦常不可废弃，君臣之间的关系又怎么可以废弃呢？这是子路劝老人做官的理由。你既然让自己的两个儿子拜见我，可见，你是重视长幼之节的。长幼之节你都这么关注，又怎么能抛弃君臣之义呢？君臣之义是扩大版的长幼之节。子路的话看起来很有逻辑，但实际上是不符合逻辑的。长幼之节是人人不能避免的，而君臣之义只适合于少数人。

欲洁其身而乱大伦。想要洁身自好，却败坏了伦理大义。子路进一步引申，你的做法动机是好的，但是效果并不好。这句话仍然是批评老人不出仕做官。

君子之仕也，行其义也。君子出仕为官，只是为了实行道义。道家对为官有误解，以为做官就是同流合污。子路辩解说，儒家做官是为了道义，只是为了道义，是因不忍之心而做官。

道之不行已知之矣。大道不能实行，这是早已经知道的。这句话表明儒家对世道也有清醒的认识。他们知道大道难以实行，但仍然"知其不可而为之"。在儒家看来，在这个黑暗的世道里，如果没有"知其不可而为之"的精神，那么世道就会更加黑暗。有了"知其不可而为之"的精神，至少为这个黑暗的世道提供一点希望。这里，子路代表孔子，也是代表儒家，对道家的隐居思想作了正面回应，也可以说是对道家思想的批评。从抽象的层面来讲，子路的批评是完全正确的。但就具体的对象而言，针对这个老人而言，子路的高论是无礼也无情的。自己救世，要求别人也救世，这是无礼；昨晚还受人之惠，今天就指责别人的处世行为，翻脸不认人，这是无情。这里有个有趣的现象值得注意，儒道两家，思想上矛盾，生活中却很和谐。走上饭桌，双方就和谐；离开饭桌，双方就争吵。生活大于思想，当思想发生冲突时，不妨回到思想的源头，回到生活中去。

18·8 逸民：伯夷、叔齐、虞仲、夷逸、朱张、柳下惠、少连。子曰："不降其志，不辱其身，伯夷、叔齐与！"谓："柳下惠、少连降志辱身矣，言中伦，行中虑，其斯而已矣。"谓："虞仲、夷逸隐居放言，身中清，废中权。我则异于是，无可无不可。"

逸民：伯夷、叔齐、虞仲、夷逸、朱张、柳下惠、少连。 逸民，行节超逸的人。行节超逸的人有七位：伯夷、叔齐、虞仲、夷逸、朱张、柳下惠、少连。

子曰："不降其志，不辱其身，伯夷、叔齐与！" 孔子说，不降低自己的志向，不屈辱自己的身份，这是伯夷、叔齐吧！伯夷和叔齐与黑暗的现实绝不妥协。所以，孟子说他们是"圣之清者也"。

谓："柳下惠、少连降志辱身矣。" 又说，柳下惠、少连降低了自己的志向，屈辱了自己的身份。他们主张与现实周旋，和污浊的现实在一起。这样降志辱身，很容易同流合污。

言中伦，行中虑，其斯而已矣。 但是，他们的言语合乎法度，行事又经过思虑。也就是说，他们身处污浊的现实，却没有被污染，仍然保持了自己的节操。孟子称他们为"圣之和者也"。

谓："虞仲、夷逸隐居放言。" 又说，虞仲、夷逸以隐居的方式放肆直言。这是一种生存策略，体现了他们的生存智慧。

身中清，废中权。 废，辞官。他们为人清高，辞职远害，合乎权变。既保持了清高人格，又以罢官这样的权宜之计放肆直言，体现了生存的智慧。套用孟子的话，他们是"圣之智者也"。

我则异于是，无可无不可。我和这些人都不同，没有什么可以的，也没有什么不可以的。从字面上看，孔子做事好像没有原则，但孟子却说孔子是"圣之时者也"。这里的"时"是指在恰当的时候做恰当的事情，不固守特定的行为方式。

18·9 太师挚适齐，亚饭干适楚，三饭缭适蔡，四饭缺适秦，鼓方叔入于河，播鼗武入于汉，少师阳、击磬襄入于海。

太师挚适齐。太师挚去了齐国。

亚饭干适楚。亚饭，第二顿饭。干，人名，鲁国亚饭的乐师。亚饭的干去了楚国。天子、诸侯用饭都有音乐伴奏。一日几餐各有不同的乐师。天子一日四餐，鲁国因为周公的缘故，得以使用天子的礼乐，所以，乐师有二饭，三饭、四饭的称呼。

三饭缭适蔡。三饭的乐师缭去了蔡。

四饭缺适秦。四饭的乐师缺去了秦。

鼓方叔入于河。击鼓的方叔去了河内。

播鼗武入于汉。播，摇。鼗，小鼓。摇小鼓的武去了汉中。

少师阳、击磬襄入于海。少师阳、击磬的襄去了海滨。鲁国衰败，乐师四散。这是春秋时期乐坏的重要证明材料。

18·10 周公谓鲁公曰："君子不施其亲，不使大臣怨乎不以，故旧无大故则不弃也，无求备于一人。"

周公谓鲁公曰。鲁公，周公的儿子伯禽。周公封于鲁，由于公务繁忙，自己没有到任，于是由他的儿子做了鲁公。临行前，周公对鲁公就有了这番交代。

君子不施其亲。施，通"弛"，疏远，怠慢。这里的君子指国君。做国君不要怠慢亲人。表面上看，这里说的是情，但实际上说的是权。因为在宗法制社会里，只有亲人能制约君权。国君为了大权独揽，往往会疏远亲人，摆脱亲人对权力的制约。

不使大臣怨乎不以。不要让大臣抱怨不被重用。君权是绝对的权力，很任性，想用谁就用谁，也不在乎谁抱怨。这是告诫鲁公要慎用自己的权力。

故旧无大故则不弃也。故旧没有大的过错，不要废弃他们。一朝天子一朝臣。新君到任，自然就会起用新人，那些故旧可能被废弃、被遗忘。

无求备于一人。不要对人求全责备。国君作为一方诸侯，拥有绝对的权力，容易求全责备。这一章里周公提醒鲁公，要慎用自己的权力。可见，周公对权力的本质有深刻的认识。

18·11　周有八士：伯达、伯适、仲突、仲忽、叔夜、叔夏、季随、季骒。

周有八士：伯达、伯适、仲突、仲忽、叔夜、叔夏、季随、季骒。周代有八位贤士。他们的事迹都不可考，可能都是隐士，但名气没有逸民大，后人就忘了他们。忘掉是对的，让人念念不忘就是没有隐逸好。真的隐逸了，哪有事迹可考？

子张篇第十九

19·1 子张曰:"士见危致命,见得思义,祭思敬,丧思哀,其可已矣。"

子张曰:"士见危致命,见得思义,祭思敬,丧思哀,其可已矣。"这一章是子张辑录的孔子之言,语句已见于以前各篇。"见危致命"见于《宪问篇》第十二章,那里作"见危授命",意思相近。"见得思义"见于《宪问篇》第十二章,又见于《季氏篇·十章》。"祭思敬,丧思哀"见于《八佾篇》第二十六章。前面已经解读,此处不再重复。

19·2 子张曰:"执德不弘,信道不笃,焉能为有?焉能为亡?"

子张曰:"执德不弘。"子张说,守德而不弘扬。德在内,如果不去弘扬心中的德,那所守的只是小德,而不是大德。

信道不笃。信道却不够坚定。道在外,必须信。信则有,不信则无。道是信仰的存在。半信半疑,看起来也信道,但最终因为信念不坚定而丧失道。

焉能为有?焉能为亡? 亡,通"无"。它是有道德还是没有道德呢?要说没有道德,他又执德,又信道;要说有道德，又不弘，又不笃。这是常人与道德的关系。他们相信道德存在，由于不弘、不笃，又怀疑道德存在，所以终究只是一般人。那些成就大事业的人，他们执德并弘德，信道且笃实。

19·3 子夏之门人问交于子张，子张曰："子夏云何？"对曰："子夏曰：'可者与之，其不可者拒之。'"子张曰："异乎吾所闻。君子尊贤而容众，嘉善而矜不能。我之大贤与，于人何所不容？我之不贤与，人将拒我，如之何其拒人也？"

子夏之门人问交于子张。子夏的学生问子张如何交友。子夏的门人开始问学，可能这时孔子已经去世了。

子张曰："子夏云何？"子张问，子夏是怎么说的呢？子张很聪明，他在说自己的观点以前，先要了解子夏的观点，知彼知己。

对曰："子夏曰：'可者与之，其不可者拒之。'"学生回答，子夏是这样说的：可以结交的人，便去结交；不可以结交的人，便拒绝结交。子夏的交友方式类似常人的交友方式，即以我作为交友的标准，符合我标准的人，便是我的朋友；不符合标准的人，便不是我的朋友。这种交友方式朴实、实用，没有什么特别之处。

子张曰：异乎吾所闻。子张说，子夏的交友之道不同于我所听说的交友之道。这是批评子夏的交友之道。

君子尊贤而容众。 君子应该尊崇贤者又包容众人。生活中，贤人之外，都是众人，这就等于把所有人都当成了自己的朋友。

嘉善而矜不能。 称许有才能的人又怜悯弱者。这句话换了个角度，表达的意思和上一句完全一样。也就是说，所有人都应该成为自己的朋友。

我之大贤与，于人何所不容？ 我是一个德行高尚的人，什么样的人不能容纳呢？需要注意的是，这里的我是大贤。大贤无我。人没有我时，就能容纳所有人。

我之不贤与，人将拒我，如之何其拒人也？ 我道德低下，别人将会拒绝我，哪里轮到我拒绝别人呢？需要注意的是，这里的"我"是不贤。这个我眼里只有我，所以遭到所有人的排斥。这个我没有资格拒绝别人，只有别人拒绝我。这两种交友方式充分体现了他们的不同性格，也再一次印证了孔子对他们的评价，即"师也过，商也不及"。子张把我扩张为两极：一个我特别高尚，一个我特别低下。这两个我是理论上存在的我。子夏严守现实中的我，不敢越雷池一步。这两种交友方式是什么关系呢？应该说，它们是互补关系。子夏为我们提供了常态的交友方式，而子张提供了理想的交友方式。两者合在一起，就是完美的交友方式。这里还要注意一点。孔子在世时，只有孔子批评学生，学生之间没有批评，即便主张不同，但慑于老师的权威，也只是暗流涌动而已；孔子去世后，情况发生了变化，学生们开始自立门户，相互攻讦，思想矛盾公开化。儒家思想开始分化，分成了八派。

19·4 子夏曰："虽小道必有可观者焉，致远恐泥，是以君子不为也。"

子夏曰："虽小道必有可观者焉。" 小道，指各种具体的知识技能。子夏说，即便是小的技艺，也必有可取之处。子夏倾向于知识和学问，孔子曾经批评他是"小人儒"。子夏说"小道可观"，是为他的学术思想辩护。其实，孔子也不否认"小道可观"，他明确讲过"上学而下达"，他本人也精通很多技艺，但这些技艺都属于器，都是形而下者。孔子一方面主张下学，另一方面主张上达。下学是手段，上达是目的，孔子的思想倾向于上达。他批评子夏，是因为子夏偏重于下学，而忽视了上达。

致远恐泥，是以君子不为也。 泥，粘住、障碍。若要实现远大理想，恐怕会有所妨碍，所以君子不致力于此。"致远恐泥"是说过于关注小道，会影响弘扬大道。人的精力有限，而小道又如此之多，如果沉溺小道无法自拔，必然会影响人追求大道。实际上，这里还有兴趣的问题，即有人喜欢小道，有人喜欢大道。君子追求大道，往往就会忽略小道；但小道又有可观之处，人也离不开小道，必须有人从事小道。子夏的言下之意是，他在从事君子所不愿意做的小道，他还是为自己专注于小道而辩护。

19·5 子夏曰："日知其所亡，月无忘其所能，可谓好学也已矣。"

子夏曰："日知其所亡。" 亡，通"无"。子夏说，每天学习未知的。这里的知，不是德性之知，而是见闻之知。德性之知不能每天有所不同，但是见闻之知每天都可以增加。每天学习新知识，知识会越积越多。

月无忘其所能。每月不忘已有的知识。上句讲学，这句讲习，不断复习并记住学过的知识，才能确保知识不断增加。如果前面学习，后面忘记，知识的增长就很有限。这两句话讲，只有日积月累，才能增加知识。

可谓好学也已矣。这样的人可以说是好学了。子夏讲的好学和孔子讲的好学，含义很不一样。孔子的好学既讲修德，又讲进业，两者之间，修德更重要。孔子称赞颜回好学，"不迁怒，不贰过"，这和知识学问毫无关系。孔子说，"行有余力则以学文"，把文摆在最后面。子夏的好学，是学文，学知识。同样讲好学，内涵差别很大。

19·6 子夏曰："博学而笃志，切问而近思，仁在其中矣。"

子夏曰："博学而笃志。" 志，识、记住。子夏说，广泛学习，扎实记诵。这仍是讲如何积累知识。积累知识的方式是博学，是记诵。这是讲进业，和修德无关。

切问而近思。切，近。问切己之事，从近处思考。这仍然反映了子夏"不及"的性格特征。他只关心具体的、切身的小问题，不关注那些抽象的、宏观的大问题。他所走的仍然是渐行积累的问学路数。应该说，这个路数不符合孔子的思想。

仁在其中矣。仁就在这之中。他为自己的学问路数进行辩护。不能说"博学笃志，切问近思"中没有仁，但这里的仁和孔子所说的仁不可同日而语。我们很难在这里体会到仁爱的精神。所以，子夏是一个学问家，而不是一个思想家。

19·7 子夏曰："百工居肆以成其事，君子学以致其道。"

子夏曰："百工居肆以成其事，君子学以致其道。"肆，工场。子夏说，各种工匠在工场里做成器物，君子通过学习来达道。在这里，他以"百工居肆"来类比"君子学"，强调了学是致道的必然手段。这个类比明显剔除了学的思想性，把学看作工艺制造，使学变成了单纯的学知识。通过这样的学所获得的道，只是小道，而不是大道。子夏屡屡强调学问的重要，后来他成了大学问家，为儒学的发展作出了巨大的贡献。他做过魏文侯的老师。战国时期的田子方、段干木、禽滑厘等都是他的学生。据说《公羊传》《穀梁传》都是子夏亲授的，可见，他的学对后代影响深远。

子张篇第十九　585

19·8 子夏曰："小人之过也必文。"

子夏曰："小人之过也必文。" 子夏说，小人有了过错一定会加以掩饰。"过也必文"是一个普遍现象，是自我保护的本能。这里的小人，显然不是指品德低下的人，也不是指地位低的人。地位和道德没有必然关系，地位低不一定道德低下。把这里的小人理解为感性人最为妥当。感性人受情绪控制，不承认自己的过错，还要为过错找理由。

19·9 子夏曰："君子有三变：望之俨然，即之也温，听其言也厉。"

子夏曰："君子有三变。" 子夏说，君子有三种变化。根据下文，我们发现，这三种变化其实就是在不同场合，不同关系中，对君子的三种不同感觉。

望之俨然。 远望他，庄严可畏。远望君子，君子只是认知对象，只能感受到他的外表。

即之也温。 接近他，温和可亲。接近君子，跟君子有了情感交流，能感受到他内在的温和，这和外表的严肃完全不一样。

听其言也厉。 听他讲话，言辞犀利。这是对君子思想的感受。要注意的是，这里的君子不是泛指所有君子。君子是有个性的，不是一模一样的。这里的君子应该特指某个人，特指的应该是孔子。

19·10　子夏曰:"君子信而后劳其民,未信,则以为厉己也;信而后谏,未信,则以为谤己也。"

子夏曰:"君子信而后劳其民,未信,则以为厉己也。" 子夏说,君子受到信任后才去劳动百姓,如果没有被信任,百姓就会认为是欺凌他们。同一件事产生两种不同的结果。受到信任,就会劳而无怨;不被信任,就认为是欺凌自己。可见信任的重要性。

信而后谏,未信,则以为谤己也。 受到信任而后劝谏君上;不被信任,君上便以为是诽谤。同一句话产生两种不同的效果。信任了,就虚心接受;不信任时,以为你在诽谤。关于信的重要性,孔子讲过很多。这里,子夏对信的思想又有所深化。在这里,"劳其民"和"谏"都是出于好心,都是为了帮助对方。但子夏认为:帮助人是有前提的。只有取得别人的信任时,才能帮助别人;不被信任时,会引起别人的误解。别人不信任你,也就不相信你的帮助,可见信任的重要性。信任不是说出来的,是做出来的。不是一次做出来的,而是一次又一次的行动做出来的,信任是长期积累而成的。信任既依赖于人格修养,还依赖于法治建设。

19·11　子夏曰:"大德不逾闲,小德出入可也。"

子夏曰:大德不逾闲。 闲,即限、界限。子夏说,大德不能越过界限。所谓大德,即人之为人的德。有了它,就是人;

越过了它，就不是人。所以，大德是原则，是大是大非。在儒家和孔子这里，大德主要体现为仁义。仁就是爱人，同情人。这里的人指所有人，包括敌对的人、敌国的人。看见敌对的人、敌国的人有灾难，也要同情，不能漠不关心，更不能幸灾乐祸。义即道义、正义。看到有人以大欺小、以强凌弱时，要给弱者以道义上的支持，谴责、制止这种欺凌行为，维护正义，这是大德，不能含糊。坚守大德，坚守仁义，这是不能逾越的界限，也是做人的底线。

小德出入可也。小德有所出入，是可以的。小德是生活中的小节，比如下一章要讲的洒扫、应对、进退等。小节因为小，也就很多，处处都有小节。如果严格按照小节行事，人的行为会受到严格的约束，会机械、僵化，没有活力。什么叫出入呢？出入不是违背小德、不讲小德，而是让小德有不同的表现方式。出入是给人自由，让人能自由创造，这样，各种小节就灵活多变，丰富多彩，不拘一格。

19·12　子游曰："子夏之门人小子，当洒扫应对进退则可矣。抑末也，本之则无，如之何？"子夏闻之，曰："噫，言游过矣！君子之道，孰先传焉？孰后倦焉？譬诸草木，区以别矣。君子之道焉可诬也？有始有卒者，其惟圣人乎！"

子游曰："子夏之门人小子，当洒扫应对进退则可矣。"子游说，子夏的学生在洒水、扫地、应对宾客方面还是做得不错的。看起来，这是在表扬子夏的学生，实际上是批评子夏的学生只善于做一些细枝末节的事。这显然和子夏的教学有关。言下之意是，子夏只教了学生细枝末节的小事。

抑末也。这些都是细枝末节的小事。

本之则无，如之何？根本的大道没有，这怎么行？子游批评子夏教学不教根本。这里要注意，子游批评子夏的教学方法，而不是说子夏这个人没有根本。就个人而言，子夏也是非常注意根本的。比如说，上一章里，他讲"大德不逾闲"，就是对根本的关注。这里出现了"本"和"末"两个重要的词。到了宋代，陆九渊也是这样批评朱熹的，说他的教学是有末无本、支离破碎。追根溯源，源自子游对子夏的批评。

子夏闻之，曰："噫，言游过矣！"子夏听说后，反驳说，子游的话过头了。

君子之道，孰先传焉？孰后倦焉？倦，劳、竭力从事。君子之道，哪些是先传授给人的，哪些是放在后面要竭力而为的呢？这里，子夏把教学活动分为两个阶段。第一个阶段是首先要传授的，第二个阶段是竭力想要做好的，但未必就能做好的。

譬诸草木，区以别矣。教学就如同草木一样，分门别类才好。有的培养小草，有的培养大树。他认为自己是培养小草的人。既然培养小草也是一个教学阶段，也必须有人做，那么，他从事的教学活动就是合理的，就是有价值的。

君子之道焉可诬也？君子之道怎么可以随意诋毁？君子之

道，就是分阶段进行教育。他把教学重点放在了初始阶段，放在洒扫、应对、进退上，也是应该肯定的。

有始有卒者，其惟圣人乎！有始有终的教学活动，大概只有圣人才能完成吧。这里，子夏区分了君子之道和圣人之道。他承认他停留在君子之道上，君子之道分阶段教学；但他不否认圣人之道，而且认为只有圣人之道才能把两个阶段合二为一。圣人之道不是每个人都能达到的，普通人只能坚守君子之道。这样，子夏就给自己做了很好的辩护。子夏和子游的为学之争，双方都有一定的道理。子游强调了本的优先性，子夏在承认本优先的前提下，强调了末的独立价值，两者并不矛盾。

19·13 子夏曰："仕而优则学，学而优则仕。"

子夏曰："仕而优则学。"优，裕，有余力，有闲暇。子夏说，做官有余力，应该去学习。学无止境，通过学习进德修业，会促进自己做一个称职的官。这个要求适用于古人，也适用于现代人。

学而优则仕。仿照上一句话翻译，这句话就该翻译为：学习有余力就去做官。但这样翻译有点令人费解，好像做官是学习之余该做的事，好像人随便都可以做官。所以，这个优应该是优秀，学有余力不就是优秀嘛！学习优秀就应该去做官。这是广为流传的一句名言，它把读书和做官联系在一起，读书和做官从此结下不解之缘。科举制又强化了它们的联系，它成为读书人根深蒂固的观念，影响至今。读书好能做官，给了读书人改变命运的机会，让读书人看到了希望。缺点是读书被做官绑架，失去了独立的价值。读书若是不能做官，读书便全无价值。读书人的得意和失意取决于能否做官，学界成了惊心动魄的名利场。还有一个缺点是，"学而优则仕"制造了贤人政治的幻象，它默认了拥有官位的人都是贤人，而为官者就以贤人自居，把自己变成真理的化身，拒绝别人的批评。

19·14　子游曰："丧致乎哀而止。"

子游曰："丧致乎哀而止。" 子游说，居丧极尽哀痛就可以了。子游这句话和孔子的思想完全一致。孔子在《八佾篇》第四章讲"丧，与其易也，宁戚"，在《八佾篇》第二十六章里又讲"临丧不哀，吾何以观之哉"，都在强调丧事哀。哀是一种肯定的情感，不加节制，人们就会比着看谁更哀，最终会伤及身体。所以，哀要适度，要"哀而不伤"，这符合中庸的思想。

19·15　子游曰："吾友张也为难能也，然而未仁。"

子游曰："吾友张也为难能也，然而未仁。" 子游说，我的朋友子张，其人难能可贵，然而还没有做到仁。孔子在《先进篇》第十六章说"师也过"，在《先进篇》第十八章里又说"师也辟"，从孔子的评价看，子张的性格比较张扬，好走极端，喜欢用偏激的语言批评他人，这和仁爱是相冲突的。仁爱里固然有批评，但还有宽容。

19·16　曾子曰："堂堂乎张也，难与并为仁矣。"

曾子曰："堂堂乎张也，难与并为仁矣。" 堂堂乎，既指外貌，也指气质。曾子说，气质不凡的子张，难以和他一起共进仁德之境。曾子对子张的评价和子游对子张的评价完全一致。

19·17　曾子曰："吾闻诸夫子，人未有自致者也，必也亲丧乎！"

曾子曰："吾闻诸夫子，人未有自致者也，必也亲丧乎！" 致，达到极致。曾子说，我听老师讲，人的痛苦情感，没有自己就能达到极致的。如果有，一定是在父母去世时。亲人的去世都会引起悲痛，但都没有父母去世的痛苦感强烈。如果以大树来比喻，人与其他亲人的关系是枝与枝、叶与叶的关系，而与父母的关系则是枝叶和根的关系。没有了根，枝叶会枯死；没有了父母，人就没有了归宿。

19·18 曾子曰："吾闻诸夫子，孟庄子之孝也，其他可能也；其不改父之臣与父之政，是难能也。"

曾子曰："吾闻诸夫子，孟庄子之孝也，其他可能也。" 曾子说，我听老师讲，孟庄子的孝，其他方面还是可以做到的。其他方面指的是日常生活中的孝道。日常生活中的孝道，只要尽心尽力，都会做得到。

其不改父之臣与父之政，是难能也。 他不改父亲的大臣和父亲的施政纲领，这是难以做到的。孔子曾讲过，"三年无改于父之道，可谓孝矣"，这句话泛指所有人，而这里特指为政者的孝，强调孝与政治的关系。他把"不改父之臣与父之政"当作孝，实际上是以孝道来保证权力的平稳过渡。但同时，孔子也意识到用孝道制约权力是很难的。孟庄子的孝可能只是特例。在权力面前，孝道不堪一击。用孝制约权力，动机是好的，但效果未必很好。即便是孟庄子，是否真的由于孝而"不改父之臣与父之政"呢？这里还有很多选项。是父亲的政治措施得人心不必改？是父亲的势力太强大不便于改？是性格的懦弱？是身体状况的不佳？孟庄子在他父亲去世后四年，也去世了。一切皆有可能，而出自孝的可能性反而最小。

19·19 孟氏使阳肤为士师，问于曾子。曾子曰："上失其道，民散久矣。如得其情，则哀矜而勿喜！"

孟氏使阳肤为士师，问于曾子。 阳肤，曾子的学生。士师，法官。孟氏任命阳肤为法官。阳肤向曾子求教。

曾子曰："上失其道，民散久矣。" 曾子说，为官者横行无道，百姓离心离德很久了。什么叫"上失其道"呢？失道就是失去了仁义之道，导致百姓生活贫穷，精神压抑，没有尊严。是谁让百姓犯罪的呢？是统治者的无道逼迫百姓犯罪的，他们才是百姓犯罪的根源，但他们又利用现有的法律去惩罚犯罪的百姓。曾子据此认定，这是一个无道的社会。这个认知非常重要，它决定了在无道的社会里，人应该怎样做事。所以，他对阳肤提出了更高的要求。

如得其情，则哀矜而勿喜！ 如果你审出了犯罪的真相，要去哀悯他，不要沾沾自喜。这是他对阳肤的要求，也是对一个好法官的要求。一个好法官不能只埋头审理案件，更不能以公正的审理自喜。如果弄不清犯罪的根本原因，审判越公正，就越是背离公正。所以，一个好法官不只是审理案件的专家，还应该是一个思想家、一个仁者。如果社会有道，犯罪就是个人的行为；如果社会无道，犯罪就是社会行为，所谓百姓犯罪就是不得已的自卫。

19·20 子贡曰:"纣之不善,不如是之甚也。是以君子恶居下流,天下之恶皆归焉。"

子贡曰:"纣之不善,不如是之甚也。" 子贡说,商纣王不好,没有传说的那么严重。子贡没有指出纣王的不善里,哪些是他人添加的。比如说纣王杀比干,应该确有其事。但他是否剖其心,观看圣人之心是否有七窍呢?这种屠杀行为特别残忍,这可能就是被人添加上去的。为什么要把恶添加到他身上呢?因为他是一个坏人,把坏人说得更坏,能增加人们对坏人的痛恨,体现道德的优越感。那么,谁最有可能把天下之恶归于纣王呢?显然是他的那些政治对手,是那些要推翻他的人。他们丑化纣王,突出纣王的残暴,以证明自己推翻他的合理性与正义性。他们最有可能是武王、周公。在丑化对方的同时,相应地要美化自己。孟子在《孟子·万章上》里对儒家的圣人,比如对舜、禹、伊尹、孔子等进行辩污,美化他们圣人的形象。这种对历史人物的美化和丑化,有什么害处呢?至少有三点害处。首先,让人的思维简单化,认为世界上只有好人和坏人,好人绝对好,坏人绝对坏。《三国演义》以艺术方式来丑化或者美化历史人物,使人失去了对人性的深层次思考。当它成为一种思维方式时,就会显得特别幼稚。其次,当人把坏事都推到坏人身上时,对好人也就失去了批判能力,就会无条件地赞美、崇拜那些所谓的好人,最终走上自我奴役的道路。让所谓的好人理直气壮地实施暴政。最后,失去对历史真相的了解,无法去反思历史，导致历史的错误一次次地重演。

子贡的观点非常重要，它意味着我们所了解的历史不是真实的历史，历史需要改写。坏人的历史要改写，好人的历史是否也要改写呢？

是以君子恶居下流，天下之恶皆归焉。 所以君子厌恶身处下流境地，一旦如此，天下的恶事便都会集到他的身上。子贡正确地指出了这个历史现象，但他没有很好地解决这个历史问题。他不是由此要求还原历史真相，而是承认这种历史现象的合理性，然后告诫君子不要让自己处于下流的地位。这是非常可惜的事情。

19·21 子贡曰："君子之过也，如日月之食焉。过也，人皆见之；更也，人皆仰之。"

子贡曰："君子之过也，如日月之食焉。" 子贡说，君子的过错就好比日食和月食。日食和月食人人都看得见。

过也，人皆见之。 从字面上看，这句话是说，君子有过，人们都会看得到。但这样翻译意思比较费解。好像人们能看见君子在犯错误，好像君子在明目张胆地犯错误。这句话应该是说，君子有过错时，让人都能看得见他的过错。也就是说，公开承认他有过错。

更也，人皆仰之。 君子改过时，让人都能看得见他是如何改过的。这就要有具体的改过措施。君子为什么能承认自己的错误并改正自己的错误呢？这是因为君子具有理性精神，能理性地对待错误。在他看来,犯错误是自然的,是正常的,没有必要不承认。另外,君子犯错是出自公心,心底无私天地宽。

19·22 卫公孙朝问于子贡曰:"仲尼焉学?"子贡曰:"文武之道未坠于地,在人。贤者识其大者,不贤者识其小者,莫不有文武之道焉,夫子焉不学?而亦何常师之有?"

卫公孙朝问于子贡曰:"仲尼焉学?"卫国的公孙朝问子贡,仲尼是从哪里学来这么多知识的呢?孔子博学,他又认为自己是"学而知之",所以人们就好奇他是从哪里学来的。

子贡曰:"文武之道未坠于地,在人。"子贡说,文王武王之道并没有丢失,它就在人间社会。孔子是有老师的,他向老子问过礼,向苌弘问过乐,向郯子问过官,向师襄问过琴。他应该提这些人的名字才是。奇怪的是,他谁也不提,而是提文武之道,这就把孔子的思想上溯到五百多年前的文武之道,让人感到孔子的思想源远流长。

贤者识其大者,不贤者识其小者。贤者能够识得大道,不贤者只能识得各种技艺。这里的贤者指孔子。孔子学的是道,而不是艺。道是无形的,不是谁都能够识别的。孔子学道既取决于文武之道的存在,也依赖于孔子作为大贤的识别能力。

莫不有文武之道焉。处处皆有文武之道。这有点像罗丹说美,美是无处不在的,缺少的是发现美的眼睛。文武之道也是无处不在的,缺少的是赏识文武之道的人。

子张篇第十九 597

夫子焉不学？而亦何常师之有？ 老师在哪里不能学呢？他哪有什么固定的老师呢？孔子不是向几个人学习，他向生活学习，向生活中的文武之道学习。他没有固定的老师，谁都是他的老师。他无处不学，无时不学，才有这么多的知识。

19·23 叔孙武叔语大夫于朝曰："子贡贤于仲尼。"子服景伯以告子贡，子贡曰："譬之宫墙，赐之墙也及肩，窥见室家之好；夫子之墙数仞，不得其门而入，不见宗庙之美、百官之富。得其门者或寡矣，夫子之云不亦宜乎！"

叔孙武叔语大夫于朝曰："子贡贤于仲尼。" 叔孙武叔在朝堂之上对众大夫说，子贡之贤超过了仲尼。

子服景伯以告子贡。 子服景伯把这些话告诉了子贡。

子贡曰：譬之宫墙，赐之墙也及肩，窥见室家之好。 宫墙，围墙。子贡说，拿围墙来作比喻，我的墙只有肩膀高，所以，可以看见我家里的富丽堂皇。一般人听到别人说自己已经超过了老师，而且超过的还不是一般的老师，是孔子这样有名气、有威望的老师，一定感到特别高兴，并沾沾自喜，但子贡却用这个比喻替老师辩护。

夫子之墙数仞。 仞，七尺，成人的身高。老师家的围墙有几个成人那样高，看不到里面藏着什么。

不得其门而入，不见宗庙之美、百官之富。 官，房舍。如果找不到进去的大门，就看不见墙内雄伟的宗庙和屋舍的俨然。

子贡通过这个比喻说明，通常讲的好有两种。一种是明面上的好，一眼就能看得见的好，也可以理解为世俗所公认的好。如子贡能说会道，而且很有钱等，这些都是世俗所认同的好。子贡也不否认自己的好，但他认为这只是一种外在的好。而孔子的好是内在的，是一种看不见的好。只有那些有见识、有水平的人才能认识到他的好。孔子的好在于他的思想。他的思想深不可测，高不可攀，需要深入体会才行。

得其门者或寡矣。真正能够进入孔子家门的人很少。也就是说，真正理解孔子思想的人太少，而子贡是其中的一个。子贡悟出"贫而无谄，富而无骄"时，孔子教导他应该"贫而乐，富而好礼"，子贡与孔子进行有深度的思想交流，使他领悟到了孔子思想的深刻性。所以他才把自己的学问比成"矮墙"，一览无余；把孔子的学问比成深宅大院，高深莫测。

夫子之云不亦宜乎！叔孙先生这样说孔子不是在情理之中吗？叔孙先生只是一个平常的人，一个世俗的人。他能够看到我的好，但看不到孔子的好。

19·24　叔孙武叔毁仲尼，子贡曰："无以为也，仲尼不可毁也。他人之贤者，丘陵也，犹可逾也；仲尼，日月也，无得而逾焉。人虽欲自绝，其何伤于日月乎？多见其不知量也。"

叔孙武叔毁仲尼。叔孙武叔诋毁仲尼。从这句话可以看出，上一章他说"子贡贤于仲尼"是别有用心的，他是在挑拨孔子师生的关系。可见，叔孙武叔的人品很有问题。

子贡曰："无以为也，仲尼不可毁也。" 子贡说，不要这样说，仲尼是不可以诋毁的。子贡的态度非常坚决，不容置疑。仅有态度的坚决还是不够的，还需要学理上的论证。

他人之贤者，丘陵也，犹可逾也。 其他的贤者是丘陵，是可以逾越的。

仲尼，日月也，无得而逾焉。 仲尼是日月，是无法逾越的。上一章子贡对好进行分类，这里又对贤进行分类，说明子贡的思想非常细致。他认为贤有两种：一种是可以逾越的，一种是不可以逾越的。一般人是平地，贤人就像丘陵，按理来讲，孔子应该就是高山。高山是可以逾越的，所以子贡把孔子比作日月，日月是不可以逾越的。子贡的这个类比，一方面捍卫了孔子的思想，另一方面也神化了孔子。孔子在天上，普通人在地下。这就出现一个问题，普通人该如何学习孔子呢？

人虽欲自绝，其何伤于日月乎？ 有人想要与日月决绝，这对日月有什么伤害呢？伤害的只能是人自己。就日月而言，人需要日月，但日月不需要人。就孔子而言，我们需要孔子，但孔子不需要我们，这就很难说得通。子贡用类比来说明问题，但这个类比并不恰切，孔子是人，不是神。孔子不容诋毁，但可以批评。

多见其不知量也。 这只能说明他不自量力。子贡对叔孙武叔进行严厉批评。

19·25 陈子禽谓子贡曰:"子为恭也,仲尼岂贤于子乎?"子贡曰:"君子一言以为知,一言以为不知,言不可不慎也。夫子之不可及也,犹天之不可阶而升也。夫子之得邦家者,所谓立之斯立,道之斯行,绥之斯来,动之斯和。其生也荣,其死也哀,如之何其可及也?"

陈子禽谓子贡曰:"子为恭也,仲尼岂贤于子乎?" 陈子禽对子贡说,先生恭敬太过,仲尼之贤难道超过你了吗?可见,孔子去世以后,有一股疑孔的思潮。大家都不理解孔子,竟然都认为子贡超过了孔子。一方面说明子贡的确很了不起,另一方面也只有子贡捍卫孔子的思想最有说服力。

子贡曰:"君子一言以为知,一言以为不知,言不可不慎也。" 子贡讲,君子一句话就能表现出他的智慧,一句话也能表现出他的无知,说话不可以不慎重。言下之意,陈子禽说话太轻率,太不慎重。

夫子之不可及也,犹天之不可阶而升也。 老师的不可企及,就像天之高不可以通过阶梯爬上去。这又把孔子绝对化了。这样的话是应对批评时说出来的,带有一定的情绪性,不能完全当真。但非常不幸的是,后人往往把它当真了。在神话孔子的过程中,开始以孔子之是为是,以孔子之非为非,孔子变成了不能批评的圣人。事实上,在孔子活着的时候,学生就在批评他的思想,但孔子并不介意,并没有把这些学生清理出门户。

夫子之得邦家者。 老师如果得国为诸侯,得家为大夫。

所谓立之斯立。一定会像人们所说的,使百姓立命,百姓便能立命。

道之斯行。引导百姓,百姓就会前行。

绥之斯来。安抚百姓,百姓就会依附。

动之斯和。动用百姓做事,百姓就会响应。孔子做什么就能成什么,得心应手,从容中道。显然,这夸大了孔子的治国才能。在现实中,孔子的治理能力到底怎么样呢?孔子做过大夫,政绩斐然。但恐怕很难达到子贡所说的这种境界,否则就很难理解孔子为什么会辞职。应该说,子贡在孔子成圣的道路上发挥了重要作用。

其生也荣,其死也哀,如之何其可及也?他生的时候,荣耀天下;他死的时候,天下皆哀。怎么能赶得上他呢?

尧曰篇第二十

20·1 尧曰:"咨！尔舜！天之历数在尔躬,允执其中。四海困穷,天禄永终。"舜亦以命禹。曰:"予小子履,敢用玄牡,敢昭告于皇皇后帝:有罪不敢赦,帝臣不蔽,简在帝心。朕躬有罪,无以万方;万方有罪,罪在朕躬。"周有大赉,善人是富。"虽有周亲,不如仁人。百姓有过,在予一人。"谨权量,审法度,修废官,四方之政行焉。兴灭国,继绝世,举逸民,天下之民归心焉。所重:民、食、丧、祭。宽则得众,信则民任焉,敏则有功,公则说。

尧曰:"咨！尔舜！" 咨,叹词。尔舜,你这个舜。

天之历数在尔躬。 历数,顺序,此处指帝王继位的顺序。天命已经轮到你的身上。尧把帝位禅让给舜,告诫舜如何治理天下,也可以说,这是尧的政治遗言。

允执其中。 允,信。做天子一定要执守中道。如果这真是尧的话,那就说明中道的思想由来已久。

四海困穷,天禄永终。 这两句话有不同的解释。一种把"困穷"解释为生活贫穷。永终,永远结束。这句话可译为:你若执政,四海之内,生活贫穷,天给你的爵禄就永远终结了。一种是把"困穷"理解为"极";永终,长终,长久。这句话可以译为:你若执政,让中道思想遍及天下,天给予你的禄位就会永远存在。根据文献，后一种理解是本义，前一种理解是后起义。

舜亦以命禹。舜也以此来训诫禹。

曰："予小子履，敢用玄牡。"曰，应该指商汤曰。予小子，"我"的谦称。履，汤的名。玄牡，黑色公牛。我履冒昧地用黑色公牛去祭祀。

敢昭告于皇皇后帝。后帝，天帝、上帝。我冒昧地昭告于伟大的天帝。

有罪不敢赦。有罪之人不敢私自赦免。

帝臣不蔽，简在帝心。帝臣，天帝之臣，指的是汤。不蔽，没有私心。简，选择。这句话是说：我绝无私心，一切听命于天帝。天子的权力不是无限的，而是要受到天的制约。

朕躬有罪，无以万方。我如果有罪，不要连累万方百姓。

万方有罪，罪在朕躬。万方百姓如果有罪，罪也在我的身上。作为天子，他承担了所有的罪过。自己的罪固然是自己的，百姓的罪也是自己的罪。没有治理好百姓，让百姓犯罪，这也是自己的罪过。

周有大赉，善人是富。赉，赏赐。周代大封天下，让善人都能富贵。

虽有周亲，不如仁人。周亲，至亲。虽然有至亲，不如有仁人。这是周武王的话。这句话很重要，突破了惯常的宗法制度、血缘关系，认为仁人比至亲还要重要。

百姓有过，在予一人。百姓若有过错，责任全在我。武王

604　论语句读

的话和商汤的话都可以理解为他们的就职演说。演说表现了一种责任和担当。它没有抽象地表示要为百姓服务，他把这个世界出现的所有罪过都看作自己的罪过，不彰显成绩，表现了思想的彻底性。

谨权量，审法度。法度，长度。谨慎制定度量的标准，细查长度的计量。从这里开始应该是孔子的话。

修废官。重建官员系统。

四方之政行焉。四方之政就易于推行。

兴灭国。复兴被灭的国家。周武王封了很多诸侯国，经过不断的兼并战争，很多诸侯国被吞并了。孔子要恢复这些诸侯国，显然是做不到的。

继绝世。延续中断的世家大族。

举逸民。推举那些行节超逸的人。

天下之民归心焉。天下的民心就会归于一处。这是孔子的治国纲领。

所重：民、食、丧、祭。看重的事情：百姓、粮食、丧事、祭祀。民是国之本，民当然要受到重视。民以食为天，食也当然地受到重视。丧事表达生者对死者的哀情，是人生的大事。祭祀维系生者与死者的精神联系，也是人生的大事。

宽则得众，信则民任焉，敏则有功。这几句话见于《阳货篇》第六章，那一章里，"信则人任焉"写作"信则民任焉"，就相差一字，此处不再赘述。

公则说。公正让人心悦诚服。这是讲公正的重要性。这一章的文字前后不连贯，可能有脱落。文风前后不一：前者语言古奥，后者语言明快；思想前后不一，前者更重内圣之德，后者更重外王之业。

20·2 子张问于孔子曰："何如斯可以从政矣？"子曰："尊五美，屏四恶，斯可以从政矣。"子张曰："何谓五美？"子曰："君子惠而不费，劳而不怨，欲而不贪，泰而不骄，威而不猛。"子张曰："何谓惠而不费？"子曰："因民之所利而利之，斯不亦惠而不费乎？择可劳而劳之，又谁怨？欲仁而得仁，又焉贪？君子无众寡，无小大，无敢慢，斯不亦泰而不骄乎？君子正其衣冠，尊其瞻视，俨然人望而畏之，斯不亦威而不猛乎？"子张曰："何谓四恶？"子曰："不教而杀谓之虐；不戒视成谓之暴；慢令致期谓之贼；犹之与人也，出纳之吝谓之有司。"

子张问于孔子曰："何如斯可以从政矣？" 子张问孔子说，怎样才能够治国理政呢？

子曰："尊五美，屏四恶，斯可以从政矣。" 屏，摒弃。孔子说，要遵从五种美德，摒弃四种恶行，便可以理政了。

子张曰："何谓五美？" 子张说，是哪五种美德呢？

子曰："君子惠而不费。" 孔子说，君子给人恩惠却不破费。

劳而不怨。 劳动百姓却不招致怨恨。

欲而不贪。 有所欲求却不贪婪。

泰而不骄。 内心平和而不骄傲。

威而不猛。威严而不凶猛。这是五美。五美的句式是典型的中庸表达式,"而"字后面的思想是对前面思想的限制,从而构成制衡关系。

子张曰:"何谓惠而不费?" 子张问,什么叫作给人恩惠而不破费呢?子张只问了五美中的一种,但孔子回答了全部的五美。

子曰:"因民之所利而利之,斯不亦惠而不费乎?" 孔子说,以百姓的利益为利益,让百姓自己获取自己的利益,做他们想做的事,这不就是给人恩惠而不破费吗?这句话很有道家意味。

择可劳而劳之,又谁怨? 让百姓去做他应该做的事,他有什么抱怨呢?这些事情给百姓带来利益。比如冬天农闲,兴修水利,这是对百姓有利的,百姓不会抱怨。

欲仁而得仁,又焉贪? 想要仁就能得到仁,怎么会去贪呢?以仁的方式实现自己的欲望,所欲望的东西都符合仁。这样,怎么会贪呢?

君子无众寡,无小大,无敢慢,斯不亦泰而不骄乎? 君子无论多少、大小,都不敢轻慢,不就内心平和而不傲慢吗?通常人有分别心,看到少或小,就不由自主地产生优越感,就滋生出傲慢的态度。

君子正其衣冠,尊其瞻视,俨然人望而畏之,斯不亦威而不猛乎? 君子端正衣冠,目光严肃,使人望而生畏,这不就是威严而不凶猛吗?君子看起来很威严,但是这种威严让人严肃,让人尊重,丝毫不会伤害人。

子张曰："何谓四恶？"子张又问，什么叫四恶？

子曰："不教而杀谓之虐。"孔子说，不教化便去推行或制止某件事，这就叫凶残。正常的情况是，推行或制止某件事，先要进行说理教育。只有在万不得已的情况下，才会采取一些非常措施，但这些非常措施中也不应该有杀戮。儒家治国最忌讳杀人。

不戒视成谓之暴。不事先告诫，便要求出成绩，这就叫粗暴。

慢令致期谓之贼。仓促下命令，却要限期完成，这就叫故意陷害人。"慢令致期"与"不戒视成"意思相近，都说明为政者随心所欲，肆意妄为，让人措手不及。体现了权力的傲慢。

犹之与人也，出纳之吝谓之有司。出纳，偏义复词，只有出的意思。有司，主管的小官吏。这就如同答应给别人东西，可在给予时却突然吝啬起来，显得很小气。为上者应顾及体制和体面，不能就像有司那样小气，答应给的又不给。

20·3 孔子曰："不知命，无以为君子也；不知礼，无以立也；不知言，无以知人也。"

孔子曰："不知命，无以为君子也。"孔子说，不知命，便不能做一个君子。君子和命有什么关系呢？命是对人的限制，体现为人的有限性。当人意识到自己有限时，就会收敛自己，做自己应该做的事。

不知礼，无以立也。不知道礼，就不能立足于社会。《泰伯篇》第八章中讲，"立于礼"，《季氏篇》第十三章里讲，"不学礼，无以立"，这里所讲的礼和那两章思想完全一样，不再赘述。

不知言，无以知人也。不知道言，就不能知人。人的本质就是人的言，所以，认识人，就要认识他的言。可见，知言有多重要。孟子以知言为自豪，南宋理学家胡宏把自己的著作命名为《知言》。我们学习孔子的思想，孔子的思想在哪里呢？就在他的言中。如果没有《论语》这一万多言，就无从了解孔子的思想，甚至都不知道孔子这个人是否存在。所以，我们固然要对言保持足够的警惕，就如孟子所说，"尽信书不如无书"，但如果没有这些言、这些书，历史将会一片空白。既然人摆脱不了语言，那最好的办法就是知言。解读《论语》的过程，实际上也就是知言的过程。

后 记

十年前出版一本《论语旧注今读》(与刘思言合著)，十年来不断讲授《论语》，我对《论语》又有新的理解和体会。原打算出个修订本，但后来一想，何不按照《老子句读》《逍遥游齐物论句读》的体例出一本《论语句读》呢！于是便有了这本《论语句读》。

十年前，我为《论语旧注今读》写了个序，表达了我对儒家思想的基本看法，到今天为止，我仍然坚持这些看法。但是，十年前甚至更早以前，我主要强调应该读经典，而现在，我更关心如何解读经典。我在思考一个问题，中国人已经读了两千多年的《论语》，宋以后，《论语》又成为科举考试的官方指定教材。可以说，在古代知识分子那里，《论语》是倒背如流，烂熟于心的。他们的思想人格无不受《论语》熏陶。但他们中的大多数却成了中国走向现代文明的阻碍力量，以致中国的现代文明之路走得如此艰难曲折。我敢说，这不是孔子的初衷，如果孔子活在今天，他一定是拥护现代文明的。那么，孔子思想的拥护者、继承者是如何背离了孔子思想的呢？这是一个非常严肃的问题，也是一个非常严重的问题。这是否与对《论语》的误读有关？回答是肯定的。《论语》是语录体，许多语录都没有语境，人们很容易只作字面上的解读，以致误解了孔子的原意，而孔子的原意在孔子的时代是不言自明的。五四的先贤注意到了这个区别，他们只喊：打倒孔家店，不喊打倒孔子。所以，在这本《论语句读》里，我努力还原孔子语录的语境。这些语境既是历史的，也是学理的。这大概是《论语句读》与《论语旧注今读》今读部分的最大区别，这也使得《论语句读》持论更加公允平和，更加具有说服力。

当然，完全误读《论语》是不可能的，《论语》自身的思想也起到决定性的作用。比如，孔子关注国君如何运用权力，而对权力本身却缺乏应有的反思。在宗法社会里，作这样的要求是不合理的。但就今天而言，就儒家思想的发展而言，这样的要求又是必要的。儒家思想是开放的，真正的儒家应该是反思的，批判的，抑或是启蒙的。这也是《论语句读》所关注的问题。

《论语句读》的文本采用杨伯峻先生《论语译注》本，对文本文字、标点及断句方面有不同意见的，在具体讲解时加以说明。

《论语句读》课程开始于2022年5月，结束于2023年5月，整整一年的时间。由于疫情的原因，课程主要是在线上完成的。开始时，对着手机屏幕讲课找不到感觉，经过不断调整心态，才慢慢适应。2023年疫情解封，考虑到毕业的学生也想听课，仍然采用线上授课方式。一起听课的学生有：丁馨、孔祥睿、涂王霞、卞晓洁、罗双霞、李美地、胡菲、赵蓓、李虎、王帅超、秦海玉。因为要赶进度，线上课程由一周一次改为五天一次，风雨无阻，只在春节停了一次。感谢他们的配合与支持！在把录音转化成文字的过程中，丁馨和赵蓓同学付出了辛勤的劳动，在这里对她俩表示衷心的感谢！感谢杜常顺教授在本书出版过程中给予的帮助！感谢本书的编辑冯媛女士！感谢宝明兄赐序！

左克厚
2023 年 12 月于西宁